Philosophie de l'odorat

Chantal Jaquet

Philosophie de l'odorat

Presses Universitaires de France

ISBN 978-2-13-057914-4

Dépôt légal — 1re édition : 2010, février
4e tirage : 2019, mars

6 avenue Reille, 75014 Paris

A Zénobie, ma mère préférée,
et au Chamane,
qui m'a redonné la vie

Introduction

> Que cet œillet te dise la loi des odeurs qu'on n'a pas encore promulguée et qui viendra un jour régner sur nos cerveaux bien plus précise et plus subtile que les sons qui nous dirigent ; je préfère ton nez à tous tes organes, ô mon amie, il est le trône de la future sagesse.
>
> Apollinaire,
> *La mandoline, l'œillet et le bambou*, vers 1915-1917

Les hommes rêvent parfois d'un sixième sens, et pourtant, en réalité, ils sembleraient s'accommoder de n'en avoir que quatre. Si la surdité ou la cécité sont généralement considérées comme des infirmités, l'anosmie n'entre pas vraiment dans cette catégorie, à tel point que l'on ignore souvent jusqu'au nom de cette affection de la faculté olfactive. La mésaventure du major Kovaliov, qui a perdu son nez et qui erre dans les rues de Saint-Pétersbourg pour le retrouver[1], suscite davantage la dérision que la commisération ; elle n'arrache pas les larmes de la foule amusée qui se presse, incrédule et curieuse, pour découvrir le phénomène. Bien que le goût et le toucher soient moins prisés que la vue et l'ouïe, ils ne disputent pas à l'odorat la dernière place dans la hiérarchie sensorielle. En dépit de l'ordre classique d'énumération qui le place généralement en milieu de liste, l'odorat est bel et bien le cinquième sens aux yeux de la foule.

1. Voir la nouvelle de Gogol, *Le nez,* qui a inspiré l'opéra éponyme créé par Chostakovitch.

Une fois n'est pas coutume, les philosophes ne contestent pas l'échelle de valeurs du sens commun, car ils font peu de cas de l'odorat. Ils accordent un primat à la vue et à l'ouïe qui fournissent leurs principaux modèles de connaissance et sont mobilisées pour éclairer les opérations de l'esprit. Ainsi, dans la philosophie classique, la raison est-elle appelée *lumière naturelle* par opposition à la *lumière surnaturelle* issue de la révélation. La connaissance vraie peut faire l'objet d'une *intuition*, reposer sur une *évidence*, ou sur une *vision intelligible* tournée vers la contemplation des idées. À l'inverse, l'ignorance est le royaume des ténèbres, de l'aveuglement et de l'obscurantisme. À cet égard, la célèbre allégorie de la caverne à laquelle recourt Platon dans le livre VII de la *République* est un modèle du genre, car le passage de l'opinion et de ses contradictions à la connaissance vraie est entièrement décrit sur un mode visuel. Il se présente comme la conversion d'un regard forcé de se détacher de la vision des ombres pour se tourner vers la lumière éblouissante et d'apprendre peu à peu à contempler la réalité, en percevant progressivement ses reflets dans l'eau, puis les objets éclairés, la lueur des astres, et enfin l'éclat du soleil. De la même manière, à l'âge classique, la faculté de connaître est souvent désignée par le terme d'*entendement*. Pour entendre droitement, il s'agit de dépasser la *perception par ouï-dire* chez Spinoza, d'*écouter* le maître intérieur, dans le silence des passions, chez Malebranche, ou de concevoir avec Leibniz l'existence de petites perceptions sur le modèle du mugissement de la mer, composé du bruit, imperceptible et pourtant perçu, de chaque vague dans la déferlante d'ensemble. Bien qu'il ne puisse rivaliser avec la vue et l'ouïe, le toucher offre à son tour de beaux paradigmes aux philosophes. Le modèle tactile est utilisé, par exemple, par les Épicuriens pour expliquer la sensation comme un contact entre les organes des sens et les simulacres émanant des objets, ou par Descartes pour rendre raison de la nature de la lumière. L'auteur de la *Dioptrique* assimile ainsi le phénomène lumineux à « un mouvement qui passe vers nos yeux par l'entremise de l'air et des autres corps transparents en même façon que le mouvement ou la résistance que rencontre [un] aveugle, passe vers sa main, par l'entremise de son bâton »[1]. Si le goût est plus rarement évoqué et n'apparaît guère que dans le domaine esthétique où il sert de canon pour apprécier la beauté d'une œuvre d'art, l'odorat, quant à lui, fait figure de grand absent.

La preuve en est qu'il est bien difficile d'évoquer un seul ouvrage philosophique portant sur cette faculté de manière centrale. Théophraste, qui a écrit un *Traité des odeurs* dans l'Antiquité, apparaît comme une exception. Mais qui le lit aujourd'hui ? Tout au plus est-il possible de repérer çà et là quelques allusions à l'olfaction et à ses organes qui émaillent le discours philosophique. Le fameux nez de Cléopâtre évoqué par Pascal ou la célèbre odeur de rose qui préside à l'éveil de la statue de Condillac sont les seuls philosophèmes généralement connus, mais le plus souvent les références philosophiques s'arrêtent là et la réflexion tourne court. Si d'aventure l'inventaire se poursuit, c'est plutôt du côté de la littérature et de la poésie que la mémoire commune va puiser, exhumant en vrac quelques fleurons, la tirade de Cyrano, les *Correspondances* de Baudelaire ou plus récemment *Le Parfum* de Süskind. Les plus érudits évoqueront le *Tristram Shandy* de Sterne et sa méditation bouffonne sur le nez, les expériences olfactives de des Esseintes, le héros névrosé d'*À rebours* de Huysmans ou encore « Le nom, le nez », qui inaugure les récits consacrés aux sens par Italo Calvino dans son roman *Sous le soleil jaguar*. La liste est cependant limitée : le nez apparaît au mieux comme un objet littéraire et reste le plus souvent un sujet de divertissement et de calembours, une curiosité esthétique donnant lieu à des variations synesthésiques.

Aujourd'hui, toutefois, une évolution semble se dessiner, car aussi bien du côté des sciences physiques et biologiques que des sciences humaines, les travaux sur l'olfaction, les odeurs et les parfums, se multiplient. L'historien Alain Corbin, à travers son ouvrage *Le miasme et la jonquille,* paru en 1982, a puissamment contribué à briser ce qu'il appelle le silence olfactif. En étudiant l'odorat et l'imaginaire social aux XVIIIe et XIXe siècles, il retrace la prodigieuse entre-

1. Discours I, *Descartes*, *Œuvres* VI, édition Adam et Tannery, p. 84.

prise de désodorisation qui a conduit à l'aseptisation de l'environnement actuel. Cette histoire du dégoût et de la purification de la puanteur est révélatrice des conflits et des représentations sociales qui opposent le bourgeois parfumé au prolétaire puant qu'il faut décrasser et désinfecter. Corbin a ainsi frayé la voie à des recherches originales et légitimé un nouvel objet d'études.

Les anthropologues, les sociologues et les chercheurs en sciences de l'information et de la communication lui ont emboîté le pas, comme en témoigne la parution de nombreux ouvrages individuels et collectifs, souvent interdisciplinaires, aussi bien en France[1] qu'à l'étranger où les travaux de Constance Classen, *Worlds of Sense*[2] et *Aroma, The Cultural History of Smell*[3] en collaboration avec David Howes et Anthony Synnott sont devenus une référence. Cet engouement est partagé non seulement par des psychologues et psychothérapeutes[4], mais également par des chercheurs en psychobiologie, comme Benoist Schaal[5], ou en neurosciences comme André Holley[6]. Plus récemment encore, en 2004, deux Américains viennent de se

1. Cf. notamment, *Odeurs, l'essence d'un sens*, dirigé par Jacqueline Blanc-Mouchet, Paris, *Autrement*, série Mutations, n° 92, septembre 1987 ; Lucienne Roubin, *Le monde des odeurs*, Paris, Méridiens- Klincksieck, 1989 ; *Odeurs du monde, écriture de la nuit*, textes édités par Diana Rey-Hulman et Michel Boccara, Paris, L'Harmattan, 1998 ; *Odeurs et parfums*, textes rassemblés et publiés par Danielle Musset et Claudine Fabre-Vassas, Paris, Éditions du comité des travaux historiques et scientifiques, 1999 ; Joël Candau, *Mémoire et expériences olfactives*, Paris, PUF, 2000 ; *À fleur de peau. Corps, odeurs parfums*, sous la direction de Pascal Lardellier, Belin, 2003.

2. *Worlds of Sense*, London, Routledge, 1993.

3. London and New York, Routledge, 1994.

4. Cf. Vittorio Bizzozero, *L'univers des odeurs, introduction à l'olfactologie*, Genève, Janus, 1997 ; voir également Évelyne Séchaud, « Sentir et ressentir », actes de la journée scientifique du 1er avril 1995 consacrée à *La clinique et la théorie des émotions*.

5. Directeur du Centre européen des sciences du goût et directeur de recherches au CNRS dans l'équipe d'éthologie et de psychobiologie sensorielle, Benoist Schaal a consacré de nombreux articles à l'olfaction et notamment au rôle des odeurs dans la petite enfance et dans les échanges entre la mère et le nouveau-né. Voir sur ce point, *Enfance*, Volume 1, *L'odorat chez l'enfant, Perspectives croisées*, Paris, PUF, 1997 ; *Olfaction, Taste and Cognition*, Catherine Rouby, Benoist Schaal, Danièle Dubois, Rémi Gervais and André Holley, eds, Cambridge University Press, New York, 2002.

6. Cf. *Éloge de l'odorat*, Paris, Odile Jacob, 1999.

voir attribuer le prix Nobel de physiologie et de médecine pour leurs travaux sur l'olfaction. Diplômée de psychologie et de microbiologie, Linda R. Buck et son collègue biochimiste Richard Axel sont parvenus à décrypter à l'échelon génétique et moléculaire les mécanismes impliqués dans la perception, la reconnaissance et le souvenir des odeurs, permettant ainsi d'éclairer le fonctionnement du système olfactif qui restait encore largement méconnu. Longtemps ignoré ou négligé, l'odorat fait donc actuellement l'objet d'une promotion inattendue.

De leur côté, les artistes et les parfumeurs ne sont pas en reste, comme le révèle la tentative audacieuse d'Edmond Roudnitska, créateur de parfums célèbres chez Dior et Rochas, de fonder un véritable art olfactif dans son livre *L'esthétique en question* où il se propose, d'une part, d'initier les compositeurs-parfumeurs à une philosophie esthétique qui prend appui sur un modèle kantien transposé à l'olfaction, et d'autre part, d'attirer l'attention des philosophes sur la composition de parfums et ses problèmes spécifiques, afin de nourrir et d'informer leurs réflexions.

L'anosmie des philosophes

Peut-on pour autant parler avec Joël Candau d'un vacarme olfactif qu'entendrait, « quiconque consent à abandonner les discours convenus et répétitifs sur l'odoriphobie des sociétés occidentales »[1], et célébrer « l'odoramania » actuelle, comme le fait la revue *Beaux-Arts Magazine*[2] ? Loin s'en faut, du moins chez les philosophes, qui continuent à ignorer superbement leur nez, malgré les invitations pressantes d'Edmond Roudnitska à le prendre en considération. L'odorat n'apparaît pas comme un véritable objet philosophique et la spéculation à son propos semble plutôt du ressort de la physiologie ou des sciences de l'information et de la communication.

1. *Mémoire et expériences olfactives*, p. 14.
2. C'est le titre du numéro 23 de décembre 2003.

Les progrès récents de l'osmographie et de l'osmologie n'ont pas permis de faire entrer l'odeur et l'olfaction dans le répertoire de la philosophie académique. Quelques voix, cependant, s'élèvent pour briser le silence à ce sujet. La pionnière en la matière est sans conteste Annick Le Guérer, philosophe et historienne, qui s'est interrogée de manière centrale sur les pouvoirs de l'odeur à travers les siècles[1] et sur les raisons de la méfiance des philosophes et des psychanalystes à son endroit. Si ce livre a connu un grand succès auprès des sociologues, des anthropologues et des créateurs parfumeurs, il n'a pas encore rencontré l'écho qu'il méritait au sein de la communauté philosophique, de sorte que les recherches à ce sujet restent marginales et se heurtent au scepticisme.

Cette réticence tient en partie au fait qu'une investigation portant sur l'odorat souffre du même discrédit culturel que l'odorat lui-même et que la reconnaissance du caractère majeur ou mineur d'une recherche est moins liée à sa qualité intrinsèque qu'à la dignité prêtée à son objet. Constance Classen observe ainsi qu'en vertu du statut privilégié de la vue en occident, les études académiques sur la vision et le visible sont prises au sérieux par l'institution alors que les tentatives d'analyse de l'odorat encourent toujours le risque d'être considérées comme frivoles et peu pertinentes[2]. Si la valeur d'une recherche tend à épouser le sort de son objet, il importe alors d'urgence de réhabiliter le nez ou de détruire le préjugé selon lequel il ne saurait y avoir de grande philosophie sur un petit objet.

De ce point de vue, il faut saluer le bel éloge des cinq sens entrepris par Michel Serres[3] ainsi que l'initiative critique de Michel Onfray qui fustige « les contempteurs du nez » dans son *Art de jouir*[4] et revendique l'héritage des philosophes matérialistes défendant l'odorat. L'odeur et l'odorat restent toutefois à l'arrière-plan

1. Cf. *Les pouvoirs de l'odeur*, Paris, Odile Jacob, 1998 ; voir également le livre d'Hélène Faivre, tiré de sa thèse de doctorat de philosophie, *Odorat et humanité en crise à l'heure du déodorant parfumé*, L'Harmattan, 2001.

2. Cf. *Aroma, The Cultural History of Smell*, p. 5.

3. *Les cinq sens*, Paris, Hachette littératures, 1985.

4. Cf. p. 97-140. Paris, Livre de poche, Grasset, 1991.

dans leurs travaux et ne constituent pas des objets sur lesquels se focalisent prioritairement leurs recherches. On pourrait même reprocher à l'auteur des *cinq sens* de n'en traiter en réalité que quatre, car en dépit de l'importance qu'il lui accorde, jamais Michel Serres ne fait à l'odorat un sort à part, mais il le lie indissolublement au goût dans le chapitre intitulé « Tables ». Contrairement aux autres sens, qui tour à tour occupent le devant de la scène synesthésique, le toucher dans « Voiles », l'ouïe dans « Boîtes », la vue dans « Visite », le nez n'a pas droit à un chapitre distinct et occupe la fin de « Tables ». Certes, il est malaisé, voire inopportun d'analyser séparément l'activité de chacun des sens qui concourt à la perception globale d'un objet, mais dans ce cas-là, on voit mal pourquoi l'on accorderait à la vue, à l'ouïe ou au toucher, ce que l'on refuse à l'odorat et au goût. Bien que l'odeur et la saveur soient intimement unies, à tel point que les termes de parfum et d'arôme renvoient à la fois à la sphère olfactive et gustative, et que l'anosmie s'accompagne souvent d'une perte du goût, elles ne doivent pas cependant être systématiquement confondues. En dépit des interférences, le système olfactif est physiologiquement distinct du système gustatif. Il est constitué de neurones sensoriels qui détectent les molécules odorantes, soit par la voie respiratoire lorsqu'il s'agit d'odeurs, soit par la voie rétronasale lorsqu'il s'agit d'arômes mettant en jeu le goût. Les molécules odorantes et les molécules sapides ne sont pas identiques, de sorte que tout parfum et tout arôme ne sont pas susceptibles d'être savourés. Il y a donc une spécificité du nez irréductible au goût. Dès lors, on peut s'étonner de constater qu'au sein même de l'entreprise de Michel Serres, qui remet en cause le primat de la vue et vise à réhabiliter les sens dans leur totalité, le nez reste un appendice du goût et des arts de la table et ne s'en émancipe jamais pleinement, malgré quelques envolées sur le baume et le nard.

Doit-on alors en conclure qu'une esthétique olfactive pure soit impossible et que l'odorat ne puisse jamais constituer un objet philosophique à part entière ? La question se pose en effet de savoir si l'absence d'une réflexion philosophique sur l'odorat, qui soit l'équivalent des nombreuses recherches entreprises sur l'harmonie et la musique, ou sur la peinture et le visible, est liée à de simples préventions, à des causes extérieures contingentes, ou si elle tient à la nature intrinsèque de l'odeur. Sans doute le manque d'audace intellectuelle, le conservatisme frileux et la soumission à la tradition, qui incitent généralement à souscrire à la philosophie dominante, à reproduire et à reconduire les types d'investigation débouchant sur une reconnaissance institutionnelle, ne sont-ils pas étrangers à ce mutisme olfactif ambiant, mais ils ne sauraient suffire à l'expliquer. Car la pusillanimité et la vénération servile de l'autorité dans lesquelles Bacon voit l'un des principaux obstacles au progrès ne sont pas l'apanage des philosophes et elles n'ont pas empêché l'émergence de recherches dans les autres disciplines.

Sans nier le courage intellectuel des historiens, des anthropologues ou des sociologues qui ont su briser des carcans et défier les sarcasmes, il faut remarquer que la nature de leurs objets et les règles qui président à sa constitution se prêtent sans doute mieux à une approche de l'odorat que la philosophie. Malgré les difficultés de trouver des sources et de collecter des informations, l'historien peut établir une histoire de la perception olfactive et étudier la manière dont les hommes se représentent les odeurs et les parfums à travers les siècles, l'anthropologue peut analyser les variations du rapport à l'odorat selon les cultures, et le sociologue interroger les divers comportements et usages sociaux des hommes face à leur nez. Mais l'élaboration d'une philosophie de l'odorat est bien plus malaisée, car l'idée d'une pensée du nez, qu'elle soit comprise comme pensée *sur* ou *par* le nez, semble d'emblée frappée d'inanité.

Certes, il est toujours possible d'analyser la façon dont les philosophes ont rendu compte de l'odorat et tenté d'expliquer ses fonctions. Il existe ainsi des débats chez les philosophes de l'Antiquité autour de la question de savoir si l'odorat est systématiquement produit par la respiration ou par la perception d'effluves n'impliquant pas la fonction respiratoire, et si les odeurs contribuent à la nutrition et à la santé, débats dont Aristote, notamment, se fait l'écho dans le chapitre V de son traité *De la sensation*. Mais ces considérations touchent davantage à la physiologie et à la médecine qu'à la philosophie, du moins telle que nous l'entendons aujourd'hui. Elles mettent en jeu la distinction entre la fonction olfactive et la fonction respiratoire, qui relève désormais de la biologie, ou la connaissance des propriétés curatives des odeurs, qui est actuellement du ressort de l'aromathérapie. Ce n'est d'ailleurs pas un hasard si, dans l'Antiquité, ce sont surtout chez des philosophes médecins comme Hippocrate et Galien[1] que se trouvent des références abondantes aux odeurs, à leur rôle dans l'équilibre des humeurs, et si à la Renaissance des disciples pétris de leurs enseignements, comme Marcile Ficin, s'emploient à chasser la mélancolie par un bouquet d'arômes choisis[2]. Lorsqu'à l'époque moderne, Descartes aborde à son tour l'odorat dans son *Traité de l'homme*[3], il le fait en physiologiste mécaniste qui analyse la manière dont ce sens dépend des petits filets de nerfs déliés, mus par de fines parties terrestres, les odeurs, ou les parties les plus subtiles de l'air au cours de la respiration. Sa description anatomique ressort de cette médecine qu'il appelle de ses vœux et en constitue comme l'avant-programme, mais ne s'accompagne nullement de spéculation sur la vérité de l'olfaction. Sans nier l'intérêt d'étudier ces diverses tentatives d'explication physiologique, qui offrent une matière riche à l'histoire des sciences, de la médecine et de l'anatomie, il faut reconnaître qu'elles n'ont pas pour objet une philosophie de l'odorat à proprement parler, car la plupart du temps, elles ne s'interrogent ni sur le sens ou la vérité du nez ni sur la valeur esthétique et artistique des odeurs.

Pour dépasser cette approche descriptive, il est possible d'adopter une perspective comparatiste et de confronter les doctrines philosophiques à ce sujet en examinant non seulement la manière dont les auteurs expliquent l'odorat, mais le rôle et la place qu'ils lui assignent dans l'économie de leur système. Il s'agit alors moins de se livrer à une réflexion anatomique sur le nez que de se pencher sur la

1. Cf. le traité *De instrumento odoratus,* ainsi que le traité *Sur la respiration*; cf. également le traité *Sur l'utilité des parties du corps humain*, livre VIII, ch. VI et VII ainsi que le traité *Des lieux affectés*, III, ch. XIII et XV.

2. Cf. *Les trois livres de la vie*, II, ch. 15.

3. Cf. *Œuvres de Descartes*, AT, XI, p. 147-149.

perception de la perception olfactive et d'analyser les raisons de la désaffection philosophique à son endroit. C'est la voie dans laquelle Annick Le Guérer s'est engagée dans la quatrième partie de son livre consacrée au nez des philosophes. Partant de l'ambivalence de l'odorat et de l'odeur dans la philosophie gréco-latine, l'auteure met tour à tour l'accent sur leur dévaluation ou leur réhabilitation au cours des siècles, en fonction des divers présupposés éthiques et ontologiques. Le Guérer esquisse ainsi les grandes lignes d'une histoire de la philosophie de l'odorat, mais elle ne s'interroge pas sur les principes de la constitution d'une philosophie générale du nez, sur l'existence dans l'absolu d'une « sagesse des odeurs » entendue à la fois comme théorie et pratique olfactives fondées en vérité. Est-ce à dire alors que toute méditation philosophique sur l'odorat se ramène nécessairement au récit de son éclipse, au mouvement de son ellipse et de sa réhabilitation à travers les siècles ? Peut-on aller au-delà d'une histoire de la philosophie raisonnée pour spéculer sur le nez dans sa positivité ?

L'idée même de rechercher une vérité ou un art du nez paraît saugrenue tant l'objet des investigations semble mince et ténu. L'odeur, en raison de son immédiateté et de son évanescence, n'a pas grande réalité ; elle se prête mal à une saisie conceptuelle, de sorte qu'une interrogation philosophique à son propos risque de s'envoler en fumée et de se volatiliser, à l'image de son objet. Elle n'a pas l'épaisseur ontologique d'une chose ni la consistance épistémologique d'une idée. C'est ce que souligne le roman de Radhika Jha : lorsque le concepteur publicitaire Desprès se propose de vendre non pas l'odeur, mais l'idée d'odeur pour inciter les clients à l'achat, Lîla, l'héroïne qui vit par les narines, réplique aussitôt en lui demandant : « Qu'est-ce que vous entendez par "l'idée d'odeur" ? Une odeur n'est pas une idée. »[1] À peine réelle, l'odeur est plus idéale qu'idéelle, elle renvoie au monde fugitif des apparences sur lequel aucune spéculation solide ne saurait se fonder. En outre, lorsqu'elle est parfumée, l'odeur relève davantage de la cosmétologie que de la

1. *L'odeur*, Éditions Philippe Picquier, p. 325.

philosophie. Lié à l'univers frivole de la mode, de l'artifice et de la parure, le parfum est plus susceptible de capter l'attention des sophistes que des philosophes. Il reste encore empreint du sceau du féminin futile ou de la superficialité mondaine qui l'éloigne de la profondeur de la spéculation virile. Saint Bernard allait même jusqu'à dire : *odoratus impedit cogitationem*, l'odorat empêche de penser. Bien que Derrida ait montré tout l'intérêt d'une archéologie du frivole, il n'en reste pas moins que le projet d'élaborer une philosophie du nez ressemble *a priori* à un songe-creux.

Le premier bilan est donc bien décevant : un objet volatil et futile face à un sujet mené par le bout de son nez. Il n'y a pas vraiment là de quoi trouver matière à penser. L'idée d'une philosophie de l'odorat paraît donc plus fumeuse que fameuse ; elle est destinée à se perdre dans les nuées ou à finir sous les huées. Dès lors, par un de ces retours à l'envoyeur dont l'histoire a le secret, une spéculation sur l'olfaction risque de connaître le sort de ces philosophes anciens à propos desquels l'un des protagonistes baconiens des *Pensées et vues*, ironiquement, s'écrie : « tu me demandes encore, mon fils, si je vais faire servir tous leurs écrits à envelopper de l'encens et des aromates ? » [1]

Bien que nous voyions mal comment la philosophie pourrait s'attarder sur une manière de sentir, gardons-nous d'en conclure trop vite à l'inanité d'une telle recherche. Diderot n'imagine-t-il pas un nez géomètre dans sa *Lettre sur les sourds et muets* ? Alors pourquoi n'existerait-il pas un nez philosophe ou un philosophe-nez ? « Philosophe-nez », la formule est belle en vérité, bien que l'on puisse craindre de la voir se résumer à un pur *flatus vocis*, à un oxymore vidé de toute réalité. Si toutefois une philosophie de l'odorat n'existe pas, il faut tenter de l'inventer pour en vérifier la vanité ou le bien-fondé. La présomption d'impossibilité est l'une des causes de la stagnation du savoir et, si l'on en croit Bacon qui la fustige, « tout ce qui est digne d'être est digne aussi de la science, qui est à l'image de l'être. Bien plus, [rajoute-t-il,] de même que de substances putrides

1. Cf. p. 75, PUF.

comme le musc et la civette, se dégagent parfois des odeurs exquises, de même d'instances viles et repoussantes jaillit parfois une lumière et une information précieuse. »[1] La comparaison est éloquente et particulièrement bien choisie, car elle révèle qu'il n'y a pas d'objet philosophique noble ou ignoble en soi, à partir d'un registre olfactif, prouvant par là même que l'odeur est susceptible de fournir des modèles pour la connaissance. Alors qui sait si d'une interrogation sur l'existence d'une idée de la boue, de la saleté ou de la puanteur, pour parler comme l'impertinent Parménide[2], ne peut pas naître un parfum de vérité jamais respiré ?

Au-delà de la métaphore, toute la question est de savoir si la philosophie peut véritablement constituer l'odeur et l'odorat en objets de pensée et promouvoir une olfactologie rationnelle qui élargisse et enrichisse son champ d'investigation traditionnel. La définition d'une philosophie de l'odorat implique alors l'examen du rôle et de l'usage possible des odeurs et parfums aussi bien au sein du système des connaissances que des pratiques humaines. Elle suppose donc la recherche de formes de pensée et d'action qui témoignent de la spécificité du monde olfactif et manifestent son essence philosophique.

Cette entreprise implique au préalable que soient levés les obstacles qui l'entravent. La sédimentation des idées dominantes et des habitudes intellectuelles finit en effet par aveugler et paralyser. Qu'elle s'applique à la vue, à l'ouïe ou au nez, la connaissance doit cesser d'être une évidence naturelle pour être questionnée. Devant elle, nous dit Bachelard, « l'esprit n'est jamais jeune, il est même très vieux, car il a l'âge de ses préjugés »[3]. Il est donc nécessaire de rajeunir en tournant le dos aux certitudes passées qui avalisent le primat de la vue et se polarisent sur elle de manière indue au détriment du nez. L'objectif n'est pas de renverser la hiérarchie des sens, de substituer la tyrannie des odeurs à l'hégémonie des images,

1. *Novum Organum*, I, 120.
2. Cf. Platon, *Parménide*, 130c-131b.
3. Bachelard, *La formation de l'esprit scientifique*, ch. I, p. 14.

d'opposer la volupté du parfum à la pureté du son, mais de fonder une nouvelle manière de sentir et de penser libre de préjugés.

C'est pourquoi il est nécessaire d'abord de réfléchir à la nature du sens olfactif en écartant les obstacles qui empêchent à la fois de le cerner et d'être concerné par lui. C'est seulement à partir de cet examen des caractéristiques propres à l'odorat qu'il deviendra ensuite possible d'aborder le problème de la constitution d'une esthétique olfactive et d'un véritable art du nez. Dans le prolongement de ces investigations sur la puissance expressive des odeurs, il s'agira enfin de s'interroger sur les conditions de possibilité d'une philosophie du nez et sur l'existence de modèles olfactifs de pensée.

Première partie

La sensibilité olfactive

CHAPITRE 1

Nature et préjugés

Le parfum
Qui es tu, insaisissable : toi, esprit ?
Comment sais-tu où et quand me trouver,
Toi qui rends ce qui est intérieur (comme un aveuglement)
Si intime qu'il se referme et gravite ? [...]

Ah, qui verrait de la musique en un miroir
Te verrait toi, et saurait ton nom.

Rilke, *Poèmes épars et fragments 1897-1926*

Alors que l'évidence désigne ce qui se voit comme un nez au milieu de la figure, le nez en lui-même reste curieusement un point aveugle. Qu'il soit pic, cap, ou péninsule, il est le plus souvent *terra incognita*. La détermination de la nature de la sensibilité olfactive, qui est la condition *sine qua non* de la constitution d'une philosophie de l'odorat, n'a rien d'une évidence, car elle se heurte à toute une série de difficultés que Bachelard désigne sous le nom d'obstacles épistémologiques. Ces obstacles épistémologiques tiennent moins à la nature de l'objet perçu qu'aux représentations du sujet percevant qui font écran à une nouvelle approche. Il importe alors de mettre au jour les causes d'inertie, de stagnation liées aux croyances, aux présupposés et aux opinions incrustées qui empêchent le progrès de la réflexion sur le nez. Bien qu'ils soient souvent alimentés par les philosophes eux-mêmes, ces obstacles épistémologiques interviennent de manière récurrente dans toutes les réflexions « odoriphiles » ou « odoriphobes » consacrées au sens de l'odorat, et c'est la raison pour laquelle il ne suffit pas de les évoquer, mais il est nécessaire de les détruire ou d'apprendre à les contourner.

Un sens faible ou affaibli ?

Le premier et le plus évident des obstacles à la constitution d'une philosophie de l'odorat s'enracine dans des considérations d'ordre physiologique et organique. Il tient au caractère apparemment peu développé ou atrophié de l'appareil olfactif chez les êtres humains, par comparaison avec le flair puissant de l'animal. Dans la nouvelle « Le nom, le nez », Italo Calvino oppose ainsi l'homme ancien de la préhistoire marqué par une hyperosmie à l'homme futur devenu parfaitement anosmique. Jadis, « tout ce qu'il nous fallait comprendre nous le comprenions par le nez avant que par les yeux, le mammouth le hérisson l'oignon la sécheresse la pluie sont d'abord des odeurs ce qui est bon à manger ce qui ne l'est pas notre ennemi la caverne le danger tout est perçu d'abord par le nez, le monde est tout nez, notre monde est le nez. »[1] Ce monde nez, qui fait écho à la fiction chez Diderot d'un peuple doté uniquement d'un organe olfactif[2], fait place peu à peu à l'univers aseptisé et inodore d'un homme dépourvu d'odorat au point que les fragrances des parfums pourraient devenir des hiéroglyphes. C'est du moins ce que prophétise Italo Calvino : « Comme autant d'épigraphes en un alphabet indéchiffrable, dont la moitié des lettres auraient été effacées par le polissage du vent chargé de sable, c'est ainsi que vous serez, parfumeries, pour l'homme sans nez de l'avenir. »[3] L'odorat fait aujourd'hui figure de sens faible de sorte que l'absence d'une réflexion à son sujet semble tout à fait naturelle et parfaitement légitime. Il reste à savoir si cette faiblesse est avérée et si elle est rédhibitoire pour une philosophie de l'odorat.

1. Italo Calvino, « Le nom, le nez », *Sous le soleil jaguar*, Seuil, p. 13-14.
2. Cf. *Lettre sur les sourds et muets.*
3. *Ibid.*, p. 9.

L'infériorité imputée au nez

Dès l'Antiquité, les philosophes ont souscrit à l'idée d'une faiblesse et d'une infériorité du sens olfactif. D'une part, l'odeur et la saveur sont souvent mêlées et difficiles à distinguer ; d'autre part, le goût l'emporte sur la fragrance et contribue à l'éclipser. C'est ce que soulignait déjà Aristote dans son *Traité de la sensation et des sensibles* : « Ce qui relève des saveurs nous apparaît plus clairement que ce qui relève de l'odeur. La cause en est que nous disposons d'un odorat nettement inférieur à celui des autres animaux et aux autres sens qui nous appartiennent, alors que notre toucher a beaucoup plus d'acuité que celui des autres animaux. » [1]

L'odorat est donc doublement relégué au niveau inférieur. Au sein du genre animal, d'une part, l'homme est battu à plate couture par nombre d'animaux. Il n'a rien d'un fin limier et ne peut ni se mesurer avec un chien de chasse qui flaire le gibier à grande distance, ni rivaliser avec les papillons mâles qui sont capables, d'après l'entomologiste Jean-Henri Fabre, de percevoir l'odeur de la femelle à plus d'un kilomètre à la ronde. Au sein de l'espèce humaine, d'autre part, l'odorat occupe le plus bas degré dans la hiérarchie des sens. En effet, pour Aristote, les sensations contribuent à la conservation de l'être vivant : elles permettent de vivre, voire de bien vivre lorsque l'on a affaire à un être qui possède l'intelligence. La conservation comporte deux aspects : la nutrition assurée par le toucher et le goût, et la préservation du danger dévolue à l'odorat, l'ouïe et la vue. Aristote insiste tout particulièrement sur le rôle du toucher et le considère comme aussi important que le goût dans la fonction de nutrition. Sans lui, en effet, l'animal ne pourrait pas se nourrir, car il ne pourrait pas tirer d'information du contact avec les autres corps. Quant à « l'odorat, l'ouïe et la vue, leur présence assure la sauvegarde de tous ceux qui les possèdent, en leur permettant de recher-

1. *De la sensation*, 440b30-441a, *Petits traités d'histoire naturelle*, traduction Pierre-Marie Morel, G.F., p. 79.

cher leur nourriture en fonction d'une sensation antécédente et de se détourner de ce qui est dangereux »[1]. Si l'odorat joue indéniablement un rôle vital en détectant les produits toxiques, les émanations nocives et les poisons, il n'occupe toutefois pas la première place que la vue et l'ouïe se partagent tour à tour suivant que l'on considère la simple survie ou la vie selon l'intelligence. Pour ce qui concerne la nécessité de la vie, la vue est la meilleure, mais l'ouïe lui dispute ce titre pour ce qui concerne l'intellect[2]. Dans tous les cas de figure, l'odorat vient après l'ouïe et la vue pour ce qui concerne la préservation du danger et s'avère moins développé que le toucher et le goût avec lequel il est souvent confondu.

Son caractère moins développé que celui de l'animal et son rôle secondaire par rapport aux autres sens est un leitmotiv de la réflexion philosophique. Ainsi Rousseau insiste-t-il à son tour sur la faiblesse du sens de l'odorat pris en lui-même en montrant que seule l'imagination lui confère une force qu'il n'a pas nativement en transformant la sensation par le jeu des passions. « Les odeurs par elles-mêmes sont des sensations faibles ; elles ébranlent plus l'imagination que le sens [...]. L'odorat ne doit donc pas être fort actif dans le premier âge, où l'imagination, que peu de passions ont encore animée, n'est guère susceptible d'émotion, et où l'on n'a pas encore assez d'expérience pour prévoir avec un sens ce que nous en promet un autre. Aussi cette conséquence est-elle parfaitement confirmée par l'observation ; et il est certain que ce sens est encore obtus et presque hébété chez la plupart des enfants. »[3]

Cette faiblesse est généralement expliquée de deux manières, elle est parfois conçue comme originaire et constitutive. C'est notamment la thèse soutenue au XVIIIe siècle par le baron de Haller qui affirme à propos de l'homme, dans son article intitulé « Art, odorat », que « l'odorat lui était moins nécessaire, il était fait pour marcher droit, pour découvrir de loin ce qui pouvait lui servir d'aliment ;

1. *Ibid.*, 436b-437a, p. 67.
2. Cf. *ibid.*, p. 67.
3. *Émile*, livre II, G.F., p. 200-201.

la vie sociale et la parole le pouvaient instruire des qualités des corps dont il serait tenté de se nourrir »[1]. Mais le plus souvent cette faiblesse est présentée comme le résultat d'une évolution naturelle. Darwin estime ainsi un siècle plus tard que la faculté olfactive qui est déterminante chez la plupart des mammifères tend à s'affaiblir chez l'homme au cours de l'évolution, car il n'en a plus besoin, et cette caution scientifique va accréditer encore plus fortement l'idée que l'odorat est un sens atrophié. Freud souscrit lui aussi à cette idée d'un déclin de l'olfaction qu'il impute à deux causes fondamentales, d'ordre anatomique et social. Il fait valoir que l'odorat, comme la sexualité, a dû subir de profondes modifications au cours de l'évolution de l'homme, notamment à partir du moment où nos ancêtres ont adopté la station debout. En cessant de marcher à quatre pattes et en s'éloignant du sol, ils ont dégagé leur nez et se sont en partie soustraits au pouvoir excitant de l'odeur et sont devenus plus sensibles aux perceptions visuelles. « Le retrait à l'arrière-plan du pouvoir excitant de l'odeur semble être lui-même consécutif au fait que l'homme s'est relevé du sol, s'est résolu à marcher debout, station qui, en rendant visibles les organes génitaux jusqu'ici masqués, faisait qu'ils demandaient à être protégés, et engendrait ainsi la pudeur. À partir de là un enchaînement se déroule qui, de la dépréciation des perceptions olfactives et de l'isolement des femmes au moment de leurs menstrues, conduisit à la prépondérance des excitations visuelles, à la visibilité des organes génitaux, puis à la continuité de l'excitation sexuelle, à la fondation de la famille et de la sorte au seuil de la civilisation humaine. »[2] Certes Freud présente son analyse comme une pure spéculation théorique qu'il faudrait vérifier avec exactitude sur les animaux dont les conditions de vie se rapprochent le plus de celles des hommes. Il est clair toutefois pour lui que l'effacement du sens de l'odorat au profit des excitations visuelles est à la fois une conséquence de la verticalité de l'homme et le résultat d'un processus de civilisation refoulant les odeurs. Mais que l'odorat soit

1. *Op. cit.*, Corbin, *Le miasme et la jonquille*, Avant-propos, p. IV.
2. *Malaise dans la civilisation*, p. 50, PUF.

faible par nature ou affaibli au cours de l'histoire ne change rien à l'affaire, la débilité imputée au nez constitue un premier obstacle à la constitution d'une philosophie de l'odorat.

L'enfant et son nez

Cet obstacle, toutefois, n'a rien de rédhibitoire. L'objection selon laquelle l'odorat ne pourrait pas faire l'objet d'une approche philosophique en raison du caractère peu développé de l'appareil olfactif chez les humains par rapport à celui des animaux ne résiste pas à l'examen. En effet, d'une part, il est possible de rétorquer que l'appareil acoustique de l'homme est bien inférieur en puissance à celui d'autres animaux, comme les chiens et les dauphins qui perçoivent les ultrasons et que cela n'a nullement entraîné la disqualification de l'ouïe et l'absence d'une réflexion sur le son et la musique. L'engouement des philosophes pour la musique prouve *a contrario* qu'aussi faible soit-il par comparaison avec les animaux, un sens peut faire l'objet de spéculations nombreuses, comme en témoignent les réflexions de Platon sur l'harmonie dans la *République* et dans les *Lois*, le *Compendium musicae* de Descartes ou le *Dictionnaire de musique* de Rousseau, l'examen du *cas Wagner* par Nietzsche ou la fascination de Jankélévitch pour l'art musical. Le même type de raisonnement peut être appliqué à la vision. Notre vue a beau être moins perçante que celle des aigles mais cela n'a nullement détourné les philosophes d'une méditation sur la vision et les arts visuels. Les *Essais sur la peinture* de Diderot, les analyses de Merleau-Ponty sur *L'œil et l'esprit* et les réflexions de Gilles Deleuze sur le cinéma et l'image en fournissent d'éclatantes preuves.

D'autre part, l'idée d'une faiblesse ou d'un affaiblissement du sens olfactif au cours des siècles est sans doute plus un mythe qu'une réalité[1]. Si Rousseau a raison d'insister sur le rôle amplificateur de

1. Voir sur ce point l'article d'Annick Le Guérer, « Le déclin de l'olfactif : mythe ou réalité ? », *Anthropologie et sociétés*, Paris, 1990, p. 115-121.

l'imagination et de son cortège de passions, il a tort de minimiser la portée du sens olfactif, et de le considérer comme peu actif, obtus et hébété chez la plupart des enfants. L'enfant aux premiers stades de son développement est particulièrement sensible aux odeurs et découvre le monde par le nez et la bouche avant même de faire un usage précis de la vue ; à la naissance, il découvre à peine les formes et les couleurs. En revanche, la dimension olfactive est primordiale. C'est grâce à l'odeur du sein maternel que des enfants nouveau-nés sont capables de s'orienter et de se tourner spontanément vers cette source de nourriture quelques instants après la naissance, comme le révèlent les travaux de R.H. Porter et J. Winberg[1]. Cela tient au fait que les sécrétions du sein maternel ont un profil chimique qui recouvre en partie celui du liquide amniotique de sorte que l'odeur est analogue et sert de repère à l'enfant qui s'est habitué à elle lors de son séjour intra-utérin. Le fœtus en effet est très vite à même de détecter les molécules chimiques odorantes de l'utérus. Ce phénomène s'explique, selon Danielle Malmberg, spécialiste de la relation olfactive mère-enfant, par le fait que les récepteurs de goût et d'odorat de l'embryon se différencient très tôt, juste après le tact. « À la quatorzième semaine de gestation, des cellules sensorielles et morphologiquement matures apparaissent. Lorsqu'il commence à avaler de manière épisodique à la douzième semaine de grossesse, la composition chimique du liquide amniotique stimule très rapidement ses récepteurs gustatifs et olfactifs. C'est ainsi que dans le ventre de sa mère, le fœtus qui “inhale” deux fois plus de liquide amniotique qu'il n'en avale, goûte constamment le liquide qui remplit sa bouche et son nez. Au cours du sixième mois de gestation se produit la dissolution du bouchon nasal, ce qui favoriserait encore une meilleure détection des substances odorantes parfumant le liquide amniotique. »[2] C'est par son nez que le bébé non seulement se guide vers le sein maternel, mais identifie sa mère et la reconnaît à

1. Cf. leur article intitulé « Unique salience of maternal breast odors for newborn infants », *Neuroscience Biobehavioral Reviews* n° 23, 1999, p. 439-449.

2. « D'amours et d'odeurs, la relation olfactive mère-enfant », *À fleur de peau*, p. 33.

son odeur dans les jours qui suivent sa naissance, comme l'a mis en évidence A. Macfarlane[1]. Grâce à un système disposant de chaque côté de la tête du nouveau-né deux tampons de gaze dont l'un a été en contact avec le sein maternel, et l'autre est, soit inodore, soit imprégné de l'odeur du sein d'une autre femme ayant un enfant du même âge, il constate que la majorité des bébés se tourne spontanément vers le tampon qui porte l'odeur de la mère. Dès l'âge de trois jours, le nouveau-né adopte des comportements très différents en fonction du milieu olfactif; il a tendance à se calmer lorsqu'il est orienté vers un coton imprégné de l'odeur de sa mère et à s'agiter au contraire face à l'odeur d'une autre mère[2]. L'odorat contribue ainsi fortement à l'élaboration du lien affectif à la mère et à l'attachement que le bébé a pour elle. Benoist Schaal insiste également sur la mémoire olfactive du nouveau-né acquise *in utero* en fonction de la qualité de l'odeur du liquide amniotique qui varie selon l'alimentation maternelle lors de la grossesse. Il observe notamment que « la consommation, en fin de gestation, de repas aromatisés au fenugrec, au curry, à l'ail ou encore au cumin confère au liquide amniotique et au nouveau-né lui-même l'odeur correspondante. Lorsque l'odeur supposée dominer *in utero* est présentée au nouveau-né, celui-ci manifeste des réponses claires de détection et de préférence envers celle-ci. Ainsi des enfants nés de mères ayant consommé des aliments anisés en fin de gestation montrent des conduites d'appétence à l'égard de l'anis quatre jours après la naissance, alors que des enfants nés de mères non consommatrices d'anis ne montrent aucune réaction indicatrice d'une signification particulière de l'anis »[3].

1. Cf. « Olfaction in the development of social preferences in the human neonate », *Ciba Foundation Symposium*, n° 33, 1975, p. 103-113.

2. Voir sur ce point B. Schaal, H. Montagner, H. Hertling, E. Bolzoni, D. Moyse, R. et R. Quichon, 1980, « Les stimulations olfactives dans les relations entre l'enfant et la mère ». *Reproduction, Nutrition, Developement*, n° 20, 843-858. Voir également H. Montagner, *L'attachement, les débuts de la tendresse*, Paris, Odile Jacob, 1998.

3. « Le "matrimoine olfactif" : transmissions odorantes entre générations », *Olfaction et patrimoine, quelle transmission ?*, Edisud, 2004, p. 61.

Certes, bien qu'il soit capable dès les premiers jours de reconnaître sa mère, le nouveau-né n'est pas pour autant en mesure d'identifier un grand nombre d'odeurs. Ses récepteurs de goût et d'odorat, qui se différencient juste après le tact, ne lui permettent pas de décoder toutes les odeurs. La saisie des différences résulte d'un apprentissage culturel et de l'exercice. À la naissance, l'enfant ne jouit pas entièrement de ses sens, que ce soit de la vue ou de l'odorat car la myélinisation requise pour le développement des nerfs ne s'opère que progressivement. De ce point de vue, Rousseau a raison de considérer que l'odorat est moins puissant chez l'enfant que chez l'adulte, mais cela n'implique pas pour autant que le sens olfactif soit faible.

La prééminence génétique de l'olfaction

Cette idée d'une faiblesse ou d'une dégénérescence de l'odorat est en fait le fruit d'une croyance fausse induite par l'anatomie comparée au XIXe siècle. En comparant la partie du cerveau consacrée à l'olfaction à celles qui sont dévolues aux autres fonctions sensorielles, on a constaté une régression de son volume au fil de l'évolution et on en a déduit qu'il y a un déclin du système olfactif. En réalité il n'en est rien et cette conclusion hâtive se trouve remise en cause aujourd'hui. Les travaux des prix Nobel 2004 de physiologie et de médecine, Linda R. Buck et Richard Axel[1], ont permis de montrer que les cellules porteuses des récepteurs olfactifs et qui réagissent à telle ou telle molécule odorante n'ont pas de véritable regroupement topographique contrairement à ce qui se passe pour tous le autres organes sensoriels qui fonctionnent sur un mode topographique direct. Le fait que le volume de la partie du cerveau consacrée à l'olfaction soit moindre que celui des autres sens n'est donc pas significatif. Les deux chercheurs américains ont révélé l'existence de récepteurs cellulaires d'un genre très particulier situés

1. Publiés dans la revue *Cell*, avril, 1991.

non pas au sein du cerveau mais dans la zone transmembranaire des cellules de l'épithélium olfactif et ils ont découvert par la suite que les récepteurs sensibles aux molécules odorantes appartenaient à une famille plus large de récepteurs. Pour saisir la portée de leurs résultats, il faut savoir qu'une odeur perçue renvoie à l'association de plusieurs molécules odorantes. À titre d'exemple, l'odeur de rose met en jeu deux cents molécules. Lorsque ces molécules odorantes parviennent aux narines, elles activent les récepteurs des odeurs présents dans le nez. Chaque récepteur ne reconnaît qu'une molécule et provoque par des mécanismes enzymatiques une réaction de la cellule. Pour qu'une odeur soit perçue et reconnue, il faut donc opérer la synthèse des différents signaux que les cellules envoient au cerveau. Ces signaux sont regroupés dans les glomérules situés dans le bulbe olfactif et transmis au niveau cérébral supérieur, au cortex, qui va les identifier. Les chercheurs L. Buck et R. Axel ont ainsi découvert que la famille des gènes qui président à la synthèse de ces récepteurs était de loin la plus importante chez les vertébrés. Ils sont parvenus à décrire un millier de gènes associés aux récepteurs olfactifs chez les rongeurs, ce qui représente environ 3 % de leur génome, et trois cents gènes chez les humains, ce qui représente 1 % de leur génome. Chacun de ces gènes répond à une molécule odorante spécifique et est associé aux récepteurs olfactifs qui permettent à l'homme de mémoriser et de reconnaître près de dix mille odeurs. À titre de comparaison, Jean-Yves Nau fait observer qu'il s'agit d'une famille « supérieure en nombre à celle des récepteurs du système immunitaire, système qui doit pourtant identifier l'ensemble des molécules que perçoit cette famille comme ne faisant pas partie de l'organisme »[1] et il en conclut que « loin d'être une fonction en régression au cours de l'évolution, l'olfaction occupe une place prééminente »[2]. C'est ce que confirme le directeur de l'unité de perception et mémoire olfactive de l'Institut Pasteur CNRS, Pierre-Marie Lledo. Non seulement l'odorat n'est pas une fonction sensorielle en

1. Cf. son article dans *Le Monde* du 6 octobre 2004, p. 23.
2. *Ibid.*

déclin, mais l'appareil olfactif de l'homme a développé des capacités uniques.

Certes, on pourrait croire de manière simpliste au vu des chiffres que les rongeurs ont un odorat trois fois supérieur à l'homme puisqu'ils ont trois fois plus de gènes associés aux récepteurs olfactifs. Interrogé sur ce point, Pierre-Marie Lledo réfute cette idée toute faite qui repose sur une forme de comparatisme sommaire : « Il nous faut définitivement tordre le coup aux vieilles théories selon lesquelles cette fonction, chez l'homme, est archaïque. On peut en avoir l'impression sur la base du nombre de gènes impliqués. Mais il faut savoir que l'appareil olfactif humain s'est développé de manière à avoir des capacités uniques par rapport à celui de tous les vertébrés. Nous sommes les seuls à pouvoir mettre un objet alimentaire dans la bouche, à le réchauffer et à avoir ensuite, par voie rétronasale, une stimulation de l'appareil olfactif. Tous les dégustateurs savent bien au fond que tout vient du nez. »[1] Le fonctionnement de l'odorat est donc extrêmement subtil et complexe et il suscite de nombreuses recherches notamment depuis la découverte en 2004 du fait que le bulbe olfactif chez l'homme est l'une des régions cérébrales les plus richement dotées en cellules souches, découverte qui ouvre de larges perspectives aussi bien dans le domaine théorique de la recherche fondamentale que dans le domaine pratique de la recherche appliquée concernant la mise au point de thérapeutiques contre les affections neuro-dégénératives. Ainsi contre toutes les idées reçues au sujet de la comparaison entre les différents sens, Pierre-Marie Lledo en vient à conclure à l'issue d'un colloque scientifique international sur ce thème que « tout le monde est intimement persuadé que les concepts qui doivent émerger dans les années à venir viendront de l'olfaction plutôt que de la vision ou de l'audition »[2]. Quoi qu'il advienne demain, il n'est plus possible aujourd'hui de faire valoir que l'odorat est un sens faible en prenant appui sur des considérations physiologiques.

1. *Ibid.*
2. *Ibid.*

Une faiblesse cultivée

Ainsi le premier obstacle épistémologique se trouve-t-il levé. Une fois exercé, le nez humain est capable de discerner des milliers d'odeurs et n'a rien à envier à la vue et à l'ouïe ou au toucher. À titre d'exemple, la formation traditionnelle des nez à Grasse comprend un apprentissage où il s'agit de mémoriser l'odeur de quatre cents matières premières en quatre mois. Un parfumeur entraîné peut discerner jusqu'à trois mille produits. Certains corps de métiers, comme les cuisiniers, les sommeliers, les œnologues, reposent sur un savoir-faire olfactif qui atteste de la puissance du nez. La prétendue faiblesse de l'odorat tient moins à la configuration anatomique de l'homme qu'au manque de culture de l'odorat. Si nous laissons l'odorat en friche, il est clair que ce sens restera assez fruste. Mais qui sait ce que peut le nez sans l'avoir exercé ? C'est l'usage qui fait l'organe et permet son développement et son affirmation. De ce point de vue, tous les sens se trouvent *grosso modo* dans la même situation native. Ils sont bruts et grossiers à la naissance et ont besoin d'être éduqués, comme le fait valoir Rousseau dans l'*Émile* : « Un enfant est moins grand qu'un homme ; il n'a ni sa force ni sa raison, mais il voit et entend aussi bien que lui, ou à très peu près ; il a le goût aussi sensible, quoiqu'il l'ait moins délicat, et distingue aussi bien les odeurs, quoiqu'il n'y mette pas la même sensualité. Les premières facultés qui se forment et se perfectionnent en nous sont les sens. Ce sont donc les premières qu'il faudrait cultiver ; ce sont les seules qu'on oublie, ou celles qu'on néglige le plus. Exercer les sens n'est pas seulement en faire usage, c'est apprendre à bien juger par eux, c'est apprendre pour ainsi dire à sentir ; car nous ne savons ni toucher, ni voir, ni entendre que comme nous avons appris. »[1] Rousseau insiste sur le fait que l'organe à lui seul ne suffit pas car nous ne savons sentir que comme nous avons appris. C'est pourquoi il est nécessaire d'éduquer les

1. *Émile*, II, G.F., p. 167.

sens avant de se prononcer sur leurs aptitudes et leur portée réelle. Si la première raison de l'homme est une raison sensitive et sert de base à la raison intellectuelle, comme l'affirme l'auteur de l'*Émile*, l'éducation des sens est primordiale et s'avère la condition *sine qua non* du développement de l'esprit. «Ainsi nos premiers maîtres de philosophie sont nos pieds, nos mains, nos yeux.» [1]

Certes, au cours de son éducation sensorielle, Rousseau privilégie la vue, l'ouïe et le toucher, et n'élargit pas véritablement à l'odorat son mot d'ordre « apprendre à sentir », car il a tendance à restreindre la formation du nez à ses rapports avec le goût et à la subordonner aux impératifs de ce sens. Le nez a pour vocation d'être la « sentinelle du goût », selon la formule de Brillat-Savarin. « Le sens de l'odorat est au goût ce que celui de la vue est au toucher; il le prévient, il l'avertit de la manière dont telle ou telle substance doit l'affecter, et dispose à la rechercher ou à la fuir, selon l'impression qu'on en reçoit d'avance. » [2] Bien qu'il admette que l'odorat de l'homme soit susceptible d'être perfectionné et d'atteindre une très grande subtilité, il ne voit pas l'utilité de le cultiver au-delà de qui est nécessaire pour préserver, entretenir, et faire connaître ses rapports naturels avec le goût. Il affirme en effet que « si l'on élevait les enfants à éventer leur dîner, comme le chien évente le gibier, on parviendrait peut-être à leur perfectionner l'odorat au même point; mais je ne vois pas au fond qu'on puisse en eux tirer de ce sens un usage fort utile, si ce n'est pour leur faire connaître ses rapports avec celui du goût » [3]. Par conséquent le premier obstacle ayant trait à la faiblesse du sens olfactif a beau être levé, cela ne suffit pas pour qu'une philosophie de l'odorat voie le jour. Le nez n'est pas admis au rang des premiers maîtres de philosophie et l'art de le cultiver au-delà d'un certain seuil semble frappé d'inanité. Le développement de la culture, toutefois, n'est pas seulement lié à des impératifs utilitaristes, il peut être gratuit et désintéressé, obéir aux lois du plaisir comme de la nécessité.

1. *Émile*, II, p. 157.
2. *Ibid.*, p. 200.
3. *Ibid.*, p. 201-202.

En outre, qui peut dire avec une entière certitude si l'usage et l'utilité d'un sens sont *déterminants pour* sa culture ou *déterminés par* sa culture tant les deux processus semblent imbriqués par un permanent mouvement de va-et-vient ? Dans ces conditions, il est clair que l'utilité d'un perfectionnement de l'odorat ne peut être décrétée uniquement *a priori* mais se dégage aussi *a posteriori* de l'exercice lui-même. Dès lors comment comprendre que Rousseau, qui fustige l'oubli des sens et la négligence à les cultiver, n'étende pas son exigence d'apprendre à sentir au-delà de la connaissance des rapports de l'odorat avec le goût ? De ce point de vue, ce n'est pas tant la faiblesse du nez que la faiblesse du désir de l'exercer qui doit être interrogée. C'est pourquoi les obstacles à l'émergence d'une philosophie de l'odorat tiennent moins à un problème de nature qu'à une répugnance de culture dont les raisons restent à élucider.

Un sens primitif et bestial ?

La prétendue infériorité naturelle de la capacité olfactive masque en réalité une infériorité culturelle qui lui est imputée à cause des représentations négatives que les hommes se font de leur nez, dans les sociétés occidentales en particulier. Le langage populaire est éloquent à cet égard. Ce qui « se voit comme le nez au milieu de la figure », c'est précisément ce que l'on voudrait bien pouvoir dissimuler. Ce n'est pas un hasard si le mensonge de Pinocchio se révèle par l'allongement de son nez. Le nez trahit et exhibe ce que l'on aimerait cacher, et en tout premier lieu son animalité. L'odorat fait figure de résidu archaïque de la bête en l'homme. Du même coup, il est renvoyé à la préhistoire de l'humanité et son affaiblissement supposé apparaît comme le signe positif de son évolution. L'odorat relèverait davantage du biologique, de la naturalité et se trouve donc dévalorisé lorsqu'il s'agit de penser l'homme dans sa culture et de le distinguer du règne animal. Cette pseudo infériorité de fait va se transformer en supériorité de droit, comme le remarque Joël Candau. La faiblesse de l'odorat devient le signe de la force de l'homme qui l'emporte sur la bête par son intelligence. Dès lors la représentation de l'odorat comme sens primitif et bestial va constituer un second obstacle épistémologique au développement d'une réflexion philosophique à son sujet. Sa prétendue faiblesse naturelle devient une réalité que l'on s'emploie à cultiver. Pour devenir ce qu'il est, l'homme doit s'arracher à ce résidu d'animalité et se dégager de toute une série de figures olfactives inférieures, celles de la bête, de l'enfant, ou de la femme. C'est ce que laissent entendre, par exemple, les propos rapportés par les frères Goncourt dans leur *Journal* : « France disait que quand l'animalité s'élève, il y a une prédominance de la vue sur l'odorat, qui est le sens de la bête primitive, ajoutant que le goût des parfums était chez la femme une marque de son infériorité. »[1] Ces figures olfactives inférieures ont pour trait commun une certaine forme de sauvagerie dont il faut se départir pour rentrer de plein droit dans le monde de la culture.

Le sauvage et son nez

Ce n'est pas un hasard si l'acuité de l'odorat est généralement considérée comme le propre des sauvages par les premiers anthropologues. C'est déjà ce qui transparaît à travers les récits rapportés par Rousseau dans l'*Émile.* « On dit que les sauvages du Canada se rendent dès leur jeunesse l'odorat si subtil que quoiqu'ils aient des chiens, ils ne daignent pas s'en servir à la chasse, et se servent de chiens à eux-mêmes. »[2] Bien que Rousseau ne s'attarde pas sur cette performance, il est clair qu'elle fait partie des curiosités, mais n'a guère d'utilité à ses yeux, car à quoi bon se servir de chien à soi-même, si l'on dispose déjà d'un animal pour chasser. N'est-ce pas là une perte de temps ou une entreprise peu relevée pour l'homme qui se ravale au rang de la bête en prétendant rivaliser avec elle ? Certes, l'homme n'ayant pas d'instinct,

1. *Journal*, t. IV, 1896, *op. cit.* in *Extraits de parfums, une anthologie de Platon à Colette.* p. 27, Éditions du Regard, 2003.
2. *Émile*, livre II, G.F., p. 201.

nous dit Rousseau, il peut les prendre tous, mais est-ce un bon usage de la faculté de perfectibilité que l'employer à faire le chien ?

La subtilité de l'odorat apparaît fréquemment comme un signe de sauvagerie, ce qui explique son discrédit. En revanche, la désaffection à l'égard du nez marque une rupture avec l'état sauvage et le passage à la civilisation. Si l'odorat relève des balbutiements de l'humanité et peut avoir une importance à son stade infantile, l'homme doit s'en détacher ou du moins le laisser en friche pour privilégier le développement des autres sens. Vouloir le cultiver, c'est prolonger une forme de sauvagerie. Il est d'ailleurs frappant de constater que l'un des critères distinctifs entre sauvage et civilisé repose sur des catégories olfactives. Le sauvage, plus proche de l'animal dans la représentation des premiers anthropologues, est censé disposer d'un odorat plus fin et plus développé que l'homme civilisé. Le baron de Haller rapporte ainsi une anecdote qui accrédite cette thèse : « On a vu un enfant élevé dans un désert flairer les herbes, comme le ferait une brebis, choisir par l'odorat celle dont il voulait se nourrir ; rendu à la société accoutumé à différents aliments, il a perdu ce privilège. »[1] La représentation de l'homme civilisé comme d'un être au nez émoussé s'oppose alors à la figure repoussoir de l'enfant sauvage qui cristallise toute la bestialité du mufle. Qu'en est-il alors ?

Certes, il est aisé de pointer du doigt le préjugé ethnocentriste qui affleure dans la représentation de la civilisation de l'autre comme une forme de sauvagerie, et de dire avec Lévi-Strauss que « le barbare, c'est celui qui croit à la barbarie », mais cela ne clôt pas le débat car on est en droit de se demander si le sauvage, au sens étymologique du terme, à savoir l'homme qui vit seul dans la forêt et qui n'a pas eu de contact avec les autres, se caractérise par une prédominance du sens olfactif. À cet égard, le cas des enfants sauvages est particulièrement intéressant et instructif.

Si l'on en croit Lucien Malson, dans *Les enfants sauvages*, l'*homo ferus*, selon la classification de Linné, se distingue non seulement par sa nyctalopie mais par la finesse de son odorat : « À cette acuité

1. Cité par Corbin, *Le miasme et la jonquille*, p. 273.

visuelle particulière dans l'obscurité, on doit joindre non seulement les remarquables sensations auditives, mais encore les fines perceptions olfactives, celles de Jean de Liège entre autres, qui reconnaissait ainsi, dit-on, sa garde, à distance, et celles de la quasi-totalité des autres sauvages forestiers, qui humaient toutes choses, à la manière des canidés ou des félidés. »[1] Ce phénomène a été également observé chez les deux fillettes baptisées Amala et Kamala vivant avec des loups que le Révérend Singh découvre avec l'aide des paysans du village de Godamuri, en octobre 1920. Lorsque Amala, la plus jeune, meurt d'une néphrite et d'un œdème généralisé en septembre 1921, sa sœur Kamala reste prostrée pendant six jours, puis la cherche pendant dix jours, en « quêtant la moindre odeur que celle-ci aurait laissée »[2]. Le même constat vaut à propos de Victor, le sauvage de l'Aveyron, dont Jean Itard remarque qu'il possède une « habitude opiniâtre de flairer tout ce qu'on lui présente, même les corps que nous considérons comme inodores »[3]. Itard, qui entreprend d'éduquer Victor et qui commence par essayer de développer ses fonctions sensorielles, estime d'ailleurs inutile de perfectionner l'odorat, car il a atteint une acuité telle qu'il est impossible de l'améliorer[4].

1. *Les enfants sauvages*, 10/18, p. 55.
2. *Ibid.*, p. 86.
3. *Ibid.*, p. 137.
4. « Restait à m'occuper du sens du goût et de l'odorat. Ce dernier était d'une délicatesse qui le mettait au-dessus de tout perfectionnement. On sait que longtemps après son entrée dans la société, ce jeune sauvage conservait encore l'habitude de flairer, tout ce qu'on lui présentait et même les corps que nous regardons comme inodores. Dans la promenade à la campagne que je faisais souvent avec lui, pendant les premiers mois de son séjour à Paris, je l'ai vu maintes fois s'arrêter, se détourner même pour ramasser des cailloux, des morceaux de bois desséchés, qu'il ne rejetait qu'après les avoir portés à son nez, et souvent avec le témoignage d'une très grande satisfaction. Un soir qu'il s'était égaré dans la rue d'Enfer et qu'il ne fut retrouvé qu'à la tombée de la nuit par sa gouvernante, ce ne fut qu'après lui avoir flairé les mains et les bras par deux ou trois reprises, qu'il se décida à la suivre, et qu'il laissa éclater la joie qu'il éprouvait de l'avoir retrouvée. La civilisation ne pouvait donc rien ajouter à la délicatesse de l'odorat. Beaucoup plus lié d'ailleurs à l'exercice des fonction digestives qu'au développement des facultés intellectuelles, il se trouvait pour cette raison hors de mon plan d'instruction. » *Ibid.*, p. 204-205.

L'odorat apparaît donc comme le premier mode de contact entre le sauvage et le milieu extérieur. Le monde lui entre par les narines et n'est répertorié dans sa diversité qu'après avoir été flairé. L'odorat fonctionne comme un principe d'identification et de recognition des choses et des êtres et se présente comme une source de délectation. Le cognitif et l'affectif sont indissociables pour Victor. En faisant valoir l'excellence de ce sens à l'état de nature, Itard laisse entendre que l'humanisation ne s'opérerait qu'en cultivant les autres sens et que la délicatesse de l'odorat va de pair avec l'état sauvage. En effet, bien que le goût soit lié lui aussi aux fonctions digestives, Itard éprouve le besoin de le développer et de le pervertir, selon sa propre expression, pour éveiller Victor à la diversité des jouissances et à la variété des nouveaux mets. Seul l'odorat semble échapper à la culture et n'être pas susceptible de perfectionnement. Il est apparemment porté à son degré maximal par la nature, d'après Itard, au point qu'il est impossible de lui surajouter des qualités par l'exercice.

Est-ce à dire alors que la subtilité de l'odorat soit effectivement un trait de la vie sauvage et que l'expérience d'Itard accrédite la représentation de l'odorat comme d'un sens primitif, étranger à la civilisation et incapable de progrès ? Loin s'en faut, car les conclusions du pédagogue selon lesquelles l'odorat de l'enfant sauvage de par son acuité ne peut être perfectionné ne sont pas vérifiées, et comportent des incohérences, de sorte que son refus de le faire entrer dans son plan d'instruction est plus le reflet des préjugés dominants que d'une décision réfléchie.

En effet, bien que les enfants sauvages présentés par Lucien Malson aient pour trait commun une grande capacité olfactive, il faut remarquer qu'elle n'est pas à toute épreuve et qu'elle est en réalité fonction des besoins liés à la vie dans la forêt avec des loups. Ainsi l'enfant sauvage n'est pas en mesure de distinguer les odeurs que la culture usuelle considère comme fortes ou comme mauvaises. Gaspar Hauser n'opère pas une classification entre les bonnes et les mauvaises odeurs, preuve s'il en était besoin que les catégories olfactives sont construites et élaborées culturellement. « Toute odeur lui est désagréable exception faite de celle du pain, de l'anis ou du cumel. »[1] Quant à Victor de l'Aveyron, il est insensible au tabac même logé dans la narine et imperturbable devant « la puanteur, les miasmes et les remugles »[2]. Le même Jean Itard, qui déclarait que la délicatesse de l'odorat de Victor le met au-dessus de tout perfectionnement, observe à son propos et de manière contradictoire que « l'odorat était si peu développé qu'il recevait avec la même indifférence l'odeur des parfums et l'exhalaison fétide des odeurs dont sa couche était pleine »[3]. Il constate également que l'odorat se modifie avec la socialisation, les stimulations et les exercices. Indifférent à ce qui venait chatouiller ses narines, Victor acquiert une sensibilité qui se manifeste par l'éternuement. « L'odorat avait aussi gagné à ce changement. La moindre irritation portée sur cet organe provoquait un éternuement et je jugeai par la frayeur qui le saisit la première fois que cela arriva que c'était pour lui une chose nouvelle. »[4] C'est pourquoi les conclusions d'Itard sont sujettes à caution et ses observations prouvent seulement que la sensibilité à telle ou telle odeur est fonction du mode de vie de l'individu et de la hiérarchie de ses besoins et de ses valeurs.

Le flair en soi n'est le propre ni de l'animal ni de l'enfant sauvage, car sa puissance varie en fonction de l'exercice et des objets considérés. Le développement de l'odorat n'est pas tant une affaire de configuration anatomique que de culture du nez. S'il est vrai que l'homme ne perçoit pas certaines odeurs, il faut noter réciproquement que les animaux dont le flair est subtil sont totalement insensibles à certains parfums qui émeuvent les narines des humains. Bernardin de Saint-Pierre constate ainsi que « l'odorat si subtil du chien est indifférent à une multitude de parfums auxquels l'homme est très sensible »[5]. Il faut donc en finir avec ce mythe de l'odorat attaché à la sauvagerie et la bestialité.

1. *Les enfants sauvages*, p. 80.
2. *Ibid.*, p. 90.
3. *Ibid.*, p. 134.
4. *Ibid.*, p. 150-151.
5. *Harmonies de la nature*, *op. cit.*, in *Extraits de parfums*, p. 35.

Quand bien même le nez serait une marque de l'animalité, il faudrait la revendiquer et réconcilier l'homme avec sa naturalité. Il est vain d'opposer l'animalité, la sauvagerie, l'enfance à l'humanité, car l'homme n'est pas un empire dans un empire, une créature surnaturelle séparée du monde du vivant par son esprit. Nietzsche refuse ainsi le divorce entre l'homme et l'animal et revendique son inscription dans l'ordre naturel. « Nous ne cherchons plus l'origine de l'homme dans l'"esprit", dans la "nature divine", nous l'avons replacé au rang des animaux. Il est pour nous l'animal le plus fort, parce qu'il est le plus rusé : l'esprit dont il est doué n'est qu'une conséquence. »[1] C'est une forme de dépravation et de décadence aux yeux de Nietzsche que de nier l'animalité et la puissance des instincts en l'homme, car cela débouche sur une mortification du corps considéré comme une simple enveloppe charnelle dont il faut se défaire, et sur une maladie de l'esprit mieux connue sous le nom de mauvaise conscience. Contre cette négation de la vie, cette éradication de l'animalité dans la philosophie, il s'agit de réhabiliter les sens, et de comprendre comment ils sont travaillés et cultivés au sein d'une humanité réconciliée avec sa naturalité en devenir.

Loin d'être marquée par l'immédiateté, la sensibilité olfactive porte le sceau de la culture. L'étymologie du mot arôme renverrait d'ailleurs à la culture, selon Paul Faure[2]. Certes, cette étymologie n'est pas avérée, mais elle a valeur de symbole et contribue à revaloriser la parfumerie.

1. *L'Antéchrist*, XIV, *Œuvres philosophiques complètes*, VIII, Gallimard, p. 171.

2. L'auteur de *Parfums et aromates de l'Antiquité* constate que « le doublet *arô-mo/arô-ma* est analogue, dans sa formation, au doublet mycénien *(s)pe(r)mo/(s)pe(r)ma* et que, si ce dernier nom d'agent signifie "ce qui se sème", *arômo/arôma* doit signifier primitivement quelque chose comme "ce qui se cultive", c'est-à-dire aussi bien le champ labouré que la plante cultivée, en rapport avec le verbe indo-européen *araoo*, labourer. Il aurait alors appartenu au génie grec de transformer ici comme ailleurs, une technique, l'agriculture, en un art, et de donner au terme de culture un sens raffiné, abstrait, et spirituel. De même que les ivoiriers de la Maison des Sphinx travaillaient d'une manière originale, assez indépendante, ses parfumeurs se montraient créateurs jusque dans leur vocabulaire, comme s'il n'y avait eu de vraie "culture" que la connaissance des parfums. *Arôma,* la culture : quel symbole ! », *op. cit.*, p. 127.

L'humanité de l'odorat selon Aristote

Aristote, lui-même, qui considère que l'odorat de l'homme est grossier et nettement inférieur à celui des autres animaux, ne disqualifie pas pour autant ce sens et lui reconnaît une fonction proprement humaine. D'une part, il ne méprise pas ce qui relève de l'animalité, comme en témoigne son intérêt pour l'étude des animaux et des fonctions vitales. « Il ne faut [...] pas céder à une répugnance infantile et nous détourner de l'étude du moindre de ces animaux. En toutes les parties de la nature il y a des merveilles ; on dit qu'Héraclite à des visiteurs étrangers qui, l'ayant trouvé se chauffant au feu de sa visite, hésitaient à entrer, fit cette remarque : "Entrez, il y a des dieux aussi dans la cuisine." Eh bien de même entrons sans dégoût dans l'étude de chaque espèce animale : en chacune, il y a de la nature et de la beauté. »[1] Cette leçon vaut aussi pour le philosophe du nez qui ne s'offusque pas des fumets de la cuisine et brise avec les répugnances infantiles pour se livrer à la spéculation sur l'odorat. Aristote possède ainsi l'immense mérite d'avoir traité de tous les sens sans ostracisme et d'avoir consacré un chapitre entier à l'odorat dans le *De sensu* et dans le *De Anima*. Loin de discréditer le sens de l'odorat, il lui assigne le statut de moyen terme, d'intermédiaire entre les sens qui supposent un contact, comme le goût et le toucher, et ceux qui s'exercent d'une autre manière, comme la vue et l'ouïe[2]. Quand on sait l'importance du moyen terme dans la construction du syllogisme ou du juste milieu dans l'établissement de la vertu et de l'harmonie politique, il est clair que la position médiane de l'odorat est davantage l'indice de son excellence que de sa médiocrité.

D'autre part, Aristote ne réduit pas l'odorat à sa seule fonction animale et à la tâche de la conservation de la vie. Certes, la sensation

1. *Parties des animaux*, I, ch. V, G.F., p. 58.
2. Cf. « De la sensation et des sensibles », *Petits traités d'histoire naturelle*, 445a5, p. 89.

est le propre de l'animal et a pour fonction la nutrition et la sauvegarde. Elle sert de critère pour distinguer ce qui est animal de ce qui ne l'est pas. « Chaque animal en tant qu'animal possède nécessairement la sensation. C'est par cela en effet que nous distinguons entre ce qui est animal et ce qui ne l'est pas. »[1] Aristote reconnaît néanmoins que chez les animaux qui possèdent l'intelligence, une sensation, comme celle de l'odorat, par exemple, existe en vue du bien. Elle ne se borne pas à son aspect sensible et vital de conservation, mais possède une double dimension théorique et pratique, car elle contribue à la connaissance intelligible et à l'action.

> « Quant aux sensations externes chez les animaux capables de marcher, comme l'odorat, l'ouïe et la vue, leur présence assure la sauvegarde de tous ceux qui les possèdent, en leur permettant de chercher leur nourriture en fonction d'une sensation antécédente et de se détourner de ce qui est mauvais et dangereux ; mais chez ceux qui possèdent en outre l'intelligence (*phronèsis*), ces sensations existent en vue du bien <vivre>. Elles leur annoncent en effet un grand nombre de différences, d'où proviennent à la fois l'intelligence des intelligibles et celle des actions à accomplir. »[2]

Ainsi chez les animaux intelligents dont les hommes font partie, l'olfaction outrepasse sa fonction vitale et existe en vue du bien. Est-ce à dire qu'il y ait une manière spécifiquement humaine de sentir et d'utiliser son nez ? Le texte ne permet pas de trancher la question de manière décisive, car l'intelligence dont il est question ici n'est rien d'autre que la *phronèsis* qui est imputée également à certains animaux[3]. Il est clair, toutefois, qu'Aristote reconnaît l'existence d'une perception olfactive spécifiquement humaine pour deux raisons. D'une part, l'homme est pour lui le seul animal à ne pouvoir sentir qu'en aspirant l'air[4] ; il semble donc posséder un organe olfactif

1. « De la sensation et des sensibles », *Petits traités d'histoire naturelle*, 436ab, G.F., p. 70.
2. *Ibid.*, p. 67.
3. Cf. *Génération des animaux*, III, 2, 753a11-12. Voir sur ce point Pierre-Marie Morel, note 6, p. 67 de sa traduction des *Petits traités d'histoire naturelle*.
4. Cf. *De l'âme*, II, 9, 421b10-15.

différent des autres. D'autre part, la perception olfactive est empreinte d'hédonisme chez l'homme et peut donner lieu à une esthétique des parfums ou du moins à la définition d'un art d'agrément. Il faut en effet distinguer deux espèces d'odeurs :

> « Une première espèce d'odeurs correspond aux saveurs, comme nous l'avons dit, et elles contiennent par accident l'agréable et le désagréable (en effet ce sont des affections de la faculté nutritive), et quand nous avons de l'appétit, leurs odeurs sont agréables, alors qu'elles ne le sont pas pour ceux qui sont repus, et ne désirent plus rien, pas plus qu'elles ne sont agréables à ceux qui n'apprécient pas la nourriture qui dégage ces odeurs. Ainsi ces odeurs, comme nous le disions, contiennent par accident l'agréable et le désagréable, c'est pourquoi <leur perception> est commune à tous les animaux. Les autres odeurs, quant à elles, sont agréables en soi, comme par exemple celles des fleurs. Elles n'invitent en effet à la nourriture ni peu ni prou et ne contribuent en rien à l'appétit, mais produisent plutôt l'effet contraire, car le mot de Strattis, raillant Euripide, est vrai : “quand vous faites cuire des lentilles, n'y versez pas de parfum”. De fait ceux qui mêlent de telles essences aux boissons font violence au plaisir par l'habitude, jusqu'à ce que cet agrément, provoqué par deux sensations, finisse sembler provenir d'une seule. <La perception> de ce dernier type d'odeurs est donc propre à l'homme, alors que les animaux perçoivent également celui qui correspond aux saveurs, comme on l'a dit précédemment. » [1]

Aristote distingue donc les odeurs qui sont agréables ou désagréables par accident de celles qui le sont en soi. C'est à la faveur de cette partition entre agrément olfactif accidentel et agrément olfactif en soi qu'il va introduire une distinction entre l'homme et l'animal. Avant d'analyser ce qui permet de justifier son propos, il faut noter l'existence d'une forme de dissymétrie dans la division des odeurs en deux espèces. La première espèce d'odeurs présente trois caractéristiques. Elle correspond aux saveurs, elle est agréable ou désagréable par accident, elle est commune à tous les animaux. On s'attendrait

1. « De la sensation et des sensibles », *Petits traités d'histoire naturelle*, 443b-444a, p. 86.

alors à ce que la seconde espèce en présente également trois et reprenne en négatif les propriétés de la première. Or il n'en est rien, car si Aristote affirme que la seconde espèce est perçue seulement par l'homme, il ne dit pas qu'elle correspond ou ne correspond pas aux saveurs. En outre, il n'oppose pas l'agréable ou le désagréable en soi à l'agréable et au désagréable par accident, mais il mentionne uniquement un agréable en soi. Est-ce à dire qu'il nie l'existence d'un nauséabond en soi ? Pour tenter d'expliquer ces anomalies apparentes, il est nécessaire d'entrer dans l'analyse de la distinction de ces deux espèces d'odeurs.

La première se caractérise d'abord par son rapport de correspondance aux saveurs, car elle a trait comme elles à la faculté nutritive, l'oriente, la stimule ou la réfrène en fonction des besoins vitaux. Pour comprendre cette correspondance, il faut noter qu'Aristote n'établit pas une différence fondamentale entre la saveur et l'odeur. Il soutient qu'« il s'agit en effet à peu près de la même affection »[1], mais constate simplement, d'une part, que « l'une et l'autre ne se produisent pas dans les mêmes <choses> »[2], et d'autre part que « ce qui relève des saveurs nous apparaît plus clairement que ce qui relève de l'odeur »[3].

La différence n'est donc pas tant une différence de nature qu'une différence de degré ou d'intensité de la puissance perceptive tant il est vrai que la sensibilité olfactive a moins d'acuité que la sensibilité gustative et que celle de tous les autres sens. Cette différence d'acuité perceptive qui rend l'odeur moins manifeste que la saveur s'accompagne d'une différence de mode ou de milieu de production. La saveur, selon Aristote, est une affection du goût produite par le sec dans l'humide[4]. L'odeur est une affection produite par la saveur humide dans l'air et dans l'eau[5]. Elle provient nécessairement d'une

1. *Ibid.*, 440b25-30, p. 78.
2. *Ibid.*
3. *Ibid.*
4. Cf. « De la sensation et des sensibles », *Petits traités d'histoire naturelle*, 441b20.
5. *Ibid.*, 442b29-30.

chose imprégnée de saveur de sorte qu'il est possible d'établir une correspondance entre le goût et la senteur. Aristote conçoit ainsi un rapport d'analogie entre la saveur et l'odeur :

> « Si le sec produit une espèce de lavage dans ce qui est humide comme dans l'air, il est clair que les odeurs doivent être analogues aux saveurs. Or, de fait, c'est bien ce qui se produit dans certains cas. En effet les odeurs aussi sont aigres et douces, âpres, astringentes et grasses, et les odeurs fétides peuvent être dites analogues aux saveurs amères. C'est pourquoi de même que nous tenons celles-ci pour imbuvables, de même nous tenons les odeurs fétides pour irrespirables. Il est donc manifeste que ce que la saveur est dans l'eau, l'odeur l'est dans l'air et dans l'eau. » [1]

La raison et l'expérience montrent donc l'analogie entre le goût et la senteur de sorte qu'il n'y a pas lieu de s'étonner que la première espèce d'odeurs soit caractérisée d'abord par sa correspondance avec les saveurs.

En outre, la première espèce d'odeurs se caractérise par le fait qu'elle contient l'agréable ou le désagréable par accident. L'aspect agréable ou désagréable est accidentel, car il n'exprime pas une propriété de la chose sentie, mais la manière dont elle affecte diversement l'homme (ou l'animal) selon qu'il est affamé, repu ou que tel type de nourriture lui répugne. Il faut ainsi distinguer l'odeur sentie (*osmé*) comme agréable ou désagréable des composants odorants réels (*to osphranta*). Les mêmes « *osphranta* » peuvent susciter des appréciations diverses voire opposées selon l'état du sujet. Cette première espèce d'odeurs, enfin, est commune à tous les animaux. Son caractère agréable ou désagréable par accident est la simple expression d'un rapport à la nourriture, et n'excède pas le cadre de l'appétit. Il n'est pas le fruit d'une délibération de l'intelligence, mais il est une pure affection de la faculté nutritive.

La seconde espèce d'odeurs, en revanche, n'est pas subordonnée à l'appétit et n'a rien à voir avec le besoin de nourriture.

1. *Ibid.*, 443b5.

Ceci permet de comprendre pourquoi Aristote ne mentionne pas la correspondance avec les saveurs. Cette omission ne signifie pas nécessairement que la seconde espèce n'a aucun rapport avec la saveur et que toute analogie soit impossible, mais cette correspondance cesse d'être pertinente pour éclairer la nature des odeurs de la seconde espèce qui « n'invitent en effet à la nourriture ni peu ni prou et ne contribuent en rien à l'appétit »[1]. Aristote précise même que cette seconde espèce produit plutôt un effet contraire à l'appétit et l'altère comme du parfum versé dans un plat de lentilles. La citation du poète Strattis vise à montrer combien le mélange des deux espèces d'odeurs, l'odeur-saveur des lentilles et celle du parfum, est problématique car les deux sensations, l'agréable par accident et l'agréable en soi, s'opposent et produisent une certaine forme de désagrément en « faisant violence au plaisir par l'habitude », tant qu'elles ne parviennent pas à s'harmoniser et à se combiner pour apparaître sous la forme d'une seule et même sensation à l'origine de l'agrément.

Émancipée du goût, cette seconde espèce d'odeurs est agréable en soi, et non par accident. Aristote donne l'exemple des odeurs des fleurs, qui n'étant pas comestibles, sont plaisantes en elles-mêmes, indépendamment des appétits des hommes. L'agrément ici n'est pas accidentel, car il ne varie pas en fonction des vicissitudes de l'appétit, du manque, de la satiété et du dégoût, mais il est attaché à l'objet et le demeure. Dans ce cas, l'odeur sentie, l'*osmè* est davantage tributaire des composants odorants (*to osphranta*). Reste à comprendre pourquoi Aristote fait du seul agréable en soi, le pendant de l'agréable et du désagréable par accident. L'absence de référence à un désagréable en soi ne doit pas être interprétée comme la négation de l'existence de cette espèce d'odeurs. Aristote en effet mentionne ultérieurement à deux reprises l'existence d'un nauséabond ou d'un malodorant en soi que seul l'homme perçoit : « De même encore, il n'est nul autre animal que l'homme qui soit incommodé par l'odeur

1. « De la sensation et des sensibles », *Petits traités d'histoire naturelle*, 443b-444a, p. 86.

des choses *par soi* malodorantes, à moins que ces choses ne se trouvent avoir quelque effet nocif [...]. Les animaux ne s'inquiètent nullement de la mauvaise odeur en elle-même (bien que beaucoup de plantes aient une mauvaise odeur) sauf si elle s'accompagne d'une modification du goût ou de l'aliment. »[1] Autrement dit, à l'odeur agréable en soi répond bien un contraire, le malodorant en soi qui se distingue du désagréable par accident en tant qu'il est perçu indépendamment de toute incidence sur le goût ou sur la nourriture. L'exemple type est celui d'une plante nauséabonde insipide et inoffensive pour la santé.

Cette seconde espèce d'odeurs est aux yeux d'Aristote propre à l'homme. Ainsi se dessine une sphère du sentir spécifiquement humaine, arrachée à une animalité tout entière déterminée par des affections liées à la nourriture et au goût. En somme, c'est en s'émancipant de la saveur que l'odeur conquiert son humanité et ouvre la voie à une perception esthétique, à un type de jouissance et de plaisir qui n'ont rien de nutritif. Cela n'implique pas pour autant que cette seconde espèce d'odeurs donne lieu à une contemplation purement gratuite et désintéressée, car elle a une finalité. Aristote précise que « les hommes disposent de cette espèce d'odeurs en vue de la préservation de leur santé »[2]. S'il ne nourrit pas son homme, l'agréable en soi reste salutaire et n'est pas dépourvu d'utilité. Si la perception de la première espèce d'odeurs est commune à tous les animaux et nécessaire à leur sauvegarde, la question se pose de savoir pourquoi la perception de la seconde est propre à l'homme. Étant donné qu'elle a une incidence sur la santé, elle n'est pas dénuée de tout lien avec la conservation. Dès lors on peut se demander pourquoi l'homme ne partage pas la perception de cette seconde espèce d'odeurs avec les animaux. Aristote avance deux raisons d'ordre physiologique qui ont trait à la configuration anatomique du cerveau. Premièrement, « la raison pour laquelle une telle odeur est propre à l'homme tient à la disposition de la région qui entoure

1. *Traité de la sensation*, 444b29-30, 445a, p. 89.
2. *Ibid.*, 444a14, p. 87.

le cerveau »[1]. Deuxièmement, « le genre auquel appartient ce type d'odeurs est propre à la nature de l'homme, pour cette raison encore que celui-ci est l'animal dont le cerveau est le plus important et le plus humide par rapport à sa taille »[2]. Qu'est-ce à dire ?

La première raison s'éclaire pour peu que l'on comprenne qu'aux yeux d'Aristote, le cerveau est froid de nature et le sang des veines qui l'entourent enclin à se refroidir. La perception de la seconde espèce d'odeurs, qui ne se fait pas par ingestion d'aliments mais par la respiration, a pour effet d'amener de la chaleur, de maintenir un équilibre thermique et d'éviter les refroidissements. Ceci permet de comprendre pourquoi cette seconde espèce d'odeurs permet de préserver la santé. « En effet, les odeurs, remontant au cerveau à cause de la légèreté de la chaleur qu'elles contiennent, rendent plus saines les parties qui entourent cette région, car la puissance de l'odeur est chaude par nature. »[3]

La seconde raison repose sur un schéma analogue et met en jeu l'existence de la finalité naturelle. Doté d'un plus gros cerveau par rapport à sa taille que les autres animaux, l'homme serait exposé aux refroidissements si la perception de la seconde espèce d'odeurs ne venait pas compenser l'humidité de la région cervicale par la chaleur des odeurs. « Leur chaleur, nous dit Aristote, et leur mouvement sont à la mesure de l'excès de l'humidité et de froid qui caractérise cette région. »[4] Les animaux n'étant pas exposés à de pareils risques en raison de leur configuration anatomique, la nature leur a attribué uniquement la sensation de la première espèce d'odeurs agréables ou désagréables par accident. « En respirant de la même manière que les hommes, qui ainsi perçoivent les deux types d'odeurs, ils ont seulement la sensation de l'autre type d'odeurs. »[5]

1. *Ibid.*, 444a9, p. 87.
2. *Ibid.*, 444a30, p. 87.
3. *Ibid.*, 444a20-25, p. 87.
4. *Ibid.*, 444b, p. 88.
5. *Ibid.*, 444b5, p. 88.

En définitive, il existe un type de perceptions olfactives propres à la nature de l'homme et enracinées dans sa constitution. Aristote postule d'ailleurs à plusieurs reprises l'existence chez l'homme d'un tégument nasal en forme d'opercule, qui ne correspond à aucune observation physiologique[1]. Ce tégument, dont la fonction est analogue à celle de la paupière, ne figure pas chez les animaux ; il est spécifique à l'anatomie humaine et selon Béatrice Nicolas[2], il sert probablement à bloquer l'olfaction et à la réguler en protégeant le cerveau contre les excès liés à la chaleur et l'intensité des odeurs grâce à un mécanisme d'obturation et d'ouverture. Toutes ces particularités biologiques permettent de comprendre les différences de perceptions osmologiques et de comportements en matière de plaisir. « L'homme est, pour ainsi dire, le seul animal à sentir les odeurs de fleurs et autres odeurs semblables et à en tirer satisfaction. »[3] L'émergence d'un agréable ou d'un désagréable en soi dans la sphère anthropologique ne donne certes pas lieu chez Aristote à des spéculations sur une esthétique des parfums, mais elle en ouvre la possibilité. Force est cependant de constater que la voie frayée par le Stagirite n'a guère été exploitée par la postérité car les hommes semblent davantage se polariser sur les désagréments que sur les agréments de l'odeur, de sorte que l'odorat leur apparaît souvent comme un sens incommode et peu urbain.

Un sens incommode et insociable ?

Qu'il existe ou non un désagréable en soi, l'odeur est parfois gênante pour soi à tel point que l'hyperosmie est plus vécue comme

1. Cf. *De l'âme*, II, 9, 422a2-3, *Traité de la sensation*, 444b22-23. Voir sur ce point l'article très instructif de Béatrice Nicolas, « Une curiosité de l'anatomie olfactive dans la théorie d'Aristote », à paraître dans les actes du colloque de Nantes, *Osphrèsis*, du 14 juin 2007.
2. *Ibid.*
3. *Traité de la sensation*, 444a30, p. 88.

un fléau que comme une vertu. Dès lors les hommes ne sont guère enclins à développer leurs capacités olfactives. Non contents de laisser leur odorat en friche, ils vont jusqu'à penser qu'il est nécessaire de le réprimer pour pouvoir vivre en société. Ainsi, au-delà des préjugés concernant sa bestialité, surgit un nouvel obstacle épistémologique à la culture du nez : l'odorat semble le sens insociable par excellence ; il ne favorise guère la communication en raison du dégoût que suscitent les odeurs de l'autre, son haleine, ses mictions. Il est un sens ingrat, car s'il est aisément possible de détourner la vue, il n'est guère possible de se boucher longuement le nez sous peine de suffoquer. L'odeur étend sa mainmise sur le monde et pénètre de manière indésirable dans notre intimité.

Le manque d'urbanité du nez selon Kant

C'est ce que fait valoir Kant au § 21 de son *Anthropologie du point de vue pragmatique*, I :

> « L'odorat est une sorte de goût à distance ; les autres sont contraints de participer bon gré, mal gré à ce plaisir, et c'est pourquoi, contraire à la liberté, il est moins social que le goût ; quand il goûte, le convive peut choisir les bouteilles et les plats de son gré sans que les autres soient forcés de partager ce plaisir. La saleté paraît moins éveiller le dégoût par ce qu'elle a de rebutant pour les yeux et la langue, que par la mauvaise odeur qu'elle paraît supposer. Car l'absorption par l'odorat (dans les poumons) est encore plus intime que celle qui se fait dans les cavités réceptrices de la bouche et du gosier. »

Si Kant range l'odorat aux côtés de l'ouie, de la vue, du toucher et du goût parmi les sens relevant de l'impression organique, car ils n'affectent que les nerfs appartenant à une certaine partie du corps, il le relègue bien vite à l'écart, comme contraire à la sociabilité et à la liberté. Les perceptions olfactives sont généralement involontaires et placent l'homme sous le régime de la nécessité. L'odeur l'envahit, le pénètre, portant ainsi atteinte à sa liberté de choix et à son intimité. La puanteur de la crasse ou les effluves tenaces d'un parfum capiteux s'imposent aux narines, et font intrusion dans l'intimité du sujet. Tout se passe comme si l'on incorporait le corps de l'autre sans aucune possibilité de le refuser. Kant souligne ainsi la parenté de l'odorat avec le goût. L'odeur s'absorbe comme un aliment, mais cette ingérence est forcée. Dire que l'odorat est une sorte de goût à distance n'est pas sous sa plume le signe d'affaiblissement de ce sens par rapport au goût mais une sorte d'extension abusive aux autres de ce qui relève de la délectation personnelle. De ce point de vue, l'odorat est toujours de mauvais goût et il en prend le contre-pied, car, loin de favoriser les rapports sociaux par le partage des mets, il les détruit par son fumet. Si le goût est un sens social par excellence, l'odorat est antisocial.

Certes, Kant souligne leur proximité, et leur solidarité : « tous les deux sont proches parents et, si l'odorat fait défaut, le goût ne peut être qu'émoussé »[1]. Ils ont ceci de commun qu'ils mettent en jeu des représentations qui relèvent plus de la délectation que de la connaissance des objets extérieurs, à l'inverse du toucher, de l'ouïe et de la vue, et sont plus subjectifs qu'objectifs[2]. Or si le goût peut se partager librement et favoriser les rapports sociaux grâce au plaisir pris à un festin commun, l'odeur est d'autant plus tyrannique qu'elle force non seulement le fragile barrage du nez mais se répand dans les poumons et pénètre au plus intime. L'absorption est ainsi plus profonde et plus intérieure que celle qui se fait par la bouche et paraît d'autant plus contraignante et insidieuse qu'elle s'effectue sans le consentement du sujet. La prolifération de l'odeur s'apparente à un viol de l'intimité d'autant plus cruel qu'il n'y a pas d'effraction ni de résistance possible. Le goût peut faire place au dégoût et il est toujours possible de recracher ou de vomir un aliment en cas de nocivité ou d'ingestion forcée. En revanche, si l'odeur peut inspirer du dégoût jusqu'à la nausée, elle fait vomir mais n'est pas en elle-même vomie. On ne peut expulser une odeur

1. *Ibid.*, p. 39.
2. Cf. *Anthropologie du point de vue pragmatique*, I, § 16.

de soi, une fois que les molécules ont pénétré dans les poumons. L'odeur subite est subie ; tout au plus peut-on atténuer la perception par des filtres ou recouvrir une odeur par une autre. L'anosmie ne se décrète pas.

C'est pourquoi l'odorat est toujours marqué par la négation même dans les cas où il peut jouer un rôle vital déterminant. Kant lui impute le titre de sens organique le plus ingrat et le renvoie à sa naturalité indécrottable en soulignant la vanité de l'élaboration d'une esthétique olfactive. « Il ne sert à rien de le cultiver ou de l'altérer pour en tirer une délectation ; les objets de dégoût qu'il peut procurer (surtout dans les endroits populeux) sont plus nombreux que les objets de plaisir ; et dans ce dernier cas, il ne peut offrir qu'une délectation passagère. »[1] Certes Kant reconnaît paradoxalement que l'odorat qui est le sens le plus ingrat est celui « qui paraît en même temps le plus indispensable »[2]. Néanmoins sa nécessité est toute négative, car il ne contribue au bien-être qu'indirectement en permettant d'éviter ce qui est nuisible. « En tant que condition négative du bien-être, quand il s'agit de ne pas respirer un air nocif (les émanations des fourneaux, la puanteur des marais et de la charogne) ou de ne pas prendre une nourriture avariée, ce sens n'est pas dépourvu d'importance. »[3] Il faut remarquer que si Kant tempère son jugement sévère à l'endroit du nez, il ne parvient pas à lui imputer une positivité directe, comme en témoignent ses formules restrictives. Il n'est utile qu'en ce qu'il écarte le nuisible et n'a d'intérêt que pour l'identification des mauvaises odeurs. En revanche, il n'hésite pas à reconnaître positivement au goût une importance[4]. Celui-ci

1. § 22, p. 40.
2. *Ibid.*
3. *Ibid.*, p. 40-41.
4. « Cette importance on la retrouve chez le second sens de la délectation : le sens du goût ; mais avec ce trait particulier qu'à la différence du précédent, s'il favorise dans son plaisir, les rapports sociaux, de plus il préjuge le caractère profitable de la nourriture, dès que celle-ci franchit le seuil du canal digestif : car ce caractère profitable est associé à l'agrément, dès qu'on savoure comme une prédiction assez sûre, si du moins le luxe et la bonne chère n'ont pas dépravé le sens. L'appétit des malades se porte en général sur ce qui peut leur être avantageux, à la manière d'un remède. » *Ibid.*, p. 41.

n'est pas simplement une condition négative du bien-être et ne se borne pas à signaler et à éviter ce qui est nuisible. Il porte directement l'homme vers ce qui lui est utile et vise l'agrément tandis que l'odorat se cantonne à éviter le désagrément. Tout se passe donc comme si au mieux l'odorat était un goût en négatif, et avait moins de force que lui pour la conservation de la vie, tant il est vrai qu'il vaut mieux se tourner vers le bien-être plutôt que de se détourner du mal-être.

L'odorat est donc déprécié en vertu de son manque de sociabilité et fait figure de modèle d'anti-urbanité aux yeux de Kant. Dans le § 53 de la *Critique de la faculté de juger*, il recourt d'ailleurs à une analogie avec les désagréments olfactifs pour faire comprendre que le bruit et la musique peuvent aussi être importuns et porter atteinte à la convivialité. « La musique manque quelque peu d'urbanité, car, et ceci dépend surtout de la nature de ses instruments, elle s'étend plus loin qu'elle ne le voudrait (au voisinage) et pour ainsi dire s'impose, portant préjudice à la liberté de ceux qui n'appartiennent pas à la société musicale ; c'est là ce que ne font pas les arts qui parlent aux yeux, puisqu'il suffit de détourner les yeux si l'on n'en veut point subir l'influence. Il en va exactement comme du plaisir d'un parfum qui se répand au loin. Celui qui tire de sa poche son mouchoir parfumé régale toux ceux qui se trouvent autour et à côté de lui contre leur gré et les oblige, s'ils veulent respirer, à jouir aussi de ce plaisir. »

Si l'incommodité et l'atteinte à la liberté sont liées non seulement aux désagréments des mauvaises odeurs mais aux agréments forcés des bonnes odeurs diffusées, le nez est assimilé de façon rédhibitoire à un organe de servitude qui fait obstacle à la vie en société. Plaisir ou peine, il nous laisse dans les chaînes, occasionne de la gêne, de sorte que l'on peut s'interroger sur la légitimité de le cultiver. Bien qu'il ne se prononce pas sur ce point, Kant alimente le rêve d'une société idéale où les odeurs n'auraient pas droit de cité. Il sous-entend en effet qu'une société véritablement libre et respectueuse d'autrui devrait mettre un terme aussi bien au tapage sonore qu'au vacarme olfactif et tendre vers des rapports sociaux inodores et aseptisés.

La sociabilité du nez

On peut toutefois se demander si le manque d'urbanité et de convivialité imputé au nez n'est pas le fruit d'un point de vue ethnocentré. N'en déplaise à Kant, le caractère peu sociable prêté à l'odorat est sans doute moins l'expression de son essence que des coutumes et des conventions propres à certaines sociétés. À de rares exceptions près, l'anosmie ou l'odoriphobie n'est pas un trait de nature, mais un fait de culture. La preuve en est que contrairement à la civilisation occidentale où l'odorat est souvent négligé, la sensibilité olfactive joue un rôle social fondamental dans certaines cultures. Il existe des peuples odoriphiles marqués par une hyperosmie et pour lesquels l'odeur et le parfum figurent parmi les formes d'expression de la convivialité. Au XIIIe siècle, Ibn Al Adîm, prince d'Alep, ne considérait-il pas que « se parfumer les habits et le corps est un moyen de se rapprocher de ceux et de celles que l'on aime et cette raison impose à ceux qui s'habillent, mangent et boivent de se les parfumer convenablement »[1] ?

Loin d'être des obstacles à la vie en société l'odeur et l'odorat jouent parfois un rôle décisif dans la définition de la sociabilité. Ils président aux échanges entre les hommes, à leurs salutations et à leurs rites d'accueil dans de nombreuses cultures. Le baiser de nez et la respiration de l'odeur de l'autre constituent des modes de contact et de communication et sont considérés comme des formes d'expression de la politesse la plus raffinée. Ainsi, par exemple, en Polynésie, chez les Maoris, les Tongas, en Nouvelle-Zélande, à Samoa, Bornéo, se pratique le baiser esquimau où les nez sont

1. Cité par Françoise Aubaile-Sallenave, « Le souffle des parfums : un essai de classification des odeurs chez les arabo-musulmans », *Odeurs et parfums*, sous la direction de D. Musset et C. Fabre-Vassas, p. 99.

frottés l'un contre l'autre. C'est ce que rappelle Serge Chaumier qui affirme que les « baisers de nez sont des baisers d'odeurs »[1]. Flairer l'autre peut donc être un signe d'accueil et d'hospitalité. Dans le dialecte Hadramaoût, *shamma* signifie d'ailleurs « se flairer l'un l'autre pour s'embrasser, se baiser et s'accueillir »[2]. En Inde aussi, les formes traditionnelles d'accueil consistaient à sentir la tête de quelqu'un. Les Védas évoquent le plaisir qu'éprouvent les pères à sentir la tête de leurs enfants de retour après une absence. J.J. Meyer mentionne ainsi un passage des textes védiques affirmant que l'acte de sentir la tête de l'autre est le plus grand signe de tendresse[3]. Dans bien des cultures, par conséquent, il n'y a pas de répugnance à l'égard de l'odeur de l'autre, ni de gêne ou de méfiance à être soi-même senti.

Au-delà des coutumes d'accueil, l'odorat, loin d'être antisocial, peut être la condition du commerce entre les hommes. Dans certaines sociétés, l'odeur joue un rôle considérable, car elle va parfois jusqu'à réguler les échanges sociaux et définir les normes d'alliance entre les tribus. Chez les Desana de la Colombie amazonienne, par exemple, le mariage s'effectue entre des groupes de parentés distingués à l'aide d'odeurs et de parfums différents[4]. Non seulement chacun possède une odeur propre, appelée *oma sëriri*, qui est liée à sa complexion, ses émotions et son alimentation, mais tous les membres d'une même tribu sont censés partager la même odeur en vertu des lois de l'hérédité et du type de nourriture consommé. Chaque groupe tribal est supposé posséder une odeur caractéristique, reconnaissable par les autres. Selon Constance Classen, « les

1. Serge Chaumier renvoie aux travaux de Covarrubias montrant que chez les Balinais la technique amoureuse ne repose pas sur le baiser classique, mais sur un face-à-face très proche accompagné de légers mouvements de la tête, de façon à sentir l'odeur et la chaleur de la peau de l'autre. Cf. « L'odeur du baiser », *À fleur de peau*, p. 83.

2. Voir sur ce point l'article de Françoise Aubaile-Sallenave, « Le souffle des parfums : un essai de classification des odeurs chez les arabo-musulmans », in *Odeurs et parfums*, sous la direction de D. Musset et C. Fabre-Vassas, p. 98.

3. « *I will smell thee on the head, that is the greatest sign of tender love* », *Sexual Life in Ancient India*, Delhi, Banarsidass, 1971, p. 183.

4. Cf. *Aroma, The Cultural History, of Smell*, p. 114.

Desana disent que le territoire habité par une tribu est imprégné de *máhsa serirí*, terme qui signifie à la fois une odeur tribale et un sentiment tribal, une sympathie »[1]. Les Desana, qui sont des chasseurs, sont présumés exhaler l'odeur musquée du gibier qu'ils mangent. Leurs voisins, les Tupaya, qui vivent de la pêche, sont censés sentir le poisson, et les Tukano, qui sont agriculteurs, les parfums des racines, des tubéreuses et des légumes qu'ils cultivent dans leurs champs[2]. Les Desana estiment que le mariage ne peut avoir lieu qu'entre des personnes qui n'ont pas la même odeur et sont donc contraints d'aller chercher un époux ou une épouse dans une autre tribu. L'interdiction de s'unir à quelqu'un qui a la même odeur que soi est une forme de prohibition de l'inceste et un moyen d'éviter l'endogamie. Les jeunes d'une tribu doivent aller chercher leurs partenaires dans un autre clan dont l'odeur est distincte du leur et veiller à s'unir à quelqu'un dont l'odeur puisse se combiner avec la sienne. Les règles du mariage obéissent à un schéma analogue aux mélanges culinaires. Dans la cuisine, certaines combinaisons sont interdites : mélanger de la viande et du poisson, par exemple, c'est comme commettre un adultère. De la même manière dans le mariage, il faut savoir se mélanger. C'est d'ailleurs la même expression *mereké* « mélange bien » ou « combine bien » qui est employée à titre de recommandation pour le cuisinier et pour le futur marié. Ainsi un père voyant son fils courtiser une fille lui dira : « *mereké* »[3]. Le mariage est donc une union d'odeurs.

Sans multiplier les exemples, il faut reconnaître que le caractère antisocial prêté à l'odorat n'est pas une donnée universellement partagée. Certaines cultures reposent sur ce que l'on pourrait appeler une osmologie sociale et invitent à tempérer le jugement kantien en le renvoyant à sa particularité. Toutes les sociétés ne reprochent pas

1. *Ibid.*, p. 98. (Nous traduisons).

2. Voir sur ce point G. Reitchel-Dolmatoff, « Desana Animal Categories, Food Restrictions, and the Concept of Color Energies », *Journal of Latin American Lore*, 1978, vol. 4, nº 2, p. 243-91.

3. *Ibid.*

aux odeurs de manquer d'urbanité et c'est pourquoi le détour par l'anthropologie et l'ethnologie est nécessaire, car il permet d'éviter cet obstacle épistémologique lié à un point de vue trop limité.

UN SENS SALE ET IMMORAL ?

On peut alors se demander pourquoi il existe de telles différences de cultures et pourquoi le nez est perçu comme un sens ingrat et incommode dans nos sociétés. La raison fondamentale est sans doute à chercher dans une forme de puritanisme des sociétés occidentales, dont la pensée kantienne est peut-être la version la plus polie et rationalisée. Il est clair que tous les obstacles examinés, faiblesse, bestialité, sauvagerie ou manque d'urbanité, témoignent d'un désir de se démarquer de la corporéité et que la stigmatisation du nez est l'un des avatars de la honte du corps dans sa naturalité.

Ainsi derrière la dépréciation de l'odorat se joue un rejet du corps et de sa sensualité, comme l'avait subodoré Nietzsche. Le mépris du nez est très souvent le symptôme d'une somatophobie profondément enracinée. C'est ce que fait remarquer Serge Chaumier : « La haine du corps s'accompagne d'une haine pour l'olfaction : c'est un signe révélateur. Les dépréciateurs de l'odorat sont ceux qui affirment une morale rigide : le mépris des odeurs est proportionnel au dégoût pour le corps. »[1] Cette morale au nom de laquelle s'exerce la répression olfactive est avant tout une morale ascétique qui se méfie de la chair et de ses débordements. Le rejet du nez est par métonymie rejet du sexe. Dans la littérature grivoise et paillarde, l'appendice nasal et ses proportions donnent lieu à moultes gloses qui tournent autour du membre viril, comme celle que fait naître le nez avantageux de Frère Jean des Entommeures chez Rabelais, alias Alcofribas Nazier. Lorsque Gargantua demande pourquoi Frère Jean a si beau nez, le moine lui répond : « selon vraye philosophie monastique, c'est parce

1. « L'odeur du baiser », *À fleur de peau*, p. 93.

que ma nourrice avoit les tetins moletz : en la laictant, mon nez y enfondrait comme en beurre, et là s'eslevoit et croissoit comme la paste dedans le met. Mais guay, guay ! *ad formam nasi cognoscitur ad te levavi.* »[1]

Au-delà d'une simple métonymie, l'odorat a partie liée à la sexualité, comme le montre la solidarité entre l'instinct sexuel et la perception d'odeurs chez les animaux. Depuis les travaux de Karlson et Luscher en 1959 et la découverte du bombykol, la phéromone sexuelle du ver à soie, on sait qu'il existe chez les insectes et les mammifères des signaux chimiques odorants liés à des substances sécrétées par le mâle ou la femelle et qui déclenchent des réactions sexuelles types chez les individus de la même espèce. Bien que pour les êtres humains, l'existence de ces phéromones soit loin d'être établie et serve surtout d'alibi commercial à la promotion de parfums censés imiter leur composition chimique et produire un effet d'attraction irrésistible, il n'en reste pas moins que le refoulement des odeurs va de pair avec le refoulement de la sexualité[2]. La gêne envers les odeurs corporelles témoigne d'un désir d'aseptisation, d'un déni de la chair et de ses humeurs, d'une volonté de maîtrise et de toute-puissance sur des émanations qui ne se contrôlent pas nécessairement. Comme le fait observer David Lebreton, « l'odeur est un débordement sensible du corps hors des frontières de la peau. Elle atteint l'autre dans une connotation sexuelle, elle donne le sentiment d'être envahi, voire violé »[3]. Manuela Ivone Cunha et Jean Yves Durand observent ainsi que dans l'expérience carcérale, le discours sur l'odeur et son caractère insupportable intervient de manière récurrente. Les odeurs rappellent sans cesse la perméabilité des frontières, l'intrusion de l'autre et l'impossibilité d'être seul avec soi. « Là où on voudrait de la différence, l'odeur homogénéise et synchronise. »[4]

1. *Gargantua*, XL.
2. Voir sur ce point Freud, *Malaise dans la civilisation*, *op. cit.*, p. 50.
3. « Les mises en scènes olfactives de l'autre », *À fleur de peau*, *op. cit.*, p. 117.
4. « Odeur, odorat, olfaction : une ethnographie osmologique », *Odeurs et parfums*, *op. cit.*, p. 165.

Au-delà de la gêne et de la menace, l'odeur est ce qui peut susciter le trouble et éveiller le désir en présence d'une intimité de l'autre. Du même coup, l'odorat chez l'homme subit le même refoulement que celui qui a trait à la sexualité et en particulier l'érotisme anal. L'effort vers la propreté imposé par l'éducation participe de ce refoulement et de cette dépréciation des odeurs, car il s'agit de faire disparaître les excréments, de masquer les menstrues, en un mot de maîtriser toutes les humeurs, haleines, rots, flatulences et sueurs, au nom d'une hygiène et d'une morale, qui les englobent sous la catégorie du sale et qui considèrent comme pervers ou malsain l'érotique anale ou les rapports sexuels pendant la période du flux menstruel. Les règles de l'hygiène ont la plupart du temps des implications morales, car l'idéal du corps propre ne correspond pas simplement à un souci de conservation de soi et de préservation des autres, il véhicule des valeurs liées à la maîtrise de soi, à l'ordre et à la discipline. Ainsi une bonne hygiène du corps est parfois considérée comme le signe avant-coureur de la vertu. Les hygiénistes du XIXe siècle s'emploient à souligner la corrélation entre la propreté et la probité en opposant par exemple la vertu de celui qui a les mains propres au vice de celui qui a les mains sales[1]. De Gérando, dans son livre *Le visiteur du pauvre*, estime que « la propreté est tout ensemble et un moyen de conservation et un signe qui annonce l'esprit d'ordre et de conservation ; on s'afflige de voir à quel point elle est inconnue à la plupart des indigents et c'est un triste symptôme de la maladie morale dont ils sont atteints »[2].

Ce refoulement de l'odeur et la volonté d'aseptisation des sociétés modernes débouchent sur une censure très grande de l'expression olfactive sous toutes ses formes et constituent un nouvel obstacle épistémologique. L'odorat apparaît comme un sens sale et négligé, au double sens du terme, notamment à cause de la relation problé-

1. Moléon, rapporteur du conseil de salubrité en 1821, fait valoir combien l'hygiène est un remède contre les vices de l'âme : « Un peuple ami de la propreté l'est bientôt de l'ordre et de la discipline ». Cité par A. Corbin, *Le miasme et la jonquille*, p. 185.

2. *Op. cit.*, p. 227.

matique que l'homme entretient avec ses excréments et de leur nature fortement odorante. La dévalorisation de l'odorat va de pair avec la dépréciation de l'excrément ; ainsi s'opère le passage du « sentir » au « sentir mauvais ». Les règles de la bienséance invitent à se détacher des odeurs organiques et conduisent à une répression du plaisir olfactif. L'enfant, qui n'éprouve au départ aucune répugnance à l'égard de sa propre odeur et celle de ses excréments, apprend à éprouver du dégoût. Avant la phase d'éducation, il aime à jouer avec ses productions fécales, et manifeste une certaine fierté devant elles à tel point qu'elles sont parfois appelées des cadeaux dans le langage populaire et qu'il n'hésite pas à les offrir aux membres de sa famille aussi bien qu'aux étrangers. Cette prégnance de l'odorat et ce mode de contact avec le monde extérieur vont peu à peu s'estomper sous l'effet de l'éducation et du développement des autres sens. Très vite, les plaisirs coprophiles sont refoulés. La honte du pet lâché ou la fierté virile d'en avoir émis, qui suscitent réprobation vertueuse ou plaisanteries, participent du même phénomène de refoulement. Qu'ils prennent la double forme d'une volonté de censure ou de transgression, ces comportements révèlent un seul et même interdit : « tu ne pueras point ». L'objet malodorant devient du même coup un sujet tabou, car il ne paraît guère de bon goût de vouloir spéculer sur l'être du puant, ou d'élaborer une pensée de l'excrément[1]. Le philosophe qui se plaît à respirer l'air des cimes ne saurait se commettre avec une fosse d'aisance. Toute pensée du sale est une sale pensée.

Au miasme, toutefois, on peut opposer la jonquille et tempérer ce jugement sévère en faisant valoir que toute odeur ne rime pas avec puanteur. Si l'odeur corporelle rappelle la naturalité de l'homme et son enracinement biologique dans le monde animal, le parfum peut contribuer à la fabrique d'un corps idéal, libéré des miasmes et de la contingence de la chair. Entourant l'homme d'un halo odorant, il substitue au corps réel un corps rêvé qui se répand sur le monde

1. Il existe pourtant une très instructive *Histoire de la merde*, par Dominique Laporte, parue chez Christian Bourgois en deux versions en 1993 et 2003.

comme une essence épurée et libérée de ses accidents charnels. Cette idéalisation du corps s'apparente à une forme de désincarnation derrière laquelle peut se dissimuler parfois un dégoût, voire un refus de la chair. Lors des campagnes de promotion publicitaire, il n'est pas rare de voir le parfum assimilé à une âme, à une aura ou à un souffle immatériel, qui tirent l'homme du côté de l'esprit et transforment la femme en créature éthérée. Le parfum peut donc être tour à tour la marque de l'amour ou de la haine du corps. Il métamorphose le corps honteux en corps glorieux qui s'avance sûr de lui et ose s'afficher. C'est d'ailleurs sur cette idée d'un parfait contrôle du corps et d'une certitude de soi que s'appuient les campagnes de publicité pour les déodorants. Grâce à une mise en scène olfactive, le corps maîtrisé et poli joue le jeu de la culture et ne vous lâche plus au gré de ses humeurs délétères.

À ce titre, le parfum remplit une fonction sociale qui dépasse le simple cadre d'un art du paraître destiné à plaire aux autres et à évacuer un corps trop encombrant. Il devient un principe de distinction et d'affirmation de sa supériorité sociale. Il reflète la grandeur, voire la proximité avec le divin. Si l'on en croit ses biographes, Alexandre le Grand passait pour sentir divinement bon[1]. Dès l'Antiquité, le caractère coûteux du parfum en fait un produit de luxe destiné à refléter le rang des couches sociales élevées. Un parfum onéreux répandu sur l'autre est d'ailleurs un moyen de l'honorer, comme en témoigne l'épisode biblique de l'onction de Béthanie où Marie verse une essence précieuse de nard pur sur les pieds de Jésus et se voit reprocher cette dilapidation en pure perte par Judas[2]. Les

1. Voir sur ce point, Paul Faure, *Parfums et aromates de l'Antiquité*, p. 20.

2. « Marie prit alors une livre de parfum de nard pur de grand prix : elle oignit les pieds de Jésus, les essuya avec ses cheveux et la maison fut remplie de ce parfum. Alors Judas Iscariote, l'un de ses disciples, celui-là même qui allait le livrer, dit : "Pourquoi n'a-t-on pas vendu ce parfum trois cents deniers, pour les donner aux pauvres ?" Il parla ainsi, non qu'il eût souci des pauvres, mais parce qu'il était voleur, et que chargé de la bourse, il dérobait ce qu'on y déposait ; Jésus dit alors : "Laisse-la ! Elle observe cet usage en vue de mon ensevelissement. Des pauvres, vous en avez toujours avec vous, mais moi, vous ne m'avez pas pour toujours." » *Évangile selon saint Jean*, 12, TOB, Cerf, p. 1531-32.

grands de ce monde n'hésitent pas à faire un usage dispendieux du parfum. La cour du roi Louis XV, par exemple, était appelée en Europe « la cour parfumée ». L'usage d'un parfum différent chaque jour était prescrit pour les courtisans. La prolifération des fragrances, sous toutes ses formes, eaux de toilette, accessoires parfumés comme les sachets, les gants, les éventails, vise non seulement à masquer la puanteur liée au manque d'hygiène, mais à affirmer un rang et une appartenance à la classe aristocratique[1]. Annick Le Guérer rappelle ainsi qu'« en se diffusant, le parfum forme un halo autour de la personne qu'il prolonge et magnifie. Il étend l'être et la sphère sociale du courtisan »[2]. Le parfum est fréquemment la marque de la noblesse aussi bien sociale que morale. Il exprime l'honorabilité et la magnanimité des âmes bien nées comme en témoigne par exemple le mot *fanăa* qui désigne en arabe à la fois le parfum qui se répand et la noblesse de caractère ou la générosité associée à l'idée de richesse.

Chez les contempteurs du nez, toutefois, l'éloge du parfum sonne comme une apologie de la dissimulation et de l'illusion et n'est pas toujours d'un très grand poids. Il ne saurait guère trouver d'écho chez les moralistes qui se méfient du paraître et englobent l'usage des parfums dans la catégorie du frivole. Dans la *République* de Platon, la recherche des parfums et des essences à brûler est avant tout associée au luxe, aux plaisirs dissolus, à la mollesse de la cité gonflée d'humeurs[3]. Si l'on n'y prend garde, le parfum détourne insidieusement du devoir et incite à la débauche. Bossuet dénonce ainsi « les bonnes senteurs préparées pour affaiblir l'âme, l'attirer aux plaisirs des sens par quelque chose qui, ne semblant pas offenser la pudeur, s'y fait recevoir avec moins de crainte, la dispose néan-

1. En revanche, comme le souligne Thorstein Veblen, « le parfum est immoral pour le bourgeois, car par essence il se dilapide et part en fumée. Il symbolise la perte et le gâchis. C'est intolérable de voir le produit d'un labeur thésaurisé s'évanouir. Le parfum est synonyme de mollesse, de paresse, de goût du plaisir, et antithétique de l'idée de travail ». « Théorie de la classe de loisir », 1899, *op. cit.*, *Extraits de parfums*, p. 75.

2. Cf. « Les parfums à Versailles au XVIIe et au XVIIIe siècles », *Odeurs et parfums*, p. 133.

3. Cf. Livre II, 373a, et Livre IX, 573a.

moins à se relâcher et à détourner son attention de ce qui doit faire son occupation naturelle »[1]. C'est d'ailleurs la raison pour laquelle le chancelier Bacon affirme que les parfums et les odeurs figurent parmi les choses qui ont plus besoin d'un censeur que d'un maître[2]. Les bonnes senteurs ont un relent d'immoralité, car elles camouflent hypocritement la saleté physique et la puanteur morale. L'usage du parfum a d'ailleurs été souvent condamné comme un signe de mauvaise vie et de dépravation. Il est l'indice d'un vice, d'une sophistication à laquelle il faut préférer le naturel. Plaute estime ainsi qu'« une femme sent bon lorsqu'elle ne sent rien »[3].

Cette idée est reprise par Montaigne dans ses *Essais* : « Il se dit d'aucuns comme Alexandre le Grand, que leur sueur épandait une odeur suave, par quelque rare et extraordinaire complexion ; de quoi Plutarque et autres recherchent la cause. Mais la commune façon des corps est au contraire ; et la meilleure condition qu'ils aient c'est d'être exempts de senteur. »[4] Montaigne cite d'ailleurs Plaute à l'appui et incline en faveur d'un idéal corporel inodore. Il se méfie des parfums destinés à cacher des défauts naturels, un manque d'hygiène, et évoque les jeux de mots des poètes anciens selon lesquels « c'est puer que de sentir bon ». Il rappelle également les épigrammes de Martial qui fustigent à deux reprises l'usage du parfum : « Tu ris de nous, Coracinus, parce que nous ne sentons rien : j'aime mieux ne rien sentir que sentir bon. »[5] Et ailleurs : « Posthumus, il ne sent pas bon, celui qui toujours sent bon. »[6] Il ressort de ces épigrammes que le parfum nourrit la suspicion car il constitue une forme de tromperie en tant qu'il peut servir à couvrir un défaut naturel et à masquer le vice.

Montaigne, toutefois, ne reprend pas à son compte cette satire du parfum et ne condamne pas son usage. S'il privilégie le corps exempt de senteur, c'est pour éviter d'être incommodé par un parfum sur-

1. *Traité de la concupiscence*, p. 8.
2. *De Augmentis* IV, p. 211, traduction Riaux.
3. Plaute, *La mostellaria*, I, III, 273.
4. *Essais* I, LV, Des senteurs, Éditions Folio, p. 436.
5. *Épigrammes*, livre VI, LV.
6. *Ibid.*, livre II, XII.

ajouté : « La douceur même des haleines les plus pures n'a rien de plus excellent que d'être sans aucune odeur qui nous offense, comme sont celles des enfants bien sains. »[1] C'est au nom de sa grande sensibilité olfactive qu'il valorise le corps inodore, car il est le premier à souffrir de la puanteur. Il confesse qu'il « aime pourtant bien fort à être entretenu de bonnes senteurs »[2]. Il se présente comme un être sagace qui prise les senteurs simples et naturelles. Il arrache ainsi la philosophie au silence olfactif en montrant que parler des mauvaises odeurs n'est ni malséant ni scabreux et parler des bonnes, ni frivole ni honteux. Est-ce à dire alors qu'il soit possible de lever la censure et d'arracher les odeurs à leurs relents nauséabonds ?

Odeur de saleté, odeur de sainteté

Pour pouvoir dépasser cet obstacle, il faut d'abord prendre conscience de son caractère idéologique et imaginaire. Les catégories de saleté et de puanteur, de suavité et de bonne odeur, sont de pures constructions sociales, des habitudes incrustées qui ne sont pas pour autant indécrottables. Le sale et le propre, le fétide et le parfumé, sont en effet des idées fictives qui n'expriment pas l'essence des choses, mais la manière dont elles nous affectent. Spinoza insiste sur le fait que ces notions, comme toutes celles qui sont issues des sens, sont de simples dénominations que les ignorants considèrent comme les attributs des objets alors qu'elles sont des affections de leur imagination. De la même manière que les hommes nomment beaux ou laids les objets qui affectent agréablement ou désagréablement la vue, « ceux qui émeuvent le sens par les narines, ils les appellent parfumés ou fétides, par la langue, doux ou amers, savoureux ou fades, etc. Et quand c'est par le tact, durs ou mous, rugueux ou lisses, etc. Et ceux enfin qui émeuvent les oreilles sont dits produire du bruit, du son ou de l'harmonie, laquelle a fait perdre la tête aux hommes jusqu'à leur

1. *Essais* I, LV, Des senteurs, p. 435.
2. *Ibid.*, p. 436.

faire croire que Dieu, lui aussi, trouve du charme à l'harmonie. [...] Tout cela montre assez que chacun a jugé des choses d'après la disposition de son cerveau, ou plutôt a pris pour les choses les affections de son imagination »[1]. Il n'y a donc pas d'objet fétide en soi, et partant pas de réflexion nauséabonde dans l'absolu. Spinoza souligne ainsi la relativité de ces catégories qui ne sont pas des propriétés des choses, mais des modes de penser qui naissent des comparaisons entre les manières dont les choses nous touchent et qui varient en fonction des différences entre les corps, de leurs constitutions et de leurs rencontres. La preuve en est, nous dit Spinoza, « qu'une seule et même chose peut être en même temps bonne et mauvaise, et également indifférente »[2], et il donne l'exemple de la musique que l'on peut transposer à l'odorat. Ainsi l'odeur des excréments est bonne pour l'enfant, mauvaise pour l'adulte et pour l'anosmique ni bonne ni mauvaise. Il est même possible de relativiser davantage ce jugement olfactif, car Freud attire l'attention sur le fait que non seulement l'enfant, avant toute éducation, éprouve des plaisirs coprophiles, mais que l'adulte, malgré le refoulement, continue fort bien à s'accommoder de sa propre odeur et de celle de ses excréments. « En dépit de tous les progrès accomplis par l'homme au cours de son développement, l'odeur de ses excréments ne le choque guère alors que seule le choque celle des excréments d'autrui. »[3] Et encore faut-il noter que cette répugnance à son tour n'est pas universelle, car les plaisirs coprophiles ne sont pas bornés à l'enfance ; l'on peut aimer l'odeur excrémentielle, la crasse, les humeurs et la sueur de l'autre[4]. Ce qu'une

1. *Éthique* I, Appendice, traduction Pautrat, Seuil, p. 89.
2. *Éthique* IV, Préface, p. 341.
3. *Malaise dans la civilisation*, p. 52.
4. Sade, en tout cas, n'en éprouve pas de répugnance, comme en témoigne une lettre à sa femme, écrite en prison : « Charmante créature – vous voulez mon linge sale, mon vieux linge. Savez-vous que c'est d'une délicatesse achevée ? Vous voyez comme je sens le prix des choses. [...] Ah ! juste ciel ! Si par une voie aussi courte et aussi facile, il m'était possible de me procurer tout plein de choses de toi... comme je dirais : "Donnez, donnez Monsieur, cela vient de celle que j'adore ! Je respirerai les atomes de sa vie ; ils enflammeront le fluide qui coule dans mes nerfs : ils porteront quelque chose d'elle au sein de mon existence." » *Lettres à sa femme*, 23-24 novembre 1783, Babel, Actes Sud, 1997, p. 417.

société dénonce comme sale ou malodorant peut donc se retourner en son contraire et devenir un atout du désir. Ainsi la valse-hésitation entre le parfumé et le fétide épouse les contours des affects plutôt que des concepts, reflète plus les formes de l'imaginaire que de la réalité.

Dès lors, il est toujours possible d'inverser les valeurs et de surmonter l'obstacle en portant le nez au pinacle. L'usage du parfum n'est pas nécessairement synonyme de frivolité et d'immoralité, il peut être l'expression de la ferveur religieuse et de la pureté. Pour le comprendre, il faut opérer un renversement du pour au contre et réaliser pour ainsi dire une conversion en levant le nez et en le tournant vers les hauteurs. À tous ceux qui perçoivent l'odorat comme un sens sale, rustique et animal, on peut objecter qu'il est aussi un sens saint, mystique et divin. À l'odeur de saleté s'oppose l'odeur de sainteté comme un antidote au mépris du nez.

Les parfums ont en effet une fonction rituelle et cultuelle dans de nombreuses civilisations. Sous formes de lotions ou d'onctions ils accompagnent fréquemment les rituels de passage et sont dotés de propriétés purificatrices. Ils jouaient, par exemple, un rôle essentiel en Afrique du Nord au Moyen Âge dans la purification de la chevelure, nécessaire pour la réalisation d'un mariage heureux. C'est ce que montre Françoise Aubaile-Sallenave au cours de son analyse des soins capillaires qui accompagnent le rituel complexe du mariage[1]. La chevelure, dans l'univers islamiste, est presque toujours impure, car elle est une zone de passage entre l'intérieur du corps, ses exhalaisons d'odeurs, et le monde extérieur qui vient l'imprégner de toutes ses émanations. Avicenne considère ainsi que les cheveux, comme les poils, tout en étant des ornements, contribuent à éliminer les déchets du corps. La chevelure doit donc être purifiée et faire l'objet de soins symboliques particuliers lors du rituel de passage de

1. Voir ses articles : « Les soins de la chevelure chez les musulmans au Moyen Âge. Thérapeutique, fonction sociale et symbolique », D. Menjot (éd.), *Les soins de beauté : Moyen Âge, début des temps modernes*. Actes du IIIe colloque international (Grasse, avril 1985), Nice, 1987, p. 347-365, et « Le souffle des parfums : un essai de classification des odeurs chez les arabo-musulmans », *Odeurs et parfums*, sous la direction de D. Musset et C. Fabre-Vassas, *op. cit.*, p. 106-107.

l'état de jeune fille à celui de femme mariée. « Les soins accordés aux cheveux ont pour objet la consommation heureuse du mariage. Pour cela, la fiancée doit acquérir un état de pureté parfaite et le conserver par des pratiques journalières ; celles-ci consistent à lui laver tous les jours les cheveux, après les avoir imprégnés d'un mélange de poudre et de safran, tous deux chargés de *baraka*, de pétales de roses, de girofle, de mousse de chêne, de coriandre, de souchet (*cyperus*), de lavande, de mélilot, toutes plantes parfumées et par là même pleines de pouvoir. »[1]

Ce pouvoir dévolu au parfum tient au fait qu'il est conçu comme l'expression de l'essence d'un corps, comme un concentré de ses vertus. Il possède donc une grande efficience et ne sert pas seulement à purifier, mais à protéger. Cette fonction de protection se retrouve dans certaines coutumes orientales où l'usage des fumigations est destiné à écarter le mauvais sort et les *jnûn*, les méchants génies, notamment au moment de la naissance et du mariage. Les fumigations de gomme ammoniaque et le chardon à glu, qui dégagent une odeur âcre et très forte, font partie des soins donnés dans le Maghreb à la nouvelle accouchée et ont pour fonction de préserver l'enfant du mauvais œil, de la jalousie des génies ou de l'entourage[2]. Cette fonction protectrice du parfum transparaît également à travers l'usage au Moyen Âge, en Europe, de bijoux, bagues et bracelets, en or ou en argent, de forme sphérique, appelés *Pomander*, pomme d'ambre ou pomme de senteurs. Ils étaient remplis d'ambre ou de musc et servaient à se prémunir contre les maladies et notamment la peste. Annick Le Guérer montre ainsi qu'au-delà de sa fonction sociale, l'usage du parfum à la cour obéit à un impératif hygiénique et prophylactique qui ne se limite pas à la nécessité de masquer la

1. Françoise Aubaile-Sallenave, « Le souffle des parfums : un essai de classification des odeurs chez les arabo-musulmans », *op. cit.*, p. 107.

2. Sur ce point voir Françoise Aubaile-Sallenave, « Le monde traditionnel des odeurs et des saveurs chez le petit enfant maghrébin », in B. Schaal (ed), *L'odorat chez l'enfant : perspectives croisées*, Paris, PUF, 1997, p. 186-208. « Le souffle des parfums : un essai de classification des odeurs chez les arabo-musulmans », in *Odeurs et parfums*, sous la direction de D. Musset et C. Fabre-Vassas, p. 113-114.

pestilence, mais qui vise à protéger l'homme contre la corruption interne de ses humeurs et les miasmes de l'air extérieur[1]. Croyant que tout ce qui pue tue, les médecins voient dans les parfums et les arômes imputrescibles des antidotes aux infections et leur imputent la propriété de purifier et d'assainir le corps. Avant que l'on en découvre l'inanité, les feux aromatiques et les baumes parfumés sont considérés comme des contrepoisons à l'haleine fétide du pestiféré censée contaminer. À l'odeur qui empeste littéralement, il faut donc opposer les vertus de l'arôme qui purifie et vivifie[2].

Dès l'Antiquité, l'aromathérapie témoigne de cet usage médical du parfum. Le *Corpus hippocratique* comporte des analyses détaillées des remèdes aux lésions de l'utérus, basés sur des fumigations aromatiques[3]. Les inflammations de l'utérus, organe réputé le plus sensible aux odeurs, sont ainsi soignées à l'aide de fumigations d'aromates insufflés dans l'utérus pendant plusieurs jours, préparés à base de cypérus, de calamus, de jonc, cardamome, cumin, anis,

1. Sur les pouvoirs mortifères et curatifs de l'odeur, voir Annick Le Guérer, *Les pouvoirs de l'odeur*, deuxième partie, « L'odeur de la peste ».

2. Pendant toute l'ère prépasteurienne où les miasmes étaient considérés comme un facteur d'infection, c'est souvent à l'odeur qu'il appartient d'arrêter l'odeur. Le combat contre les émanations putrides et leur cortège de maladies se mène à coups d'arômes. Ainsi, comme le montre Marie Dominique Ribeyreau-Gayon, la plantation massive au XIXe siècle dans les Landes des pins qui dégagent dans l'air une bonne odeur de résine à partir de laquelle est extraite l'essence de térébenthine fut utilisée pour se prémunir contre l'odeur méphitique des marais et les assainir. L'odeur de la sève possède une vertu curative notamment en ce qui concerne les affections pulmonaires. Le pin exhale dans l'air des terpènes qui servent à fabriquer des médicaments contre la toux, à tel point qu'avant l'invention des antibiotiques, des séjours et des promenades dans la forêt des Landes étaient prescrits en cure pour guérir des maladies pulmonaires. Voir son article, « Des puanteurs méphitiques au doux parfum de l'or », *Odeurs et parfums*, sous la direction de D. Musset et C. Fabre-Vassas, p. 41-51. Marie Dominique Ribeyreau-Gayon constate notamment que « la bonne odeur de la résine et celle de l'or sont désormais aussi étroitement liées que l'étaient la puanteur des marais et la misère. Ce pays autrefois si malsain se dote autour du bassin d'Arcachon, de sanatoriums destinés notamment aux tuberculeux pour lesquels le programme thérapeutique implique de longues promenades dans les pins afin d'y respirer les parfums qui soignent. », *op. cit.*, p. 47.

3. Cf. *Corpus hippocratique*, *Œuvres complètes*, éd. Littré, vol. 8, « Maladies des femmes », livre II. Nous remercions Elsa Dorlin d'avoir attiré notre attention sur ce point.

rue, hypéricon, fenouil, mélangés à du vin blanc astringent très odorant auquel on adjoint un bon parfum égyptien ou de l'excellente huile de marjolaine ou d'iris[1]. Les médecins utilisaient non seulement des fumigations aromatiques mais aussi des fumigations fétides à base de vieille urine bouillante contre les abcès au flanc consécutifs à une obliquité latérale de l'utérus[2]. Ils préconisaient parfois les deux en même temps ; contre la saillie de la matrice hors de la vulve ou sa trop grande mobilité étaient pratiquées des fumigations fétides sous les parties génitales, aromatiques sous les narines[3]. Cette aromathérapie gynécologique grecque perdure tout au long de l'âge classique et témoigne de la richesse de l'imaginaire médical partagé entre superstition et observation des vertus réelles des plantes[4].

Loin d'être toujours délétère, le parfum est donc salutaire. Il joue un rôle non seulement dans la médecine, mais dans les rituels religieux et la thanatopraxie. Il est d'ailleurs parfois bien difficile d'opérer une distinction entre l'usage religieux et l'usage thérapeutique, car santé et salut sont si étroitement liés qu'il n'est pas toujours pertinent de vouloir les disjoindre. Les maladies sont souvent perçues comme

1. *Op. cit.*, p. 295.
2. Cf. *ibid.*, p. 303.
3. Cf. *ibid.*, p. 317 et 325.
4. L'aromathérapie perdure aujourd'hui sous d'autres formes. Elle se définit comme un traitement des maladies par les arômes, qui consiste à extraire une huile dite essentielle des plantes fortement odorantes notamment par distillation à la vapeur d'eau. En respirant les arômes diffusés dans l'air, ou en imprégnant sa peau, le patient s'approprie les vertus de la plante condensées dans cette huile essentielle. L'aromathérapie repose sur l'idée que les effluves odorants de la plante constituent son essence et concentrent toutes ses propriétés actives et curatives. Dans son ouvrage consacré à *L'aromathérapie* (Paris, Albin Michel, 1993), N. Grosjean estime que l'arôme de la plante définit son identité et que l'huile essentielle en est sa quintessence, son entité vitale, son âme précieuse. Il ne nous appartient pas ici de mesurer la part de croyance et la part d'efficience réelle qui entourent de tels soins, mais il est clair que l'arôme est perçu comme un agent thérapeutique d'autant plus efficace qu'il dégage une odeur puissante. Raphaële Garreta constate que dans ce domaine, les plantes les plus utilisées par les consommateurs sont celles dont les parfums sont les plus puissants de sorte que l'odeur fonctionne comme un signe avant-coureur des bienfaits des plantes. Cf. son article intitulé « Les arômes des simples : l'herboristerie aujourd'hui », *Odeurs et parfums*, sous la direction de D. Musset et C. Fabre-Vassas, p. 125-131.

des épreuves sanctionnant les péchés et pour les guérir il faut faire fléchir les dieux. La guérison est pour ainsi dire une « théorapie » et la formule médicale, une forme de prière. Élisabeth Motte-Florac montre à ce propos que les senteurs végétales provenant du copal, du tabac ou d'autres espèces, comme l'*estafiate*, le *péricón* et l'œillet d'Inde, étaient utilisées au Mexique préhispanique dans tous les rituels religieux à but thérapeutique ; elles étaient considérées comme la nourriture préférée des dieux, car l'odeur de la plante, n'ayant rien de commun avec les fonctions physiologiques humaines, semblait la plus appropriée à la nature du divin[1]. Le culte de Quetzalcóatl, le serpent à plumes, de Tláloc, dieu de la pluie, par exemple, reposait sur la pratique d'offrandes parfumées[2]. Ainsi au-delà d'un usage profane qui sent le soufre, le parfum fait l'objet d'un usage sacré.

L'odorat n'est donc pas systématiquement associé à l'animalité ou à la sauvagerie, mais aussi à l'invisible et au divin. Les parfums servent de médiation, de principe de communication et d'échange entre les hommes et les dieux. Ils relient l'ici-bas et l'au-delà, la terre au ciel. C'est ce que révèle d'ailleurs l'étymologie du terme *per fumus* qui signifie « par la fumée ». Ainsi les fumigations d'encens ont pour fonction de mettre l'homme en relation immédiate avec le ciel. La fumée s'élève vers le ciel et touche au divin. Si sa verticalité est à l'image même de la transcendance divine, dès lors brûler de l'encens, c'est faire une offrande qui s'envole par-delà les fumées jusqu'à Dieu. Encenser, c'est louer, c'est-à-dire au sens premier du terme verser de l'encens pour rendre hommage à Dieu.

1. Voir son article « Le rôle des odeurs dans l'histoire de la thérapeutique au Mexique », *Odeurs et parfums*, sous la direction de D. Musset et C. Fabre-Vassas, p. 143-157. Le copal, qui est une résine proche de l'ambre, était brûlé non seulement en guise d'offrandes aux dieux pour les honorer et obtenir leurs faveurs, mais il servait à la purification du pécheur au moment de la confession ainsi que dans le traitement de nombreuses maladies, notamment les maladies froides. L'*estafiate*, plante aromatique, jouant un grand rôle dans le culte du dieu de la pluie, était également utilisée en friction après avoir été mastiquée par le thérapeute et recrachée sur le patient pour permettre ensuite d'extirper le corps étranger de la maladie par succion.

2. Selon Élisabeth Motte-Florac, l'importance et le prestige de ces effluves parfumés dans le culte étaient tels que la gourde à tabac portée dans le dos et le sac à encens tenu à la main constituaient les insignes spécifiques des prêtres, cf. *op. cit.*, p. 150.

Cet usage sacré du parfum se retrouve aussi bien dans les religions anciennes que les religions actuelles. Ainsi dans l'Antiquité égyptienne, les fumigations de gomme résineuse, de térébinthe, notamment, avaient pour fonction première de relier les hommes aux dieux. Selon Paul Faure, « en égyptien, le mot qui désigne l'encens (*sonter*) est précédé de l'idéogramme du dieu ou du domaine divin (*ntr*). Il n'y a là rien d'étonnant puisque tout encens vient de la "terre du dieu", porte au ciel les aspirations des hommes et divinise tout ce qu'il enveloppe de ses nuages. »[1] Le *sonter* ou la senteur, c'est la divine odeur, celle qui plaît au dieu[2]. L'encens joue comme une drogue qui élève et transporte l'homme dans un monde supérieur. Paul Faure souligne ainsi le caractère à la fois euphorisant et stupéfiant des essences des térébinthes utilisées par les Égyptiens dans la composition de l'encens qui devaient transporter les prêtres et les fidèles dans un autre monde[3]. Le *koupi-t* ou le *kyphi*, parfum servant à fumiger chez les Égyptiens, s'apparente à une drogue propice au rêve et à la divination[4]. De la même manière, le parfum sous la forme de la technique d'embaumement constitue un lien entre l'ici et l'au-delà. Il n'a pas pour objet de recouvrir l'odeur du cadavre, mais de mettre le corps en odeur de sainteté, de le préserver pour la survie dans l'au-delà[5]. L'examen des momies de Toutankhamon et

1. *Parfums et aromates de l'Antiquité*, p.18.
2. Cf. Paul Faure, *op. cit.*, p. 28.
3. Voir Paul Faure, *op. cit.*, p. 29.
4. C'est ce qu'observait d'ailleurs Plutarque : « Il s'en exhale une vapeur suave et bénéfique, qui change les conditions de l'air. Cette vapeur s'insinuant dans le corps par la respiration, le berce d'une manière douce et insensible, l'invite au sommeil et répand autour de lui une influence délicieuse [...] Agissant aussi sur l'imagination, faculté si puissante dans les songes, ces exhalaisons la rendent en quelque sorte comme le miroir le plus uni. L'effet obtenu n'est pas moins merveilleux que celui des sons de la lyre dont les Pythagoriciens se servaient avant de goûter le sommeil. » l. c., 80, *op. cit.* par Paul Faure, p. 47.
5. C'est ce que souligne Paul Faure : dans l'Égypte ancienne, « l'essentiel de l'embaumement visait beaucoup moins à masquer les odeurs atroces d'un corps en décomposition qu'à le mettre en odeur de sainteté, à faire de lui un nouvel Osiris, à le conserver intact dans des substances imputrescibles et parfumées pour sa survie et sa résurrection ». *Parfums et aromates de l'Antiquité*, p. 36.

de Ramsès II en 1976 et 1977 révèle le rôle déterminant des huiles, des résines, des onguents et des parfums dans la conservation du corps ; entouré de vases canopes destinés à conserver les viscères dans la résine, le baume et l'asphalte, le mort est en outre accompagné de vases de parfum contenant les sept huiles canoniques et les onguents sacrés s'il appartient à une famille riche[1]. Le parfum n'est donc pas voué à la terre et à l'animalité, il joue un rôle décisif dans les cérémonies funéraires[2] et les rites sacrés.

Les Grecs ont également considéré que les fumées de l'encens et des plantes aromatiques sont adaptées au culte des dieux qui n'apprécient que des vapeurs imputrescibles. Dans le rite sacrificiel, la myrrhe et les aromates constituent la part divine et se substituent aux victimes animales. Si l'on en croit la *Théogonie* d'Hésiode, Prométhée établit le partage entre les hommes et les dieux et fixe leur régime alimentaire en réservant aux premiers la chair du bœuf et en ne laissant aux seconds que la fumée des os calcinés et le fumet des graisses brûlées. Dans *Les jardins d'Adonis*, Marcel Détienne interprète ce partage inégal, non pas comme une simple revanche prométhéenne, comme une forme de réparation pour les hommes que Zeus a oubliés, mais comme la reconnaissance d'une différence de nature et de statut. Aux hommes, revient la viande morte et putrescible, à l'image de leur condition : aux dieux, les odeurs des os et de la graisse, car un immortel n'a nul besoin de nourriture carnée et manifeste par là sa supériorité[3]. Chez les pythagoriciens qui

1. Voir sur ce point les analyses de Paul Faure, *op. cit.*, p. 35 à 40.

2. L'embaumement fonctionne aussi comme un principe de distanciation. Selon Patrick Baudry, « le parfum qu'on porte sur le corps du mort ou qu'on diffuse autour de son cercueil, n'est pas un déodorisant. Il participe de processus complexes qui construisent le départ du mort, sa mise à l'écart », « De l'odeur de la mort, aux parfums des morts », *À fleur de peau*, p. 169. Le parfum est une sorte d'entre-deux qui permet le passage du statut de vivant à celui de cadavre et qui assigne à l'homme sa place parmi les morts. Il sert de médiation entre l'ici-bas et l'au-delà ou l'ailleurs. En somme, nous dit Patrick Baudry, « si l'on parfume le mort, c'est pour que venant d'ici, il s'en aille ailleurs », *op. cit.*, p. 171.

3. « En abandonnant aux olympiens les os et la graisse, en ne leur laissant qu'odeurs et fumées, le premier sacrificateur consacrait la supériorité des Immortels sur leurs

refusent la nourriture carnée, ce sont les fumigations d'aromates qui remplacent le sacrifice animal. C'est ainsi qu'Empédocle en fidèle disciple de Pythagore fit confectionner un bœuf de myrrhe, d'encens et d'aromates les plus précieux et l'offrit à la place d'une victime animale pour remercier les dieux pour sa victoire lors de la course de chevaux à Olympie[1]. Les dieux qui se nourrissent de nectar et d'ambroisie ont une essence aromatique et dégagent une bonne odeur, l'*euodia.* En vertu de leur nature merveilleusement parfumée, ils ne sauraient recevoir que des offrandes proportionnées à leur essence. C'est pourquoi l'encens, la myrrhe et les substances aromatiques, en vertu de leur nature parfumée et imputrescible, sont à même de les honorer et d'établir la communication entre mortels et immortels.

Les grandes religions monothéistes, à leur tour, utilisent le parfum comme moyen de purification, d'élévation et de contemplation de sorte que la reconnaissance de son caractère sacré n'est pas propre aux croyances anciennes ou lointaines mais elle tend à s'universaliser. C'est d'ailleurs ce que remarquait Montaigne dans un chapitre des *Essais* consacré aux senteurs : « l'invention des encens et des parfums aux églises si anciennes et espandues en toutes nations et religions, regarde à cela de nous réjouir, éveiller, purifier le sens pour nous rendre plus propre à la contemplation. »[2]

La vocation du parfum à purifier et à éveiller la contemplation est ainsi un des traits majeurs du bouddhisme qui fait un usage cultuel de l'encens et du santal. Les statues des bouddhas sont faites de bois odorant, notamment de hinoki, le cyprès du Japon, qui a une senteur fraîche et puissante et qui a la réputation d'être impu-

partenaires humains. Parce que le besoin de manger est en rapport inverse avec la vigueur vitale, parce que faim et mort sont comme frères jumeaux, les dieux manifestent leur condition surnaturelle en se réservant les super-nourritures inaccessibles aux êtres de chair et de sang qui ne peuvent pas plus se nourrir de la seule odeur des viandes que se contenter pour vivre du parfum de la myrrhe et de l'encens. » *Les jardins d'Adonis, La mythologie des aromates en Grèce*, Éditions Gallimard, 1972, p. 87.

1. Cf. Athénée, *Les déipnosophistes*, I, 3 E.
2. *Essais*, I, 55, Des senteurs.

trescible. Les bonzes, à l'intérieur des temples, répètent le *shôkô*, le geste sacré de jeter sur les braises de l'encensoir un mélange odorant de santal, de camphre et d'épices. L'encens et ses fumées constituent des voies qui élèvent l'homme vers la divinité. Parmi les dix gardiens de la loi du Bouddha figure Kendatsuba, la divinité de l'encens et de la musique, qui se nourrit de douces senteurs. Certains sutras enseignent que l'encens contient la parole du Bouddha[1]. Il s'agit donc de respirer ou d'écouter l'encens pour entendre la parole du dieu. Inversement si l'on fait un souhait en brûlant de l'encens, Bouddha peut l'écouter grâce à la fumée qui monte jusqu'à lui. La respiration prend la forme d'une écoute et d'une communication. Le Lotus de la Loi qui est le plus important ouvrage canonique bouddhique mentionne lui aussi l'écoute de l'encens sur la voie de l'illumination. Hors du cycle des réincarnations existe pour les bouddhistes un paradis de l'encens imprégné de parfums exquis. D'après l'écrivain Lafcadio Hearn, « ce paradis est formé de centaines de mille encens différents et de substances incalculablement précieuses ; sa beauté dépasse incomparablement tout ce qui est dans le ciel ou dans la sphère de l'homme ; son parfum embaume tous les mondes des Dix Directions de l'Espace ; et tous ceux qui perçoivent cette odeur accomplissent des actions dignes de Bouddha »[2].

La religion judéo-chrétienne accorde également une importance à l'encens bien qu'elle soit moindre. Néanmoins, dès la Genèse, il est

1. Cf. le quatorzième volume du Mahâyânâ.

2. *Encens*, les quatre-vingt-dix articles, *op. cit.*, par L. Boudonnat, H. Kushizaki, *La voie de l'encens*, Éditions Philippe Picquier, p. 43. Dans l'Islam, également, l'usage du parfum a une fonction purificatrice et répond à une pratique religieuse rituelle. Selon Al Ghazalî, le Prophète Mahomet recommande la purification de l'haleine avec du bois odorant pour être en odeur de sainteté : « Vos bouches sont une voie de passage pour le Coran, parfumez-les donc et mettez-y du suwak. » Dans certains hadith, Aïsha répand du parfum sur le Prophète et sa barbe avant la prière en disant : « Je parfumais l'envoyé de Dieu avec les parfums les plus odorants que je pouvais trouver jusqu'à ce que je visse l'éclat de ces parfums sur sa tête et sur sa barbe. » Voir sur ce point Françoise Aubaile-Sallenave : « Le souffle des parfums : un essai de classification des odeurs chez les arabo-musulmans », *Odeurs et parfums*, sous la direction de D. Musset et C. Fabre-Vassas, p. 103.

écrit que « l'Éternel sentit une odeur agréable »[1] et selon saint Paul, nous sommes pour Dieu le parfum du Christ, ce qui fait dire à l'abbé Noiret dans le roman de Jacques Chessex que « les plus grands saints pensent eux aussi avec leur nez »[2]. Le parfum et l'huile sainte servent de médiation entre l'homme et Dieu ; ils consacrent leur alliance et donnent lieu à toute une série de rituels qui interdisent la confusion entre un usage profane et un usage sacré. Le parfum à brûler destiné à honorer Dieu fait l'objet de prescriptions rigoureuses quant à sa composition et à son usage. Dans l'Ancien Testament au livre de l'Exode, 30, Dieu ordonne à Moïse la construction d'un autel des parfums en bois d'acacia et demande qu'Aaron le fasse fumer matin après matin sans interruption. Les essences aromatiques constituent « un parfum perpétuel devant le seigneur d'âge en âge »[3]. Dieu interdit de brûler des parfums profanes sur cet autel qui est réservé aux essences sacrées et qui exclut même les holocaustes, les offrandes et les libations. Il dicte lui-même à Moïse la composition et l'usage de l'huile d'onction sainte et de l'encens[4].

Il y a donc une spécificité du parfum sacré, une odeur divine et

1. *Genèse*, 8, 21.
2. *L'Éternel sentit une odeur agréable*, Grasset, p. 13.
3. La Bible, Exode 30, TOB, Éditions du Cerf, p. 110.
4. « Le seigneur adressa la parole à Moïse : "Procure-toi aussi des aromates de première qualité :
– de la myrrhe fluide : cinq cents sicles ;
– du cinnamome aromatique : la moitié, soit deux cent cinquante ;
– du roseau aromatique deux cent cinquante ;
– de la casse : cinq cents, en sicles du sanctuaire, avec un hin d'huile d'olives.
Tu en feras l'huile d'onction sainte, mélange parfumé – travail de parfumeur ; ce sera l'huile d'onction sainte ; tu en oindras la tente de la rencontre, l'arche de la charte, la table et tous ses accessoires, la cuve et son support. Tu les consacreras et ils seront très saints ; tout ce qui y touchera sera saint. Aaron et ses fils, tu les oindras aussi et tu les consacreras pour qu'ils exercent mon sacerdoce. Tu parleras ainsi aux fils d'Israël : ceci est l'huile d'onction sainte ; d'âge en âge, elle est pour moi. On n'en mettra sur le corps de personne ; vous n'imiterez pas sa recette, car elle est sacrée et elle restera sacrée pour vous. Celui qui imitera ce mélange et en mettra sur un profane sera retranché de sa parenté." » *Ibid.*, 30, p. 111.

sanctifiée qu'il faut respecter sous peine de profanation. Signe d'alliance perpétuelle entre l'homme et son créateur, l'huile d'onction est un intermédiaire entre la matière et l'esprit, une expression subtile de Dieu, permettant de communiquer son essence sainte aux êtres et aux choses qui en sont enduits conformément à sa volonté. Au-delà des particularités propres à chaque religion, le rôle de médiation dévolu au parfum obéit à deux raisons principales qui tiennent à la nature du divin et de l'expérience mystique. D'une manière récurrente, les fumées d'encens et les senteurs aromatiques sont considérées comme des offrandes susceptibles de plaire aux dieux, car elles sont conformes à leur essence. L'invisibilité de l'odeur évoque celle des dieux et sa subtilité est proportionnée à leur idéalité, voire leur immatérialité lorsqu'ils sont assimilés à de purs esprits. Lorsqu'ils sont dotés de corps, c'est l'imputrescibilité des arômes qui rappelle leur incorruptibilité et leur éternité. En outre, le parfum dans son ubiquité sensible suggère la présence mystérieuse du dieu caché qui se fait sentir. L'odeur ne se voit pas, mais elle imprègne les fidèles de sa présence réelle, les enveloppe dans une même communauté sensorielle, et les fait communier de manière fusionnelle. Elle peut ainsi plus que la vue donner le sentiment de l'union au divin. L'odorat est le sens mystique par excellence, car il abolit la distance de la représentation pour suggérer la présence. C'est ce que fait valoir Jean-Pierre Albert : « Si l'on peut dire en pastichant Pascal que Dieu est sensible au nez plus qu'à la raison, c'est justement parce que l'expérience olfactive évoque à sa manière la fusion avec le divin que vise la mystique : le parfum est présence plus que représentation ; il est en moi quand je le respire, et je suis en lui, dans l'invisible atmosphère dont il m'entoure. »[1]

Tour à tour symbole de la corporéité la plus grossière et de la spiritualité la plus haute, l'odorat est passible de ces renversements continuels du pour au contre dont Pascal a le secret dans ses *Pensées*. C'est pourquoi les obstacles invoqués pour le déconsidérer

1. *Odeurs et parfums*, sous la direction de D. Musset et C. Fabre-Vassas, Introduction, p. 16.

peuvent être retournés. À la bestialité, la saleté et l'immoralité du nez, on peut opposer sa spiritualité, sa pureté et sa sainteté. Le diable sent le soufre à l'image de sa pestilence morale, mais sainte Thérèse exhale une odeur de rose. L'odeur fétide de la bête immonde peut donc faire place à la suavité du saint. L'odorat est tout aussi bien un sens zoologique que théologique et renvoie aussi bien à l'animalité qu'à la divinité. Ces deux symboliques ne sont d'ailleurs pas antinomiques, elles peuvent parfaitement coexister et se réconcilier, comme en témoigne le mythe de la panthère parfumée qui devient l'image du Christ dans la chrétienté[1]. Selon une croyance répandue chez les Grecs, la panthère dégage une bonne odeur que l'homme ne sent pas, mais qui attire les autres animaux et permet de les captiver et de les capturer. Théophraste dans son *De causis plantarum* fait valoir que « la panthère exhale une odeur qui est agréable à toutes les autres bêtes, c'est pourquoi elle chasse en se tenant cachée et en attirant les bêtes vers elle grâce à son parfum »[2]. Or, ce parfum de la panthère qui, pour les Grecs, opère comme un piège et comme un instrument de séduction, va finir par incarner l'idée de capture mystique chez les chrétiens. Cette bonne odeur, comme le souligne Annick Le Guérer, « va même devenir dans le symbolisme chrétien, l'image de la capture mystique, celle qu'opère la parole du Christ sur les âmes »[3]. C'est ce qui ressort des différentes versions du *Physiologus* qui traite de la signification allégorique des animaux figurant dans la Bible. Dans la troisième version, l'analogie entre l'haleine parfumée de la panthère et la parole du Christ permet de comprendre comment le fils de Dieu attire les hommes par l'odeur de sainteté que dégage son enseignement. « La panthère prend le masque et l'image de Notre Seigneur Jésus-Christ. Car une fois que fut venu du père N. S. J.-C. et qu'il se fut montré comme homme dans le monde, de l'enseignement de sa bouche

1. Voir sur ce point les analyses d'Annick Le Guérer, *Les pouvoirs de l'odeur*, ch. I, p. 30-33.

2. *De causis plantarum*, VI, 5, 2, p. 363, cité par Le Guérer, p. 31.

3. *Les pouvoirs de l'odeur*, p. 30.

s'exhala une bonne odeur et, en vertu des parfums de sa bouche, accoururent vers lui les prophètes, les apôtres et les martyrs, et tout le chœur des saints, et ils s'en retournèrent tous en joie dans leurs demeures propres. »[1] La foi s'exprime à son tour sous la forme du parfum christique qui imprègne les croyants et témoigne de leur vertu. Saint Paul ne dit-il pas dans la *Deuxième épître aux Corinthiens* : « Nous sommes la bonne odeur du Christ devant Dieu » ? Ce mythe de la panthère parfumée comme symbole de l'odeur sainte du Christ est particulièrement intéressant, car il réconcilie la figure olfactive de l'animalité et de la divinité à travers l'homme-Dieu et montre que l'odeur animale, loin d'être un signe de grossièreté et de sauvagerie, est la marque du Verbe divin dans sa splendeur. Il devient ainsi possible de mettre un terme à toutes les obstructions liées à des dichotomies factices qui opposent en l'homme, l'ange et la bête, le corporel et le spirituel, et d'en finir avec la stigmatisation du nez.

La moralité du nez

Indépendamment de cet usage sacré qui contribue grandement à la réhabiliter, l'odeur peut avoir une vertu éthique aux yeux du profane et servir de fondement à une authentique morale olfactive. L'odorat par nature n'est donc voué ni à l'immoralité ni à l'amoralité. L'élaboration de règles de conduite est en effet tributaire de la conformation du corps et de sa puissance sensorielle. Bien qu'elle excède la sphère du sensible, la morale n'en demeure pas moins

1. *Op. cit.*, A. Le Guérer, p. 32. Voir également les textes du *Bestiaire Ashmole* qu'elle cite p. 33 : « Ainsi au doux parfum qu'exhale la bouche de la panthère, toutes les bêtes, tant des alentours que des contrées lointaines accourent toutes à la fois et se mettent à la suivre; ainsi tant les Juifs qui, parfois, avaient l'instinct des animaux et qui se trouvaient proches par la religion qu'ils observaient, que les Gentils qui se trouvaient loin, parce que dépourvus de religion, entendirent la parole du Christ et le suivirent en disant : "Que tes paroles sont douces à mes lèvres plus douces encore que le miel; la grâce est répandue sur tes lèvres; c'est pourquoi Dieu t'a béni pour toujours." »

enracinée dans le corps et vise à réguler son usage et ses postures. Privé d'un sens, ou doté d'un sens supplémentaire, l'homme ne forge pas les mêmes catégories éthiques. L'anosmie et l'hyperosmie produisent ainsi des effets moraux. Sans odorat, les règles du savoir-vivre et des bonnes mœurs seraient probablement modifiées, car les effets d'une hygiène corporelle négligée ou d'une aspersion excessive de parfum n'auraient pas d'incidence pénible. Nul ne serait plus ostracisé pour sa puanteur ou son parfum de mauvais goût. Inversement, l'augmentation sensible de la puissance olfactive impliquerait sans doute la mise en place d'une réglementation drastique pour éviter les conflits, car une forte odeur corporelle apparaîtrait comme une forme intolérable d'intrusion et de mainmise sur le monde, comme une manière d'imposer abusivement son corps à autrui. L'odorat possède donc une puissance éthique indéniable, car il est responsable de l'émergence de valeurs communes liées à sa constitution. La morale sociale issue du nez se présente sous la forme de principes d'hygiène et d'une éthique de la propreté visant tout ce qui est malodorant aussi bien dans le corps que dans son environnement. Elle définit une conduite olfactive mettant en jeu un certain type de rapport au corps et une volonté de maîtriser ses émanations, qui vont varier selon les individus et les sociétés. Les normes morales de la bienséance et du savoir-vivre ayant trait à l'olfaction sont fonction des mœurs, du rapport des hommes à leur nez et de leur plus ou moins grande sensibilité, de sorte que les seuils de tolérance aux odeurs s'abaissent ou s'élèvent. Corbin constate ainsi la différence entre les pratiques des Anglais et des Français dans la seconde moitié du XIXe siècle. La collecte collective des immondices et des excréments par l'installation du tout-à-l'égout et de water-closets a été bien plus lente chez les Français que chez les Anglais. La raison de ce phénomène ne tient pas seulement à un retard économique ou à une plus grande réticence par rapport à la nouveauté, mais à une différence de culture somatique, qui se manifeste chez les Français par une sensibilité moindre à l'odeur corporelle et aux excréments : « La relative désinvolture dont les Français font preuve à l'égard de la propreté, le refus de l'eau, la longue tolérance des odeurs corporelles accentuées, la permanence de la privatisation des excréments et des immondices ne sauraient s'expliquer seulement par une méfiance envers l'innovation, par la pauvreté relative ou par la lenteur de l'urbanisation. Ce sont les attitudes collectives à l'égard du corps, des fonctions organiques et des messages sensoriels qui régissent les comportements. »[1]

De ce point de vue, la morale olfactive connaît aujourd'hui une évolution vers une acculturation hygiéniste des corps qui n'obéit pas simplement à une exigence médicale mais à un impératif de bien-être qui se traduit par une volonté d'imposer « l'indéfinissable odeur de la propreté » selon l'expression de Julia Csergo[2]. Il ne s'agit pas seulement de survivre en échappant aux miasmes contagieux, mais de bien vivre en promouvant la bonne odeur. Toute la question est alors de déterminer ce qu'est cette bonne odeur et de mettre au jour la construction sociale qui la sous-tend. Ce n'est pas le moindre des paradoxes que de constater qu'à une époque où le corps se dévoile, l'organique est de plus en plus voilé, comme si le nez était plus pudique que la vue. Le puritanisme se déplace d'un sens à l'autre et produit des normes incitant à chasser les mauvaises odeurs. La bonne odeur repose ainsi sur une désodorisation du corps, un refus de ses humeurs et elle vise à créer un être idéal qui substitue à ses sécrétions brutes le parfum discret du raffinement.

Au-delà d'une moralisation imposée par la vie en société, l'odeur peut donner lieu à une véritable éthique, comme le montre Spinoza. Si l'esprit n'est rien d'autre que l'idée du corps et de ses affections, et ne fait qu'un avec lui[3], il est clair que sa puissance de penser est proportionnelle à la capacité d'agir de son corps. Spinoza va même jusqu'à affirmer que celui « qui a un corps apte à un très grand nombre de choses a un esprit dont la plus grande part est éternelle »[4]. Le corps est donc au cœur de l'éthique et aucune de ses

1. *Le miasme et la jonquille*, p. 202.
2. Cf. *Liberté, égalité, propreté*, Paris, Aubier-Montaigne, 1988, p. 280.
3. *Éthique* II, XIII.
4. *Éthique* V, XXXIX.

fonctions ne doit être négligée. Il ne convient pas seulement de satisfaire ses besoins physiques, il faut développer toutes ses aptitudes dans leur diversité. C'est pourquoi l'éthique se fonde sur une règle de vie hédoniste et prescrit la recherche d'un plaisir mesuré et la chasse à la mélancolie, cette tristesse mauvaise qui survient lorsque toutes ses parties sont affectées à égalité[1]. Spinoza définit ainsi une véritable sagesse physique qui consiste dans un usage du corps permettant de le recréer et de le récréer en développant ses aptitudes. « Il est d'un homme sage de se refaire et de se recréer en mangeant et buvant de bonnes choses modérément, ainsi qu'en *usant des odeurs*, de l'agrément des plantes vertes, de la parure, de la musique, des jeux qui exercent le corps, des théâtres, et des autres choses de ce genre dont chacun peut user sans aucun dommage pour autrui. Car le corps humain se compose d'un très grand nombre de parties, de nature différente, qui ont continuellement besoin d'une alimentation nouvelle et variée pour que le corps soit également apte à tout ce qui suit de sa nature, et par conséquent pour que l'esprit soit lui aussi partout également apte à comprendre plusieurs choses à la fois. »[2]

Il faut remarquer que l'usage des odeurs vient en bonne place immédiatement après le boire et le manger. Loin de disqualifier l'odorat, Spinoza lui assigne donc une fonction récréative destinée à diversifier les expériences du corps et à offrir une matière à pensée plus large et plus variée. Spinoza insiste sur la recherche de plaisirs multiples et nouveaux, car il ne s'agit pas de se focaliser sur un seul sens ou sur une seule partie du corps et de les développer au détriment de l'ensemble. L'éthique corporelle ne vise pas le chatouillement (*titillatio*), cette joie qui peut être excessive et mauvaise en tant qu'elle se rapporte exclusivement à une partie du corps et empêche la diversification des aptitudes physiques[3], mais l'allégresse (*hilari-*

1. C'est ce que préconise notamment *Éthique* IV, scolie du corollaire II de la proposition XLV : « Il n'y a certainement qu'une torve et triste superstition pour interdire de prendre du plaisir. Car en quoi est-il plus convenable d'éteindre la faim et la soif que de chasser la mélancolie ? »

2. Cf. *Éthique* IV, scolie du corollaire II de la proposition XLV. Nous soulignons.

3. Cf. *Éthique* IV, XLIII.

tas) qui, elle, est toujours bonne, dans la mesure où elle implique que, toutes les parties du corps sont affectées à égalité et conservent le même rapport de mouvement et de repos[1]. C'est dans ce cadre équilibré qu'une éthique olfactive trouve toute sa place et sa légitimité. Elle vise la joie du nez et renforce la puissance de penser en invitant l'esprit à méditer sur des affections diverses et variées. Spinoza esquisse en creux une sagesse olfactive qui ne se cantonne pas à la stricte hygiène ou à la propreté, mais qui enveloppe, parallèlement aux charmes de la musique et du théâtre, la culture du nez et l'amour des essences parfumées. Il y a donc un usage éthique des odeurs qui contribue à la joie et au renforcement de la puissance d'agir. Cela se vérifie d'ailleurs dans certaines cultures, où le parfum a pour vocation de susciter la joie et le rire. C'est le cas notamment au Moyen-Orient où les parfums sont source de liesse et sont synonymes de gaieté. Françoise Aubaile-Sallenave observe ainsi que « cette idée de joie et de contentement se trouve dans *msâar* qui est au Moyen-Orient, un bouquet de plantes odorantes, de la racine *sarra*, "réjouir", "égayer" »[2]. Fragrance rime alors avec puissance et odeur avec bonheur.

Un sens subjectif et très trompeur ?

Mais n'avons-nous pas trop prouvé ? La relativité des jugements olfactifs et le renversement des valeurs invoqués en faveur de ce sens controversé constituent des armes à double tranchant, car ils soulèvent le problème du fondement objectif de l'odeur et de son mode d'existence effective. Loin d'asseoir la légitimité d'une philosophie de l'odorat ne sont-ils pas la preuve irréfutable qu'une réflexion sur

1. *Éthique* IV, XLII.

2. « Le souffle des parfums : un essai de classification des odeurs chez les arabo-musulmans » in *Odeurs et parfums*, sous la direction de D. Musset et C. Fabre-Vassas, p. 109.

ce sujet est sans réel objet ? En effet, si les catégories olfactives varient en fonction de la singularité des individus ou du particularisme des sociétés, c'est en raison de la nature problématique de leur substrat. L'odeur n'est pas une propriété des choses et ne nous livre pas leur essence, elle fait partie de ce que Locke appelle les qualités secondes.

L'odeur comme qualité seconde

C'est ce que révélait déjà Descartes au cours de l'analyse du morceau de cire dans la seconde méditation. L'aspect sensible sous lequel la cire apparaît n'est pas ce qu'elle est. Ainsi l'odeur de fleur qui lui est attachée s'évanouit, comme sa dureté ou sa sonorité, dès qu'on l'approche du feu et qu'elle commence à fondre. L'odeur meurt, la cire demeure comme une chose étendue, flexible et muable. Si les formes sensibles ont changé alors que la cire s'est conservée, cela signifie qu'elles ne sont pas des qualités qui lui appartiennent comme des propriétés essentielles. L'expérience montre que « la cire n'était pas ni cette douceur du miel, ni cette agréable odeur des fleurs, ni cette blancheur, ni cette figure, ni ce son, mais seulement un corps qui un peu auparavant me paraissait sous ces formes, et qui maintenant se faisait remarquer sous d'autres » [1]. Sans rentrer dans le détail de l'analyse, il importe de noter que l'odeur au même titre que la saveur et la couleur, la sonorité et la dureté, n'est pas une qualité des choses, mais une espèce de vêtement qu'il faut leur ôter pour les saisir dans leur nudité [2]. Il faut donc distinguer les propriétés qui appartiennent véritablement au corps, comme la grandeur, la figure et le mouvement, « des sentiments tels que sont ceux qu'on nomme goût, odeur, son, chaleur, froid, lumière, couleur, et autres semblables, qui véritablement ne nous représentent rien qui existe hors de notre pensée » [3].

1. *Méditations métaphysiques*, II, AT, IX, p. 24.
2. Cf. *Méditations métaphysiques*, II, AT, IX, p. 25.
3. *Principes de la philosophie*, I, §71.

Hobbes, à son tour, insiste sur le caractère problématique des qualités sensibles dans le chapitre II de son traité *De la nature humaine*. Après avoir souligné que « la couleur n'est point inhérente à l'objet, mais n'est que l'action de cet objet sur nous [...] de même que le son n'est pas dans l'objet que nous entendons, mais dans nous-mêmes »[1], il généralise ses analyses et applique à l'odeur les conclusions qui valent pour la vue et l'ouïe. « Si nous étendons nos expériences sur les autres sens, il sera facile de s'apercevoir que l'odeur et la saveur d'une même substance ne sont pas les mêmes pour tous les hommes, et nous en conclurons qu'elles ne résident point dans la substance que l'on sent ou que l'on goûte mais dans les organes. »[2] En somme, les parfums ne sont pas dans le monde, mais dans le nez. Le constat de la diversité des appréciations des odeurs et des saveurs conduit ainsi à penser que leur sujet d'inhérence n'est pas l'objet, mais l'être qui sent. Hobbes en tire alors la conséquence que les qualités que les sens nous montrent comme existant dans le monde n'y sont pas réellement et ne sont que des apparences. N'existent réellement hors de nous que les mouvements par lesquels ces apparences sont produites. Dès lors, le statut ontologique de l'odeur devient extrêmement problématique, car il ne relève pas de l'être, mais du paraître. C'est là la source des erreurs des sens. Ainsi sur la foi du nez, l'odeur sera imputée abusivement aux objets et les qualificatifs de fétide ou de parfumé leur seront attribués comme des prédicats constitutifs de leur essence. Hobbes n'instruit pas pour autant le procès des sens, car ceux-ci redressent eux-mêmes leur propre tort. Ce que les sens ont d'erroné, « ces mêmes sens doivent le corriger, car de même que mes sens me disent qu'une couleur réside dans l'objet que je vois directement, mes sens m'apprennent que cette couleur n'est point dans l'objet, lorsque je le vois par réflexion »[3]. Il suffit alors de faire varier les conditions de l'expérience pour éviter de se méprendre et de faire un bon usage de

1. *De la nature humaine*, ch. II, § 9, Vrin, p. 13.
2. *Ibid*, p. 15.
3. *Ibid.*, § 10, p. 16.

ses sens pour rectifier les erreurs. Le problème essentiel tient donc moins à la faillibilité des sens qu'au caractère trompeur de l'odeur. Tout comme le son, la saveur ou la couleur, elle n'est pas une propriété inhérente aux choses et n'exprime pas leur essence, en dépit des apparences. C'est pourquoi il faut la distinguer des qualités premières des choses et lui assigner le statut de qualités secondes.

C'est ce que fait Locke dans son *Essai sur l'origine de l'entendement humain* lorsqu'il établit le départage entre des qualités, qu'il appelle originales et premières, et qui sont entièrement inséparables des corps, comme la solidité, l'étendue, la figure, le nombre, le mouvement ou le repos[1], et les qualités qu'il nomme secondes, qui ne sont rien d'autre dans les corps que la puissance de produire en nous diverses sensations par le moyen des premières qualités[2]. Parmi ces qualités secondes figure l'odeur qui n'appartient pas au corps bien qu'il ait la puissance de produire son idée en nous par l'action de quelques particules insensibles sur les organes des sens. « Une violette, par exemple, produit en nous les idées de la couleur bleuâtre, et de la douce odeur de cette fleur, par l'impulsion de ces sortes de particules insensibles, d'une figure et d'une grosseur particulière qui viennent frapper les organes de la vue et de l'odorat. »[3] Si les idées des premières qualités ressemblent aux qualités présentes dans les corps, celles des secondes ne leur ressemblent en aucune manière. Rien dans les corps n'est conforme à ces idées. Ainsi les qualités premières peuvent être dites réelles, les secondes non, car elles ne sont pas dans les corps. « Ôtez le sentiment que nous avons de ces qualités, faites que les yeux ne voient point la lumière ou les couleurs, que les oreilles n'entendent aucun son, que le palais ne soit frappé d'aucun goût, ni le nez d'aucune odeur ; et dès lors toutes les couleurs, toutes les odeurs, et tous les sons en tant que ce sont telles ou telles idées particulières s'évanouiront, et cesseront d'exister, sans

1. Cf. *Essai philosophique concernant l'entendement humain*, Livre II, ch. VIII, § 9.
2. *Ibid.*, § 10.
3. *Ibid.*, §13.

qu'il reste après cela autre chose que les causes mêmes de ces idées, c'est-à-dire certaine grosseur, figure et mouvement des parties des corps qui produisent toutes ces idées en nous. » [1]

Qu'elle soit rangée dans la catégorie des sentiments ou des qualités secondes, l'odeur n'en possède pas moins un statut problématique, car il est impossible de lui assigner un lieu d'être. Elle n'est ni tout à fait dans l'objet, car elle n'est pas une qualité première, ni tout à fait dans le sujet, car elle implique le mouvement des corps extérieurs. En ce sens, il est tout aussi légitime de soutenir avec Hobbes qu'elle est dans l'organe ou dans l'être qui sent, si l'on entend par là qu'elle résulte d'un mouvement des corps extérieurs qui se fait à l'intérieur de nous, que d'affirmer avec Locke qu'elle est une qualité seconde des choses, si l'on entend par là qu'elle est en nous un effet dérivé, produit par leurs qualités premières. Quoique pour Descartes, l'odeur ne représente rien hors de notre esprit, elle est pourtant quelque chose. Dans l'entre-deux du sujet et de l'objet, son mode d'être oscille entre le je ne sais quoi et le presque rien. Dans ces conditions, il peut paraître vain de vouloir spéculer sur un objet qui se dérobe comme une ombre et ne peut être saisi ni comme une propriété des objets ni comme une projection du sujet. Qu'est-ce que cet objet qui n'en est pas un ? L'odeur peut-elle vraiment être matière à réflexion si elle n'a pas de réalité en soi ? La question va bien au-delà de la simple remise en cause des catégories olfactives, elle touche à leur substrat. Il ne s'agit plus en effet de constater que les qualités suaves ou fétides prêtées aux odeurs sont fragiles et sujettes à caution, car elles ne restituent pas la vérité de la chose en soi, il s'agit de nier qu'il y ait une chose en soi au fondement de ce jugement. L'odeur est pure apparence et ne montre qu'une réalité travestie. Chez Locke, elle témoigne même d'un divorce entre les corps et l'esprit, car si « les idées des *premières qualités* ressemblent à ces qualités et [...] les exemplaires de ces idées existent réellement dans les corps, [...] les idées, produites en nous par les *secondes*

1. *Ibid.*, § 17.

qualités, ne leur ressemblent en aucune manière, et [...] il n'y a rien dans les corps mêmes qui aient de la conformité avec ces idées. »[1] Dès lors l'odeur, en tant que seconde qualité semble vouée au statut d'être trompeur. De quelle vérité philosophique pourrait-elle bien accoucher ? Toute démarche spéculative à son sujet semble frappée d'inanité, car qui voudrait embrasser du néant au prix de l'être des choses ?

Certes, l'objection vaut pour tous les sens et n'est pas *a priori* rédhibitoire puisque le statut de qualité seconde de la couleur et du son n'a nullement empêché l'émergence d'une réflexion philosophique sur la peinture et la musique. Il est toujours possible de sauver les apparences en mettant au jour leurs lois de productions et en dégageant la vérité du sensible. De ce point de vue, l'odorat n'échappe pas à la règle et se voit soumis aux mêmes interrogations, mais aussi aux mêmes conclusions que celles qui touchent les autres sens. Sans entrer dans le débat historique complexe autour des qualités secondes ni dans l'analyse classique des remèdes aux illusions des sens qui n'ont rien de spécifique à l'odorat, il suffit en règle générale de prendre conscience que les qualités sensibles sont des apparences et de ne pas les transformer en principes de connaissance. Une fois cette précaution prise, il n'y a rien d'illégitime à vouloir spéculer sur des apparences, bien au contraire. Dans son laboratoire de recherche scientifique, Bacon inclut même une maison consacrée aux erreurs des sens, où il s'agit de produire et d'expérimenter « de prodigieux tours de passe-passe, de trompeuses apparitions de fantômes, des impostures et des illusions »[2], et d'en montrer le caractère fallacieux. L'étude des apparences nous renseigne sur notre rapport au monde et sur son mode de constitution. Une illusion connue comme telle ne se joue pas de nous ; nous pouvons au contraire en jouer et en jouir. C'est pourquoi Bacon, à la fin de *La nouvelle Atlantide*, range les illusions des sens dans les *Magnalia naturae*, les merveilles naturelles

1. *Ibid.*, § 15.
2. *La Nouvelle Atlantide*, G.F., p. 129.

destinées à l'usage humain[1]. Ainsi le statut d'apparence sensible, de sentiment ou de qualité seconde ne peut être invoqué en droit comme l'indice d'une impossibilité radicale de fonder une philosophie de l'odorat sous prétexte qu'il peut être source d'illusions et d'erreurs.

Hobbes et la vérité du nez

Mais indépendamment des problèmes liés à la distinction entre les qualités premières et les qualités secondes qui concernent tous les sens, il faut remarquer que l'odorat apparaît comme un sens plus subjectif et trompeur que les autres, de sorte que la question de sa véracité se pose avec plus d'acuité. Chacun trouve bonne l'odeur de son ordure, selon l'adage des Latins repris par Érasme, mais Hobbes va plus loin en attirant l'attention sur une particularité inhérente à la perception olfactive : « En effet l'expérience de chaque homme démontre que les mêmes odeurs quand elles paraissent provenir des autres, nous offensent, bien qu'elles émanent de nous ; tandis qu'au contraire quand nous croyons qu'elle émanent de nous, elles ne nous déplaisent pas, lors même qu'elles émanent des autres. »[2] Quel paradoxe de constater que la même odeur est jugée plaisante ou déplaisante selon que nous imaginons qu'elle provient de nous ou d'autrui ! La perception de l'odeur apparaît comme le prototype du leurre, comme le comble de l'auto-mystification : j'aime l'odeur d'autrui si je la crois mienne, je hais la mienne si je la crois sienne. L'odeur nous entraîne dans un monde d'illusions redoublées, où le sujet dupé est victime des apparences de ses apparences. Non seulement l'odeur ne livre aucune qualité des choses, mais le plaisir ou le déplaisir qu'elle occasionne semblent totalement fallacieux et peuvent se commuer en leur contraire sous l'effet d'une simple ima-

1. *Ibid.*, p. 134.
2. *De la nature humaine*, ch. VIII, § 2.

gination. Faut-il alors en conclure que l'odorat est le sens maître en matière de tromperie et lui refuser tout crédit ?

En réalité, il y a une vérité du nez et Hobbes se charge de nous la rapporter. L'attribution d'un caractère plaisant ou déplaisant à la même odeur, selon qu'elle paraît émaner de soi ou d'autrui, tient au fait qu'elle n'est pas organique et liée à des jouissances et douleurs sensuelles actuelles. En effet, si quelques odeurs sont organiques, comme c'est le cas de toutes les sensations qui affectent le toucher et le goût, la plupart ne le sont pas et ne renvoient donc pas à un plaisir ou une douleur présentes qui affectent le corps[1]. Comment se fait-il alors qu'une odeur qui nous agrée, si elle paraît venir de nous, nous offusque dès lors que nous croyons qu'elle émane de l'autre ? La réponse de Hobbes est très instructive : « Le déplaisir que nous éprouvons dans ce cas naît de la conception ou de l'idée que ces odeurs peuvent nous nuire ou sont malsaines, et par conséquent ce déplaisir est une conception d'un mal à venir et non présent. »[2] Autrement dit, le jugement n'exprime pas la sensation d'un mal présent, mais l'idée d'un mal futur et met en jeu les affects d'un sujet en proie à cette passion fondamentale qu'est la crainte. Si l'homme est un loup pour l'homme, tout ce qui émane ou paraît émaner de lui est une menace éventuelle. L'inversion du jugement à propos de la même odeur, selon qu'elle est rapportée à soi ou à autrui, s'inscrit dans cette logique de la conservation de soi et des passions qui commandent les rapports à l'autre. Que cette logique soit en grande partie imaginaire et ne résulte pas seulement d'un calcul rationnel ne change rien à l'affaire, elle est représentative des conceptions qu'un sujet se forme à propos de l'avenir et de ses supputations. Mais cette projection sur l'avenir que révèle la conception du caractère déplaisant de l'odeur imputée à autrui implique en même temps la mémoire du passé. « La conception de l'avenir n'en est qu'une supposition, produite par la mémoire du passé : nous concevons qu'une chose sera par la suite parce que nous savons qu'il existe quelque

1. Cf. *De la nature humaine*, ch. VIII, § 2.
2. *Ibid.*, § 2.

chose à présent qui a le pouvoir de la produire ; or nous ne pouvons concevoir qu'une chose a le pouvoir d'en produire une autre par la suite que par le souvenir qu'elle a produit la même chose ci-devant. »[1] Le pire n'est jamais sûr, mais comme l'expérience a montré que tout homme, aussi faible soit-il, a le pouvoir de tuer son semblable, et est en cela égal aux autres, la défiance règne, de sorte que l'autre n'est jamais en odeur de sainteté.

Que l'on partage ou non sa vision du monde, Hobbes montre que la perception de l'odeur est symptomatique du rapport au monde d'un sujet marqué par ses affects et son passé. Elle révèle la manière dont les sensations et les idées sont associées dans l'imagination et la mémoire, et elle nous projette au cœur de la subjectivité humaine en donnant accès à son monde intérieur, à son complexe d'habitudes et de préoccupations. Dès lors, le caractère particulièrement subjectif de l'odorat, loin d'être un obstacle, peut devenir un atout, car il nous fait pénétrer dans l'intimité du sujet, dans sa particularité, qui sont généralement ignorées par la philosophie, impuissante à ressaisir par ses concepts généraux l'essence singulière de chaque être, son idiosyncrasie personnelle. Hobbes fraie ainsi la voie à l'exploration d'une sensibilité olfactive qui n'est pas simplement organique, mais affective et tout entière traversée par les représentations d'un sujet et de ses relations à autrui. Dès lors, au-delà de sa simple fonction de conservation, l'odorat peut livrer des enseignements philosophiques sur la constitution de la subjectivité. Il importe donc de tirer les leçons du nez en la matière et de cerner son rôle dans la construction de l'identité et de l'altérité. Il est clair d'ores et déjà que l'odorat possède une vocation philosophique tant il est susceptible d'éveiller le trouble et l'interrogation en raison de sa nature paradoxale. À la fois bestial et divin, grossier ou éthéré, il prend tour à tour le masque de la sociabilité ou de l'insociabilité, selon qu'il exprime le commerce intime entre les hommes ou leur séparation dans sa radicalité. C'est pourquoi il semble possible de se livrer à une phénoménologie du nez et de suivre la trace des effluves pour penser l'intersubjectivité.

1. *Ibid.*, § 3.

Chapitre II

L'un et l'autre à vue de nez

> Je ne savais rien d'elle mais j'avais le sentiment de tout savoir à travers ce parfum, et j'aurais souhaité un monde sans noms dans lequel ce seul parfum aurait suffi pour lui donner un nom et pour tous les mots qu'elle aurait pu me dire.
>
> Italo Calvino, « Le nom, le nez »

Parfums d'altérité

Nous sommes des corps sentant et sentis, aussi bien au sens large mettant en jeu la sensibilité en général, qu'au sens restreint à l'olfaction. Sentir l'autre ou être senti par lui, c'est toujours découvrir la part intime d'un être et pénétrer dans son intériorité. Cela tient au fait que l'odeur est l'émanation du corps, l'extériorisation de l'espace intérieur hors des frontières de la peau. L'odeur de l'autre, c'est sa chair exhalée et inhalée par moi, à la fois dehors du dedans et dedans du dehors. L'autre étend son emprise sur le monde, prolonge son corps par ses odeurs. L'odeur permet ainsi l'incorporation d'autrui par son fumet et abolit la distance entre mon corps et le sien. C'est ce que Sartre met au jour très clairement dans son *Baudelaire* : « L'odeur d'un corps, c'est ce corps lui-même que nous aspirons par la bouche, le nez, que nous possédons d'un seul coup comme sa substance la plus secrète et pour tout dire sa nature. L'odeur en moi, c'est la fusion du corps de l'autre à mon corps. Mais c'est ce corps désincarné, vaporisé, resté, certes, tout entier à lui-même, mais devenu esprit volatil. »[1]

Par son odeur, le corps de l'autre devient esprit et exprime sa nature quintessenciée. En l'inhalant, je le possède, mais il me passe sous le nez, car les émanations qui s'échappent de lui se volatilisent et s'offrent à moi comme une dépouille fugitive. L'autre est donc à la fois saisi et insaisissable. Dans sa présence porteuse d'absence, l'odeur a prise sur moi et me donne une emprise sur l'autre à la manière d'un ectoplasme. « Sentir l'être aimé, nous dit Bernard Marcadé, c'est être pendant quelques instants dans l'illusion de sa présence. C'est croire qu'il est possible d'accéder à son intérieur, c'est-à-dire finalement avoir accès à son âme. Les odeurs de l'amour sont quelque chose comme des épiphanies de l'âme. Mais l'odeur, comme l'âme, est pur leurre. On s'en repaît, on s'y vautre, on s'y abîme, mais jamais on ne s'en trouve possesseur. En ce sens, l'odeur est bien ce qui de l'autre signe son irréductibilité. »[2] Trace fugace d'une intimité dérobée, l'odeur révèle ainsi l'autre dans son essence de prochain lointain.

Par métonymie, sentir l'autre ou ne pas pouvoir le sentir devient l'expression d'une relation de proximité ou au contraire de distance et implique un jugement de valeur sur son être tout entier. Dans le langage ordinaire, l'expression « je le sens bien », employée au sujet de quelqu'un, exprime une connivence, un rapport de confiance, et signifie que je cerne sa personnalité et que je n'y vois pas d'indice de tromperie ou de duplicité. La formule « je l'ai flairé » introduit, en revanche, une réserve, car elle implique l'imputation à l'autre d'une arrière-pensée que j'ai vue venir et que j'ai débusquée, grâce à ma sagacité. Dans un registre plus négatif, si je dis à propos de l'autre que « je ne le sens pas », j'indique non seulement qu'il m'échappe, qu'il est fuyant et difficile à discerner, mais j'insinue des soupçons quant à sa fiabilité et je fais montre de ma méfiance. Enfin, si je dis

1. Sartre, *Baudelaire*, Gallimard, p. 21.

2. « Odor di femina », *Odeurs, l'essence d'un sens*, *Autrement*, n° 92, *op. cit.*, p. 146.

que « je ne peux pas le sentir », j'affirme sans laisser planer aucun doute que l'autre m'est odieux, suscite en moi la répulsion et son cortège de passions hostiles. Toutes ces expressions empruntées au registre de l'odorat montrent comment l'essence de l'autre est perçue, répertoriée, assimilée ou rejetée en fonction d'un jugement négatif ou positif à son endroit.

Le nez de la haine

L'odorat joue ainsi un rôle décisif dans les diverses figures d'expression de la haine et de l'amour. Dans le registre de la haine, il devient le principe de jugement de valeur négatif. En témoignent aussi bien les verbes et les tournures argotiques comme « je l'ai dans le nez », « je ne peux pas le piffer », « le blairer », « le sentir », que la multiplicité d'adjectifs et de noms empruntés au registre de ce qui sent mauvais. On parle ainsi d'un type « puant », « pourri », « infect », « nauséabond », d'une « ordure », d'une « saleté », d'un « fumier », d'une « charogne », d'une « merde », etc. En somme, celui que je hais sent mauvais. Les figures de la haine s'expriment sous la forme olfactive du rejet de l'autre qui pue. Toutes les catégories considérées comme méprisables ou inférieures sont dévalorisées olfactivement.

Ainsi les formes de haine comme l'antisémitisme passent par une stigmatisation de l'odeur de l'autre et ont même donné lieu à la fabrication d'un concept spécifique, le « *foetor judaïcus* », la puanteur juive, qui nourrit le discours antisémite depuis le Moyen Âge jusqu'à nos jours[1]. Il n'est qu'à voir la manière dont la presse antisémite s'est déchaînée contre Léon Blum. Le chef du Front populaire

1. Claire Fabre-Vassas, dans son livre *La bête singulière. Les juifs, les chrétiens et le cochon*, Paris, Gallimard, 1994, montre que ce thème de la puanteur juive est récurrent et constitue un lieu commun, repris jusque dans les traités de médecine : « Aussi est-ce cette puanteur et leur ordure dans laquelle ils sont tous les jours plongés en leurs maisons, comme un pourceau dans son auge, qui les rend subjets aux squinances, aux escrouelles, au flux de sang, et autres maladies puantes qui font qu'ils baissent toujours la tête. » *op. cit.*, p. 120.

fut traité de « tas d'immondices », de « paquet de pourriture », de « chameau puant », qui « sue cette espèce de vapeur orientale qu'exhalent tous ses congénères, ce suin laineux si caractéristique » [1]. Dans le même registre que le *foetor judaïcus*, la « jiffa » désigne, dans la langue arabe, la prétendue odeur caractéristique des Juifs, qui permet de les identifier et de les ostraciser. Dans son *Manifeste archaïque*, Laurent Dispot dénonce cette escroquerie du nez : « Le racisme est ainsi une "science" de gens bien-nez : il faut avoir du nez pour reconnaître les Juifs et en même temps les juifs sont reconnaissables à leur nez. Il est temps d'en avoir plein le nez de ces histoires. » [2]

D'une manière générale, le racisme, notamment à l'encontre des Noirs, passe par une discrimination olfactive. Le nègre est un être qui sent au double sens du terme. D'une part, il est voué à une sensualité grossière marquée par le primat de l'odorat et du goût sur les autres sens jugés plus nobles. Dans son *Essai sur l'inégalité des races*, Gobineau estime ainsi que la race noire se caractérise par une prédominance de l'odorat et du goût prompts à renifler et à dévorer sans discernement, tandis que la race blanche, moins portée aux sensations, est encline par nature à la spéculation. Indifférent aux mauvaises odeurs, le Noir se complaît dans la puanteur et se satisfait de n'importe quelle saveur. D'autre part, le nègre dégage un fumet caractéristique qui empuantit l'atmosphère. Le préjugé de l'odeur nauséabonde du nègre qui sue et qui pue est un leitmotiv de la littérature colonialiste et raciste. Il transparaît même dans les travaux scientifiques d'un naturaliste comme Buffon qui ne répugne pas à écrire que les nègres de l'Angola ou du cap Vert « sentent si mauvais lorsqu'ils sont échauffés que l'air des endroits par où ils sont passés en est infecté pendant plus d'un quart d'heure » [3]. L'odeur a été fréquemment utilisée par les missionnaires dans leurs récits de voyage comme un marqueur d'identité raciale, comme un

1. Voir sur ce point l'article de David Lebreton, « Les mises en scène olfactives de l'autre », *À fleur de peau*, p. 123 et suivantes.
2. *Op. cit.*, *Odeurs, l'essence d'un sens*, *Autrement*, n° 92, p. 141.
3. *Histoire naturelle générale et particulière*, Paris, 1803, t. 3, p. 306.

signe de reconnaissance indubitable. Le père Chevillard écrivait ainsi : « On connaît qu'il y a un Noir vu la puanteur de bouc qui exhale de la sueur de leur corps. »[1] Carl Voght, dans ses *Leçons sur l'homme*, va encore plus loin en considérant que l'odeur est caractéristique de la race : « Les exhalaisons de la peau ont aussi leurs caractères particuliers qui, dans certains races, ne disparaissent dans aucun cas, même devant la propreté la plus scrupuleuse. Ces odeurs caractéristiques de race ne doivent point être confondues avec ces exhalaisons qui proviennent du genre de nourriture, et qu'on peut constater dans la même race [...] l'odeur spécifique du nègre (elle) demeure la même, quelques soins de propreté ou quelque nourriture qu'il prenne. Elle appartient à l'espèce comme le musc au chevrotin qui le produit... »[2]. La puanteur du Noir devient alors l'expression de sa bestialité, de son caractère sauvage et primitif, de sa naturalité rebelle à toute forme de culture et de civilisation. Elle est le stigmate d'une sous-humanité barbare et le témoin flagrant de l'inégalité des races.

Il est frappant de constater que, dans le discours raciste, la disqualification par l'odeur occupe une place prépondérante. Si les traits du visage, la couleur de la peau, la langue ou le son de la voix, sont dénoncés comme laids et font l'objet d'un rejet, l'odeur imaginaire ou réelle de l'autre suscite le plus vif dégoût et déclenche les commentaires les plus violents. L'ethnologue Jean-Pierre Jardel[3] constate que si la couleur et l'odeur jouent le rôle de référents discriminatoires dans la littérature para-anthropologique concernant les Noirs antillais, la première marque une distinction phénotypique avec les Européens à laquelle il est possible de s'habituer, tandis que la seconde est toujours fortement connotée de manière négative. Il cite à l'appui la remarque de Paul Reboux, qui écrit, à propos des

1. Cf. *Annales des Antilles*, n° 11, 1963, p. 72.
2. P. 161, *op. cit.*, Corbin, *Le miasme et la jonquille*, p. 312, note 83.
3. Cf. son article « De la couleur et de l'odeur de l'Autre dans la littérature para-anthropologique : représentation de l'altérité antillaise et idéologie raciale », in *Odeurs et parfums*, p. 83-91.

Antillais, que « ces Noirs d'origine africaine sont, même avec un teint couleur de réglisse, d'une urbanité où s'atteste une culture morale digne d'estime »[1], et qui juge, en revanche, « l'odeur du nègre puissante et intolérable »[2], quelques pages plus loin. Passe encore la couleur mais sûrement pas l'odeur !

On peut alors se demander pourquoi ce thème de la mauvaise odeur de l'autre hante au plus haut point le discours raciste. L'une des raisons de cette prégnance du motif olfactif de rejet tient sans doute au caractère incontrôlable de l'odeur qui envahit l'espace et trahit votre identité. Les yeux peuvent se détourner ou être abusés. Le nez ne trompe pas, il est supposé renifler l'altérité et débusquer la différence ethnique malgré tous les efforts pour la dissimuler[3]. La plus grande peur n'est-elle pas au fond que l'autre soit assimilé à moi et qu'il me ressemble au point que je sois dupe et que je ne puisse plus faire la différence ? Aux yeux parfois oublieux ou déficients, le nez est censé rappeler, à l'aide de fictions nauséabondes, la particularité ethnique cachée sous le masque de la culture. Ce phénomène de disqualification par le nez est largement répandu et s'étend également à la particularité sexuelle.

L'homophobie s'exprime en effet aussi sous la forme d'une stigmatisation olfactive. L'homosexuel, marqué par l'analité, sent les latrines et l'excrément. Félix Carlier dans ses *Études de pathologie sociale, Les deux prostitutions*, paru en 1887, soulignait déjà combien les homosexuels sont attirés par la proximité des latrines et de leurs remugles[4]. Le rejet viscéral et l'insulte prennent diverses

1. *Le paradis des Antilles*, Paris, 1931, p. 39, *op. cit.*, J.-P. Jardel, p. 88.

2. *Ibid.*, p. 88.

3. C'est ce que souligne Jean-Pierre Albert : « L'odorat, en tant que sens de l'invisible et de la connaissance intuitive, peut s'ériger en moyen infaillible de repérer l'altérité la moins évidente : l'autre qui nous ressemble (et veut nous ressembler) n'échappe pas à notre nez justement parce qu'il est le sens le moins cultivé. Et ses capacités de discrimination valent comme indice de la naturalité des différences (ou incompatibilités) auxquelles il est supposé nous rendre sensible. » Cf. *Odeurs et parfums*, sous la direction de D. Musset et C. Fabre-Vassas, introduction, p. 13.

4. « L'odeur qu'exhalent ces sortes d'endroits est une des conditions recherchées par une catégorie fort nombreuse de pédérastes aux plaisirs desquels elle est indispensable », p. 305. *Op. cit.*, Corbin, *Le miasme et la jonquille*, p. 309, note 26.

formes, comme l'assimilation de l'homosexualité à la zoophilie, à une déviance, à une maladie, à un déshonneur, mais le thème d'accusation le plus fréquent tourne autour de la puanteur qui donne lieu à des propos scatologiques. Le préjugé a la vie dure, malgré l'évolution de la société. C'est ce qui ressort très nettement du livre de Serge Simon, *Homophobie, 2004, France*, constitué d'une sélection de lettres, courriels, dessins, parmi les quatre mille messages reçus par le maire de Bègles, Noël Mamère, lors de la célébration, dans sa commune, du mariage de deux homosexuels. Un administré, qui souhaite au jeune couple une bonne lune de miel sous les verrous, ironise sur le « bonheur de faire l'amour dans la station d'épuration de notre organisme aux senteurs suaves »[1]. L'un des messages résume bien la teneur olfactive des insultes, car il est entièrement écrit sur le registre de la saleté malodorante : « Saligaud, tu es vraiment un salaud, un dégueulasse, une putain, une ordure, un fumier, un anormal, un dépravé, un dégueulasse, vraiment répugnant, un saligaud, un sale con, sale entremetteur. »[2] À travers cet envoi de lettres, voire de papiers hygiéniques parfois souillés, transparaît clairement le nez de la haine qui consiste à ne pas pouvoir sentir les homosexuels et ceux qui les soutiennent en leur prêtant une puanteur excrémentielle. C'est le thème récurrent de ce florilège d'insultes[3], derrière lequel se révèle tout l'imaginaire scatophile et son cortège de fascination et d'angoisse face à ce qui est stigmatisé

1. *Homophobie, 2004, France*, p. 50.

2. *Ibid.*, p. 57. Voir également, p. 60 : « Ce vert pervers qui aime la merde du trou du cul de l'enculé, c'est écologique... Démissionnez-le. Refusez qu'il s'approche de vous, il pue. »

3. Le maire se voit traiter de « dégueulasse », « cochon » (p. 24), de « fumier » qui « sent la merde » (p. 26), de « salope dégueu » (p. 43), de « mairede » (p. 47), de « sale tapette » et de « tas de merde » (p. 58), de « sale pédé », de « Noël Mamerde » (p. 75). Certains se complaisent dans les messages scatophiles : « vous soutenez des gens qui font l'amour dans la merde et vous êtes une merde comme eux » (p. 24) ; « Maire de notre trou du cul, quand on racole la merde, c'est que l'on est de la merde » (p. 28) ; « Qui dort dans le caca de l'autre ? » (p. 65) ; « Tu vas marier deux enculés car imagine-toi la scène quand ils "baisent", leurs grosses queues pleines de merde » (p. 94) ; « Il faut imaginer ces deux personnages au lit en train de s'enculer !!! QUEL TABLEAU ! Il faudrait les filmer et les enculer la queue pleine de CHIASSE » (p. 95), etc.

depuis l'enfance comme sale et puant. C'est avant tout l'homosexualité masculine conçue sur le modèle d'une pénétration anale qui fait l'objet d'un violent rejet. Les lesbiennes, toutefois, ne sont pas davantage en odeur de sainteté, car dans ce cas l'homophobie se double d'un sexisme olfactif, comme en témoigne par exemple cette recommandation adressée au maire : « Quand tu vas marier des gouines, t'as intérêt à négocier la gâterie ou à te sulfater à l'odeur de moules. »[1]

Le sexisme se nourrit à son tour d'épithètes infamantes empruntées au registre de l'odorat. Comme le nègre, la femme est souvent considérée comme dotée d'un odorat plus développé que l'homme, signe d'une naturalité plus grande et d'une intellectualité moindre. D'une manière générale, l'odeur corporelle chez la femme fait davantage l'objet de répression que chez l'homme où elle apparaît parfois comme un signe de virilité. Une femme imprégnée d'une forte odeur corporelle sera perçue comme une souillon et sera accusée de négligence. Elle suscitera immanquablement le dégoût, alors qu'un homme pourra être l'objet d'un simple sourire ou d'une plaisanterie avant d'être traité de porc ou de bouc. Les règles de l'hygiène sont ainsi moins strictes pour un homme que pour une femme. La disqualification de la femme passe par une discrimination olfactive. Une femme de mauvaise vie se voit qualifiée de « putain ». Or la putain, étymologiquement, c'est celle qui pue. Comme l'italien « puttana », l'espagnol ou le portugais « puta », le substantif français est dérivé du verbe latin *putere*, qui signifie « puer, sentir mauvais », ou de l'adjectif *putidus*, « fétide, *puant* ». Une femme aux mœurs légères passe également pour une « salope ». Bien que l'origine de ce mot soit incertaine[2], elle renvoie à la saleté et s'applique à des personnes malpropres et par extension aux femmes dévergondées. Il

1. *Ibid.*, p. 52.

2. L'adjectif « salouppe », d'où le terme argotique « salope » serait dérivé, apparaît pour la première fois en 1607 sous la plume de Charles-Timoléon de Sigogne, dans un texte tiré de ses *Œuvres satyriques*, pour qualifier l'extrême saleté : « Or, laissons paistre ceste trouppe [de poux], Garnison du pauvre salouppe, En ce vieux haillon de pourpoint ». Il aurait probablement été composé à partir des mots « sale » et « hoppe », forme

faut d'ailleurs noter que lorsque le terme sert à insulter un homme, il est encore plus méprisant que l'adjectif « salaud », car il va jusqu'à nier la virilité de celui que l'on veut dénigrer.

Putain, cocotte ou morue, la femme est parfois traitée de vagin puant, ou considérée comme sale et impure. Son sang menstruel est le plus souvent conçu comme un écoulement malodorant, voire maléfique. Dans la littérature médicale juive, par exemple, les règles *(vesset)* sont aussi appelées *nidda* (impureté). Pendant très longtemps, elles ont été assimilées à une souillure putride au point qu'« on peut se demander si l'anorexie à laquelle se condamnaient tant de mystiques n'avait pas seulement pour effet mais pour but d'effacer cette souillure en provoquant une sainte aménorrhée »[1]. Constance Classen observe ainsi que pour les Desana, l'odeur du sang menstruel est la plus dégoûtante et la plus polluante de toutes les odeurs. Les femmes réglées sont considérées comme des animaux sauvages, échappant à l'emprise des normes culturelles, d'où la nécessité de les contrôler. Lors de ses premières règles, la jeune fille est enfermée dans une petite pièce où elle reçoit trois fois par jour la visite du chamane qui souffle sur elle de la fumée de tabac pour la purifier[2]. L'anthropologue constate également que pour les *Hua* des hautes terres de la Nouvelle-Guinée papoue, les odeurs menstruelles sont nocives pour les hommes et notamment pour les initiés qui doivent éviter de manger certaines variétés de champignons, d'opposums et d'ignames censées sentir le *be'ftu*, la menstruation, sous peine de dégénérescence de leurs descendants[3]. Cette croyance en un caractère néfaste de l'odeur menstruelle qui va jusqu'à contaminer la nourriture et frapper d'impureté tout ce que la femme réglée a

lorraine de « huppe ». Comme en témoigne le proverbe « sale comme une huppe », cet oiseau dont le nid dégage une forte odeur passe en effet pour un modèle de saleté.

1. *Le corps des jeunes filles de l'Antiquité à nos jours*, sous la direction de Louise Bruit Zaidman, Gabrielle Houbre, Christiane Klapish-Zuber, Pauline Schmitt Pantel, introduction, p. 30.
2. Cf. *Aroma, The Cultural History of Smell*, p. 136.
3. *Ibid.*

touché, est répandue dans de nombreuses cultures[1]. Elle est liée à l'idée que le sang menstruel est de nature putride et excrémentielle.

Quelle que soit la langue, les hommes en sont venus à forger un vocabulaire stigmatisant une puanteur féminine. En Perse, par exemple, le mot « lakhan », qui évoque d'une manière générale la fétidité du corps en sueur, s'applique spécifiquement aux femmes pour caractériser l'odeur de leur sexe. Françoise Aubaile-Sallenave rappelle aussi que dans l'Espagne morisque, l'haleine d'une femme pouvait être un motif légitime de divorce et que dans ce domaine, « le vocabulaire est très précis : *nashar*, "odeur qui se déploie et se répand" est aussi "l'haleine de la femme, l'odeur de son nez et de ses aisselles au réveil" »[2]. Ironie du sort : ni une hygiène rigoureuse ni une pureté morale exemplaire ne peuvent venir à bout de cette puanteur féminine ; seul un homme peut y mettre bon ordre, du moins si l'on en croit le médecin Trotula qui estime, dans son *De Passionibus mulierum*, que l'abstinence et l'accumulation de semence non expulsée occasionnent des infections chez les vierges et veuves[3]. Trotula se penche ainsi « sur les dangers que fait courir aux femmes un excès

1. Elle est fréquente dans la culture arabe, et tout particulièrement dans les Émirats arabes unis où la femme au moment de ses règles est considérée comme impure et n'a pas le droit d'utiliser du parfum tant que cette période n'est pas terminée et qu'elle n'a pas pris de bain rituel. Il existe cependant des exceptions à cette répulsion notamment chez les Ongee ou les Dassanetch d'Éthiopie, pour qui le sang menstruel n'a pas d'odeur significative ; il est appelé « la pluie des femmes » et il est synonyme de fécondité. Pour plus de détails, voir Classen, *op. cit.*, p. 137 et suiv. Ce sang impur peut aussi se charger d'une valeur de séduction. C'est ce que remarque Alain Corbin, lorsqu'il analyse le statut ambigu de la menstruation au XIXe siècle : « Ses produits participent de la dépurgation, ils exercent donc une action putride, mais ils sont, en même temps, imprégnés de subtiles vapeurs transmises par l'essence de vie. Dans l'optique montpelliéraine, à ce moment du cycle, la femme traduit la vitalité de la nature ; elle déverse les produits d'une forte animalisation ; elle lance un appel à la procréation, disperse des effluves de séduction. » *Le miasme et la jonquille*, p. 52.

2. « Le souffle des parfums : un essai de classification des odeurs chez les arabo-musulmans », *Odeurs et parfums*, sous la direction de D. Musset et C. Fabre-Vassas, p. 105.

3. *Op. cit.* par Laurence Moulinier : « Le corps des jeunes filles dans les Traités médicaux du Moyen Âge », *Le corps des jeunes filles de l'Antiquité à nos jours*, p. 96-97. Voir le système physique et moral de la femme, Pierre Roussel, 1775. Sur le sang menstruel, voir Yvonne Verdier, *Façons de dire, façons de faire*, Gallimard, Véronique

de semence se transformant à l'intérieur d'elle-même en nature vénéneuse ; la substance accumulée et corrompue était censée dégager une vapeur vénéneuse et infecter l'organisme tout entier, cerveau compris »[1].

L'invocation de cette puanteur sert d'ailleurs parfois de caution ou d'alibi pour justifier des mutilations sexuelles comme l'excision. Sans entrer dans l'analyse complexe des motifs culturels et religieux qui président à cette pratique, l'ablation du clitoris, qui prive les femmes de la possibilité d'éprouver du plaisir, a notamment pour fonction de les purifier et de les empêcher par là même d'être infidèles et submergées par leurs désirs sexuels. L'excision est un rite ancestral de passage auquel doivent se soumettre les fillettes au cours de la fête de la *Salindé* (la purification) Comme le montre le film du réalisateur sénégalais Sembene Ousmane, *Le Mooladé* (le droit d'asile), les petites filles doivent supporter la douleur physique sans geindre ni pleurer et sont élevées au rang de femmes pures qui seront l'honneur de leur mari et de leur famille. Une fille non excisée est une *bilakoro* ; elle est impure pour le mariage et ne peut donc trouver de mari. « La *bilakoro* sent mauvais. » L'actrice principale Fatoumata Coulibaly se fait l'écho de cette réplique du film dans une interview où elle explique que les hommes « disent que tant qu'une fille n'est pas excisée, elle est malpropre, elle est sale, ils n'ont pas le droit de l'épouser »[2]. Les femmes non excisées sont donc dévaluées et délaissées parce qu'elles sont affectées d'une mauvaise odeur.

À ces stigmatisations sexuelles et raciales s'ajoutent des stigmatisations sociales par le biais de l'odorat. La hiérarchie sociale, au XIXe siècle, en France, notamment, prend appui sur une hiérarchisation olfactive. Au parfum discret de la bourgeoisie s'oppose la puanteur des classes laborieuses, malpropres et nauséabondes. Dans une lettre adressée à Mme Bonenfant datée du 2 mai 1842, Flaubert se

Moulinié, *La chirurgie des âges. Corps, sexualité et représentations du sang*, Éditions de la maison des sciences de l'homme.

1. *Ibid.*
2. http://www.commeaucinema.com/interviews=29756.html

fait l'écho de cette répulsion à l'égard du peuple : « J'ai fait un excellent retour, à part la puanteur qu'exhalaient mes voisins de l'impériale, les prolétaires que vous avez vus au moment de mon départ. J'en ai à peine dormi de la nuit et j'ai perdu ma casquette. » Dans le langage argotique, le pue-la-sueur désigne l'ouvrier, le manœuvre, le prolétaire ou le travailleur. Les riches fustigent l'odeur des pauvres baignés de sueur et justifient ainsi le caractère légitime de leur exploitation et leur mise à distance par crainte du risque d'infection[1]. Les classes laborieuses méritent d'être traitées avec peu de considération ; elles vivent comme des bêtes brutes, ne connaissent pas l'hygiène et s'entassent dans des baraquements. Elles n'ont que faire du luxe, ne sauraient utiliser l'argent à bon escient. À quoi bon dans ces conditions leur accorder des augmentations de salaire ?

L'insistance sur la fétidité des classes laborieuses a pour objet de signaler le risque d'infection, révèle la crainte d'être contaminé et la nécessité de mettre en place des stratégies de désodorisation. Comme le remarque Alain Corbin, la désinfection et la soumission sont symboliquement assimilées : « La fétidité énorme des catastrophes sociales, qu'il s'agisse de l'émeute ou de l'épidémie, donne à penser que rendre le prolétaire inodore pourrait instituer la discipline et le travail. »[2] L'auteur de *Le miasme et la jonquille* montre ainsi comment toutes les catégories sociales inférieures se trouvent visées par cette discrimination olfactive. Parmi les artisans, c'est le chiffonnier imprégné des effluves de l'excrément et du cadavre qui décroche la palme de la mauvaise odeur, d'où l'expression courante « sale comme un chiffonnier ». Mais ce ne sont pas seulement

1. C'est ce que souligne fortement Alain Corbin : « L'absence d'odeur importune permet de se distinguer du peuple putride, puant comme la mort, comme le péché et, du même coup, de justifier implicitement le traitement qu'on lui impose. Souligner la fétidité des classes laborieuses et donc mettre l'accent sur le risque d'infection que leur seule présence comporte, contribue à entretenir cette terreur justificatrice dans laquelle la bourgeoisie se complaît et qui endigue l'expression de son remords », *Le miasme et la jonquille*, 3e partie, ch. I, La puanteur du pauvre, p. 168.

2. *Op. cit.*, p. 168.

l'ouvrier fétide, le paysan bouseux ou l'artisan crasseux qui sentent mauvais. Le domestique est lui aussi imprégné de l'odeur de sa condition, de sorte qu'il faut aérer autant que possible les lieux où il séjourne, voire lui interdire l'accès à la chambre des enfants, comme le préconise Hufeland[1]. Cette stigmatisation sociale olfactive s'étend à la figure du pion et du professeur et reflète le mépris de classe[2].

Au-delà du préjugé de classe, la mauvaise odeur, c'est toujours celle de l'autre, de l'étranger, de l'ennemi. Sans doute l'odeur corporelle est-elle fonction du type d'alimentation et du milieu dans lequel on vit, mais ce qui est frappant, c'est que cette odeur est toujours considérée comme puante et dévalorisée. Ainsi, par exemple, Toynbee parle du dégoût éprouvé par les japonais végétariens à sentir « l'odeur fétide et rance des peuples carnivores de l'ouest »[3]. De la même manière, les Occidentaux dégagent une odeur de fromage et de beurre, qui leur vaut au Japon le nom de *bata kusai* (pue-le-beurre). Le non-circoncis également dégage une odeur puante. Dans le langage des Bédouins, le non-circoncis est désigné par les termes *lakhnum* et *al-khanum*, dérivés de *lakhina*, qui signifie au sens premier « sentir mauvais pour une outre »[4]. L'altérité est donc bien souvent synonyme de fétidité.

Quand elle prend la figure ultime de l'inimitié, l'ennemi se voit diabolisé, il sent le soufre. Paul Valéry le rappelle à juste titre :

1. Cf. *La macrobiotique ou l'art de prolonger la vie de l'homme*, *op. cit.*, par Corbin, p. 170.

2. Se fondant sur l'étude de Paul Gerbod, *La condition universitaire en France,* Alain Corbin affirme ainsi que « ces vieux célibataires insatisfaits dont les anciens élèves bourgeois gardent en souvenir l'odeur de sperme et de tabac se sont révélés incapables de mener à bien leur rêve de promotion ; comme celle que dégagent les membres du clergé issus du peuple, leur puanteur continue de trahir leur origine. », *op. cit.*, p. 177.

3. *A Study of History*, *op. cit.*, David Lebreton, p. 124.

4. Françoise Aubaile-Sallenave souligne qu'il en va de même pour les Téda du Tibesti en s'appuyant sur le récit de Le Cœur qui raconte comment les tirailleurs Saras en venaient à se faire circoncire parce que les femmes Téda qu'ils fréquentaient leur reprochaient de sentir mauvais. Cf. « le souffle des parfums : un essai de classification des odeurs chez les arabo-musulmans », *Odeurs et parfums*, sous la direction de D. Musset et C. Fabre-Vassas, p. 111.

« Tous les cœurs (comme dit la Bible) sont endurcis ou plutôt durcissent dans l'instant même, à peine soupçonnent-ils, flairent-ils le fumet de l'adversaire. »[1] À cet égard, l'une des tentatives les plus frappantes de diabolisation de l'ennemi par sa puanteur est à mettre au compte de Bérillon, auteur d'un ouvrage intitulé *La bromidrose fétide de la race allemande*, paru en 1918[2]. Ce médecin français, marqué par l'idéologie de la Grande Guerre, en vient à forger une « odeur de boches » et à donner corps à l'idée d'une maladie ethnique pestilentielle, la bromidrose fétide de la race allemande. Inventeur d'une fausse science, l'ethnochimie, Bérillon s'estime en mesure de pouvoir définir des races et des caractères en fonction de la composition chimique des odeurs. Dans son livre, il affirme que « les divergences dans les constitutions chimiques des races sont d'ailleurs révélées par la spécificité de leur odeur. [...] On sait que l'odeur de certaines races est si forte qu'elle imprègne longuement les locaux où des représentants de ces races ont séjourné quelques heures. Tel est le cas de la plupart des races nègres, des Chinois, et également des Allemands du Nord »[3].

David Lebreton pointe ainsi l'imposture d'un Bérillon qui « affirme, avec la tranquille objectivité du savant pétri de rigueur, que la bromidrose (des racines grecques, puanteur et sueur) fétide est une "des affections plus répandues en Allemagne". »[4] Bérillon recourt notamment à de pseudo-témoignages de médecins français qui ont dû soigner des blessés allemands et qui ont reconnu qu'émanait d'eux une odeur fétide et tenace. Il procède à des généralisations grossières en faisant valoir que ce ne sont pas seulement les blessés mais également les prisonniers qui sentent au point qu'il faut désinfecter les billets d'argent trouvés dans leurs poches ! Les casernes ou les chambres d'hôtel occupées par les Allemands continuent à puer

1. *Mélange*, « Humanités », III, *Œuvres*, I, La Pléiade, Gallimard, 1957, p. 288.

2. Sur ce point, voir les analyses de David Lebreton, dans son article « Les mises en scène olfactives de l'autre », *À fleur de peau*, p. 124-128.

3. P. 7.

4. « Les mises en scène olfactives de l'autre », *À fleur de peau*, p. 125.

longtemps après leur départ. Bérillon va même jusqu'à soutenir sans sourciller que les villes allemandes baignent dans une aura pestilentielle si puissante qu'elle est perceptible d'avion par les pilotes français[1]. En somme, c'est la race allemande tout entière qui est atteinte et Bérillon n'hésite pas à proclamer que la bromidrose est une affection originairement prussienne. Il s'emploie à expliquer les causes physiologiques de ce mal et lui trouve des raisons ethniques : « L'Allemand, qui n'a pas développé le contrôle de ses impulsions instinctives, n'a pas cultivé davantage la maîtrise de ses réactions vasomotrices. Par là il se rapprocherait de ces espèces animales, chez lesquelles la peur ou la colère ont pour effet de provoquer l'activité exagérée de glandes à sécrétion odorante. »[2] Ce brillant diagnostic vise à animaliser l'ennemi et à le ravaler au rang de bête brute incapable de maîtriser son instinct. En somme, l'Allemand est un vrai putois.

Toutes ces figures olfactives du racisme, du sexisme et de la xénophobie montrent que l'odeur fonctionne comme un principe de discrimination et d'exclusion à tel point que l'acceptation et l'intégration de l'autre passent par une désodorisation, voire une purification. L'aseptisation olfactive, cependant, n'implique pas nécessairement la négation de toute odeur. Parfois l'intégration à la communauté repose sur un processus de substitution d'une odeur à une autre. Le parfum qui éclipse l'odeur initiale opère alors comme un agent d'assimilation. Il abolit la différence et me rend semblable à l'autre. Ainsi, par exemple, les rituels d'aspersion des invités au Maghreb avec de l'eau de rose et de fleur d'oranger sont un signe d'hospitalité destiné à la fois à purifier l'étranger de son odeur et à l'accueillir. Pierre Loti s'en fait l'écho dans son récit de voyage au Maroc où il décrit les coutumes d'accueil marquées par l'aspersion et la diffusion somptuaire du parfum pour honorer l'étranger : « D'abord on nous asperge d'eau de rose lancée en coup de

1. *La bromidrose fétide de la race allemande* : « Plusieurs aviateurs m'ont affirmé que lorsqu'ils arrivent au-dessus d'agglomérations allemandes, ils en sont avertis par une odeur dont les narines sont affectées même lorsqu'ils survolent à une grande hauteur », p. 3.

2. *Op. cit.*, p. 5-6.

fouet en pleine figure, avec des flacons d'argent à long col mince; dans des brûle-parfums, on allume en notre honneur des morceaux d'un bois très cher de l'Inde, qui répandent une épaisse fumée odorante. »[1] Le parfum abolit la distance et l'altérité en enveloppant les hommes dans un même milieu olfactif. Dès lors, il permet une fusion des individus séparés et facilite leur intégration. Dominique Champault constate ainsi qu'au Maghreb, « le mobilier de toutes les familles riches ou pauvres comporte obligatoirement un ou plusieurs aspersoirs à répandre l'eau parfumée sur la tête, le visage et les mains des hôtes. Le goupillon de céramique de bon marché et le mras d'orfèvrerie remplissent une fonction d'accueil et de purification en même temps : l'eau parfumée neutralise l'odeur – voire l'impureté – de l'étranger et le fait accéder au sein de la communauté. »[2] La reconnaissance de l'autre ne passe donc pas nécessairement par sa désodorisation mais par sa ré-odorisation. Le parfum joue le rôle symbolique d'un baptême ou d'une reconversion.

À cet égard, le rituel de l'encens dans les églises chrétiennes, qui permet de purifier les fidèles de la puanteur du péché et de les élever à une communion avec Dieu, a aussi pour fonction d'abolir toutes les différence entre riches et pauvres en les enveloppant dans une même communauté olfactive et en transcendant la hiérarchie sociale pour proclamer une égalité devant Dieu et inciter les hommes à vivre en odeur de sainteté. Le parfum sacré dans lequel baignent les fidèles les unit dans la même foi et proscrit l'ostracisme. Il renforce la cohésion religieuse et sociale en brisant les barrières et en transformant l'autre en prochain.

Le partage de l'odeur et l'appropriation du parfum de l'autre peuvent apparaître comme des moyens emblématiques d'intégration. Il en résulte parfois un mimétisme olfactif lorsque les exclus, animés du désir de s'intégrer, en viennent à utiliser les parfums parfois coûteux des classes sociales supérieures. Le parfum de luxe étant un signe de réussite, ils s'en imprègnent parfois abondamment pour se

1. *Au Maroc, Voyages, 1872-1913*, Robert Laffont, 1991, p. 196.

2. D. Champault, « Maghreb et Proche-Orient », *Le Courrier du musée de l'homme, op. cit.*, A. Le Guérer, *Les pouvoirs de l'odeur*, p. 44.

hisser au rang des couches supérieures de la société ou ils utilisent des essences de mauvaise qualité qui les disqualifient aux yeux des initiés. Loin d'être abolie, la distinction de classe se déplace sur le terrain olfactif, car les individus issus d'une couche sociale inférieure trahissent toujours leur origine par un usage peu discret du parfum de luxe ou par l'aspersion de senteurs peu raffinées, comme l'eau de Cologne jadis fort prisée dans les milieux populaires. Il en résulte une nouvelle forme d'ostracisme, qui consiste à se gausser du parfum des parvenus qui se révèlent comme tels en raison de leur mauvais goût. Trop ou mal parfumé, le parvenu sent la vulgarité à plein nez, comme le fait subtilement remarquer Tchekhov dans *La Cerisaie*. Gaev, l'héritier de la Cerisaie, fait mine de ne pas entendre la remarque de Lopakhine, moujik hier, riche marchand aujourd'hui; au lieu de lui répondre, il se borne à constater avec une morgue aristocratique : « il y a ici une odeur de patchouli. »[1] Ironie du sort: l'usage du parfum, au lieu d'être une manière d'éclipser la mauvaise odeur de ceux qui sont jugés inférieurs, devient un nouveau moyen de les stigmatiser[2].

Le nez de l'amour

Mais si l'odeur peut être un ferment de haine et servir d'alibi à toutes les formes d'ostracisme, elle peut également produire l'effet inverse et devenir un puissant facteur d'attraction. L'odeur est toujours ambivalente et se colore d'une nuance parfumée ou fétide selon que l'on aime ou que l'on hait. C'est ce qu'illustre parfaitement une anecdote rapportée par Abd el-Halim dans le *Rawd al-Qartas*.

1. *La Cerisaie*, I, *Œuvres* I, Éditions de la Pléiade, Gallimard, p. 509.

2. Annick Le Guérer renvoie à ce propos aux analyses du psychologue John Dollard, dans son livre *Casts and Class in a Southern Town*, qui montrent que les Noirs américains dans le désir d'échapper au racisme ont eu tendance à faire un usage abondant du parfum, ce qui loin d'abolir les préjugés, les a renforcés. En effet, les racistes y ont vu la preuve que « si les Noirs se parfumaient tant, c'était justement parce qu'ils sentaient mauvais ! », *Les pouvoirs de l'odeur*, ch. II, « L'odeur et la discrimination », *op. cit.*, p. 45.

Le calife al-Mamoun de Séville qui fit couper et exposer 4 600 têtes pour mater la révolte des Almohades à Marrakech, répondit aux survivants qui se plaignaient de la puanteur : « L'odeur des cadavres de ceux qu'on aime est suave comme le parfum, seuls les cadavres des ennemis sentent mauvais. »[1] Contrairement à celui que l'on hait, celui que l'on aime ne sent pas mauvais. C'est là le paradoxe de l'odeur qui peut provoquer aussi bien le dégoût que le désir et inciter à fuir l'autre ou à se rapprocher de lui. Ainsi, les effluves odorants émis par l'être aimé possèdent une indéniable puissance érotique, susceptible d'éveiller et de nourrir le sentiment amoureux. L'odeur corporelle de l'autre, aussi forte soit-elle, n'apparaît pas comme répugnante, mais comme attractive au nez de l'amant épris.

La dimension olfactive, par exemple, a joué un grand rôle dans la relation sensuelle entre Bonaparte et Joséphine. L'empereur était très attiré par l'odeur de sa première femme, comme en témoigne sa correspondance. Il écrit ainsi à Joséphine : « Ne te lave pas. J'accours, et dans huit jours, je suis là. »[2] L'impératrice était célèbre pour ses parfums corsés, fleurant le musc, l'ambre et la civette, et d'après Charles Léonard Pfeiffer, son boudoir à la Malmaison conserva son parfum soixante ans après sa mort. La relation entre Flaubert et Louise Collet est également rythmée par les effluves odorants et leur prégnance érotique[3]. La chevelure et les objets ayant été en contact avec le corps de l'être aimé, pantoufle, mouchoir, mitaine, lettres, délivrent un puissant message olfactif qui évoque l'autre à la manière d'un fétiche. En l'absence de Louise, Flaubert respire les objets qui portent les traces de sa présence. Dans une lettre datée du 8-9 août 1846, il confesse à sa maîtresse qu'il va revoir ses pantoufles et qu'il les aime autant qu'elle : « Je les respire, elles sentent la verveine et une

1. *Op. cit.* par Françoise Aubaile-Sallenave, « Le souffle des parfums : un essai de classification des odeurs chez les arabo-musulmans », *Odeurs et parfums*, sous la direction de D. Musset et C. Fabre-Vassas, p. 96.

2. *Lettres d'amour à Joséphine*, présenté par J. Tulard et J. Favier, Paris, Fayard, 1981, p. 155.

3. Sur ce point voir Alain Corbin, *Le miasme et la jonquille*, p. 242-243.

odeur de toi qui me gonfle l'âme. »[1] Sentir l'autre, c'est pénétrer dans son intimité et le posséder à son insu en l'inhalant et en l'incorporant à soi. « L'odeur, dit justement Serge Chaumier, c'est le corps avant le corps. »[2] La respiration de l'odeur apparaît ainsi comme un prélude idéal, car elle permet de jouir de l'autre sans l'effaroucher. À l'intrusion brutale du toucher, elle substitue une forme d'approche subtile et raffinée qui anticipe la jouissance, la diffère et l'exacerbe par là même. La respiration de l'odeur est une espèce de toucher voluptueux à distance, un effleurement qui sert non seulement de préliminaire à la jouissance mais qui la prolonge en l'absence de l'être aimé. Diderot avait bien perçu combien l'odorat l'emporte en volupté sur les autres sens. « Et je trouvais que de tous les sens, l'œil était le plus superficiel, l'oreille, le plus orgueilleux, l'odorat le plus voluptueux, le goût le plus superstitieux et le plus inconstant; le toucher le plus profond et le plus philosophe. »[3]

L'odeur est une puissance excitante qui préside à la naissance du désir. Le Don Juan de Mozart en est l'exemple même avec son fameux « *Sento odor di femmina* ». Le catalogue des femmes séduites pourrait se ramener à l'inventaire de leurs parfums et de leurs charmes vagues et indéfinissables comme les balbutiements du désir. Cette odeur indéfinie de femme qui le mène par le bout du nez l'amène d'ailleurs à se tromper, puisqu'il en vient sans le savoir à tenter de séduire Elvire, sa propre femme abandonnée. Le pouvoir attractif de l'odeur apparaît souvent décisif dans la naissance de l'émoi amoureux au point que l'on en est venu à forger la fiction d'une *aura seminalis* du mâle capable d'éveiller le désir féminin, au

1. Maupassant est également très sensible à l'odeur de l'être aimé comme en témoigne une lettre à Madame X en date du 19 décembre 1887 : « Je voudrais passer la mer, franchir les montagnes, traverser les villes, rien que pour poser ma main sur votre épaule, pour respirer l'odeur de vos cheveux. » *Les plus belles lettres d'amour*, présentées par Irène Frain, Archipel, p. 108.

2. « L'odeur du baiser », *À fleur de peau*, p. 78.

3. *Lettre sur les sourds et muets*, premières *Œuvres,* volume II, Éditions sociales, p. 99.

XIXe siècle, ou à prêter au XXe siècle une puissance sexuelle exorbitante aux phéromones chez les êtres humains. Mais l'odeur n'est pas seulement un prélude à l'amour, elle est un facteur essentiel dans la poursuite de la relation. C'est ce que fait valoir Michel Serres : « On n'aime pas sans l'improbable accord des odorats. »[1] Certes, le désir amoureux met en jeu tous les sens, et en premier lieu la vue, mais si l'hygiène, l'odeur corporelle ou l'haleine de l'autre vous répugnent, la beauté physique ne sera pas suffisante pour susciter l'attirance et prolonger la relation. Le désir obéit donc à un impératif olfactif. C'est pourquoi le parfum joue un rôle décisif dans la séduction amoureuse.

Dans l'imaginaire des amants, l'odeur se voit imputer un pouvoir de séduction qui s'apparente à un sortilège. Carmen réplique ainsi à Don José qui a gardé la fleur qu'elle lui avait donnée : « le charme a opéré. » Le parfum prend la forme d'un rituel, d'une formule magique destinée à envoûter l'autre. Baudelaire, dans une lettre à Mme Sabatier datée du 31 août 1857, souligne avec force la dimension obsessionnelle du parfum qui agit à la manière d'un filtre d'amour : « Songez donc que quand j'emporte le parfum de vos bras et de vos cheveux, j'emporte aussi le désir d'y revenir. Et alors quelle insupportable obsession ! »[2] L'odeur est dotée d'une puissance considérable dont on ne sait s'il faut la craindre ou la louer. C'est ce que souligne Rousseau dans l'*Émile* : « L'odorat est le sens de l'imagination donnant aux nerfs un ton plus fort, il doit beaucoup agiter le cerveau, c'est pour cela qu'il ravive un moment le tempérament et l'épuise. Il a dans l'amour des effets assez connus ; le doux parfum d'un cabinet de toilette n'est pas un piège aussi faible que l'on pense et je ne sais s'il faut féliciter ou plaindre l'homme sage ou peu sensible que l'odeur des fleurs que sa maîtresse a sur le sein ne fit jamais palpiter. »[3] L'ambivalence du parfum est manifeste, car il n'y a pas loin du charme de la séduction au maléfice de la possession. Les

1. *Les cinq sens*, p. 224.
2. *Les plus belles lettres d'amour*, présentées par Irène Frain, Archipel, p. 106.
3. *Émile*, p. 416.

parfumeurs ne s'y sont d'ailleurs pas trompés et jouent sur cette ambiguïté en baptisant leurs parfums, « Sortilège », « Obsession » ou encore plus récemment, « Addict », « Opium » ou « Poison ».

Le parfum peut même envoûter l'autre au point d'être un antidote à la laideur physique et de dissimuler les disgrâces sous un rideau de fumée. La magnificence des fragrances joue alors un rôle d'auxiliaire ou de substitut de beauté, lorsque l'on n'est pas suffisamment pourvu de charme. La répulsion ouverte peut faire place à l'attraction secrète sous l'effet d'un bouquet parfumé. C'est ce que révèle, par exemple, cet épisode du *Curé de village* de Balzac où le riche banquier Graslin est présenté à la jeune Véronique que ses parents souhaiteraient voir mariée avec pareil trésor. En découvrant la laideur de Graslin, la jeune fille s'efforce de cacher sa surprise et sa répulsion, puis elle se laisse charmer par les parfums des fleurs qu'il lui fait porter et qui seront irrémédiablement associés à lui. »[1] Ce singulier amoureux, nous dit Balzac, n'arriva jamais sans offrir à sa belle un bouquet composé de fleurs rares. Le parfum voluptueux et son cortège d'images exotiques permettent ainsi de dissiper la première impression et d'ouvrir un espace possible de tendresse. Inutile de dire qu'en cachant son physique disgracieux derrière ses bouquets charmeurs, le banquier finit par emporter le consentement de la belle. La sensation olfactive et l'imagination d'un monde qu'elle éveille favorisent d'autant plus la naissance de l'amour qu'il s'agit d'une véritable création personnelle, car il faut y mettre du sien pour ne plus voir ce qui offusque les yeux. C'est la leçon qu'en tire Balzac après avoir décrit l'éclosion du sentiment amoureux chez Véronique : « Les premières impressions une fois vaincues, l'attache-

1. « Quand le banquier lui montra ce monceau de fleurs exotiques dont les parfums envahirent la chambre et qu'il l'offrit à sa future, Véronique éprouva des émotions bien contraires à celles que lui avait causées le premier aspect de Graslin, elle fut comme plongée dans le monde idéal et fantastique de la nature tropicale. Elle n'avait jamais vu de camélias blancs, elle n'avait senti le cytise des Alpes, la citronnelle, le jasmin des Açores, les volcamérias, les roses musquées, toutes ces odeurs divines qui sont comme l'excitant de la tendresse, et qui chantent au cœur des hymnes de parfums. Graslin laissa Véronique en proie à cette émotion. » *La comédie humaine* IX, p. 662, La Pléiade, Gallimard, 1978.

ment prend d'autant plus de force, que l'âme s'y obstine comme à sa propre création. On aime. Là est la raison des passions conçues par de belles personnes pour des êtres laids en apparence. »[1] Le parfum opère comme un écran de fumée qui masque la laideur et lui donne l'apparence de cette beauté cachée que seule une intelligence supérieure sait discerner. Il modifie la représentation sensible et contribue à la fabrique d'une image idéale, à une mise en scène de soi qui fait diversion en occultant les imperfections. Il permet subrepticement d'attirer l'autre vers soi, de le séduire, au sens fort du verbe *seducere*, qui signifie étymologiquement mener à part, à l'écart, tirer vers soi.

Mais l'exemple le plus frappant de cette forme de séduction olfactive qui commue la laideur en beauté est sans conteste celui qu'offre Patrick Süskind dans *Le parfum*. Imprégné du parfum divin qu'il a composé à partir des odeurs suaves de jeunes filles assassinées, Jean-Baptiste Grenouille devient la créature la plus séduisante qui soit, à tel point que tous les hommes sans exception succombent à son charme.

« Lui, Jean-Baptiste Grenouille, né sans odeur, à l'endroit le plus puant du monde, issu de l'ordure, de la crotte et de la pourriture, lui qui avait poussé sans amour et vécu sans la chaleur d'une âme humaine, uniquement à force de révolte et de dégoût, petit, bossu, boiteux, laid, tenu à l'écart, abominable à l'intérieur comme à l'extérieur, il était parvenu à se rendre aimable aux yeux du monde. Se rendre aimable était trop peu dire ! Il était aimé ! Vénéré ! Adoré ! [...] Il s'était créé une aura plus radieuse et plus efficace que personne n'en avait possédé avant lui [...]. Il était de fait son propre dieu, et un dieu plus glorieux que ce dieu puant l'encens habitant les églises. À ses pieds était prosterné un évêque en chair et en os, qui vagissait de plaisir. Les riches et les puissants, les dames et les messieurs arrogants mouraient d'admiration, tandis que tout le monde à la ronde, y compris les pères, les mères, les frères et les sœurs de ses victimes célébraient des orgies en son honneur et en son nom. Il

1. *Ibid.*, p. 664.

n'avait qu'un signe à faire, et tous abjureraient leur Dieu et l'adoreraient lui, le Grand Grenouille. »[1]

Ces exemples littéraires ne constituent nullement des exceptions, car dès l'Antiquité, l'amour se place sous le signe du parfum[2]. Mortels et immortels en font un abondant usage. Dans la mythologie grecque, la déesse Héra enduit son corps désirable « d'une huile onctueuse impérissable et suave, parfumée par elle et qui, s'exhalant dans la demeure en bronze de Zeus, emplit de son haleine le ciel comme la terre »[3]. Aphrodite, la déesse de l'amour, est présentée comme sentant divinement bon la myrrhe, et son amant Adonis est le dieu des parfums. Dans le vocabulaire amoureux des Grecs, Adonis est synonyme à la fois de parfum et d'amant[4]. Le bel Adonis a de qui tenir, car il est le fruit de Myrrha, séductrice de son père Kinyras, le roi de Chypre, et transformée en arbre à myrrhe ou en pousse de myrte, selon les légendes, à la suite de ses amours incestueuses. Or, la myrte est un arbrisseau odorant consacré à Aphrodite. Et ce n'est sans doute pas un hasard si le nom de cette plante sert à désigner soit le clitoris, soit le sexe de la femme[5].

Nombreuses sont les femmes de légende qui ont circonvenu les hommes par leur aura parfumée. La belle Hélène, selon Paul Faure, a probablement fait tourner les têtes par son parfum naturel de calament, mélange de menthe et de roseaux[6]. De la même manière, dans la Bible, Judith oint son corps d'une huile parfumée pour

1. *Le parfum*, p. 263-264.

2. Montaigne signalait déjà dans ses *Essais* les pratiques des femmes scythes : « En la plus épaisse barbarie, les femmes scythes, après s'être lavées, se saupoudrent et encroûtent tout le corps et le visage de certaine drogue qui naît en leur terroir, odoriférante ; et, pour approcher les hommes, ayant ôté ce fard, elles s'en trouvent polies et parfumées. » *Essais*, I, ch. LV, « Des senteurs ».

3. L'*Iliade* XIV, 171-174.

4. Voir sur ce point Marcel Détienne, *Les jardins d'Adonis*, Gallimard, p. 123.

5. *Ibid.*, p. 122.

6. C'est du moins ce qu'indique l'étymologie de son nom : les termes *hélénè*, *hélénos*, *hélénion*, désignent des plantes médicinales qui poussent dans les lieux humides, l'aunée, le calament officinal, l'osier, l'asphodèle et le narcisse. Cf. Paul Faure, *op. cit.*, Le parfum d'Hélène, p. 144.

séduire Holopherne, qui en perd littéralement la tête[1]. L'art des parfums est donc d'abord un art de plaire, orchestré par une mise en scène olfactive de soi à laquelle nul ne peut se soustraire. C'est cette puissance insidieuse de l'odeur qui explique son empire absolu sur les cœurs. C'est ce qu'observe Jean-Baptiste Grenouille, le héros de Süskind, lorsqu'il se propose de fabriquer une odeur humaine qui lui permette d'être accepté par les hommes et de ravir leur cœur par une divine senteur :

> « Il entendait être le Dieu tout-puissant du parfum, comme il l'avait été dans ses rêveries, mais que cette toute-puissance s'exerce dorénavant dans le monde réel et sur des hommes réels. Et il savait que cela était en son pouvoir. Car les hommes pouvaient fermer les yeux devant la grandeur, devant l'horreur, devant la beauté, et ils pouvaient ne pas prêter l'oreille à des mélodies ou à des paroles enjôleuses. Mais ils ne pouvaient se soustraire à l'odeur. Car l'odeur était sœur de la respiration. Elle pénétrait dans les hommes en même temps que celle-ci ; ils ne pouvaient se défendre d'elle s'ils voulaient vivre. Et l'odeur pénétrait directement en eux jusqu'à leur cœur, et elle y décidait catégoriquement de l'inclination et du mépris, du dégoût et du désir, de l'amour et de la haine. Qui maîtrisait les odeurs maîtrisait le cœur des hommes. »[2]

Cette maîtrise du cœur par l'odeur n'est pas une simple fiction littéraire, car certaines cultures, à travers l'histoire, ont réellement visé cet objectif en excellant tout particulièrement dans l'invention de formes de séduction fondées sur les plaisirs du nez. En Inde, l'élaboration de parfums et la manière de les utiliser faisait partie des soixante-quatre arts d'agrément que tout homme et toute femme devaient connaître et pratiquer conformément au *Kâma sûtra*. Dans cet ouvrage, la préparation des parfums constitue l'art n°18 et fait l'objet d'un traité spécial[3]. Le pouvoir de séduction dépend de l'utilisation d'onguents parfumés dont la vertu est magique et s'appa-

1. *La Bible, Ancien Testament*, Judith, 10, TOB, Cerf, p. 1191.
2. *Le parfum*, *op. cit.*, p. 172.
3. *Kâma sûtra*, I, ch. 3, 15, Garnier Flammarion, p. 62.

rente à celle des filtres d'amour. Dans la septième partie du *Kâma sûtra* sont ainsi recensées les pratiques occultes pour accroître l'attrait sexuel notamment lorsque la beauté physique est absente. Parmi les moyens d'augmenter son pouvoir de séduction figure l'usage de crèmes et d'onguents qui sont censés accroître la beauté et porter chance. Ainsi par exemple, « l'attrait physique est augmenté en enduisant le corps avec un produit fait de *Tagara*, (valériane), de *Khushtha* (*saussurea lappa*) et de *Tâlishapatra* (*Flacoustia cataphracta*) »[1]. L'onguent et l'huile parfumée ont donc une vertu à la fois physique et magique, car ils améliorent l'aspect du corps et portent bonheur.

Mais c'est sans doute au Japon, à l'ère de Heian qui commence en 794, que cet art des fragrances atteint des sommets. Le parfum est un instrument privilégié de séduction à la cour et il l'emporte sur la vision de la beauté. Ce rôle prédominant de la dimension olfactive dans l'érotique nippone est lié à un souci de discrétion et de dissimulation. Les amours ne s'exprimaient pas au grand jour. Les femmes ne pouvaient et ne devaient être vues. Elles se masquaient derrière leurs éventails et leurs paravents, et lors de la première rencontre, elles ne laissaient voir que leur longue chevelure parfumée. Dans un souci suprême d'élégance et de conservation, elles dormaient ainsi en posant leurs longs cheveux sur un appareil contenant de l'encens afin de les parfumer et les protéger contre la putréfaction, car elles ne se les lavaient que rarement[2]. L'art des fragrances touche également l'ensemble des parures. Les vêtements de soie et les kimonos sont embaumés selon une technique très sophistiquée. Les suivantes des dames de cour plaçaient une corbeille de bambou où elles étendaient les vêtements sur un grand encensoir et laissaient les tissus s'imprégner doucement des senteurs les plus exquises. Dans *Le dit du Genji*, de Murasaki Shikibu, relatant les aventures et la vie d'un prince à la cour de Heian, les robes de soie parfumées expriment

1. *Kâma sûtra*, VII, ch. 1, 4, Garnier Flammarion, p. 562.
2. Cf. Louise Boudonnat et Harumi Kushizaki, *La voie de l'encens*, Éditions Philippe Picquier, p. 66.

l'essence de l'être aimé et sont respirées avec volupté et langueur en son absence[1]. Les manches des vêtements emplissent les pièces de leur parfum puissant[2]. Le *Parfum de la Robe* devient la fragrance de la séduction. Surnommé aussi parfum du corps, cet encens servait également à la fabrication de petites pastilles que les dames de Heian laissaient fondre sous la langue pour que de jour en jour leur haleine devienne de fleur et leur corps un bouquet répandant des effluves délicieux dans son sillage, et embaumant aussi bien leurs vêtements que l'enfant porté contre leur sein[3]. Le raffinement suprême consiste à assortir le parfum des vêtements aux senteurs des mélanges à brûler. Murasaki Shikibu décrit ainsi l'atmosphère du palais au cours d'une cérémonie de deuil : « L'odeur qui venait des stores, fortement imprégnée de *kurobô*, avait un relent de fumée d'encens précieux. Le parfum des vêtements du général s'y accordait avec un bonheur tel que cette nuit évoquait la Terre de Parfaite Félicité. »[4] En l'absence de l'être aimé, le parfum reste le messager de son âme par le biais des lettres odorantes dont la fragrance s'harmonise aux émotions du jour. L'art olfactif nippon atteint donc son acmé à la cour de Heian et révèle l'existence de canons de beauté sensibles au nez.

L'art des parfums ne se cantonne pas à l'aspersion d'eaux de toilette ou à l'onction d'huiles et de crèmes de senteurs ; il peut prendre des formes très variées aussi bien dans le temps que dans l'espace. En Océanie, par exemple, l'art de se parfumer pour séduire l'être aimé est extrêmement raffiné. Il existe des parfums secrets pris en boissons et non en lotions de sorte qu'ils sont exhalés par la transpiration et enveloppent le corps dans une aura. C'est le cas chez les Naurus qui font du parfum un moyen de charmer l'autre par des effluves venus de l'intérieur, du plus intime et du plus profond de soi. Il s'agit de donner l'impression que le parfum émane de la personne, est engendré par elle. Le parfum se présente non seule-

1. *Ibid.*, p. 59, cf. également, p. 302.
2. *Ibid.*, p. 63.
3. *La voie de l'encens*, p. 65-66.
4. *Le dit du Gengi*, magnificence, p. 233.

ment sous forme de boissons, mais aussi de vapeurs que les femmes utilisent pour imprégner leur sexe d'effluves embaumés. Selon Serge Chaumier, « la technique consiste à se placer jambes écartées au-dessus du foyer à feu couvert où sont chauffées fleurs et plantes odoriférantes baignant dans la crème de coco. La personne ainsi postée, le temps nécessaire, absorbe toutes ces vapeurs parfumées par son sexe et en sera intimement pénétrée. »[1] Dès lors, le parfum se mêle à l'odeur personnelle, interagit avec elle et forme une aura singulière. L'art de plaire ne se cantonne donc pas aux sentiers battus de la vue ; il emprunte largement les voies de l'odorat et témoigne de l'inventivité sans borne de l'imaginaire olfactif.

En définitive, l'intersubjectivité est marquée par les lois du nez qui fondent un panthéon de valeurs exprimant olfactivement la relation à l'autre, sous les espèces de l'être honni ou chéri. Tour à tour ferment de haine ou d'amour, l'odeur possède une puissance ambivalente, et exerce une emprise insidieuse sur les hommes en leur dictant parfois des comportements passionnés. L'analyse des figures olfactives de l'amour et la haine révèle l'existence de normes olfactives qui régissent la conduite des individus, normes affectives d'attraction ou de répulsion, normes sociales d'exclusion ou d'intégration par la réodorisation ou la désodorisation de l'autre, normes esthétiques du bon ou du mauvais goût liées à l'utilisation du parfum. Moyen de séduction ou d'exclusion, l'odeur conduit invariablement à des types de traitements qui consistent toujours à mettre l'autre à part, qu'il soit l'élu ou l'exclu.

Parfum d'identité

Indépendamment de son pouvoir d'attraction ou de répulsion et du système de valeurs intersubjectives qu'elle engendre, l'odeur apparaît comme la signature d'un être, sa carte de visite et la marque

1. « L'odeur du baiser », *À fleur de peau*, p. 90.

de son identité. Qu'elle soit naturelle ou artificielle, rapportée à soi ou à un autre, l'odeur joue un rôle capital dans la constitution du sujet et de sa singularité. Elle contribue à la définition et à la construction d'une nature humaine à la fois spécifique, générique et individuelle. Elle inscrit tout d'abord l'individu dans une communauté, manifeste son appartenance à une espèce et permet de l'identifier. Au nez du berger entraîné, il n'est nul besoin de les voir pour distinguer chèvres, moutons, vaches, ou mulets, et les reconnaître à leur fumet. Quelles que soient les variantes singulières, l'être humain possède une odeur spécifique qui ne peut être confondue avec celle du chien. L'odeur constitue ainsi un signe d'humanité. Ce n'est pas un hasard si Jean-Baptiste Grenouille, le héros meurtrier de Süskind dans *Le parfum*, est inhumain ; dès la naissance, il n'a pas d'odeur. Sa nourrice constate qu'il ne sent absolument rien et qu'il se distingue de ses propres enfants qui « ont l'odeur que doivent avoir des enfants d'hommes »[1]. Bâtard inodore, Grenouille apparaît comme un monstre que l'on ne peut sentir. Doué d'un flair remarquable qu'il met au service du parfumeur Baldini, il n'a autre ambition que d'inventer cette odeur d'homme qu'il n'a pas et de s'en imprégner pour être aimé et reconnu de tous :

> « Les essences courantes qui n'auraient pour fonction que de camoufler la vraie odeur qu'il se proposait de fabriquer : à savoir l'odeur d'être humain. Il voulait, même si ce n'était provisoirement qu'un piètre succédané, prendre cette odeur d'être humain qu'il ne connaissait pas. Certes, il n'y avait pas *une* odeur d'être humain pas plus qu'il n'y avait *un* visage humain. [...] Et pourtant : il y avait un thème fondamental de l'odeur humaine, et au demeurant passablement simpliste : une base continue, graisseuse, sudatoire, aigrelette comme du fromage, et pour tout dire assez répugnante que tous les hommes avaient en commun et au-dessus de laquelle flottaient ensuite les petits nuages infiniment diversifiés qui donnaient les auras individuelles. »[2]

1. P. 13, Paris, Livre de poche, 1985.
2. *Ibid.*, p. 166.

L'odeur est à la fois commune à l'espèce et particulière à chacun en fonction du métabolisme individuel. Elle exprime donc aussi bien l'espèce que l'individu. Elle est un marqueur d'identité non seulement biologique mais aussi culturel.

La fabrique odorante des genres

L'odeur contribue en effet également à la fabrique du genre et joue un rôle non négligeable dans la construction de l'identité sexuée et dans l'invention des archétypes imaginaires de féminité et de masculinité comme en témoigne l'histoire de la parfumerie aux XIXe et XXe siècles. La distinction entre les parfums pour femmes et pour hommes reproduit la division sexuelle et la renforce par la définition d'une identité olfactive. Les parfums composés pour le deuxième sexe ont pour objectif d'accroître la féminité et obéissent à des schémas odorants fondés sur une opposition récurrente entre deux types de modèle : le modèle naturel, qui renvoie au registre végétal et floral et qui privilégie les senteurs boisées, les parfums frais et fleuris, et le modèle sophistiqué, qui repose sur des parfums lourds, entêtants, marqués par la référence à l'animalité. Partagée entre les deux figures olfactives de la femme fleur et de la femme féline ou carnassière[1], la gent féminine est censée exprimer sa nature et son degré de moralité à travers le choix des parfums. Aux parfums capiteux de la prostituée, qui masquent sa puanteur, s'opposent les parfums suaves de la vierge et de la sainte qui fleurent la marjolaine[2] ou la rose comme Thérèse de Lisieux. Le modèle floral du parfum, marqué par la simplicité et le naturel, a souvent été associé dans l'histoire à la pureté et à la respectabilité tandis que le modèle sophistiqué, empreint de senteurs grisantes et de sensualité, est davantage rat-

1. Cf. Corbin, *op. cit.*, p. 218.

2. A. Debay observe ainsi que « la tendre odeur de marjolaine que la vierge exhale est plus douce et plus enivrante que tous les parfums d'Arabie », *op. cit.*, Corbin, *Le miasme et la jonquille*, p. 214.

taché aux mœurs légères, aux femmes fatales et adultères. Dans les deux cas, le parfum est un artifice, mais dans le premier il refuse de passer pour tel et prétend être naturel. C'est ce que révèlent, par exemple, les marques de parfum qui veulent donner l'impression de la nature pure et de ses éléments éthérés, *Vent vert* de Balmain, *L'air du temps* de Nina Ricci, *L'heure bleue* de Guerlain, *Dune* de Dior. Dans le second cas, le parfum assume son statut d'artefact issu de la civilisation du luxe et se targue de faire partie de l'arsenal des instruments de séduction. En dépit de son caractère ouvertement factice, il n'exclut pas cependant toute référence à la naturalité, puisqu'il s'inspire d'une certaine représentation de l'animal et en utilise même parfois les sécrétions, comme l'ambre gris du cachalot, le musc du chevrotain porte-musc ou la civette du petit mammifère éponyme. Le mot civette en arabe signifie d'ailleurs parfum. Quant au musc, dont le nom est dérivé de l'indien *muska* qui signifie *testicule,* il provient d'une sécrétion des glandes génitales du chevrotain d'Asie du Sud-Est, et incarne la séduction sexuelle, par excellence. Fortement odorant, il a souvent été utilisé par les prostituées et passe pour avoir des vertus aphrodisiaques. Le modèle olfactif de la femme féline et carnassière, dont l'eau de toilette *puma woman by puma* offre un exemple fragrant, recueille toutefois moins les suffrages de la gent féminine que le modèle de la femme fleur ou de la femme au parfum de fruit défendu.

C'est exactement l'inverse qui se produit dans la parfumerie masculine, où la référence à l'animalité prédomine pour définir une identité virile. Certains noms d'eaux de toilette pour hommes évoquent la sauvagerie, la bestialité, comme *Jungle* de Kenzo, *Savane* de Dior ou *Minotaure* de Paloma Picasso. La construction de modèles olfactifs de virilité peut certes jouer sur des ressorts analogues à ceux qui président à la fabrication des images de féminité, voire reposer sur les mêmes schémas, au nom d'une androgynie fondamentale des êtres. La création de parfums unisexes, comme *CK One* de Calvin Klein, qui a connu un grand succès auprès des nouvelles générations, en témoigne. La fabrique du masculin odorant n'obéit pas néanmoins aux mêmes canons et témoigne de l'évolution des mœurs et des représentations de chaque sexe. Si l'usage du parfum chez les deux sexes est largement répandu à la cour de Louis XIV, il l'est moins au XXe siècle où une disparité demeure entre hommes et femmes. Instrument de séduction pour les femmes, il est souvent considéré comme inutile par les hommes qui estiment n'avoir nul besoin d'artifice pour plaire et qui craignent de passer pour efféminés. L'évolution des mœurs et le désir de toucher une clientèle masculine au nom des intérêts économiques ont entraîné cependant des modifications de comportement. Les publicitaires ont déployé des trésors d'imagination afin de changer l'image du parfum et d'amener les hommes à s'en asperger sans avoir l'impression de perdre leur virilité. Le tour de force en la matière consiste à faire acheter du parfum qui ne se dit pas comme tel et à faire passer le superflu pour nécessaire en joignant l'utile à l'agréable. Il s'agit, par exemple, de présenter le parfum comme un après-rasage aux vertus antiseptiques et cicatrisantes, comme une lotion indispensable en raison des contraintes liées à la pilosité masculine et à la nécessité de calmer le feu du rasoir. La manière de le nommer et le choix habile des vocables permettent de vaincre les réticences masculines. C'est pourquoi le parfum pour hommes est très fréquemment vendu sous l'appellation d'eau de toilette. Son usage semble ainsi pleinement légitime car il n'obéit pas à des considérations esthétiques mais pratiques, et il relève d'un impératif d'hygiène et de propreté. Rangé sous la catégorie de l'eau de toilette, le parfum apparaît comme naturel et non comme un produit sophistiqué exprimant un trop grand souci de plaire par de savants calculs[1]. La ruse des parfumeurs consiste donc à vendre du parfum aux hommes en leur faisant croire qu'ils leur font acheter autre chose, un baume pour le feu du rasoir, une lotion cicatrisante, une eau purifiante ou un déodorant.

1. C'est d'ailleurs un argument de vente utilisé également pour les femmes. L'eau de toilette, plus discrète que le parfum, donne l'apparence du naturel et de l'innocence. Elle n'est pas chargée des intentions pernicieuses liées aux senteurs capiteuses car elle ne vise pas à faire tourner les têtes. C'est pourquoi elle convient davantage aux jeunes filles, aux adolescentes, tandis que le parfum est l'apanage des femmes mûres ou des femmes fatales.

L'identité féminine et masculine construite sur la base des parfums apparaît cependant bien pauvre et stéréotypée. Suivant les lois du marché et de la mode qui propulsent massivement telle ou telle fragrance en tête des ventes, les hommes et les femmes risquent fort d'exhaler une odeur standard qui n'exprime pas leur singularité. L'identité se ramène à l'uniformité d'une similitude parfumée, à une essence commune qui rend les êtres interchangeables. Le caractère souvent banal et normalisé des modèles de fragrance n'est pas toutefois un obstacle rédhibitoire à l'affirmation de l'individualité. En effet, la senteur que dégage un parfum couramment répandu résulte de la combinaison de ses composantes avec les types de peau et évolue en fonction de la nature de l'épiderme et de sa pigmentation. Le même parfum répandu sur des peaux différentes n'exhalera pas la même note olfactive et donnera lieu à des variations singulières. C'est pourquoi le parfum est toujours l'expression d'une essence.

Le parfum comme essence singulière

La double signification du terme « essence » en français est particulièrement révélatrice à cet égard. Les essences parfumées révèlent l'essence d'un être singulier. L'effluve odorant trahit la nature d'une personne, et s'avère un moyen aussi bien de la connaître que de la reconnaître. C'est ce qu'illustre clairement le célèbre roman de Gaston Leroux, *Le parfum de la dame en noir,* dans lequel le jeune Rouletabille parvient à identifier sa mère inconnue en reconnaissant son odeur subtile et captivante. Dans son collège, Rouletabille reçoit la visite d'une femme voilée qu'il subodore être sa mère et qu'il reconnaît d'abord à son parfum. « N'ayant jamais pu distinctement voir son cher visage, et m'étant enivré jusqu'à en défaillir, lorsqu'elle me serrait dans ses bras, de son parfum, je vivais moins avec son image qu'avec son odeur. »[1] Ce parfum inoubliable de la dame en noir, mystérieusement disparue, hante Rouletabille pendant des

1. *Le parfum de la dame en noir,* Gallimard, p. 38.

années jusqu'au jour où il le respire à nouveau au cours d'une réception à l'Élysée. Le parfum opère alors comme un révélateur, une carte d'identité instantanée qui lui donne immédiatement le nom de sa mère et lui permet de la reconnaître sous les traits de Mathilde Stangerson. Cette « odeur pleine de mélancolie » – ce « parfum pour tristesse intime », selon les termes du narrateur Sinclair[1] – apparaît comme une essence à saisir plutôt qu'à sentir, une essence qui donne l'intelligence d'un être singulier et qui marque la mémoire à jamais :

> « Je comprends que lorsqu'on l'avait, je ne dis pas senti, mais *saisi* (car enfin tant pis si je me vante, mais je suis persuadé que tout le monde pourrait à son gré comprendre le parfum de la dame en noir, et il fallait pour cela être très intelligent [...]). Oui, quand on avait saisi une fois cette mélancolique et captivante, et adorablement désespérante odeur, – eh bien, c'était pour la vie ! et le cœur devait en être embaumé, si c'était un cœur de fils comme celui de Rouletabille ; ou embrasé, si c'était un cœur d'amant, comme celui de M. Darzac ; ou empoisonné, si c'était un cœur de bandit, comme celui de Larsan... »[2].

Le parfum, qui embaume le cœur du fils, embrase celui de l'amant et empoisonne celui du bandit, nous place donc au cœur de l'intersubjectivité car il livre non seulement l'identité de la dame en noir, mais celle des différents êtres qui le respirent et qui révèlent leur nature à travers la manière dont ils sont affectés par lui.

L'odeur apparaît comme la quintessence d'un être, le concentré de ses vertus. Huysmans dans *En rade* en tire d'ailleurs matière à fantaisie. À la faveur de la lecture d'un article consacré au professeur Selmi, de Bologne, qui a découvert dans la putréfaction des cadavres, « un alcaloïde, la ptomaïne, qui se présente à l'état d'huile incolore et répand une lente mais tenace odeur d'aubépine, de musc, de seringat, de fleur d'oranger ou de rose »[3], le héros Jacques Marle

1. Cf. *op. cit.*, p. 167.
2. *Ibid.*, p. 168.
3. *En rade*, Éditions Folio, p. 182.

imagine comment il serait possible de faire un usage commémoratif des êtres disparus en humant leur essence :

> « Puis quel incessant entretien du souvenir, quelle éternelle fraîcheur de la mémoire n'obtiendrait-on pas avec ces émanations sublimées de morts ! – À l'heure actuelle, lorsque de deux êtres qui s'aimèrent, l'un vient à mourir, l'autre ne peut que conserver sa photographie et, les jours de Toussaint, visiter sa tombe. Grâce à l'invention des ptomaïnes, il sera désormais permis de garder la femme qu'on adora, chez soi, dans sa poche même, à l'état volatil et spirituel, de transmuer sa bien-aimée en un flacon de sel, de la condenser à l'état de suc, de l'insérer comme une poudre dans un sachet brodé d'une douloureuse épitaphe, de la respirer, les jours de détresse, de la humer, les jours de bonheur, sur un mouchoir. »[1]

Dans la veine de cette facétie olfactive, le héros imagine que l'on pourrait commander des extraits concentrés d'aïeuls, des essences d'enfants, des bouquets de père et parfumer des mets à l'arôme des défunts. Ainsi l'on pourrait faire le jour de l'anniversaire du décès de la grand-mère un gâteau de riz à l'essence corporelle de la disparue et le faire manger aux enfants à des fins de commémoration.

L'idée selon laquelle l'odeur définit l'essence d'un être humain excède largement le cadre de la fiction romanesque, comme le montrent de récentes recherches anthropologiques. Constance Classen observe ainsi que les Ongee des îles Andaman vivent dans une société fortement régie par les odeurs et l'odorat. Les odeurs symbolisent la force vitale de l'univers et constituent la base de l'identité individuelle. Quand un Ongee rencontre un ami, il ne lui dit pas pour le saluer : « comment vas-tu ? », mais « *konyune ? onorange tanka ?* », « Comment va ton nez ? », ou plus exactement « Où, quand, comment, pourquoi est ton nez ? ». Si la personne répond qu'elle se sent chargée d'odeur, son interlocuteur poliment la renifle pour lui en aspirer un peu, si au contraire elle dit être peu chargée d'énergie odorante, son interlocuteur lui en infuse une pro-

1. *Ibid.*, p. 186.

vision supplémentaire en soufflant sur elle[1]. L'odeur est l'expression de l'essence de la personne et de sa force de vie. Elle constitue la base de l'identité individuelle à tel point que lorsque les Ongee veulent se désigner et dire « moi », ils se touchent le bout du nez. Cette identification du moi à l'odeur tient pour une large part, selon Constance Classen, à l'association entre l'odorat, la respiration et la vie. Le souffle inhale et exhale les odeurs en aspirant l'air nécessaire à la vie. Les odeurs sont donc associées à la vie et apparaissent comme des sources d'énergie. En outre, l'odeur corporelle est perçue comme une émanation qui exprime la nature intime de la personne et livre une part de son intériorité. Respirer l'odeur de l'autre, c'est donc accéder à son moi profond, son être essentiel. C'est la raison pour laquelle les caractéristiques distinctives et la force de vie de tous les êtres vivants sont censées résider dans leurs odeurs. Les Ongee considèrent que les odeurs d'une personne émanent de ses os de la même manière que les parfums des plantes ou des arbres proviennent de la tige ou du tronc. C'est seulement en saisissant une bouffée d'eux-mêmes et en étant capables de distinguer leur odeur de toutes celles qui l'entourent que chacun parvient à la conscience de sa propre identité.

Certes, les représentations de ces habitants des îles Andaman ne sont pas largement partagées et constituent un phénomène culturel rare voire exceptionnel. Néanmoins, il faut observer que même dans des sociétés moins osmophiles, le parfum est parfois pensé comme le moyen d'expression d'une essence unique et singulière. Il existe en effet aujourd'hui des parfums composés sur mesure en fonction des désirs individuels et des types de personnalités. Ainsi, par exemple, la créatrice Laura Tonatto a composé pour l'actrice Ornella Muti en 1988 un parfum maternel exclusif à base de vanille, mandarine et thé, destiné à ses seuls enfants et immédiatement reconnaissable par eux[2]. Le compositeur sur mesure Lorenzo Villoresi crée également

1. Cf. Constance Classen, *Aroma*, p. 114.

2. Voir sur ce point Annick Le Guérer, *Le parfum, des origines à nos jours*, ch. XI, « Sur-mesure et parfumeurs maison », Odile Jacob, p. 331-340.

ses fragrances personnalisées en réveillant la mémoire olfactive de ses clients par la respiration des senteurs et des essences disposées dans son atelier afin de découvrir leur sensibilité, leur moi profond tissé de souvenirs oubliés. « Beaucoup de gens, dit-il, pensent que je fais leur fragrance en mélangeant un peu de ceci, un peu de cela. Mais la plus grande partie de la recette vient d'eux. Je ne suis que l'instrument grâce auquel nous arrivons ensemble au parfum. »[1] Le parfum unique qui exprime l'identité d'un être résulte alors de la combinaison singulière des multiples odeurs présentes et passées qui l'ont subjectivement marqué. Le moi présent s'enracine en effet dans le passé et se définit comme une mémoire singulière dont les ramifications remontent à l'enfance. Sous cet angle, les odeurs constituent une voie royale d'accès à soi, car elles livrent à leur insu des pans entiers de l'existence ancienne. Ce n'est donc pas seulement à travers son odeur corporelle mais à travers tous les parfums qu'il a sentis jadis qu'un homme peut découvrir son moi profond et prendre conscience de son identité.

Odeurs et mémoire subjective

Sentie aujourd'hui, toute odeur d'autrefois est une odeur de soi dans la mesure où elle contient en elle le monde ancien du sujet, emprisonné dans sa bulle parfumée. L'odorat apparaît comme le sens de la mémoire, car il fait resurgir par hasard des parcelles de l'existence antérieure au détour d'une fragrance qui conserve en elle les traces du souvenir. Hélène Mainet et Nicole Mainet-Delair observent ainsi que « par les odeurs que l'on garde en mémoire, on porte en soi son pays, le souvenir des années écoulées ou des silhouettes familières qui ne sont plus »[2]. Nombreux sont les poètes et

1. Cf. E. Helman Minchilli, « Uncommon Scents for Lofty Sensibilities », *Herald Tribune*, février 2001, *op. cit.*, Le Guérer, p. 333.

2. « Lou boun Diou mé lécho l'âmo, Cuisine d'odeurs en Sarladais », *Odeurs et Parfums*, *op. cit.*, p. 61.

les écrivains qui ont souligné cette puissance mnésique de l'odeur et son aptitude à restituer la vie passée. Maupassant dans *Fort comme la mort* décrit admirablement cette expérience soudaine de résurrection du passé dans le présent causée par les odeurs. Au détour d'un parfum, Olivier Bertin sent remonter à son nez des bouffées entières du passé oublié :

> « Il cherchait pourquoi avait lieu ce bouillonnement de sa vie ancienne que plusieurs fois déjà, moins qu'aujourd'hui cependant, il avait senti et remarqué. Il existait toujours une cause à ces évolutions subites, une cause matérielle et simple, une odeur, un parfum souvent. Que de fois une robe de femme lui avait jeté au passage, avec le souffle évaporé d'une essence, tout un rappel d'événements effacés. Au fond des vieux flacons de toilette, il avait retrouvé aussi souvent des parcelles de son existence ; et toutes les odeurs errantes, celles des rues, des champs, des maisons, des meubles, les douces et les mauvaises, les odeurs chaudes des soirs d'été, les odeurs froides des soirs d'hiver, ranimaient toujours chez lui de lointaines réminiscences, comme si les senteurs gardaient en elles les choses mortes embaumées, à la façon des aromates qui conservent les momies. » [1]

Certes, toutes les sensations sont susceptibles de raviver la mémoire, mais celles de l'odorat sont des buttes témoins privilégiées du passé. Roland Barthes souligne avec force ce primat de l'odorat et se démarque sur ce point de l'auteur de *La recherche du temps perdu* : « Chez Proust, trois sens sur cinq conduisent le souvenir. Mais, pour moi mise à part la voix moins sonore au fond que par son grain, *parfumée*, le souvenir, le désir, la mort, le retour impossible, ne sont pas de ce côté-là ; mon corps ne marche pas dans l'histoire de la madeleine, des pavés et des serviettes de Balbec. De ce qui ne reviendra plus, c'est l'odeur qui me revient. Ainsi le monde de mon enfance bayonnaise, tel le monde encerclé par le mandala. Tout Bayonne est ramassé dans une odeur composée, celle du Petit-Bayonne (quartier entre la Nive et l'Adour) : la corde travaillée par

1. P. 116, Éditions Folio.

des sandaliers, l'épicerie obscure, la cire de vieux bois, les cages d'escalier sans air, le noir des vieilles basquaises, noires jusqu'à la cupule d'étoffe qui leur tenait le chignon, l'huile espagnole, l'humidité des artisanats et des petits commerces (relieurs, quincailliers), la poussière de papier de la bibliothèque municipale (où j'appris la sexualité dans Suétone et Martial), la colle des pianos en réparation chez Bossière, quelque effluve de chocolat, produit de la ville, tout cela consistant, historique, provincial et méridional. »[1]

L'odeur apparaît comme une mémoire vive, comme un concentré d'histoire intime qui résiste à l'oubli. Elle plonge l'homme dans son passé singulier tissé d'émotions et d'imaginations enfantines. L'histoire a donc une odeur et elle commence par le nez. Dans *Roland Barthes par Roland Barthes*, l'auteur définit d'ailleurs ainsi l'imaginaire primordial de son enfance : « la province comme spectacle, *l'Histoire comme odeur*, la bourgeoisie comme discours »[2]. Pour l'enfant, l'Histoire avec un grand H est d'abord appréhendée à travers le prisme de sensations olfactives qui forment les strates de sa mémoire. C'est par la petite histoire qu'il accède à la grande, et l'adulte la reconstitue du bout de son nez. Le récit des faits passés obéit alors aux lois de l'olfaction singulière et mêle au vécu commun des effluves autobiographiques. L'odorat offre ainsi matière à l'écriture d'une histoire subjective, dont la dimension collective est approchée sous un angle personnel.

Cet angle est pour l'essentiel un angle affectif, comme l'observe Maine de Biran : « L'espèce des souvenirs, qui se rattachent aux sensations de l'odorat, doit être de la même nature que les sensations elles-mêmes, c'est-à-dire purement affective ; il y a entre les odeurs et les impressions internes dont se compose le sentiment de coexistence, une affinité qui est toute particulière en ce sens. Des odeurs, liées à de tels sentiments ineffables, tels qu'on en éprouve dans la jeunesse, réveillent toujours plus ou moins le même sentiment ; on se retrouve jeune encore, amoureux, dans un bosquet parfumé. C'est là où le

1. *Roland Barthes par Roland Barthes*, *Œuvres complètes,* t. 5, Seuil, 1995, p. 198.
2. *Ibid.* Nous soulignons.

cœur joue son jeu indépendamment de la pensée ; quand le voile se soulève, nous sentons toutes nos pertes, et la mélancolie s'empare de notre âme. »[1] En exprimant les affects plutôt que les concepts, les odeurs permettent de comprendre les émotions enfouies d'un sujet, parce qu'elles les font brusquement resurgir de manière intacte, avant même que la réflexion puisse s'en emparer, les falsifier ou les interpréter. Elles les restituent de manière immédiate dans leur profondeur et leur vivacité ; elles sont chargées d'une histoire et d'un imaginaire qui fleurent à travers elles et s'offrent à la pensée.

L'odorat favorise les investigations dans le monde lointain de la jeunesse, car l'effluve replonge soudain l'adulte dans l'état affectif pur du passé, grâce à un jeu d'associations spontanées et inconscientes qui ne laisse pas le temps de travestir le souvenir. L'odeur donne accès à cette *terra incognita* de l'enfance que les philosophes ont eu souvent tendance à négliger en la considérant comme le sommeil de la raison. Il faut ainsi suivre les chemins du nez pour comprendre la nature enfantine, sa propension à la rêverie et son rapport fusionnel au monde. C'est à ce cheminement odorant que Bachelard nous convie dans *La poétique de la rêverie* : « Qui voudrait pénétrer dans la zone de l'enfance indéterminée, dans l'enfance à la fois sans noms propres et sans histoire, serait sans doute aidé par le retour des grands souvenirs vagues, tels que sont les souvenirs des odeurs d'autrefois. Les odeurs ! premier témoignage de notre fusion au monde. Ces souvenirs des odeurs d'autrefois, on les retrouve en fermant les yeux. On a fermé les yeux jadis pour en savourer la profondeur. On a fermé les yeux, donc tout de suite on a rêvé un peu. En rêvant bien, en rêvant simplement dans une rêverie tranquille, on va les retrouver. Dans le passé comme dans le présent, une odeur aimée est le centre d'une intimité. »[2] Bachelard salue alors les mémoires fidèles à cette intimité, notamment celle des poètes qui livrent des témoignages sur ces parfums imprégnant les saisons de l'enfance. Il évoque en particulier le beau vers de Louis

1. *Journal*, 1815, *Extraits de parfums*, p. 51.
2. *La poétique de la rêverie*, PUF, p. 118.

Chadourne : « mon enfance est une gerbe d'odeurs »[1]. Propice à la synthèse et au syncrétisme des souvenirs, l'odeur apparaît comme un *détail immense*[2], un sublimateur de l'essence de la mémoire. « L'odeur dans sa première expansion est ainsi une racine du monde, une vérité d'enfance. »[3]

Les odeurs-souvenirs exhument les strates successives de la construction de soi, à travers les sensations et les émotions ; elles réveillent le moi endormi et les états d'âme évanouis qui remontent à la surface. « Chaque odeur d'enfance, nous dit Bachelard, est une veilleuse dans la chambre des souvenirs. »[4] Les odeurs sont ainsi les gardiennes fidèles de la mémoire et d'une identité qui demeure à travers le changement. Considéré sous l'aspect du nez, un homme est la somme de ses odeurs. Odeur de soi et odeurs du monde se mêlent pour définir son essence et le constituer comme sujet singulier. Dès lors si l'odeur est propice à la rêverie et à l'imagination personnelle du passé, elle devrait pouvoir nourrir la création poétique et donner matière à une esthétique intimiste, imprégnée de la nostalgie de l'enfance, des premiers bonheurs radieux et de la reviviscence des jours anciens. C'est pourquoi il est nécessaire d'examiner s'il est possible d'élaborer une véritable esthétique olfactive et de relever le défi d'un art du nez qui ne soit pas cantonné à la gastronomie, à l'œnologie et à la parfumerie.

1. *L'inquiète adolescence*, p. 32, *op. cit.*, *La poétique de la rêverie*, p. 118.
2. *La poétique de la rêverie*, p. 123.
3. *Ibid.*, p. 120.
4. *Ibid.*, p. 122.

Deuxième partie

Esthétique olfactive

Chapitre III

Les expressions artistiques de l'odeur

> Un capuchon mouillé
> et toutes nos enfances d'octobre,
> tous nos courages d'écolier renaissent
> dans notre mémoire.
> L'odeur était restée dans le *mot.*
>
> Bachelard, *La poétique de la rêverie*

L'odorat : un sens muet ?

L'émergence d'une esthétique olfactive est subordonnée à la constitution d'un langage propre des odeurs ou de formes d'expression susceptibles de faire valoir leur puissance spécifique, leur beauté et leur valeur de vérité. Elle implique l'invention d'un alphabet des parfums et d'un imaginaire qui se plie aux lois du nez. La tâche n'est pas impossible *a priori*, car, « l'imagination est avant tout un type de mobilité spirituelle, le type de la mobilité spirituelle la plus grande, la plus vive et la plus vivante », si l'on en croit Bachelard[1], et devrait donc être stimulée par les odeurs à l'essence si changeante et muable. L'appel à un imaginaire fondé sur le mobilisme des odeurs reste toutefois en grande partie lettre morte tant les impressions olfactives ont du mal à être exprimées par le langage, incapable le plus souvent de rendre la subtilité de leurs nuances et

1. *L'air et les songes*, Livre de poche, p. 7.

dépourvu de mots adéquats pour les nommer. Locke observe ainsi qu'à l'instar de nombreuses idées simples qui proviennent des sens, « les odeurs, [...], qui sont peut-être en aussi grand nombre, ou même en plus grand nombre que les espèces de corps qui sont dans le monde, manquent de noms pour la plupart. Nous nous servons communément des mots *sentir bon* ou *sentir mauvais*, pour exprimer ces idées, par où nous ne disons dans le fond autre chose, sinon qu'elles nous sont agréables ou désagréables, quoique l'odeur de la rose et celle de la violette, par exemple, qui sont agréables l'une et l'autre, soient sans doute des idées fort distinctes »[1]. La pauvreté sémantique que Locke met en évidence entraîne nécessairement des confusions, car les odeurs ne sont pas distinguées entre elles, mais seulement désignées par leurs effets sur le sujet et ramenées pêle-mêle aux deux catégories manichéennes du bon et du mauvais. Georges Simmel impute cette carence à la nature même des perceptions olfactives affirmant que « les impressions de l'odorat sont tout autrement difficiles à traduire par des mots que ne le sont les impressions de la vue et de l'ouïe »[2]. Cette difficulté bien connue à exprimer les sensations olfactives a d'ailleurs valu à l'odorat le qualificatif de « sens muet » ou de « sens sans parole », selon la formule de David Howes. Le langage peine à briser ce mutisme de sorte que la plupart du temps l'odeur est nommée en fonction de sa cause ou de ses effets, ou plus exactement de sa provenance ou de son caractère agréable ou désagréable. Tout se passe donc comme si elle ne pouvait être désignée en elle-même et par elle-même, mais seulement à proportion du plaisir et de la peine qu'elle suscite ou de son origine supposée. Ainsi la plupart du temps l'expression des sensations olfactives se ramène aux formules stéréotypées : « ça sent bon, ça sent mauvais, ou ça sent une odeur de... ».

Cette indigence du vocabulaire gustatif et olfactif remonte à l'Antiquité selon Paul Faure qui constate notre incapacité à définir et

1. *Essai philosophique concernant l'entendement humain*, ch. III, § 2, traduction Coste, Vrin, p. 78.

2. *Op. cit.*, A. Le Guérer, *À fleur de peau*, p. 18.

à décrire nos sensations les plus profondes. « Tout au plus distinguons-nous grossièrement quelques saveurs et quelques odeurs élémentaires : d'un côté, le salé, l'amer, le sucré (les Anciens disaient plus confusément le doux, le piquant), sensations pour lesquelles existent sur la langue des récepteurs distincts ; d'un autre côté, ce qui sent bon et ce qui sent mauvais, sensations purement subjectives et dont les registres varient d'un individu à l'autre. Il a fallu toute la science des physiologistes et des chimistes modernes pour nous apprendre cinq types principaux de parfums : les fleuris ou éthérés, les fruités, les boisés, les fauves (cuirs et chairs), les épicés. »[1] Cette typologie empruntée à René Cerbelaud, dans son *Formulaire de la parfumerie*, n'est d'ailleurs pas admise par tous les parfumeurs qui augmentent ou restreignent la liste, preuve s'il en était besoin de la difficulté à opérer des distinctions pertinentes et à établir un lexique commun[2].

Certes, il existe de grandes variations au niveau des langues. Ainsi Paul Faure souligne la relative richesse du français par rapport au latin et au grec ; il recense l'existence d'une cinquantaine de noms communs relevant du domaine olfactif et fait observer que « sur ces cinquante substantifs, il s'en trouve à peine cinq qui aient un équivalent exact en grec et en latin »[3]. Les Grecs, par exemple, n'ont pas de verbe pour désigner « puer, empester, cocotter, schlinguer, empoisonner, rancir, reléguer ». La langue de Molière, toutefois, a encore bien du chemin à faire pour enrichir son vocabulaire et souscrire à une exigence de précision et de distinction en matière d'olfaction, comme en témoigne le cas du verbe sentir. Alors que la langue anglaise dispose de deux verbes, « *to feel* » : éprouver une sensation,

1. *Parfums et aromates de l'Antiquité*, p. 11-12.

2. Ainsi Marcel Billot et F.V. Wells, dans leur ouvrage *Parfumery, Technology, Art, Science, Industry*, n'admettent que quatre séries de produits naturels : les florales, boisées, animales, balsamiques. Voir sur ce point, Paul Faure, *op. cit.*, note 6, p. 304. Le comité français du parfum, quant à lui, classe actuellement les parfums en sept groupes fondamentaux ou familles d'odeurs à l'intérieur desquels existent des subdivisions ou familles : *hespéridée, florale, fougère, chypre, boisée, ambrée, cuir.*

3. *Op. cit.*, p. 12.

une émotion, et « *to smell* » : renifler une odeur, la langue française englobe sous un même vocable, « sentir », l'acte d'éprouver une sensation ou un sentiment et de percevoir une odeur. La sensation particulière à laquelle donne lieu l'olfaction semble donc se dissoudre dans l'universalité du sentir. Voir, toucher, entendre, goûter sont aussi des modes du sentir, mais font l'objet d'une dénomination singulière. En revanche, percevoir en général ou percevoir une odeur, c'est indifféremment sentir. Cette confusion entre un sens générique et un sens spécifique est sans doute révélatrice du caractère indistinct de l'odorat, de la difficulté de le déterminer dans sa particularité, voire de l'ignorance à son endroit. Il est une simple modalité de la sensation qui ne mérite pas d'être nommée en particulier. Ce phénomène n'est pas totalement anodin, car nommer, c'est donner chair, corps et existence à un être ou une chose. Tout se passe donc comme si l'odorat n'avait pas d'existence spécifique et se noyait dans l'indistinction de la sensation. En effet, comme l'ont montré J. Davidoff, I. Davies, D. Robertson à propos des couleurs[1], les catégories de perception dépendent des catégories linguistiques au sens où l'existence de mots distincts dans une langue aide à percevoir, à mémoriser et à transmettre des nuances qu'un sujet étranger, qui ne dispose pas de ce vocabulaire diversifié, aura du mal à cerner. La nomination structure en partie la perception et réciproquement, de sorte qu'il existe un mouvement de va-et-vient permanent entre les distinctions sensorielles et les distinctions sémantiques qui s'informent les unes les autres et se renforcent. Ainsi la pauvreté lexicologique risque-t-elle de redoubler la pauvreté ontologique de l'odeur évanescente, réductible sans mot dire à un presque rien.

1. Cf. « Colours Categories in a Stone Age Tribe », *Nature*, 398, 18 mars 1999, p. 203-204. Les travaux des trois auteurs, qui portent sur les Berinmos de Papouasie Nouvelle-Guinée, montrent que la catégorisation des couleurs loin d'être universelle et absolue, est relative à la langue et que leur perception dépend du champ linguistique dont dispose un sujet. Les Berinmos, par exemple, ne distinguent pas le bleu et le vert comme les Anglais, mais ils établissent des nuances entre le « nol » et « le wor » qui ne correspondent pas aux catégories des Britanniques et qui ne sont pas perçues par eux.

Il est vrai que parfois l'utilisation d'un seul vocable pour désigner un genre et une espèce a pour fonction de valoriser l'espèce ou d'attirer l'attention sur le fait qu'elle est particulièrement expressive du genre tout entier[1]. Tel n'est pas le cas, semble-t-il, du terme sentir, car l'odorat n'incarne pas le genre dans sa totalité et n'est certainement pas la faculté que l'on évoque en premier pour décrire et illustrer le phénomène sensoriel. L'absence de différence entre la sensation en général et l'olfaction assimilées toutes les deux au sentir est plutôt l'indice d'une pénurie de vocabulaire et d'une déficience ontologique que d'une valorisation de l'odorat au point qu'il puisse représenter le genre tout entier. Cette carence sémantique qui atteste d'une faiblesse conceptuelle est corroborée par le fait que le terme « sentir » pris au sens olfactif enveloppe à son tour deux significations puisqu'il désigne à la fois la perception et la production d'odeurs. La formule « je sens » est ainsi ambiguë, car elle peut renvoyer aussi bien au fait que je perçois ou que je dégage une odeur. La pauvreté lexicale est donc grande, car le même terme *sentir* signifie trois choses différentes et se trouve qui plus est entaché d'une connotation péjorative et dépréciative lorsqu'il revêt la troisième acception, émettre une odeur. C'est ce que fait observer Pascal Lardellier : « Et de plus sentir, euphémisme commode ne signifie pas naturellement sentir bon, mais au contraire, c'est toujours sentir fort, et même sentir mauvais. »[2]

Certes l'existence du seul verbe sentir pour désigner la sensation en général et l'olfaction en particulier présente l'avantage de mettre en évidence la nature polysensorielle de l'expérience perceptive. C'est d'ailleurs à partir du concept de polysensorialité que s'opère souvent

1. C'est le cas par exemple d'après Platon du nom « amour » ou du verbe « aimer » qui englobent au sens générique toutes les espèces d'affection pour des êtres ou des choses jugées bonnes, mais qui renvoient surtout à une espèce particulière à laquelle ce terme est réservé. Cf. *Le banquet* 205d : « Il y a beaucoup de manières de s'adonner à l'amour, et de ceux qui recherchent l'argent, les exercices physiques, la philosophie, on ne dit pas qu'ils aiment et qu'ils sont amants, mais il y a une espèce particulière d'amour dont les adeptes et sectateurs reçoivent le nom du genre entier : amour, aimer, amant. »

2. *À fleur de peau. Corps, odeurs, parfums*, note 4, p. 180.

aujourd'hui la communication sur le parfum et que s'établissent les campagnes de marketing[1]. L'émergence de ce concept est liée à la reconnaissance de la synesthésie et du caractère interactif des sens qui interviennent tous nécessairement dans la perception, même lorsque l'un deux prédomine. Elle témoigne néanmoins aussi de la difficulté des parfumeurs à exprimer la nature et l'originalité des fragrances et à faire connaître le fruit de leurs créations en recourant au seul registre olfactif. Est-ce à dire alors que les odeurs en elles-mêmes soient ineffables, vouées au silence et à l'imprécision ? Pour pouvoir répondre à cette question, il faut d'abord s'interroger sur les raisons qui font obstacle à l'existence d'un vocabulaire olfactif.

La difficulté de nommer tient en partie à la nature de l'odeur dont l'absence d'essence stable et la singularité mouvante se prêtent mal à l'abstraction, à la fixité et à l'universalité requise par le langage. Le mot, comme le montre Bergson, saisit les choses dans ce qu'elles ont de commun, de stable ; il ne les désigne pas dans leur particularité. Or l'odeur n'est jamais tout à fait la même ni tout à fait une autre ; elle se meut dans un flux continu de sensations qu'il est malaisé d'isoler et de nommer de façon distincte et séparée. En outre, l'odeur, en raison de son caractère fugace et volatil, s'évapore et se mélange parfois avant d'avoir pu être discernée.

La difficulté de nommer tient également au fait que lorsque l'odeur est perçue, « son codage verbal est médiocre », selon Joël Candau[2]. L'expérience commune en témoigne, la plupart des hommes perçoivent les odeurs mais ont du mal à les identifier, à les reconnaître et à les décrire[3]. Et lorsqu'ils parviennent à verbaliser les

1. Voir sur ce point l'article de Jean-Jacques Boutaud, « De la difficulté de communiquer un concept polysensoriel, Kenzoki de Kenzo », *Olfaction et patrimoine : quelle transmission ?*, sous la direction de Francine Boillot, Marie-Christine Grasse et André Holley, Edisud, p. 79-89 ; voir également dans le même ouvrage l'article de Benoît Heilbrunn, « De l'olfactif à l'affectif : le pouvoir de transmission des marques », p. 91-105.

2. *Mémoire et expériences olfactives*, p. 29.

3. Joël Candau mentionne ainsi une enquête du *National Geographic* qui illustre le décalage entre la perception et l'identification des odeurs : « 70,5 % des femmes et 62,8 % des hommes perçoivent l'androstérone mais seulement 26 % et 24,2 % (respectivement)

sensations olfactives, ils utilisent, faute d'un lexique approprié, un langage approximatif, souvent métaphorique et analogique, qui renvoie fréquemment à un passé subjectif ou à une idiosyncrasie personnelle peu propice à la communication[1].

Ces difficultés, toutefois, ne sont pas rédhibitoires car le manque de vocabulaire pour exprimer les sensations olfactives tient davantage à l'ignorance et à l'inculture qu'à une vocation congénitale de l'odorat à l'ineffable. Joël Candau constate ainsi que dans les professions confrontées à des stimuli odorants, parfumeurs, œnologues, cuisiniers, infirmières, médecins légistes et sapeurs-pompiers, le lexique olfactif est riche et étendu, et il estime qu'« en réalité, il est possible que ce ne soit pas le sens qui soit frappé de mutité mais la langue elle-même, "inodore" dans les milieux où l'on prête peu d'attention à l'environnement olfactif »[2]. À cet égard, il faut remarquer que toutes les civilisations ne sont pas logées à la même enseigne et que celles qui valorisent les odeurs et les parfums disposent d'un vocabulaire précis et diversifié[3]. Le lan-

identifient cette odeur ; pour l'odeur de banane, les pourcentages sont de 99,3 % et 99 %, d'une part, 52,8 % et 49,4 %, d'autre part. Pour les quatre autres odeurs qui ont fait l'objet du test, on obtient : musc (74,6 % et 66,7 % ; 34,8 % et 22,9 %) ; eugénol (99,5 % et 98,9 % ; 89,6 % et 83,2 %) ; mercaptan (98,7 % et 97 % ; 59,3 % et 58,1 %) ; rose (99,5 % et 99 % ; 84,5 % et 81,6 %). » *Mémoire et expériences olfactives*, note 2 p. 29.

1. Sur la difficulté de nommer les odeurs et sur les moyens de la contourner, voir notamment Joël Candau, *Mémoire et expériences olfactives*, ch. 3 et 4.

2. *Op. cit.*, p. 68.

3. Ainsi le vocabulaire des odeurs et des parfums dans le monde arabo-musulman est d'une extrême richesse. Françoise Aubaile-Sallenave qui s'est penchée sur les dictionnaires et les textes littéraires ne recense pas moins de deux cents cinquante termes pour les désigner. La sensibilité accrue aux variations d'odeurs et de saveurs des produits alimentaires dans les régions chaudes conduit par exemple à la multiplication de noms pour caractériser le lait, selon qu'il est frais et qu'il possède une odeur naturelle, qu'il est parfumé ou qu'il commence à se gâter et à sentir mauvais. « Lorsqu'il est trait le soir, on peut le verser dans une outre parfumée par des poires ou du *nabeq*, fruit du *Zizyphus lotus*, qui lui communiqueront une odeur plaisante mais différente de son odeur naturelle, odeur qui s'exprime par le mot *khamtah* : "odeur agréable comme celle de la terre et du vin", etc ; *Khamat* est une "odeur agréable ou amère du lait ou du vin". Le vocabulaire nuance les diverses saveurs et odeurs du lait : *sâmit* qualifie le "lait qui a perdu sa saveur douce sans cependant être aigre", c'est aussi "insipide", *qûhah* est le "lait qui commence à

gage, de par sa puissance illimitée de combinaison des mots, se prête à toute forme d'expression, de sorte que la difficulté à nommer et à décrire les odeurs relève davantage d'un manque de sensibilité et d'exercice que d'une impuissance native. La preuve en est qu'un poète sensible aux odeurs comme Baudelaire a su trouver les mots pour restituer la fugacité nostalgique, la fragilité entêtante et la subtilité érotique des parfums. Par le jeu des correspondances, la musicalité aérienne de ses poèmes, la fulgurance de ses images, Baudelaire est un orfèvre en la matière ; il sait exprimer tour à tour la douceur cristalline et le charme vénéneux du parfum. Pour s'en persuader, le lecteur n'a qu'à respirer les fragrances des *Correspondances,* et se délecter de la poésie olfactive qui fleure dans ces vers éclatants :

> « Il est des parfums frais comme des chairs d'enfants,
> Doux comme les hautbois, verts comme les prairies,
> – Et d'autres, corrompus, riches et triomphants,
> Ayant l'expansion des choses infinies... » [1]

L'auteur des *Fleurs du mal* arrache tous les anosmiques du monde à leur insensibilité olfactive et les transporte dans univers où « les parfums, les couleurs et les sons se répondent » [2]. Quelques vers lui suffisent pour évoquer cette puissance magique du parfum qui, en un instant, restitue le passé dans le présent et offre l'expérience d'une éternité retrouvée :

> « Lecteur, as-tu quelquefois respiré
> Avec ivresse et lente gourmandise
> Ce grain d'encens qui remplit une église,

se gâter mais qui est encore un peu doux", *samkh* est "un lait riche, d'odeur désagréable". », « Le souffle des parfums : un essai de classification des odeurs chez les Arabo-musulmans », *Odeurs et parfums*, p. 100. De la même manière d'après le *Dictionnaire arabe-français* d'A. de Biberstein Kazimirski, l'odeur aigre de sueur qui se dégage des aisselles fait l'objet d'une multiplicité de dénominations, *sanna*, *sumâh*, *zaghghun*, *dhafr*, selon sa provenance ou son degré de fétidité et de puanteur, *ibid.*, p. 104.

1. *Les fleurs du mal*, IV, *Correspondances*, Éditions Garnier, p. 13.
2. *Ibid.*

Ou d'un sachet le musc invétéré ?
Charme profond, magique, dont nous grise
Dans le présent le passé restauré ! ... »[1]

Chez Baudelaire, il n'y a pas d'indicible olfactif, il s'agit de faire affluer les mots et de leur donner un écho en mêlant « le parfum des verts tamariniers » « au chant des mariniers »[2]. Tout l'art d'écrire consiste à réveiller l'odeur comme une belle au bois dormant, à faire surgir son monde érotique et exotique, à l'image de cette chevelure aromatique, qui exhale ses souvenirs nonchalamment[3]. L'analogie, la métaphore et leur cortège poétique viennent au secours du concept quand celui-ci se fait attendre et que l'entendement a du mal à le forger.

Pour apprendre à exprimer les impressions olfactives, ce sont donc d'abord vers la poésie et la littérature qu'il faut se tourner. Toute la question est alors de savoir s'il est vraiment possible de concevoir une esthétique olfactive telle que l'odeur soit à la fois expressive et exprimée, car il s'agit de créer tout aussi bien un verbe du parfum qu'un parfum du verbe pour en finir avec un langage inodore et par trop aseptisé. L'inspiration ne pourrait-elle pas venir du nez et donner du souffle à la poésie ? Mais au-delà de l'écriture poétique et littéraire, c'est l'art tout entier qui est concerné. En vertu des correspondances que Baudelaire invite à penser, tous les

1. *Ibid.*, XXXVIII, *Un fantôme*, II, *Le parfum*, p. 43.
2. *Ibid.*, XXXII, *Parfum exotique*, p. 29.
3. Cf. *ibid.*, XXII, *La chevelure*, p. 29 :
« Ô toison, moutonnant jusque sur l'encolure
Ô boucles ! Ô parfum chargé de nonchaloir !
Extase ! Pour peupler ce soir l'alcôve obscure
Des souvenirs dormant dans cette chevelure,
Je la veux agiter dans l'air comme un mouchoir !

La langoureuse Asie et la brûlante Afrique,
Tout un monde lointain, absent, presque défunt,
Vit dans tes profondeurs, forêt aromatique !
Comme d'autres esprits voguent sur la musique,
Le mien, ô mon amour ! nage sur ton parfum. [...] »

sens et les formes esthétiques auxquels ils donnent lieu, sont susceptibles de s'entre-exprimer et de fournir des métaphores à cet effet. Il est donc nécessaire de se pencher sur les diverses formes d'art pour tenter de rompre avec la mutité des odeurs et inventer un langage olfactif qui rende compte de leur puissance propre et de leur singularité. C'est pourquoi il convient d'examiner aussi bien les expressions littéraires que les expressions musicales, picturales et plastiques des odeurs afin de déterminer les contours d'une esthétique olfactive et les moyens de la constituer. Une telle démarche implique en retour une interrogation sur l'aptitude de l'odorat à l'expressivité et sur la possibilité de la création autonome d'un véritable art olfactif.

Les expressions littéraires de l'odeur

À l'instar de Baudelaire, Flaubert ou Zola, par exemple, sont extrêmement sensibles à la dimension olfactive. L'auteur de *Salammbô* crée ainsi un univers de senteurs, myrobalan, bdellium, safran, violette, que contrôle le Chef-des-odeurs-suaves[1]. Le naturalisme de Zola le conduit également à traquer les odeurs humaines, chargées d'une sensualité entre sécrétions et parfums, dont la loge de Nana offre un échantillon troublant[2]. La liste est longue des écrivains qui n'ont rien à leur envier et qui consacrent leur talent à

1. Cf. *Salammbô*, VII. C'est probablement par référence à ce personnage que Robert Montesquiou a choisi d'intituler l'un de ses recueils de poésie « *Le chef des odeurs suaves* » ; voir également la *Correspondance*, t. 1, p. 558, *Lettre du 5 janvier 1850* et p. 568, *Lettre du 15 janvier 1850* où Flaubert décrit la variété des odeurs respirées dans le désert.

2. Voir dans *Nana* la scène où le comte pénètre dans la loge de Nana et craint de défaillir dans cette odeur de femme qui lui fait songer à un bouquet de tubéreuses. Voir également *Le ventre de Paris* et *La faute de l'abbé Mouret* qui regorgent de références olfactives.

la description des sensations, émotions et réminiscences liées à l'odorat. Proust salue ainsi le génie olfactif de Chateaubriand dans les *Mémoires d'outre-tombe* : « Et une ou deux des trois plus belles phrases de ces *Mémoires,* n'est-ce pas celle-ci : "Une odeur fine et suave d'héliotrope s'exhalait d'un petit carré de fèves en fleurs ; elle ne nous était pas apportée par une brise de la patrie, mais par un vent sauvage de Terre-Neuve, sans relation avec la plante exilée, sans sympathie de réminiscence et de volupté ; dans ce parfum non respiré de la beauté, non épuré dans son sein, non répandu sur ses traces, dans ce parfum chargé d'aurore, de culture et de monde, il y avait toutes les mélancolies des regrets, de l'absence et de la jeunesse." »[1] Il ne s'agit pas ici de recenser la totalité des œuvres et des thèmes littéraires consacrés aux odeurs et aux parfums, car, outre son caractère forcément lacunaire et rapsodique, une telle démarche n'offre que peu d'intérêt. Il s'agit bien plutôt de renoncer à l'exhaustivité pour focaliser l'attention sur des modèles du genre, c'est-à-dire des œuvres où l'écriture repose avant tout sur un registre olfactif et le met en avant comme une forme d'expression décisive. À ce titre, il est possible de repérer dans la littérature française deux chefs-d'œuvre olfactifs au moins, *Le Lys dans la vallée* et *À la recherche du temps perdu,* qui explorent chacun à sa manière la puissance affective et mnésique propre à l'odorat et la font sentir avec une profondeur et une richesse dont la philosophie aurait tout lieu de s'inspirer.

1. *À la recherche du temps perdu*, *Le temps retrouvé*, p. 919, Pléiade, Gallimard. Proust cite le passage où Chateaubriand est à Saint-Pierre et va dîner cher le gouverneur de l'île qui lui montre ce qu'il appelle son jardin, *Mémoires d'outre-tombe*, livre VI, ch. 5, p. 211, Pléiade, Gallimard, 1951. Cf. également le passage où Chateaubriand traverse l'Ohio et rencontre une ruine indienne : « Des anfractuosités sablonneuses, des ruines ou des tumulus, sortaient des pavots à fleurs roses pendant au bout d'un pédoncule incliné d'un vert pâle. La tige et la fleur ont un arôme qui reste attaché aux doigts lorsqu'on touche la plante. Le parfum qui survit à cette fleur, est une image du souvenir d'une vie passée dans sa solitude. », *Mémoires d'outre-tombe*, VIII, ch. 2, p. 258.

Le Lys dans la vallée ou le roman de l'amour nez

Ce n'est sans doute pas un hasard si l'un des personnages centraux de *La comédie humaine* est *César Birotteau* dont le portrait extrêmement documenté repose sur un modèle réel, celui d'un certain Bully, parfumeur de son état, qui inventa une lotion de toilette vinaigrée à laquelle il donna son nom. César Birotteau est l'inventeur de la double *Pâte des Sultanes* et de l'*Eau Carminative* qui firent sa fortune ; selon la réclame, « leurs odeurs essentiellement balsamiques et d'un esprit divertissant réjouissent le cœur et le cerveau admirablement, charment les idées et les réveillent ; elles sont aussi étonnantes par leur mérite que par leur simplicité ; enfin, c'est un attrait de plus offert aux femmes, et un moyen de séduction que les hommes peuvent acquérir »[1]. Mais c'est indéniablement *Le Lys dans la vallée*, publié en juin 1836, qui est chez Balzac la référence par excellence en matière de littérature olfactive, car le roman est entièrement construit sur la perception des odeurs et son rôle central dans la relation amoureuse. Comme l'indique le titre, c'est dans le registre floral et olfactif que s'exprime l'essence de l'amour. Le parfum préside à la naissance de l'amour, à la reconnaissance de l'autre et à la définition de son identité.

Le Lys dans la vallée relate l'histoire de l'amour platonique d'un jeune homme, Félix, pour une femme mariée, Mme de Mortsauf. La première rencontre se place d'emblée sous l'égide du parfum. Au cours d'une fête, Félix, qui s'ennuie prodigieusement, a trouvé refuge sur une banquette abandonnée ; une femme, le prenant pour un enfant, vient s'asseoir à côté de lui. Félix est alors immédiatement attiré par le parfum de l'inconnue et tiré de sa torpeur boudeuse pour éprouver une fascination sans pareille :

> « Aussitôt, je sentis un parfum de femme qui brilla dans mon âme comme y brilla depuis la poésie orientale. Je regardai ma voisine, et fus

1. *César Birotteau*, voir les pages 53-55, Pocket Classiques, 1999.

plus ébloui par elle que je ne l'avais été par la fête ; elle devint toute ma fête. »[1]

Le parfum est ainsi le détonateur de l'amour et il devient l'essence même de la femme aimée. Avant la perception de tout détail visuel, Félix est submergé par une émotion olfactive, qui sera relayée et amplifiée par l'évocation poétique de l'Orient et de ses senteurs. Ce parfum de femme, qui ré-enchante son univers morose, l'éblouit par sa brillance et éclipse la vision en s'emparant de ses attributs. La vue reprend ensuite le dessus. Il s'agit bien d'une reprise, car Félix, tout d'abord, regarde l'inconnue, mais ne la voit pas, tant il est ébloui. C'est seulement dans un second temps qu'il se met à détailler les épaules, la gorge et les cheveux de cette femme au lumineux parfum, et que la vue recouvre sa vocation à être le sens de la distance, de l'inspection impliquant une extériorité par rapport à l'objet. Reprise toute relative, car déjà Félix est épris : son imagination prolongeant la vision lui fait perdre la tête et embrasser les épaules de l'inconnue. C'est la respiration du parfum qui déclenche le coup de foudre et qui lui arrache cette confession : « J'aimai soudain sans rien savoir de l'amour. »[2]

Ce primat de l'olfaction et de la respiration continue à valoir en l'absence de l'être aimé lorsque celui-ci n'est plus senti, mais simplement évoqué : « En pensant que mon élue vivait en Touraine, j'aspirais l'air avec délices, je trouvai au bleu du temps une couleur que je ne lui ai plus vue nulle part. »[3] Les sentiments qui se développent avant même la seconde rencontre ne démentent pas la première impression amoureuse olfactive, mais la renforcent à la suite d'un processus de cristallisation qui métamorphose l'âme sœur en fleur parfumée. L'inconnue, sous l'effet de l'imagination poétique de Félix, devient le Lys dans la vallée, symbole de beauté et de pureté.

1. *Le Lys dans la vallée*, *La comédie humaine* IX, La Pléiade, Gallimard, 1978, p. 984.
2. *Ibid.*, p. 985.
3. *Ibid.*

Abattu par la disparition de la femme aimée dont il ignore jusqu'au nom, le jeune homme, pressé par son entourage de se distraire, se rend en Touraine, au château de Frapesle chez un ami de sa mère. Il découvre une vallée magnifique près de Montbazon, qui ne peut être à ses yeux que le lieu d'habitation de la bien-aimée. Sagacité de l'amant qui flaire la présence de l'être aimé et voit son visage dans le paysage :

> « Elle demeurait là, mon cœur ne me trompait point... Elle était, comme vous le savez déjà sans rien savoir, LE LYS DE CETTE VALLEE où elle croissait pour le ciel en la remplissant du parfum de ses vertus. » [1]

La dimension olfactive du lys l'emporte ici sur la vision florale. C'est le parfum de ses vertus exhalé dans la vallée qui définit la femme aimée de manière pérenne et immémoriale, et qui fait d'elle une créature céleste en odeur de sainteté. L'emploi de l'imparfait « elle *était* le lys » évoque la magie d'une histoire d'amour qui a l'allure d'un conte de fée. Elle *était* le lys, car il était une fois la femme aimée. La formule à l'imparfait porte l'empreinte de cette nostalgie liée à la résurgence odorante du passé perdu qui remonte à la surface et vous bouleverse en vous chatouillant les narines. Elle laisse présager que cette figure florale de l'amour sera flétrie par la mort puisqu'elle est déjà évoquée au passé. « Elle était le lys » signifie également que Mme de Mortsauf est l'incarnation même de la pureté, qu'elle ressemble à une apparition, tant elle n'est pas de ce monde en raison de ses célestes vertus. Balzac insiste sur le fait qu'il a voulu présenter une femme belle, sensible, vertueuse. Sous les traits de Mme de Morstauf, ce n'est pas la prude austère, mais la femme sensuelle et pure qui est décrite. Le lys suggère ce double aspect : son parfum entêtant monte à la tête tandis que la majesté de ses corolles invite à la retenue et à la dignité. Signe de noblesse, le lys orne également le blason du comte de Mortsauf[2] et marque donc l'appar-

1. *Ibid.*, p. 987.

2. Celui-ci « descend d'un homme qui survécut à la potence. Aussi les Mortsauf portent-ils d'or, à la croix de sable alezée potencée et contre potencée, chargée en cœur

tenance de la femme aimée à l'homme auquel elle est mariée. Le lys parfumé devient le symbole de la personnalité d'Henriette, la clé de son identité et l'expression de son essence tout au long du roman. C'est ainsi, par exemple, que Félix, de retour au château après une longue absence, salue Henriette : « Belle fleur humaine que caresse ma pensée et que baise mon âme ! Ô mon lys ! lui dis-je, toujours intact et droit sur sa tige, toujours blanc, fier, parfumé, solitaire ! »[1]

La deuxième rencontre confirme cette approche olfactive qui caractérise l'écriture balzacienne. En promenade avec l'ami de sa mère, Félix arrive près du château de Clochegourde aperçu dans la fameuse vallée, et bien qu'il ignore qu'il s'agit du lieu de résidence de sa bien-aimée, il le pressent et le flaire, faisant montre une fois de plus de sa sagacité amoureuse. Son ami le lui fait d'ailleurs remarquer en disant : « Vous sentez de loin une jolie femme comme un chien flaire le gibier. »[2] C'est encore en termes de respiration que s'exprime la félicité de Félix lorsqu'il s'apprête à franchir le seuil de celle qu'il subodore être la femme aimée : « En montant le chemin qui côtoie Clochegourde, j'admirais ces masses si bien disposées, j'y respirais un air chargé de bonheur. »[3] Certes, c'est d'abord la voix d'or de l'être aimé que reconnaît Félix avant même d'avoir vu Mme de Mortsauf. Mais cette prééminence de la voix n'éclipse pas pour autant la référence à la respiration et au souffle. Le jeune homme, qui ose à peine regarder la femme du comte par crainte de rougir, confesse à son propos que « le souffle de son âme se déployait dans les replis des syllabes, comme le son se divise sous les clefs d'une flûte ; il expirait onduleusement à l'oreille d'où il précipitait l'action du sang »[4]. Félix cherche alors à « aspirer l'air qui sortait de sa lèvre chargé de son âme »[5]. La relation qui se noue entre les deux

d'une fleur de lys d'or au pied nourri, avec : Dieu saulve le roi notre sire pour devise », *ibid.*, p. 990.

1. *Ibid.*, p. 1114.
2. *Ibid.*, p. 989.
3. *Ibid.*, p. 991.
4. *Ibid.*, p. 994-995.
5. *Ibid.*

êtres repose moins sur un échange de regards et de paroles que sur un échange de souffles, sur une respiration, voire une inhalation de l'autre et de son âme. La psyché vaporisée dans l'air par les mots de la comtesse est aspirée voluptueusement par Félix, qui s'en imprègne et étreint cette lumière parlée sous la forme d'une caresse suspendue au souffle. Lorsque Félix s'enhardit et en vient à regarder attentivement l'être aimé pour brosser son portrait, il en conclut, au terme d'une description assez conventionnelle, que « ses qualités visibles ne peuvent d'ailleurs s'exprimer que par des comparaisons »[1]. Il recourt alors à une analogie empruntée au registre olfactif :

> « Rappelez-vous le parfum chaste et sauvage de cette bruyère que nous avons cueillie en revenant de la villa Diodati, cette fleur dont vous avez tant loué le noir et le rose, vous devinerez comment cette femme pouvait être élégante loin du monde, naturelle dans ses expressions, recherchée dans les choses qui devenaient siennes, à la fois rose et noire. »[2]

Pour se représenter la beauté de Mme de Mortsauf, il faut imaginer le parfum d'une dame en rose et noir, comme une réminiscence romantique de la bruyère cueillie au bord du lac de Genève, près de la villa Diodati, lieu par excellence de la poésie puisque Byron y séjourna. L'imagination de Félix se déploie donc avant tout par le canal de l'odorat et c'est sur ce substrat olfactif que viennent se greffer la lumière et les couleurs.

Mais ce n'est pas seulement l'imaginaire amoureux qui se nourrit de fragrance, car toutes les idées qui germent dans la tête de Félix au contact de l'être aimé à Clochegourde sont assimilées à des odeurs florales. Ainsi les pensées sont des parfums. « La plupart de mes idées, et même les plus audacieuses en science ou en politique, sont nées là, comme les parfums émanent des fleurs ; mais là verdoyait la plante inconnue qui jeta sur mon âme sa féconde poussière, là brillait la chaleur solaire qui développa mes bonnes et dessécha mes

1. *Ibid.*, p. 997.
2. *Ibid.*, p. 997.

mauvaises qualités. »[1] L'intellect tout entier est analogue à un jardin odoriférant, fécondé par le Lys dans la vallée.

Il faut également noter que l'identification de la femme au parfum n'est pas le propre de son amant; elle constitue une caractéristique constante. Mme de Mortsauf n'est pas un bouquet d'odeurs seulement pour Félix, mais également pour son mari. Pour décrire la personnalité de cette femme et la manière dont elle est perçue selon les divers membres de son entourage, Balzac n'opère pas un changement de point de vue mais il procède à une sorte de variation autour du thème olfactif. Il ne relate pas les manières de voir mais de sentir. Pour l'amant comme le mari, l'amour est une affaire de nez. Après une série de revers de fortune, M. de Mortsauf, morose et hypocondriaque, s'installe à Clochegourde juste après son mariage. « Il respira dans cette vallée, nous dit Balzac, les enivrantes odeurs d'une espérance fleurie. »[2] Sa femme lui apparaît comme un baume plein de fraîcheur sur ses plaies[3]. Son amour pour elle a des allures de parfum mystique, car il est assimilé à la relation entre le Christ et la Madeleine. C'est à cette analogie biblique que recourt en effet Mme de Mortsauf pour expliquer à Félix la nature du lien qui l'unit à son mari. « Monsieur m'aime autant qu'il peut m'aimer ; tout ce que son cœur renferme d'affection, il le verse à mes pieds, comme la Madeleine a versé le reste de ses parfums aux pieds du Sauveur. »[4] Cette comparaison, toutefois, n'est guère fidèle aux textes sacrés. D'une part, elle repose sur une inversion des rôles bibliques, car c'est la femme qui est ici le sauveur et l'homme la Madeleine. D'autre part, elle introduit une distorsion de taille, car l'accent n'est pas mis sur la prodigalité et la générosité inhérentes au geste de la Madeleine, mais sur son épuisement. C'est un reste de parfum d'amour que répand le comte et il n'en peut prodiguer davantage,

1. *Ibid.*, p. 998.
2. *Ibid.*, p. 1011.
3. Cf. p. 1012 : « Le caractère variable, non pas mécontent, mais mal content du comte, rencontra donc chez sa femme une terre douce et facile où il s'étendit en y sentant ses secrètes douleurs amollies par la fraîcheur des baumes. »
4. *Ibid.*, p. 1033.

car la source s'est tarie avec les vicissitudes de la vie. Il donne cependant une petite Madeleine à sa femme, et c'est sans aucun doute cette référence à l'épisode biblique du vase aux parfums qui est à l'origine du nom de leur premier enfant.

S'il est clair que l'identification et la qualification de la femme aimée mobilisent chez les deux hommes les ressources du nez, leur approche olfactive, toutefois, va sensiblement différer et donner lieu à des effluves différents esquissant sa personnalité. Pour Félix, le lys embaume, pour son mari, elle est un baume. Pour l'un, elle exhale la vie, pour l'autre, elle cautérise la mort. Cette divergence de manières de sentir la femme aimée se manifeste en miroir par une différence d'approche olfactive et visuelle du paysage de la vallée. Un jour, au cours d'une promenade, M. de Mortsauf emmène Félix et toute sa famille dans une lande stérile, pierreuse et desséchée et s'écrie en frappant la terre avec sa canne : « Voilà ma vie ! »[1], et il rajoute en voyant pâlir la comtesse : « Oh ! mais avant de vous avoir connue. »[2] Et aussitôt Félix de répliquer : « Quelles délicieuses odeurs arrivent ici, et les beaux effets de lumière... je voudrais bien avoir à moi cette lande, j'y trouverais peut-être des trésors en la sondant... Voyez la différence des goûts ? Pour vous, ce coin de terre est une lande ; pour moi c'est un paradis. »[3] Il se voit alors gratifié d'un regard de remerciement par la comtesse. Duel autour de la terre, métaphore du corps de la femme. Lande sèche et abandonnée pour l'un, paradis odoriférant et lumineux, dont la profonde richesse est à sonder, pour l'autre, le paysage est à l'image de la vie affective de chacun. Le comte ne sent plus rien ; sa vie s'est éventée et sa femme revêt pour ainsi dire un parfum d'oubli. Félix, en revanche, hume l'odeur délicieuse de la vie et veut exhumer les trésors de cette terre paradisiaque incarnée par la comtesse.

Mais ce n'est pas seulement l'identité de la femme aimée qui est pensée en termes olfactifs, c'est aussi l'expression de l'amour, de ses

1. *Ibid.*, p. 1023.
2. *Ibid.*
3. *Ibid.*

caresses et de ses blessures. Félix manifeste sa passion en inventant un art des parfums et des bouquets. Pendant des heures, il marie des couleurs et des senteurs et retrouve pour la bien-aimée « une science perdue en Europe, où les fleurs de l'écritoire remplacent les pages écrites en Orient avec des couleurs embaumées »[1]. Il compose des symphonies olfactives en dosant les notes parfumées pour produire une harmonie qui sert de substitut sensuel à la possession de la femme aimée. Le parfum des bouquets, chargé de sensualité, enveloppe les amants dans une proximité telle que « Madame de Mortsauf n'était plus qu'Henriette à leur aspect »[2], et devient un mode de communication des pensées ou d'écriture qui remplace l'impossible lettre d'amour :

> « Vous comprendrez cette délicieuse correspondance par le détail d'un bouquet, comme d'après un fragment de poésie, vous comprendriez Saadi. Avez-vous senti dans les prairies, au mois de mai, ce parfum qui communique à tous les êtres l'ivresse de la fécondation, qui fait qu'en bateau vous trempez vos mains dans l'onde, que vous livrez au vent votre chevelure, et que vos pensées reverdissent comme les touffes forestières ? Une petite herbe, la flouve odorante, est un des puissants principes de cette harmonie voilée. Aussi personne ne peut la garder impunément près de soi. Mettez dans un bouquet ses lames luisantes et rayées comme une robe à filets blancs et verts, d'inépuisables exhalaisons remueront au fond de votre cœur les roses en bouton que la pudeur y écrase. »[3]

La composition des bouquets apparaît comme une forme de sublimation et de substitut artistique aux relations sexuelles. Félix sélectionne soigneusement les fleurs dont l'odeur, la forme et la couleur suggèrent l'acte sexuel et invitent la femme aimée à s'abandonner. Tout concourt à mimer l'union charnelle et ses voluptés, le parfum « qui communique à tous les êtres l'ivresse de la fécondation », le « col évasé de la porcelaine », qui retient les fleurs aux

1. *Ibid.*, p. 1054.
2. *Ibid.*, p. 1056.
3. *Ibid.*, p. 1056.

« triples dards », aux « feuilles lancéolées déchiquetées », aux « tiges tourmentées comme les désirs entortillés au fond de l'âme » jusqu'au « magnifique double pavot rouge accompagné de ses glands prêts à s'ouvrir » et à « la senteur d'Aphrodise cachée dans la flouve »[1]. Véritables offrandes à l'amour, ces bouquets parfumés sont à la fois des incitations à céder à la tentation et de véritables exutoires du désir frustré, des succédanés flamboyants d'une volupté refusée. Félix le confesse d'ailleurs sans détour : « Ces plaisirs neutres nous furent d'un grand secours pour tromper la nature irritée par les longues contemplations de la personne aimée, par ces regards qui jouissent en rayonnant jusqu'au fond des formes pénétrées. »[2]

Les poèmes d'odeurs constituent une forme de caresse impossible. L'odorat se fait ainsi toucher et n'est pas seulement l'expression de l'amour platonique éthéré. Il faut remarquer à cet égard que le seul moment de contact physique prolongé entre les deux amants, lorsque Félix prend dans ses bras Henriette évanouie pour la porter dans sa chambre et arrange ses cheveux en désordre, est décrit en des termes qui ne renvoient pas au toucher, mais au souffle et à la respiration. « Enfin, hier, j'ai quitté la terreur respectueuse que tu m'inspires, cette défaillance ne nous avait-elle pas rapprochés ? Alors j'ai su ce que c'était que respirer en respirant avec toi, quand la crise te permit d'aspirer notre air. »[3]

Au-delà des caresses, ce sont aussi les blessures amoureuses et la mort elle-même qui s'expriment de manière olfactive. Lorsque Mme de Mortsauf apprend que Félix, à Paris, a succombé aux charmes de Lady Dudley et nourrit avec elle une liaison charnelle et passionnée, elle est flétrie par cette blessure comme une fleur qui meurt. « La faiblesse de cette voix, jadis si pleine de vie, la pâleur mate du son révélaient une douleur mûrie, exhalaient je ne sais quelle odeur de fleurs coupées sans retour. »[4] Du lys coupé émane

1. Cf. *ibid.*, p. 1056-1057.
2. *Ibid.*, p. 1057.
3. *Ibid.*, p. 1075.
4. *Ibid.*, p. 1149.

alors un bouquet mortel. Rongée par le chagrin, Henriette s'étiole et ne peut plus absorber aucune nourriture ; elle sombre peu à peu dans une lente agonie entrecoupée de sursauts et de mouvements de révolte lorsqu'elle sent la mort venir. « "Est-il possible que je meure, moi qui n'ai pas vécu ? Moi qui ne suis jamais allée chercher quelqu'un dans une lande ?" Elle s'arrêta, parut écouter, et sentit à travers les murs je ne sais quelle odeur. » [1] Mais avant de sentir l'odeur de la mort, Henriette, en proie au délire, respire encore l'amour ; elle propose à Félix d'abandonner sa famille, de partir en Italie, de faire des folies avec lui comme Lady Dudley. Cet épisode amoureux délirant est placé là encore sous le sceau des odeurs, car le médecin le met au compte du parfum entêtant des fleurs qui ornent la chambre de la malade et il ordonne de les enlever :

> « Ainsi donc les fleurs avaient causé son délire, elle n'en était pas complice. Les amours de la terre, les fêtes de la fécondation, les caresses des plantes l'avaient enivrée de leurs parfums et sans doute avaient réveillé les pensées d'amour heureux qui sommeillaient en elle depuis sa jeunesse. » [2]

Réminiscence de la période heureuse des bouquets, l'odeur des fleurs répand les derniers effluves de l'amour sur le lit de mort.

D'amour et de mort, l'odeur florale reste déterminante jusqu'à la fin du roman. Elle va même jusqu'à porter l'espoir de la résurrection, lorsque Félix demande au prêtre s'il croit que « ce beau lys refleurira dans le ciel » [3], ou exprimer du moins la conviction d'une survivance de l'âme de l'être aimé dans le cœur de celui qui l'a chéri.

> « Il est des personnes que nous ensevelissons dans la terre, mais il en est de plus particulièrement chéries qui ont eu notre cœur pour linceul, dont le souvenir se mêle chaque jour à nos palpitations ; nous

1. *Ibid.*
2. *Ibid.*, p. 1205.
3. *Ibid.*, p. 1196.

pensons à elles comme nous respirons, elles sont en nous par la douce loi d'une métempsychose propre à l'amour. Une âme est en mon âme. Quand quelque bien est fait par moi, quand une belle parole est dite, cette âme parle, elle agit ; tout ce que je puis avoir de bon émane de cette tombe, comme d'un lys les parfums qui embaument l'atmosphère. » [1]

Le Lys dans la vallée peut ainsi se lire comme un long poème d'amour olfactif. Théophile Gautier ne s'y est pas trompé, car il est le premier, après la mort de Balzac, à avoir rendu un véritable hommage à cette œuvre méconnue, dans un article paru dans *La Presse* du 20 juin 1853 : « *Le Lys dans la vallée* tient, parmi l'œuvre de Balzac, toute proportion gardée, la place du *Cantique des Cantiques* dans la Bible ; c'est la montagne des aromates du Liban transplantée au sein de la Touraine, et la magnificence des poésies orientales prodiguée pour un amour obscur. L'auteur a fait à son lys une lumineuse atmosphère avec les souffles tremblants de la brise, les rougeurs pudiques de l'aurore et les brumes bleuâtres de l'encens. » Le roman de Balzac est une illustration magnifique de la puissance expressive de la dimension olfactive ; il fait du parfum la clé de voûte de l'amour et s'en sert de paradigme et de fil conducteur pour comprendre la relation à l'autre, la perception de sa personnalité et la constitution de son identité.

Mais au-delà de l'exploration des affects, c'est le rapport étroit entre l'odorat et la mémoire que la littérature a su mettre au jour de façon magistrale en la personne de Marcel Proust. L'auteur de la *Recherche* a créé un véritable univers olfactif, car ce ne sont pas seulement les émotions, mais la réalité tout entière qui peut s'exprimer par le nez.

1. *Ibid.*, p. 1220.

L'UNIVERS OLFACTIF DE MARCEL PROUST

« Parfois on trouve un vieux flacon qui se souvient
D'où jaillit toute vive une âme qui revient.
Mille pensers dormaient, chrysalides funèbres,
Frémissant doucement dans les lourdes ténèbres,
Qui dégagent leurs ailes et prennent leur essor,
Teintés d'azur, glacés de rose et lamés d'or. »

Baudelaire, « Le flacon ».

Si Baudelaire est indéniablement un précurseur en matière de poésie olfactive tant ses vers exhalent le parfum mélancolique des amours mortes et du *never more*, Proust est sans conteste l'écrivain dont les mots et les phrases sont empreints de l'odeur du temps retrouvé. L'auteur de *À la recherche du temps perdu* s'inscrit d'ailleurs dans la lignée olfactive non seulement de Chateaubriand[1] mais de Baudelaire à propos duquel il écrit : « C'est le poète lui-même qui, avec plus de choix et de paresse, recherche volontairement dans l'odeur d'une femme, par exemple, de sa chevelure et de son sein, les analogies inspiratrices qui lui évoqueront "l'azur du ciel immense et rond" et "un port rempli de flammes et de mâts". »[2] Certes, chez Proust, toutes les sensations en tant qu'elles constituent le tissu du réel fournissent matière à l'œuvre de recherche du temps perdu, mais l'odorat, une fois n'est pas coutume, occupe une place

1. Cf. *À la recherche du temps perdu*, *Le temps retrouvé*, p. 728, où le narrateur oppose les sots à ceux qui ont une vie intérieure profonde et l'étoffe d'écrivains véritables : « Ce qui modifie profondément pour eux l'ordre des pensées, c'est bien plutôt quelque chose qui semble en soi n'avoir aucune importance et qui renverse pour eux l'ordre du temps en les faisant contemporains d'un autre temps de leur vie ; on peut s'en rendre compte pratiquement à la beauté des pages qu'il inspire : un chant d'oiseau dans le parc de Montboissier, ou une brise chargée de l'odeur de réséda, sont évidemment des événements de moindre conséquence que les plus grandes dates de la Révolution et de l'Empire. Ils ont cependant inspiré à Chateaubriand dans les *Mémoires d'outre-tombe* des pages d'une valeur infiniment plus grande. » Nous citons les Éditions de la Pléiade, établies par Pierre Clarac et André Ferré, en 3 volumes, Paris, Gallimard, 1954.

2. *Le temps retrouvé*, p. 920.

privilégiée, car avant d'être une musique, un tableau ou une saveur, le temps et la réalité sont d'abord un bouquet d'odeurs. C'est ce que Proust fait observer dans *Le temps retrouvé* : « Une heure n'est pas qu'une heure, c'est un vase rempli de parfums, de sons, de projets et de climats. Ce que nous appelons la réalité est un certain rapport entre ces sensations et ces souvenirs qui nous entourent simultanément [...], rapport unique que l'écrivain doit retrouver pour en enchaîner à jamais dans sa phrase les deux termes différents. »[1] Proust se propose ainsi d'isoler « la substance invisible du temps »[2] et de restituer « ce passé, essence intime de nous-mêmes »[3]. Il recourt en premier lieu à une métaphore olfactive pour définir ce qu'est une heure et il l'assimile à un flacon d'odeurs qui se diffusent et tissent la réalité en mêlant la trame parfumée du présent à la chaîne des souvenirs.

Bien que tous les sens contribuent à titres divers à l'élaboration de ce rapport entre sensation et souvenir qui constitue la réalité, l'odorat joue un rôle primordial, car le parfum jette un pont entre le présent et le passé grâce à sa capacité d'évocation d'une temporalité intime, subjective, émotionnelle. L'odeur possède une extraordinaire puissance qui s'exprime à travers toute *La recherche*, à tel point qu'il n'est pas exagéré de parler de l'existence d'un monde olfactif chez Marcel Proust. La puissance de la perception olfactive tient d'abord à sa capacité fulgurante de nouer des rapports immédiats entre sensations et souvenirs et à exprimer la réalité dans son épaisseur temporelle et sa diversité sensorielle. À cet égard, l'odorat supplante la vue qui est bien souvent impuissante à restituer la totalité de la sensation, tant elle s'impose et éclipse tout le reste. En un sens, la force de la vue fait sa faiblesse, car de par son acuité, elle interpose la conscience entre la réalité et le moi, intellectualisant les rapports et interdisant toute saisie immédiate. Le narrateur dans *La recherche* souligne ainsi l'impossibilité pour la vue d'appréhender

1. *À la recherche du temps perdu, Le temps retrouvé*, p. 889.
2. « Swann expliqué par Proust », *Contre Sainte-Beuve*, La Pléiade, Éditions Gallimard, p. 557.
3. « Projets de préface », *Contre Sainte-Beuve*, p. 215.

vraiment les objets extérieurs : « Quand je voyais un objet extérieur, la conscience que je le voyais restait entre moi et lui, le bordait d'un mince liseré spirituel qui m'empêchait de jamais toucher directement sa matière. »[1] En revanche, l'odorat est apte à tout restituer, car l'odeur, le plus souvent, n'a pas été perçue directement et séparément de façon pleinement consciente, mais elle est associée aux autres sensations. Ainsi, lorsqu'elle survient à nouveau, elle fait resurgir en même temps, par association, les sensations auxquelles elle est liée. Elle devient alors à elle seule l'expression d'un cortège de sensations et les subsume pour ainsi dire. Elle peut restituer les lieux et les temps et manifester le rapport que le sujet noue au réel dans sa sensibilité. Le pouvoir de l'odeur se décline chez Proust selon une gamme subtile qui embrasse le monde de l'enfance, les amours naissantes de l'adolescence à la maturité, la vocation littéraire et la quête d'éternité. Au-delà de ses multiples facettes, l'odorat chez Proust revêt trois principales figures : celle de l'intimité, celle de l'affectivité et celle de la créativité littéraire liée à la mémoire involontaire.

L'odorat, sens de l'espace intime et de l'intériorité

À la différence de la vue qui en reste à la surface des choses, l'odorat est le sens de l'intériorité et de la profondeur ; il permet de pénétrer dans l'intimité des êtres et des choses et de faire sentir leur essence. Dès le début de *La recherche*, le narrateur explore cette dimension en décrivant les lieux et les êtres en termes olfactifs. La référence aux odeurs est particulièrement prégnante dans *Du côté de chez Swann*, pour dépeindre ce monde de l'enfance où l'on entre de plain-pied avec les êtres et les choses par le nez. L'évocation de l'univers intérieur repose sur un chapelet d'odeurs égrenées par la mémoire. Le narrateur vit dans un monde d'odeurs ; il identifie les lieux et les êtres à partir de leurs effluves et les qualifie en termes

1. *Du côté de chez Swann*, p. 84.

olfactifs. Le jeune Marcel évoque ainsi la petite chambre de Combray « où dès la première seconde, [il] avai[t] été intoxiqué par l'odeur inconnue du vétiver »[1]. La première rencontre avec sa chambre de Combray est placée sous le sceau du vétiver. L'odeur de cette plante aromatique qui imprègne la chambre, et s'identifie désormais à elle, fait corps avec le moi, malgré lui, et le pénètre dans ses profondeurs en abolissant toute distance entre l'espace intérieur et l'espace extérieur. Dans un passage de *À l'ombre des jeunes filles en fleurs*, le narrateur confirme cette analyse :

> « [...] jusque dans cette région plus intime que celle où nous voyons et où nous entendons, dans cette région où nous éprouvons la qualité des odeurs, c'était presque à l'intérieur de mon moi que celle du vétiver venait pousser dans mes derniers retranchements son offensive, à laquelle j'opposais non sans fatigue la riposte inutile et incessante d'un reniflement alarmé. »[2]

De par son caractère intrusif, l'odeur permet d'accéder au cœur de l'être et de bouleverser son intimité. Elle abolit les frontières entre le dehors et le dedans et les fait fusionner dans la même immédiateté parfumée. Qu'elle soit exhalée ou inhalée, elle exprime ou imprime toujours une intimité et porte la marque de l'intériorité des objets ou des sujets.

Ce n'est donc pas un hasard si Proust recourt à un registre olfactif pour décrire ces espaces intimes que sont les chambres et les cabinets de repos. Ainsi, le refuge du narrateur, le lieu inviolable de sa solitude où il s'adonne, selon ses propres termes, à la lecture, à la rêverie, aux larmes et à la volupté, est identifié par son odeur d'iris et de cassis :

> « Je montais sangloter tout en haut de la maison à côté de la salle d'études sous les toits, dans une petite pièce sentant l'iris et que parfumait aussi un cassis sauvage poussé au dehors entre les pierres de la muraille et qui passait une branche de fleurs par la fenêtre. »[3]

1. *Ibid.*, p. 8.
2. *À l'ombre des jeunes filles en fleurs*, p. 667.
3. *Du côté de chez Swann*, p. 12.

Au-delà du narrateur, les espaces privés des autres membres de la famille se définissent par des fragrances livrant leur identité et leur personnalité. Quoi de plus intime que l'odeur d'une chambre pour donner à sentir l'essence d'un être, son univers naturel et son paysage mental ? Proust évoque ainsi le cabinet de repos de l'oncle Adolphe qui « dégageait inépuisablement cette odeur obscure et fraîche, à la fois forestière et ancien régime, qui fait rêver longuement les narines quand on pénètre dans certains pavillons de chasse abandonnés » [1], et plus profondément encore les deux chambres contiguës de la tante Léonie dont les strates d'odeurs expriment toute une vie :

> « C'étaient de ces chambres de province qui – de même qu'en certains pays des parties entières de l'air ou de la mer sont illuminées ou parfumées par des myriades de protozoaires que nous ne voyons pas – nous enchantent des mille odeurs qu'y dégagent les vertus, la sagesse, les habitudes, toute une vie secrète, invisible, surabondante et morale que l'atmosphère y tient en suspens : odeurs naturelles encore, certes, et couleurs du temps comme celles de la campagne voisine, mais déjà casanières, humaines et renfermées, gelée exquise, industrieuse et limpide de tous les fruits de l'année qui ont quitté le verger pour l'armoire ; saisonnières, mais mobilières et domestiques, corrigeant le piquant de la gelée blanche par la douceur du pain chaud, oisives et ponctuelles comme une horloge de village, flâneuses et rangées, insoucieuses et prévoyantes, lingères, matinales, dévotes, heureuses d'une paix qui n'apporte qu'un surcroît d'anxiété et d'un prosaïsme qui sert de grand réservoir de poésie à celui qui les traverse sans y avoir vécu. » [2]

Suspendues dans l'air de la chambre, les odeurs, naturelles et humaines, mêlées dans un va-et-vient industrieux, livrent l'essence même d'une vie de province paisible et domestique, marquée par le rythme des saisons, les travaux et les jours [3]. Les odeurs apparaissent

1. *Ibid.*, p. 72.
2. *Ibid.*, p. 49.
3. Voir également dans *La prisonnière*, la description olfactive de la chambre du narrateur, qui imagine, de son lit, les odeurs de la salle à manger de campagne où il

donc comme une synthèse et un précipité de l'histoire secrète du sujet, de ses habitudes, et de ses vertus. Elles sont autant d'instantanés mobiles de la vie qui passe, dans sa dimension à la fois physique et morale, car elles reflètent les mœurs des êtres, leurs activités matérielles et mentales, leur savoir-faire et leur sagesse. Miroir psychophysique de l'individu, elles en donnent une image secrète et invisible, à la fois mouvante et émouvante qui est un trésor de poésie. L'odeur est propice à la rêverie, à l'imagination littéraire d'une vie singulière que l'on n'a pas vécue. La respiration des effluves parfumés d'une chambre tisse un lien intime avec l'autre dont on inhale l'histoire en se l'appropriant au plus profond de soi. L'odeur est une expression de l'autre, un condensé de ce qui lui advient et qui devient mien. L'odorat est le sens qui permet de pénétrer les êtres et les choses dans ce qu'ils ont de plus secret : il révèle leurs personnalités dans son intériorité. Chaque individu va alors se définir subjectivement de manière olfactive comme une sédimentation d'odeurs. C'est ainsi que le premier Swann apparaît dans la mémoire du narrateur comme « rempli de loisir parfumé par l'odeur du grand marronnier, des paniers de framboises et d'un brin d'estragon »[1]. M. de Charlus, à son tour, est vu comme un « personnage peintur-

pourrait se rendre : « De mon lit par ces matins tôt levés de printemps, j'entendais les tramways cheminer, à travers les parfums, dans l'air auquel la chaleur se mélangeait de plus en plus jusqu'à ce qu'il arrivât à la solidification et à la densité de midi. Plus frais au contraire dans ma chambre, quand l'air onctueux avait achevé d'y venir et d'y isoler l'odeur du lavabo, l'odeur de l'armoire, l'odeur du canapé, rien qu'à la netteté avec laquelle, verticales et debout, elles se tenaient en tranches juxtaposées et distinctes, dans un clair obscur nacré qui ajoutait un glacé plus doux au reflet des rideaux, et des fauteuils de satin bleu, je me voyais non par un simple caprice de mon imagination, mais parce que c'était effectivement possible, suivant dans quelque quartier neuf de la banlieue, pareil à celui où Balbec habitait (nom laissé en blanc) les rues aveuglées de soleil, et voyant non les fades boucheries et la blanche pierre de taille, mais la salle à manger de campagne où je pourrais arriver tout à l'heure, et les odeurs que j'y trouverais en arrivant, l'odeur du compotier de cerise et d'abricots, du cidre, du fromage, de gruyère, tenues en suspens dans la lumineuse congélation de l'ombre qu'elles veinent délicatement comme l'intérieur d'une agate, tandis que les porte-couteaux en verre prismatique y irisent des arcs-en-ciel ou piquent çà et là sur la toile cirée des ocellures de paon. » *La prisonnière*, p. 410.

1. *Du côté de chez Swann*, p. 20.

luré, pansu et clos, semblable à quelque boîte de provenance exotique et suspecte qui laisse échapper la curieuse odeur de fruits auxquels l'idée de goûter seulement vous soulèverait le cœur »[1]. Attachée à la personnalité de l'individu, l'odeur en révèle les vices et les vertus. Tandis qu'au nez du narrateur l'odeur de poulet rôti exprime les mérites de Françoise[2], celle d'asperge témoigne de sa ruse et de sa perfidie[3].

Ce lien d'intimité que l'odeur noue entre les êtres et les choses abolit la distinction non seulement entre espace intérieur et espace extérieur mais entre vivant et inanimé. La chambre cesse d'être un espace extérieur inanimé pour incarner l'esprit de Léonie. L'odeur est également l'âme des objets, elle leur prête vie et figure humaine. Cet animisme olfactif ne concerne pas uniquement l'espace domestique de la chambre ou du cabinet, il s'étend à la nature tout entière que le narrateur explore avec son nez en inventant toute une géographie d'odeurs, où prédominent lilas et aubépines, du petit raidillon de Tansonville au parc de M. Swann. L'odorat permet d'éprouver le lien intime à la nature, l'osmose entre paysage intérieur et extérieur. La nature n'est pas une entité étrangère, mais une personne familière, dont les contours sont reconnaissables à la succession de ses effluves singuliers et saisonniers. Elle n'est plus un monde extérieur, mais intérieur au narrateur qui projette sur elle les désirs anthropomorphes de l'enfance. Là encore, l'odorat est le sens de l'extériorité

1. *Le côté de Guermantes*, p. 1042.

2. Cf. *Du côté de chez Swann*, p. 121 : « Françoise tournait à la broche un de ces poulets, comme elle seule savait en rôtir, qui avaient porté loin dans Combray l'odeur de ses mérites, et qui, pendant qu'elle nous les servait à table, faisaient prédominer la douceur dans ma conception spéciale de son caractère, l'arôme de cette chair qu'elle savait rendre si onctueuse et si tendre n'étant pour moi que le propre parfum d'une de ses vertus. »

3. Cf. *ibid*, p. 124 : « Françoise trouvait pour servir sa volonté permanente de rendre la maison intenable à tout domestique, des ruses si savantes et si impitoyables que, bien des années plus tard, nous apprîmes que si cet été-là nous avions mangé presque tous les jours des asperges, c'était parce que leur odeur donnait à la pauvre fille de cuisine chargée de les éplucher des crises d'asthme d'une telle violence qu'elle fut obligée de finir par s'en aller. »

intériorisée et il ouvre l'espace à la rêverie et à l'interprétation poétique. L'odeur apparaît comme une manifestation de la vie de la nature, de son intimité secrète, de sa féminité, tour à tour virginale et sensuelle. Elle va donner lieu à une érotisation de la nature qui préfigure le désir amoureux pour les jeunes filles en fleurs. C'est ce que révèlent notamment les odeurs récurrentes des aubépines et des lilas, qui constituent de vivants personnages habitant le monde de l'enfance, des figures délicates de l'éveil sensuel. À deux reprises, à l'église, et près du chemin qui monte vers les champs après la propriété de Swann, les aubépines apparaissent comme des femmes fleurs dont l'odeur d'amandes éveille le désir de les goûter.

> « Quand au moment de quitter l'église, je m'agenouillai devant l'autel, je sentis tout d'un coup en me relevant, s'échapper des aubépines une odeur amère et douce d'amandes, et je remarquais alors sur les fleurs de petites places plus blondes sous lesquelles je me figurais que devait être cachée cette odeur, comme sous les parties gratinées le goût d'une frangipane, ou sous leurs tâches de rousseur, celui des joues de Mlle Vinteuil. Malgré la silencieuse immobilité des aubépines, cette intermittente odeur était comme le murmure de leur vie intense dont l'autel vibrait [...] » [1].

L'odeur est donc le souffle bruissant de la vie secrète des aubépines, le murmure amoureux d'une nature animée qui s'offre dans le silence et la virulence printanière. L'odeur d'amandes douces amères des aubépines exerce une séduction discrète comme une promesse de jouissance cachée. Elle est comme un avant goût des joues de Mlle Vinteuil, dissimulé sous ses taches de rousseur. Le parfum des aubépines, qui accompagne le narrateur tout au long de la recherche, symbolise les amours virginales, l'attirance enfantine pour Mlle Vinteuil, puis la douloureuse passion platonique pour Gilberte. Il sera d'ailleurs expressément associé à la jeune Mlle Swann dans *Le temps retrouvé*[2]. Ce parfum, toutefois, est

1. *Du côté de chez Swann*, p. 113.
2. Cf. p. 991 : « Tous les souvenirs qui composaient la première Mademoiselle Swann, étaient en effet retranchés de la Gilberte actuelle, retenus bien loin par les forces

plus mystique qu'érotique, car il évoque la pureté des communiantes ou des jeunes mariées timides qui montent à l'autel avec leurs bouquets. C'est ce que suggère Proust quelques lignes plus loin lorsqu'il décrit l'odeur du chemin qui monte après la propriété de Swann :

> « Je le trouvai tout bourdonnant de l'odeur des aubépines. La haie formait comme une suite de chapelles qui disparaissaient sous la jonchée de leurs fleurs amoncelées en reposoir ; au-dessous d'elles, le soleil posait à terre un quadrillage de clarté, comme s'il venait de traverser une verrière ; leur parfum s'étendait aussi onctueux, aussi délimité en sa forme que si j'eusse été devant l'autel de la Vierge, et les fleurs, aussi parées, tenaient chacune d'un air distrait son étincelant bouquet d'étamines, fines et rayonnantes nervures de style flamboyant comme celles qui à l'église ajouraient la rampe du jubé ou les meneaux du vitrail et qui s'épanouissaient en blanche chair de fleur de fraisier. Combien naïves et paysannes en comparaison sembleraient les églantines qui, dans quelques semaines, monteraient elles aussi en plein soleil le même chemin rustique, en la soie unie de leur corsage rougissant qu'un souffle défait ! » [1]

L'odeur des aubépines apparaît donc bien comme une odeur mystique, une odeur suave de pureté dont l'aura transforme le chemin en église et la haie en suite de chapelles, donnant au narrateur extasié la sensation d'être devant l'autel de la vierge. Elle préfigure les amours futures sous une forme idéalisée et inaccessible, tant la volupté promise par leur chair blanche reste chaste et éthérée. La comparaison entre les aubépines au parfum subtil et raffiné et les églantines « naïves et paysannes » renforce cette impression, car elle repose sur le contraste entre deux modèles de féminité, la vierge à la chair immaculée, et la femme plus vulgaire, aux mœurs simples et faciles, dont les soupirants dégrafent le corsage aisément. Ce contraste, toutefois, ne doit pas être accusé, car l'évocation du cor-

d'attraction d'un autre univers, autour d'une phrase de Bergotte avec laquelle ils faisaient corps, et baignés d'un parfum d'aubépines. »

1. *Du côté de chez Swann*, p. 138.

sage de soie rougissant des aubépines, qu'un souffle défait, annonce le passage d'une contemplation à distance au désir de possession de la femme qui se manifeste à travers la respiration de l'odeur des lilas.

Comme celui des aubépines, le parfum des lilas est l'incarnation d'une présence féminine de la nature qui éveille le désir amoureux. Mais cette présence féminine que révèle la fragrance est dotée d'une puissance érotique qui suscite chez le narrateur une attirance si forte qu'il veut enlacer les lilas. Elle correspond également à un changement de mystique, car elle n'épouse plus la figure chrétienne de la Vierge, mais la figure musulmane des houris. C'est ce qui ressort du récit de la promenade qui mène au parc de M. Swann :

> « Avant d'y arriver, nous rencontrions, venue au-devant des étrangers, l'odeur de ses lilas. Eux-mêmes, d'entre les petits cœurs verts et frais de leurs feuilles, levaient curieusement au-dessus de la barrière du parc leurs panaches de plumes mauves ou blanches que lustrait, même à l'ombre, le soleil où elles avaient baigné. Quelques-uns, à demi cachés par la petite maison en tuiles appelée maison des Archers, où logeait le gardien, dépassaient son pignon gothique de leur rose minaret. Les Nymphes du printemps eussent semblé vulgaires, auprès de ces jeunes houris qui gardaient dans ce jardin français les tons vifs et purs des miniatures de la Perse. Malgré mon désir d'enlacer leur taille souple et d'attirer à moi les boucles étoilées de leur tête odorante, nous passions sans nous arrêter, mes parents n'allant plus à Tansonville depuis le mariage de Swann. »[1]

L'odeur des lilas est une vivante ambassadrice qui accueille les étrangers et leur promet une jouissance paradisiaque. Elle laisse pressentir l'intimité de l'union amoureuse comme une femme sensuelle qui vient au-devant de vous. L'odeur est donc une promesse de bonheur. À la pureté glacée de vierge distante, propre aux senteurs d'aubépine, succède la fleur lilas de la houri alanguie. Mais quelles que soient les nuances de leurs fragrances, aubépines, lilas et

1. *Du côté de chez Swann*, p. 135.

églantines participent de cette érotisation de la nature qui s'exprime à travers son parfum. Toutes ces fleurs femmes préfigurent les femmes fleurs que le narrateur va butiner selon son humeur. L'odeur est ainsi le prélude aux émois de la chair. C'est pourquoi chez Proust, l'odorat est non seulement le sens de l'intériorité et de l'intimité, mais il est aussi et surtout le sens de l'affectivité sous toutes ses formes, de la tristesse à la joie, de la haine à l'amour.

L'odorat, sens de l'affect et du désir amoureux

D'une manière générale dans *La recherche*, les émotions se cristallisent dans les odeurs et les parfums. Par une espèce de métonymie, un affect va être tout entier contenu dans l'odeur à laquelle il a été associé. Cette réciprocité entre le sentir et le ressentir apparaît avec une évidence fulgurante au cours de l'épisode douloureux où le jeune Marcel est convié à aller se coucher sans avoir pu embrasser sa mère et avoir l'assurance qu'elle montera lui dire bonsoir en raison de la présence d'un visiteur.

> « Cet escalier détesté où je m'engageais toujours si tristement, exhalait une odeur de vernis qui avait en quelque sorte absorbé, fixé, cette sorte particulière de chagrin que je ressentais chaque soir et la rendait peut-être plus cruelle encore pour ma sensibilité, parce que sous cette forme olfactive, mon intelligence n'en pouvait plus prendre sa part. [...] mon chagrin de monter dans ma chambre entrait en moi d'une façon infiniment plus rapide, presque instantanée, à la fois insidieuse et brusque, par l'inhalation – beaucoup plus toxique que la pénétration morale – de l'odeur de vernis particulière à cet escalier. » [1]

L'association entre le chagrin et l'odeur de vernis débouche sur une identification telle que la perception olfactive s'imprègne de l'émotion, la fixe, et l'amplifie. Inhalée à chaque montée de l'escalier, l'odeur de vernis a la puissance radicale d'inoculer le chagrin et

1. *Ibid.*, p. 28.

d'en intoxiquer le jeune Marcel, en vertu de son immédiateté, de son caractère insidieux et brusque. Sa fulgurance fait que le chagrin s'installe avant que l'intelligence ait eu le temps de réfléchir, de mettre de la distance, et de trouver des médiations ou des remèdes susceptibles d'atténuer la peine. La douleur est inhalée avec l'odeur, elle envahit instantanément le narrateur et le désarçonne avant même qu'il ait pu raisonnablement lutter. Incarnée par l'odeur de vernis, l'émotion prend une forme olfactive qui précède la conscience et qui pénètre physiquement le narrateur. C'est là le tour de force de l'odeur qui subrepticement métamorphose un tourment moral sur lequel une prise est possible en peine physique irrépressible. L'odeur porte donc l'émotion, l'entretient et la redouble en lui donnant corps.

Elle se charge de plaisir ou de peine, indépendamment de sa qualité propre et de la manière dont elle est perçue en dehors de tout affect. En effet, ce n'est pas le caractère agréable ou désagréable prêté généralement à une odeur qui entre en ligne de compte, c'est le sentiment auquel elle est associée qui lui confère un aspect plaisant ou déplaisant. L'odeur exprime l'affect non pas en vertu d'une ressemblance mais par contiguïté, sur la base d'une association hétérogène. Ainsi, paradoxalement, une odeur de renfermé peut être porteuse de plaisir, comme le rappelle cette expérience exquise du narrateur qui pénètre dans un pavillon treillissé de vert :

> « Les murs humides et anciens de l'entrée où je restais à attendre Françoise, dégageaient une fraîche odeur de renfermé qui, m'allégeant aussitôt des soucis que venaient de faire naître en moi les paroles de Swann rapportées par Gilberte, me pénétra d'un plaisir non pas de la même espèce que les autres, lesquels nous laissent plus instables, incapables de les retenir, de les posséder, mais au contraire d'un plaisir consistant auquel je pouvais m'étayer, délicieux, paisible, riche d'une vérité durable, inexpliquée et certaine. » [1]

1. *À l'ombre des jeunes filles en fleurs*, p. 492.

La respiration d'une émanation souvent perçue comme désagréable remplit d'un plaisir ineffable et unique, lié à la résurrection du passé dans le présent et au cortège de souvenirs heureux que la fraîche odeur de renfermé réveille de façon inattendue. Peu à peu, la perception de ce genre d'odeur porteuse d'un plaisir « riche d'une vérité durable, inexpliquée et certaine », sera comprise et analysée comme une expérience d'éternité. La respiration de l'odeur est donc une expérience à la fois physique et métaphysique car la jouissance qu'elle suscite va bien au-delà du pur plaisir sensoriel olfactif.

L'odeur chez Proust n'est d'ailleurs pas attachée de manière définitive à un affect spécifique, elle peut exprimer les contraires et se charger tour à tour de joie ou de tristesse selon l'humeur du narrateur et ses fluctuations mentales. Ainsi l'odeur de cerise qui s'exhale en pleine chaleur, évoquée dans *La fugitive*, est tour à tour empreinte du désir des femmes et de l'angoisse du départ d'Albertine ; elle revêt successivement un caractère plaisant, puis pénible, qui est indépendant de la qualité de la senteur perçue :

> « Dans cette chaleur qui quelques heures plus tard s'imbiberait de l'odeur des cerises, ce que je trouvais (comme dans un remède que le remplacement d'une des parties composantes par une autre suffit pour rendre d'un euphorique et d'un excitatif qu'il était, un déprimant), ce n'était plus le désir des femmes, mais l'angoisse du départ d'Albertine. » [1]

La coloration affective de l'odeur est donc changeante, elle épouse les variations des émotions comme un caméléon. Elle offre un tableau mobile des humeurs du narrateur, relate l'histoire de sa mémoire et de son jeu singulier d'associations d'idées. Il serait ainsi possible de dresser chez Proust une liste d'affects odeurs ou d'odeurs affects : l'odeur de vernis du chagrin, l'odeur de renfermé du plaisir, l'odeur de cerise de l'angoisse ou du désir des femmes, l'odeur de

1. *La fugitive*, p. 482.

feuillée du bonheur[1]..., et de tracer les contours d'une recherche olfactive du temps perdu.

Mais c'est par-dessus tout le désir et l'amour que l'odeur s'entend à incarner. Avec le toucher et le goût, l'odorat est le sens du désir amoureux. L'odeur joue en effet un rôle déterminant dans la rencontre et dans la cristallisation du désir. La femme est d'abord un parfum. Cette assimilation vaut non seulement pour la femme fleur ou la cocotte, mais pour toutes les relations amoureuses, et au premier chef, pour la rencontre entre Swann et Odette qui préfigure celles du narrateur avec Gilberte et Albertine.

La respiration du parfum d'Odette est un prélude à l'amour et permet le rapprochement des amants. Lors de leur première rencontre amoureuse, Odette apparaît à Swann comme la femme aux catleyas, portés en bouquet, ou plantés dans ses cheveux et dans l'ouverture de son corsage. Un écart du cheval et le choc qui s'ensuit dans la voiture bouleversent la toilette d'Odette et fournissent à Swann un prétexte pour remettre droites les fleurs du corsage déplacées par les secousses :

> « Mais voyez-vous, il était vraiment nécessaire de les fixer, ils seraient tombés ; et comme cela, en les enfonçant un peu moi-même... Sérieusement je ne suis pas désagréable ? Et en les respirant pour voir s'ils n'ont vraiment pas d'odeur, non plus ? Je n'en ai jamais senti, je peux ? Dites la vérité. [...] Les jours suivants, il usa du même prétexte. Si elle avait des catleyas à son corsage, il disait : "c'est malheureux, ce soir les catleyas n'ont pas besoin d'être arrangés, ils n'ont pas été déplacés comme l'autre soir ; il me semble que celui-ci n'est pas très droit. Je peux voir s'ils ne sentent pas plus que les autres ?" Ou bien si elle n'en avait pas : "Oh ! Pas de catleyas ce soir, pas moyen de me livrer à mes petits arrangements."[...] Et bien plus tard, quand l'arrangement (ou le simulacre rituel d'arrangement) des catleyas fut tombé en désuétude, la métaphore "faire catleya", devenue un simple vocable qu'ils employaient sans y penser quand ils voulaient signifier l'acte

1. Cf. *À l'ombre des jeunes filles en fleurs*, p. 721 : « Que de fois, pour avoir simplement senti une odeur de feuillée, [...] ne m'est-il pas apparu comme un de ces bonheurs ineffables que ni le présent ni l'avenir ne peuvent nous rendre et qu'on ne goûte qu'une fois dans la vie. »

de la possession physique – où d'ailleurs l'on ne possède rien –, survécut dans leur langage, où elle le commémorait, à cet usage oublié. »[1]

Si dans l'amour, le toucher est indéniablement impliqué, l'odorat ne lui cède en rien, car la respiration du parfum des fleurs ornant le corsage d'Odette sert de préliminaire à l'acte sexuel et le rend possible. Les catleyas deviennent la métonymie de l'amour et de sa commémoration. Les petits arrangements tactiles et olfactifs vont se ritualiser et perdurer métaphoriquement, après leur abandon, à travers l'expression « faire catleya ».

Ce n'est pas un hasard si « faire catleya » se substitue à « faire l'amour » dans le langage des amants, car, au-delà de la pudeur qui répugne à un vocabulaire cru, au-delà du désir et de la connivence amoureuse qui conduisent à forger des petits mots doux qui ne se comprennent qu'à deux, la métaphore exprime la vérité de la possession physique. En effet, à proprement parler, on ne possède pas l'autre, on le fleure et on l'effleure, et l'on n'emporte de lui qu'un parfum qui subsume son essence. C'est ainsi d'ailleurs qu'après avoir quitté Odette, Swann rentrait « pour l'embrasser encore parce qu'il avait oublié d'emporter dans son souvenir quelque particularité de son odeur ou de ses traits »[2]. La jouissance se prolonge par la remémoration du visage et des caractéristiques singulières de l'odeur, stimulée par la réitération de la sensation. La respiration de l'odeur est donc à la fois un prélude et un postlude à la jouissance, car elle permet de l'anticiper et de la faire durer.

Cette prégnance de la dimension olfactive tient au fait que le parfum exprime l'essence mouvante de l'être aimé et épouse par sa volatilité et son évanescence le caractère insaisissable de son identité. L'essence d'Odette, c'est d'abord l'essence de la cocotte, de la femme parfumée et séduisante, de mauvaise vie. Une fois mariée et devenue Mme Swann, la femme aux catleyas changera de fleur pour se refaire une virginité. Elle parfumera son intérieur de senteurs qui

1. *Du côté de chez Swann*, p. 232-234.
2. *Ibid.*, p. 238.

imitent la nature et sa pureté pour faire oublier ses turpitudes passées et se donner une authentique allure de dame du monde. Le narrateur admirera ainsi le raffinement du salon de Mme Swann qui, grâce à des boules de neige, et « au parfum acide et capiteux de corolles d'autres espèces » apparaît « aussi virginal, aussi candidement fleuri sans aucune feuille, aussi surchargé d'odeurs authentiques que le petit raidillon de Tansonville »[1]. Le tour de force d'Odette consiste à donner l'impression de candeur et de pureté grâce à un subterfuge parfumé. Elle maquille son passé sous la blancheur neigeuse et les fragrances fleuries. La fausse vierge se fait passer pour vierge en recourant à des artifices visuels et olfactifs engendrant l'illusion du naturel. Elle vise à produire une impression de classe et de distinction en dissimulant la vulgarité sous la poudre et le parfum raffiné, à l'instar de la princesse de Nassau, cette « grande cocotte du monde » dont le narrateur dit qu'elle « restait une Marie-Antoinette au nez autrichien, au regard délicieux, conservée et embaumée grâce à mille fards adorablement unis qui lui faisaient une figure lilas »[2]. Cette mise en scène olfactive fait partie des ruses de la séduction et vise à piéger le galant grisé pour le mener par le bout du nez. Swann est d'ailleurs coutumier du fait ; enivré par son parfum, il est à deux doigts de succomber aux charmes de Mme de Surgis :

> « Dès que Swann eut, en serrant la main de la marquise, vu sa gorge de tout près et de haut, il plongea un regard attentif, sérieux, absorbé, presque soucieux, dans les profondeurs du corsage, et ses narines, que le parfum de la femme grisait, palpitèrent comme un papillon prêt à aller se poser sur la fleur entrevue. »[3]

Si la vue détaille, le nez défaille, et le tour est joué.

Pénétrer dans l'intimité d'un être aimé, c'est s'imprégner de son parfum et succomber à sa loi olfactive qui éclipse les autres fra-

1. *À l'ombre des jeunes filles en fleurs*, p. 635.
2. *Le temps retrouvé*, p. 979.
3. *Le côté de Guermantes*, p. 707.

grances. C'est ce qu'éprouve le narrateur lorsqu'il franchit pour la première fois le seuil de la demeure des Swann :

> « Alors je connus cet appartement d'où dépassait jusque dans l'escalier le parfum dont se servait Mme Swann, mais qu'embaumait bien plus encore le charme particulier et douloureux qui émanait de la vie de Gilberte. »[1]

Être amoureux, c'est entrer dans une hiérarchie olfactive et la mère a beau vouloir imiter artificiellement les senteurs d'aubépines qui s'exhalent le long du petit raidillon de Tansonville, elle est surpassée par sa fille en qui elles sont incarnées à jamais. Si les amours entre Odette et Swann sont placées sous le sceau olfactif du catleya puis de la profusion de fleurs au parfum acide et capiteux, celles du narrateur et de Gilberte baignent dans l'odeur des aubépines qui a signé leur première rencontre[2]. Entre la fille et la mère, le narrateur établit donc implicitement une filiation olfactive qui s'exprime par l'odeur des aubépines à travers laquelle la première se constitue et la seconde se reconstitue. En ce sens, l'attirance lointaine du jeune Marcel pour Odette puis sa passion douloureuse pour Gilberte pourraient être interprétées comme la répétition et la commémoration olfactive de l'éveil sexuel qui s'est joué à travers la contemplation et la respiration des aubépines du raidillon de Tansonville.

Comme les catleyas, le parfum auquel Gilberte est associée révèle l'impossibilité de la possession dans l'amour. Baignée d'aubépines, l'odeur de Gilberte exhale le charme particulier et douloureux émanant d'une vie, qui paraît inaccessible à jamais. Lorsque le narrateur l'entend proférer pour la première fois, le nom de Gilberte se répand dans l'air pur comme un parfum de mystère qui plane au-dessus des

1. *À l'ombre des jeunes filles en fleurs*, p. 503.
2. Cf. le passage du *Temps retrouvé*, p. 991, cité plus haut, où tous les souvenirs qui composaient la première Mlle Swann, sont présentés comme rattachés « à une phrase de Bergotte avec laquelle ils faisaient corps, et baignés d'un parfum d'aubépines ».

fleurs et qui exprime la quintessence d'un être, familier pour les proches, et inconnu pour lui, qui se sent douloureusement exclu.

> « Ainsi passa près de moi ce nom de Gilberte, donné comme un talisman qui me permettrait peut-être de retrouver un jour celle dont il venait de faire une personne et qui, l'instant d'avant, n'était qu'une image incertaine. Ainsi passa-t-il, proféré au-dessus des jasmins et des giroflées, aigres et frais comme les gouttes de l'arrosoir vert ; imprégnant, irisant la zone d'air pur qu'il avait traversée – et qu'il isolait – du mystère de la vie de celle qu'il désignait pour les êtres heureux qui vivaient, qui voyageaient avec elle ; déployant sous l'épinier rose, à hauteur de mon épaule, la quintessence de leur familiarité, pour moi si douloureuse, avec elle, avec l'inconnu de sa vie où je n'entrerai pas. » [1]

Le nom de Gilberte embaume ainsi le narrateur du parfum d'une vie insulaire qui l'imprègne et lui échappe à la fois. Le désir amoureux naissant apparaît alors comme la tentative d'entrée dans un monde d'où l'on est exclu. Aimer, c'est s'efforcer de percer les strates odorantes qui constituent l'autre, de franchir le cercle de ses odeurs intimes pour découvrir un paradis dont on sait d'avance qu'il est perdu. Avant de retomber bien plus tard dans une insignifiance inodore, le nom de Gilberte glisse dans l'air comme *une bulle odorante* enveloppant son âme d'une aura parfumée.

Tel est d'ailleurs le propre des noms de personnes ou de lieux lorsqu'ils deviennent familiers, comme le constate le jeune Marcel : alors que les noms des stations de chemin de fer précédant Balbec-Plage restent étrangers, « les noms de Roussainville ou de Martinville qui, parce que je les avais entendu prononcer si souvent par ma grand'tante à table, dans la "salle" avaient acquis un certain charme sombre où s'étaient peut-être mélangés des extraits du goût des confitures, de l'odeur du feu de bois et du papier d'un livre de Bergotte, de la couleur de grès de la maison d'en face, et qui aujourd'hui encore quand ils remontent, comme une bulle gazeuse du fond de ma mémoire, conservent leur vertu spécifique à travers les

1. *Du côté de chez Swann*, p. 142.

couches superposées de milieux différents qu'ils ont à franchir avant d'atteindre la surface »[1]. Les noms familiers sont donc bien comme des bulles chargés de saveurs, de couleurs et d'odeurs qui viennent délivrer leurs messages lorsqu'ils remontent à la surface de la mémoire. Cette métaphore de la bulle odorante régit la poésie olfactive des noms à laquelle s'adonne Proust dans *La recherche*. À titre d'exemple, le nom de Guermantes est empreint lui aussi d'un message parfumé qu'il délivre parfois en donnant à sentir l'air de Combray, irisé d'aubépines et de soleil intermittent avant la pluie :

> « Et le nom de Guermantes d'alors est aussi comme un de ces petits ballons dans lesquels on a enfermé de l'oxygène ou un autre gaz : quand j'arrive à le crever, à en faire sortir ce qu'il contient, je respire l'air de Combray de cette année-là, de ce jour-là, mêlé d'une odeur d'aubépines agitée par le coin de la place, précurseur de la pluie, qui tour à tour faisait envoler le soleil, le laissait s'étendre sur le tapis de laine rouge de la sacristie et le revêtir d'une carnation brillante, presque rose, de géranium, et de cette douceur, pour ainsi dire wagnérienne dans l'allégresse, qui conserve tant de noblesse à la festivité. »[2]

Les noms possèdent donc une puissance olfactive ; ils s'imprègnent des odeurs, les restituent ou les dissolvent non seulement sous l'effet la mémoire, mais de l'imagination. Le nom entendu cristallise le désir et le remplit de son parfum, quitte à essuyer une déconvenue analogue à celle du narrateur, qui avait « depuis des années – comme un parfumeur à un bloc uni de matière grasse – fait absorber à ce nom de princesse de Parme le parfum de milliers de violettes »[3], et qui, après avoir rencontré celle qu'il imaginait sous les traits de la Sanseverina, fut contraint de procéder à une seconde opération consistant « à expulser toute huile essentielle de violettes et tout parfum stendhalien du nom de la princesse et à y incorporer à la place l'image d'une petite femme noire, occupée d'œuvres, d'une

1. *À l'ombre des jeunes filles en fleurs*, p. 662.
2. *Le côté de Guermantes*, p. 12.
3. *Ibid.*, p. 12.

amabilité tellement humble qu'on comprenait tout de suite dans quel orgueil altier cette amabilité prenait son origine »[1]. Sous l'effet de la décristallisation, le parfum de violette se commue en image inodore de petite femme noire.

Mais l'imaginaire olfactif, qui régit les rapports affectifs entre Swann et Odette, le narrateur et Gilberte, atteint une puissance inégalée dans *À l'ombre des jeunes filles en fleurs* et trouve son acmé au cours de la relation avec Albertine. La métaphore des jeunes filles en fleurs, qui prend le relais de la nature vierge ou houri, convoque davantage l'odorat, le goût et le toucher que la vue. S'il n'exclut pas la couleur, le modèle floral est en effet plus olfactif et gustatif que visuel chez Proust. Dans le désir amoureux, la vue n'intervient pas en elle-même et pour elle-même, mais en tant que déléguée des autres sens. Désirer les jeunes filles, ce n'est pas les regarder purement et simplement, mais c'est les sentir, les caresser et les dévorer des yeux. C'est ce qu'observe le narrateur dans *À l'ombre des jeunes filles en fleurs* :

> « Les hommes, les jeunes gens, les femmes vieilles ou mûres avec qui nous croyons nous plaire, ne sont portés pour nous que sur une plane et inconsistante superficie, parce que nous ne prenons conscience d'eux que par la perception visuelle réduite à elle-même ; mais c'est comme déléguée des autres sens qu'elle se dirige vers les jeunes filles ; ils vont chercher l'une derrière l'autre les diverses qualités odorantes, tactiles, savoureuses, qu'ils goûtent ainsi même sans le secours des mains et des lèvres ; et capables, grâce aux arts de transposition, au génie de synthèse où excelle le désir, de restituer sous la couleur des joues ou de la poitrine, l'attouchement, la dégustation, les contacts interdits, ils donnent à ces filles la même consistance mielleuse qu'ils font quand ils butinent dans une roseraie, ou dans une vigne dont ils mangent des yeux les grappes. »[2]

La perception visuelle réduite à elle-même ne nous livre que la surface des choses et des êtres qui ne nous attirent pas, mais elle

1. *Ibid.*
2. *À l'ombre des jeunes filles en fleurs*, p. 892.

possède une profondeur, « un génie de synthèse » et une puissance de transposition sans pareille lorsqu'elle est travaillée par le désir. Un regard habité de désir cesse d'être purement visuel pour devenir olfactif, tactile et gustatif. Les yeux restituent la douceur et la saveur sous la couleur de la peau, ils se font mains et lèvres invisibles qui butinent et lutinent en toute innocence et en toute impunité. La contemplation visuelle n'est donc pas simplement une promesse de bonheur, un prélude à la jouissance, elle est le plaisir même en tant qu'elle condense et transpose en elle les délices des autres sens. C'est donc en tant qu'elle est autre chose qu'elle-même et qu'elle transplante dans son champ les sensations olfactives, tactiles et gustatives que la vue joue un rôle décisif dans le phénomène de l'attraction amoureuse. L'objet du désir c'est le parfum et le goût des jeunes filles et le regard n'est convoqué qu'en tant que représentant de l'odorat, du goût et du toucher.

Proust insiste à plusieurs reprises sur ce statut de délégué qui est dévolu à la vue :

> « Pour un convalescent qui se repose tout le jour dans un jardin fleuriste ou dans un verger, une odeur de fleurs et de fruits n'imprègne pas plus profondément les mille riens dont se compose son farniente que pour moi cette couleur, cet arôme que mes regards allaient chercher sur ces jeunes filles et dont la douceur finissait par s'incorporer à moi. » [1]

Là encore le regard permet de manger des yeux et de savourer la couleur et l'arôme de douceur des jeunes filles en fleurs. Ainsi le regard cesse d'être le sens de la distance pour devenir celui de l'incorporation de l'autre en soi. Albertine n'échappe pas à la règle si l'on en croit la confession du narrateur au cours de leur première rencontre : « Je regardai les joues d'Albertine pendant qu'elle me parlait et je me demandais quel parfum, quel goût elles pouvaient avoir. » [2] La dégustation et l'attouchement visuels restent cependant plus imaginaires que réels car la délégation de la vue ne vaut que

1. *Ibid.*, p. 910.
2. *Ibid.*, p. 888.

pour les rêveries amoureuses, pour les désirs adolescents où le sujet, plus spectateur qu'acteur, tourne autour des jeunes filles sans jamais vraiment se poser de sorte que les relations ne sont pas consommées.

De ce point de vue, le regard n'est pas vraiment attiré par la beauté propre d'une jeune fille et ne s'attarde pas sur ses traits singuliers, mais il butine de fleur en fleur, à l'image du désir indéfini qui ne s'attache pas à une unique femme. C'est pourquoi d'ailleurs le désir des jeunes filles en fleurs est assimilé à une fragrance. En raison de son caractère vague, il est analogue à ces parfums chantés par les hymnes orphiques dont le narrateur esquisse la typologie :

> « [...] ces désirs pour une femme dont on a rêvé ne rendent pas absolument nécessaire la beauté de tel trait précis. Ces désirs sont seulement le désir de tel être ; vagues comme des parfums, comme le styrax était le désir de Prothyraïa, le safran le désir éthéré, les aromates le désir d'Héra, la myrrhe le parfum des nuages, la manne le désir de Nikè, l'encens le parfum de la mer. Mais ces parfums que chantent les hymnes orphiques sont bien moins nombreux que les divinités qu'ils chérissent. La myrrhe est le parfum des nuages, mais aussi de Protogonos de Neptne, de Nérée, de Lèto ; l'encens est le parfum de la mer, mais aussi de la belle Diké, de Thèmis, de Circé, des neuf Muses, d'Eos, de Mnémosyne, du Jour, de Dikaïosunè. Pour le styrax, la manne et les aromates, on n'en finirait pas de dire les divinités qui les inspirent, tant elles sont nombreuses. Amphiétès a tous les parfums excepté l'encens, et Gaïa rejette uniquement les fèves et les aromates. Ainsi en était-il de ces désirs de jeunes filles que j'avais. Moins nombreux qu'elles n'étaient, ils se changeaient en des déceptions et des tristesses assez semblables les unes aux autres. Je n'ai jamais voulu de la myrrhe. Je l'ai réservée pour Jupien et pour la princesse de Guermantes, car elle est le désir de Protogonos “aux deux sexes, ayant le mugissement du taureau, aux nombreuses orgies, mémorable, inénarrable, descendant joyeux, vers les sacrifices des Orgiophantes”. » [1]

La mythologie parfumée à laquelle se réfère le narrateur révèle que le désir, à l'instar du parfum des divinités, est vague et errant ; il

1. *Le côté de Guermantes*, p. 840.

n'est pas attaché à une seule femme qui en posséderait l'exclusivité. Il est à la fois le désir d'Andrée ou d'Albertine, comme l'encens est le parfum de Diké ou de Circé. Il n'est jamais désir singulier, mais pluriel. Le vague du parfum est approprié au vague du désir et en restitue l'essence vagabonde. De la même façon qu'un parfum peut célébrer plusieurs divinités, le désir peut s'adresser à plusieurs femmes de manière simultanée. Cela tient au fait que les parfums sont moins nombreux que les divinités ; ils leur sont donc corrélés sans exclusivité. Ainsi, comme un même parfum correspond à plusieurs divinités, un même désir se distribue sur plusieurs femmes adorées. Mais à l'image du parfum, le désir se caractérise par son évanescence et a tôt fait de s'évanouir et de se transformer en déceptions et en tristesses interchangeables comme les femmes qui les ont suscitées. L'analogie avec le parfum met l'accent sur le caractère non seulement erratique mais fantomatique de l'amour flou qui se dissipe en fumée. Mais si le désir ne vise personne dans sa particularité, il ne cherche pas pour autant à embrasser la totalité des êtres dans une sorte de donjuanisme généralisé. Il est vague, mais il n'est pas totalement indéterminé, car il ne s'imprègne pas de tous les parfums. Le narrateur réserve ainsi la myrrhe à la duchesse de Guermantes et à Jupien qui entretient une liaison avec le baron de Charlus. Son désir a une odeur de femmes et peu à peu va se déterminer. Le parfum d'Albertine va alors éclipser tous les autres.

L'élection d'une jeune fille en fleurs, après bien des atermoiements, reste placée sous le signe du parfum et se manifeste d'abord sous la forme d'une tentative d'effraction olfactive. C'est ce qui ressort de l'épisode où le narrateur entre dans la chambre d'Albertine, qui lui a demandé de venir la voir, et se penche vers elle pour l'embrasser pour la première fois : « J'allais savoir l'odeur, le goût qu'avait ce fruit rose inconnu. »[1] La jeune fille en fleurs est devenue un fruit. Cette métamorphose qui se traduit par la substitution d'une odeur fruitée à une odeur florale évoque le passage de la défloration à l'usufruit. Elle témoigne corrélativement d'une maturation du désir

1. *À l'ombre des jeunes filles en fleurs*, p. 934.

qui vient cueillir les fruits et éprouver leur parfum dans sa double dimension olfactive et gustative. L'odorat et le goût sont alors indissociablement liés dans ce désir de savourer le fruit et de le consommer. Las, Albertine refuse de se laisser embrasser et sonne pour appeler du monde au grand dam du narrateur dépité. Il est intéressant de constater que l'échec du baiser est expliqué en termes olfactifs, car il est mis sur le compte de la crainte de sentir mauvais. S'interrogeant sur les causes de cette attitude de refus, le narrateur en arrive en effet à se demander « s'il n'y avait pas eu à sa violence une raison de coquetterie, par exemple, une odeur désagréable qu'elle aurait cru avoir sur elle et par laquelle elle eût craint de [lui] déplaire »[1].

La référence au parfum ne va plus être utilisée pour décrire le désir vague à l'égard des jeunes filles en fleurs mais pour caractériser les traits particuliers d'Albertine, et notamment son rire à l'odeur de géranium :

> « [...] ce rire évoquait aussitôt les roses carnations, les parois parfumées contre lesquelles il semblait qu'il vînt de se frotter et dont, âcre, sensuel et révélateur comme une odeur de géranium, il semblait transporter avec lui quelques particules, presque pondérables, irritantes et secrètes. »[2]

Gorgé des particules d'intériorité parfumée qu'il extériorise, le rire sensuel d'Albertine pénètre comme l'odeur âcre du géranium et s'apparente à une forme d'attouchement tant il excite et irrite à la manière d'une substance secrète, ténue et têtue. Il provoque et circonvient le narrateur qui respire et inhale les émanations intimes de la bouche d'Albertine, à la manière d'un baiser d'odeurs. Ce rire résonne à la fois comme une invitation à l'amour et comme une dérobade, à l'instar d'un parfum qui se répand et se dissipe.

Mais à la différence de Gilberte dont le charme simple est empreint de l'odeur des aubépines, Albertine apparaît comme un complexe de sensations olfactives, gustatives et tactiles dont les par-

1. *Ibid.*, p. 941.
2. *Le côté de Guermantes*, p. 795.

fums de fruit rose et de géranium ne sont qu'une facette. À la différence de ses amours pour les jeunes filles en fleurs, le narrateur n'associe plus un parfum à plusieurs femmes, mais plusieurs parfums à une femme. Dans son esprit, Albertine est un être changeant aux multiples parfums. Elle est imprégnée d'une odeur fruitée, de la fragrance âcre du géranium, mais aussi du parfum entêtant et capiteux qu'elle utilise pour venir le voir. Et ce parfum sensuel, qui fait rêver à l'acte sexuel et donne l'illusion de l'amour, est irrémédiablement lié à son souvenir et il apparaît comme une composante nécessaire du désir amoureux, au même titre que la musique de Vinteuil, à tel point que le narrateur, après la disparition d'Albertine, ne peut s'attacher à quiconque ne suivrait pas le même rituel. Il éprouve ainsi la vanité et la vacuité des rencontres avec d'autres femmes :

> « Elles ne m'avaient jamais parlé de la musique de Vinteuil, des *Mémoires* de Saint-Simon, elles n'avaient pas mis un parfum trop fort pour venir me voir, elles n'avaient pas joué à mêler leurs cils aux miens, toutes choses importantes parce qu'elles permettent, semble-t-il, de rêver autour de l'acte sexuel lui-même et de se donner l'illusion de l'amour, mais en réalité parce qu'elles faisaient partie du souvenir d'Albertine et que c'était elle que j'aurais voulu trouver. » [1]

Ainsi tous les parfums trop forts s'appellent Albertine. Au-delà de ses propres fragrances naturelles ou factices, la femme aimée se charge donc de toutes les senteurs que lui prête le narrateur.

Albertine devient alors le support central qui cristallise ses projections et reflète les atermoiements de son cœur. L'être aimé, en effet, est une construction du cœur qui repose sur une sédimentation affective où les sensations premières se mêlent aux sentiments plus profonds. Proust décrit ce mécanisme en des termes analogues au phénomène de la cristallisation chez Stendhal :

> « Le temps était loin où j'avais bien petitement commencé à Balbec par ajouter aux sensations visuelles quand je regardais Albertine, des sensa-

1. *La fugitive*, p. 557.

tions de saveur, d'odeur et de toucher. Depuis des sensations plus profondes, plus douces, plus indéfinissables s'y étaient ajoutées puis des sensations douloureuses. Bref, Albertine n'était, comme une pierre autour de laquelle il a neigé, que le centre générateur d'une immense construction qui passait par le plan de mon cœur. »[1]

Aux cristaux de sel stendhaliens qui recouvrent le rameau de bois dans les mines de Salzbourg et le font briller de mille feux, le narrateur substitue les cristaux de neige qui font étinceler la pierre albertinale et l'arrachent à sa banalité ordinaire. Si dans ses grands traits, le schéma de construction d'Albertine s'apparente à la cristallisation décrite par Stendhal, il est toutefois plus complexe, car il ne s'agit pas seulement de projeter sur l'être aimé des qualités qui le rendent éblouissant, mais toute une série de sensations, tantôt douces, tantôt douloureuses, en fonction des vicissitudes de la relation. Lorsqu'elle prend un tour olfactif, cette construction affective ne se borne pas à parer une femme insignifiante de parfums éclatants, mais à la constituer de diverses strates d'odeurs variables selon l'état affectif du narrateur. Ainsi de jour en jour, le parfum d'Albertine est changeant et épouse les contours accidentés de l'histoire amoureuse et de ses trahisons.

Tour à tour, Albertine a l'odeur du bonheur ou du malheur et s'apparente à une substance salutaire ou amère que le narrateur a plaisir ou peine à respirer, en fonction des variations affectives et olfactives auxquelles il est en proie dans *La fugitive*. Ainsi sous le coup de la jalousie, le charme du parfum de l'être aimé ne permet plus d'enchanter le monde en recouvrant sa médiocrité d'effluves embaumés, il devient maléfique et fait l'objet d'un rejet sous peine de suffoquer. Lorsque le narrateur, rongé par la suspicion éveillée par la découverte de deux bagues semblables, agrémentées d'un aigle, ne peut pas croire les explications d'Albertine prétendant que l'un des bijoux vient de sa tante et que l'autre a été acheté par elle, il ne peut plus la sentir, tant il souffre le martyre :

1. *Ibid.*, p. 438.

« C'est à de telles souffrances qu'est liée la douceur d'aimer, de s'enchanter des propos les plus insignifiants d'une femme, qu'on sait insignifiants, mais qu'on parfume de son odeur ; en ce moment, je ne pouvais plus me délecter à respirer par le souvenir celle d'Albertine. Atterré, les deux bagues à la main, je regardais cet aigle impitoyable dont le bec me tenaillait le cœur... » [1]

Un peu plus tard, rasséréné, il peut à nouveau la respirer comme un baume de soleil à l'âme :

« Mais ce jour-là, en sentant Albertine qui, tandis que j'étais seul dans ma chambre à faire de la musique, venait docilement vers moi, j'avais respiré, disséminée comme un poudroiement dans le soleil, une de ces substances qui, comme d'autres sont salutaires au corps, font du bien à l'âme. » [2]

La respiration d'Albertine va se teinter d'un parfum de joie, de bonheur ou d'angoisse, selon l'état de la relation amoureuse. La carte d'identité olfactive d'Albertine est donc mobile et se présente comme la combinaison de parfums contraires, comme l'enchevêtrement d'une multiplicité de senteurs.

Les variations affectives et olfactives, cependant, sont moins fonction du comportement d'Albertine que des sensations et de l'imagination du narrateur. En réalité, les odeurs d'Albertine ne sont pas d'Albertine, elles émanent du narrateur et exhalent les multiples senteurs de son désir et de ses humeurs. Ce parfum changeant du désir n'est pas le simple fruit des affects présents à l'égard de l'être aimé, il épouse les modifications des perceptions sensibles qui mettent en jeu l'interaction entre le monde intérieur et le monde extérieur. Autres perceptions, autres désirs. C'est pourquoi Albertine va prendre l'odeur du temps qui passe, du jour qui vient et des rêveries du narrateur. Elle sera cette femme changeante que le narrateur construit chaque jour en fonction des mille et une sensations

1. *La fugitive*, p. 464.
2. *Ibid.*, p. 486.

qui le traversent. Ce phénomène n'est pas propre à l'amour pour Albertine, il était déjà présent lorsque le narrateur éprouvait le désir vague des jeunes filles en fleurs :

> « Et enfin ces changements de temps, ces jours différents s'ils me rendaient chacun une autre Albertine, ce n'était pas seulement par l'évocation des moments semblables. Mais que l'on se rappelle que toujours, avant même que j'aimasse, chacune avait fait de moi un homme différent, ayant d'autres désirs parce qu'il avait d'autres perceptions et qui de n'avoir rêvé que tempêtes et falaises la veille, si le jour indiscret du printemps avait glissé une odeur de rose dans la clôture mal jointe de son sommeil entre-bâillé, s'éveillait en partance pour l'Italie. » [1]

La construction amoureuse est ici fonction du paysage olfactif du narrateur. La variation d'odeur entraîne la variation du désir et donc de l'objet aimé. Une odeur de rose au petit matin et voilà Albertine qui prend le parfum de l'Italie éternelle. On comprend alors pourquoi le narrateur parle d'une immense construction qui passe par le chemin de son cœur, car toutes les senteurs du monde et toutes les sensations éprouvées, d'une manière plus générale, peuvent venir alimenter l'édification de la femme aimée.

Les quatre figures d'Odette, de Gilberte, des jeunes filles en fleurs et d'Albertine témoignent donc de la manière décisive dont l'odorat intervient dans le désir amoureux aux côtés du goût et du toucher. Mais s'il y a un nez de l'amour, chez Proust, il y a aussi un nez de la haine, car des constructions olfactives nauséabondes sont également échafaudées pour discréditer ceux que l'on ne peut sentir. Le baron de Charlus, par exemple, qui se veut le modèle et la norme du bon goût, ne répugne pas à stigmatiser olfactivement les gens détestés ou méprisés. Dans une soirée mondaine, il tente d'humilier Mme de Saint-Euverte, qui entend ses propos, en fustigeant sa puanteur pestilentielle de vieille catin :

1. *Ibid.*, p. 487.

> « Croyez-vous que cet impertinent jeune homme, dit-il en me désignant à madame de Surgis, vient de me demander sans le moindre souci qu'on doit avoir de cacher ces sortes de besoins, si j'allais chez Madame de Saint-Euverte, c'est-à-dire, je pense si j'avais la colique. Je tâcherai en tout cas de m'en soulager dans un endroit plus confortable que chez une personne qui, si j'ai bonne mémoire, célébrait son centenaire quand je commençai à aller dans le monde, c'est-à-dire pas chez elle. Et pourtant qui, plus qu'elle serait intéressante à entendre ? Que de souvenirs historiques, vus et vécus, du temps du Premier Empire et de la Restauration, que d'histoires intimes aussi qui n'avaient certainement rien de « Saint », mais devaient être très « Vertes », si l'on en croit la cuisse restée légère de la vénérable gambadeuse ! Ce qui m'empêcherait de l'interroger sur ces époques passionnantes, c'est la sensibilité de mon appareil olfactif. La proximité de la femme suffit. Je me dis tout d'un coup : "Oh ! mon Dieu, on a crevé ma fosse d'aisances", c'est simplement la marquise qui, dans quelque but d'invitation, vient d'ouvrir la bouche. Et vous comprenez que si j'avais le malheur d'aller chez elle, la fosse d'aisances se multiplierait en un formidable tonneau de vidange. » [1]

Le baron est coutumier du fait, car il recourt fréquemment à un registre fétide et excrémentiel pour exprimer son mépris de classe. Ainsi lorsque la nièce de Jupien propose à Morel de lui payer le thé, le baron de Charlus fait éclater sa colère et s'en prend à Morel, son amant, en lui reprochant de tolérer de telles formules vulgaires :

> « Le "toucher", qui, je le vois, n'est pas forcément allié au "tact", a donc empêché chez vous le développement normal de l'odorat, puisque vous avez toléré que cette expression fétide de payer le thé, à 15 centimes, je suppose, fît monter son odeur de vidanges jusqu'à mes royales narines ? Quand vous avez fini un solo de violon, avez-vous jamais vu chez moi qu'on vous récompensât d'un pet, au lieu d'un applaudissement frénétique ou d'un silence plus éloquent encore parce qu'il est fait de la peur de ne pouvoir retenir (non ce que votre fiancée vous prodigue) mais le sanglot que vous avez amené au bord des lèvres ? » [2]

1. *Le côté de Guermantes*, p. 700.
2. *La prisonnière*, p. 44.

Il existe ainsi un imaginaire proustien scatophile, incarné par le baron de Charlus, qui voisine avec les odeurs florales et fruitées de l'amour. L'odorat permet donc de qualifier ou de disqualifier les êtres et les choses, d'instaurer des hiérarchies affectives et de traduire des affinités électives. Il ne se borne pas cependant à l'expression de la subjectivité intime et de la gamme étendue des affects, il possède une force mnésique qui est la clé d'une expérience d'éternité. Ainsi au-delà de sa vocation à restituer les émotions, l'odeur va jouer un rôle décisif dans la création littéraire, car elle fait partie des sensations qui livrent les impressions passées et permettent de retrouver le temps perdu.

L'odorat, sens de la mémoire involontaire et de l'éternité

Selon Proust, en effet, « le roman, ce n'est pas seulement de la psychologie plane, mais de la psychologie dans le temps »[1]. C'est pourquoi l'œuvre littéraire doit s'efforcer d'isoler la substance invisible du temps qui patine les choses et les êtres et donner la sensation de la durée écoulée. La tâche de l'écrivain est de recréer la réalité dans sa vérité et d'« évoquer ces impressions passées qui sont la matière de l'œuvre d'art »[2]. Or l'intelligence seule est impuissante à remplir cette tâche, comme le confesse Proust à plusieurs reprises :

> « Chaque jour, j'attache moins de prix à l'intelligence. Chaque jour je me rends compte que ce n'est qu'en dehors d'elle que l'écrivain peut ressaisir quelque chose de nos impressions passées, c'est-à-dire quelque chose de lui-même et la seule matière de l'art. Ce que l'intelligence nous rend sous le nom de passé n'est pas lui. »[3]

L'intelligence n'embrasse qu'un fantôme du passé, un passé reconstruit par la mémoire volontaire qui fabrique des faux souve-

1. « Swann expliqué par Proust », *Essais et Articles*, p. 557, in *Marcel Proust, Contre Sainte-Beuve*, La Pléiade, Gallimard, Édition établie par Pierre Clarac.
2. *Contre Sainte-Beuve*, projets de préface, p. 216.
3. *Ibid.*, p. 211, voir également p. 216.

nirs et n'atteint pas l'essence intime des choses, leur âme profonde. La recherche du temps perdu ne repose pas sur un effort intellectuel de remémoration, mais sur une mémoire involontaire réveillée par les sensations, et plus particulièrement par l'odeur et la saveur.

> « La mémoire volontaire, qui est surtout une mémoire de l'intelligence et des yeux, ne nous donne du passé que des faces sans vérité ; mais qu'une odeur, une saveur retrouvées dans des circonstances toutes différentes, réveillent en nous, malgré nous, le passé, nous sentons combien ce passé était différent de ce que nous croyions nous rappeler, et que notre mémoire volontaire peignait comme les mauvais peintres, avec des couleurs sans vérité. » [1]

Le prototype du mauvais peintre ou de l'artiste raté qui entend ressusciter le passé par un acte conscient et délibéré de la mémoire volontaire est incarné, dans la *Recherche*, par Legrandin. Legrandin, en effet, restera un homme de lettres, mais ne sera jamais un écrivain, car il escompte délibérément retrouver sa jeunesse à travers la compagnie du narrateur et faire renaître volontairement les sensations printanières et leurs cortèges de bouquets fleuris :

> « Venez tenir compagnie à votre vieil ami, m'avait-il dit. Comme le bouquet qu'un voyageur nous envoie d'un pays où nous ne retournerons plus, faites-moi respirer du lointain de votre adolescence ces fleurs des printemps que j'ai traversés moi aussi il y a bien des années. Venez avec la primevère, la barbe de chanoine, le bassin d'or, venez avec le sédum dont est fait le bouquet de dilection de la flore balzacienne, avec la fleur du jour de la Résurrection, la pâquerette et la boule de neige des jardins qui commence à embaumer dans les allées de votre grand'tante, quand ne sont pas encore venues les dernières boules de neige des giboulées de Pâques. » [2]

Marquée par la volonté factice de ressusciter les odeurs fleuries du printemps, l'entreprise de Legrandin est vouée à l'échec, car elle

1. « Swann expliqué par Proust », *Essais et Articles*, p. 558.
2. *Du côté de chez Swann*, p. 126.

ne livre qu'un passé intellectualisé et ne peut donner le jour qu'à une œuvre académique, sans épaisseur ni profondeur. Legrandin, c'est l'anti-Proust, l'écrivain de salon qui n'évoque qu'un passé de tête, un passé compassé aux bouquets convenus.

L'artiste véritable, au contraire, est celui qui saisit les signes que lui adressent malgré lui les sensations, au hasard des circonstances pour en faire la matière d'une œuvre d'art. Proust ne cède pas pour autant à un anti-intellectualisme, car la sensation à elle seule ne suffit pas pour créer une œuvre d'art, elle doit être dépassée et comprise par la pensée qui se met à son écoute pour convertir le sensible en intelligible. Le narrateur précise bien à propos des choses passées que « c'est de l'existence de notre pensée que dépend pour quelque temps leur survie, le reflet des lampes qui se sont éteintes et l'odeur des charmilles qui ne refleuriront plus »[1]. Il ne s'agit donc pas de se cantonner à la sensation, mais d'aller au-delà pour découvrir un sens qu'elle indique, sans le donner, et l'appréhender par la pensée. Certaines sensations, en effet, font signe vers autre chose qu'elles-mêmes, elles ne se réduisent pas à l'expression des qualités présentes des objets, mais elles invitent à déchiffrer, derrière leur actualité, un message secret que nous adresse le passé. La tâche de l'écrivain n'est donc pas de reconstituer artificiellement un passé, mais d'interpréter les signes et de dégager la vérité des sensations[2]. C'est ce que Proust révèle dans *Le temps retrouvé* :

> « il fallait tâcher d'interpréter les sensations comme les signes d'autant de lois et d'idées, en essayant de penser, c'est-à-dire faire sortir de la pénombre ce que j'avais senti, de le convertir en équivalent spirituel ; or ce moyen qui me paraissait le seul, qu'est-ce autre chose que faire une œuvre d'art ? »[3]

En somme il s'agit de dégager l'esprit des sensations et de transformer par l'écriture des impressions matérielles brutes en idées

1. *La prisonnière*, p. 285.
2. Voir sur ce point Gilles Deleuze, *Proust et les signes*.
3. *Le temps retrouvé*, p. 879.

vraies. Et c'est précisément le caractère involontaire de la sensation qui est un gage d'authenticité et un garant de la vérité du réel retrouvé, comme le confirme le narrateur :

> « Je n'avais pas été chercher les deux pavés inégaux de la cour où j'avais buté. Mais justement la façon fortuite, inévitable, dont la sensation avait été rencontrée, contrôlait la vérité du passé qu'elle ressuscitait, des images qu'elle déclenchait, puisque nous sentons son effort pour remonter vers la lumière, que nous sentons la joie du réel retrouvé. Elle est le contrôle aussi de la vérité de tout le tableau, fait d'impressions contemporaines qu'elle ramène à sa suite avec cette infaillible proportion de lumière et d'ombre, de relief et d'omission, de souvenir et d'oubli que la mémoire ou l'observation consciente ignoreront toujours. » [1]

Cette mémoire involontaire est un mélange de souvenir et d'oubli grâce auquel le passé est préservé car aucun pont n'a été construit entre le présent et lui. C'est au prix d'une certaine forme d'oubli que le souvenir nous donne à respirer l'air pur du paradis perdu. Il se doit en effet d'être resté à sa place, à sa date, isolé, pour demeurer intact, ne pas être contaminé par le présent ou travesti par la liaison des idées[2].

Si elle prend appui sur des expériences sensorielles dont le caractère involontaire empêche toute falsification, l'esthétique proustienne ne se ramène pas à un pur sensualisme, puisque l'écrivain doit décrypter la sensation et se livrer à un travail d'interprétation. Cette interprétation consiste à libérer l'âme des choses et des êtres disparus pour recueillir leur vérité. Proust compare d'ailleurs à plusieurs

1. *Ibid.*

2. Cf. *Le temps retrouvé*, p. 870. « Oui, si le souvenir, grâce à l'oubli, n'a pu contracter aucun lien, jeter aucun chaînon entre lui et la minute présente, s'il est resté à sa place, à sa date, s'il a gardé ses distances, son isolement dans le creux d'une vallée ou à la pointe d'un sommet, il nous fait respirer tout à coup un air nouveau, précisément parce que c'est un air qu'on a respiré autrefois, cet air plus pur que les poètes ont essayé vainement de faire régner dans le paradis et qui ne pourrait donner cette sensation profonde de renouvellement que s'il avait été respiré déjà, car les vrais paradis sont les paradis qu'on a perdus. »

reprises le passé à une âme captive qu'il s'agit de délivrer[1]. Le passé ne meurt pas, il possède une âme qui est prisonnière dans les objets ; tous les efforts de l'intelligence pour l'évoquer sont vains, il faut attendre l'appel qui se produit de manière fortuite, au hasard d'une sensation enfouie dans un objet. Involontairement, la sensation interpelle la pensée et dispose d'une force d'évocation et d'invocation à chercher les lois et les idées que l'écrivain doit retrouver en descendant dans les profondeurs de son moi intime. Dès lors la sensation est comme un vase qui contient une âme prisonnière dont il faut délivrer le sens par la pensée.

En droit, toutes les sensations peuvent réveiller le passé à leur insu : le goût de la madeleine, la vue des clochers de Martinville, le tintement de la cuiller contre l'assiette, la raideur de la serviette ou le heurt des pavés inégaux ; toutefois, l'odeur et la saveur occupent une place privilégiée et éclipsent la vue qui reste trop associée à la mémoire volontaire. L'odeur et la saveur se produisent en nous malgré nous et obéissent moins aux décrets de la volonté que l'ouïe, la vue ou le toucher. Or si les critiques littéraires ont fait droit à la saveur, à travers laquelle le narrateur goûte la substance invisible du temps retrouvé, et ont commenté abondamment l'épisode de la petite madeleine qui fait ressurgir le monde de Combray du fond de la tasse de thé dans laquelle elle a été trempée, ils ont le plus souvent oublié de rendre justice à l'odeur et à son parfum d'éternité. Il faut remarquer en effet que l'expérience de la madeleine n'atteste pas de

1. « Je trouve très raisonnable la croyance celtique que les âmes de ceux que nous avons perdus sont captives dans quelque être inférieur, dans une bête, dans un végétal, une chose inanimée perdue en effet pour nous jusqu'au jour, qui pour beaucoup ne vient jamais, où nous nous trouvons passer près de l'arbre, entrer en possession de l'objet qui est leur prison. Alors elles tressaillent, nous appellent, et sitôt que nous les avons reconnues l'enchantement est brisé. Délivrées par nous, elles ont vaincu la mort et reviennent vivre avec nous. Il en est ainsi de notre passé. C'est peine perdue que nous cherchions à l'évoquer, tous les efforts de l'intelligence sont inutiles. Il est caché hors de son domaine et de sa portée en quelque objet matériel (en la sensation que nous donnerait cet objet matériel) que nous ne soupçonnons pas. Cet objet, il dépend du hasard que nous le rencontrions avant de mourir, ou que nous ne le rencontrions pas. » *Du côté de chez Swann*, p. 44 ; voir également, *Contre Sainte-Beuve*, projets de préface, p. 211.

la puissance de la seule saveur mais du goût et de l'odeur mêlés. Proust renvoie expressément au double registre sensoriel en ne parlant pas seulement de la saveur mais du « parfum d'une tasse de thé », terme qui enveloppe à la fois la fragrance et la flaveur[1]. Nul doute n'est possible à ce sujet, car immédiatement après le récit, le narrateur présente non seulement la saveur mais l'odeur comme des âmes du passé :

> « Mais quand d'un passé ancien rien ne subsiste, après la mort des êtres, après la destruction des choses, seules, plus frêles mais plus vivaces, plus immatérielles, plus persistantes et plus fidèles, *l'odeur et la saveur* restent encore longtemps, comme des âmes, à se rappeler, à attendre, à espérer, sur la ruine de tout le reste, à porter sans fléchir, sur leur gouttelette presque impalpable, l'édifice immense du souvenir. »[2]

L'odeur et la saveur possèdent donc une puissance de réminiscence supérieure notamment en vertu de leur vivacité, de leur persistance, de leur immatérialité et de leur fidélité. La vue enferme dans la matérialité d'une image qui s'impose et fait écran au souvenir qu'elle travestit ou qu'elle ne laisse pas filtrer. Le toucher se heurte à une physique du contact et de la résistance compacte de la matière qui peut lester l'âme du passé et l'empêcher de s'envoler. À son tour, l'ouïe peut buter sur la matérialité du son et n'éveiller aucun écho ancien. Quelle que soit leur puissance, ces trois sens sont davantage bornés au présent, à son immédiateté et les souvenirs qu'ils éveillent ne vont pas au-delà d'une certaine temporalité limitée. S'ils contribuent indéniablement à la recherche du temps perdu, ils sont distancés par l'odeur et la saveur qui, seules, restent en lice, « sur la ruine de tout le reste », pour conserver le souvenir vivace de ce qui n'est plus. C'est pourquoi il semble difficile de souscrire au jugement

1. « C'est ainsi que je restais souvent jusqu'au matin à songer au temps de Combray, à mes tristes soirées sans sommeil, à tant de jours aussi dont l'image m'avait été plus récemment rendue par la saveur – ce que l'on aurait appelé à Combray le "parfum" – d'une tasse de thé et, par associations de souvenirs… ». *Ibid. Du côté de chez Swann*, I, p. 186.

2. *Du côté de chez Swann*, I, 47.

de Roland Barthes qui affirme que « chez Proust trois sens sur cinq conduisent le souvenir »[1], et que l'odorat n'en fait pas partie. Lorsqu'il confesse que « [son] corps ne marche pas dans l'histoire de la madeleine, des pavés, et des serviettes de Balbec »[2], et que pour lui « de ce qui ne reviendra plus, c'est l'odeur qui [lui] revient »[3], il oublie que le parfum de la madeleine et de la tasse de thé mettent en jeu des sensations à la fois olfactives et gustatives. Bien que Gilles Deleuze, contrairement à Roland Barthes, ait perçu que chez Proust « les qualités sensibles significatives sont surtout des odeurs et des saveurs »[4], il n'est pas possible d'adhérer totalement à l'explication qu'il en donne. Pour lui, en effet, le privilège de l'odeur et de la saveur tient au fait qu'elles sont « les plus matérielles parmi les qualités »[5]. Or, dans le passage cité, Proust dit précisément le contraire. Si, plus que les autres sensations, l'odeur et la saveur constituent les ultimes buttes témoins après l'érosion du passé et portent « l'édifice immense du souvenir », c'est parce qu'elles sont plus immatérielles. Assimilées à des âmes, elles sont à la fois matérielles et immatérielles, car elles contiennent l'esprit du passé et libèrent son essence retenue dans leurs tissus ténus. Leur caractère frêle, plus immatériel et impalpable, se prête sans doute mieux à cette conversion nécessaire du sensible en spirituel qui est le propre de l'œuvre d'art. C'est pourquoi la recherche du temps perdu s'étaie en priorité sur les sensations olfactives et gustatives et repose sur la mémoire involontaire des odeurs et des saveurs.

Il n'est alors pas étonnant que l'épisode de la madeleine, qui mêle indissociablement la saveur et l'odeur, soit présenté comme le prototype de l'expérience du temps retrouvé. Si l'odeur et la saveur sont comme des esprits dormants qui s'éveillent involontairement, elles ne ressuscitent pas pour autant le monde ancien tel qu'il a été

1. *Roland Barthes par Roland Barthes, Œuvres complètes*, t. 5, Seuil, 1995, p. 198, cité plus haut.
2. *Ibid.*
3. *Ibid.*
4. *Proust et les signes*, PUF, 2003, p. 51.
5. *Ibid.*

vécu ; elles ne permettent ni de revivre le passé ni de rattraper le temps perdu. L'expérience offerte par le parfum de la madeleine, en effet, n'est pas une expérience temporelle, mais extra-temporelle. La félicité qu'elle procure est affranchie du temps car elle embrasse à la fois le présent et le passé et les fait coïncider en dégageant une communauté d'impression. C'est ce qui ressort du passage où le narrateur s'interroge sur les causes de cette joie qui l'envahit au moment où il éprouve certaines sensations comme le goût de la madeleine ou la raideur de la serviette :

> « [...] cette cause je la devinais en comparant ces diverses impressions bienheureuses et qui avaient entre elles ceci de commun que je les éprouvais à la fois dans le moment actuel et dans un moment éloigné, jusqu'à faire empiéter le passé sur le présent, à me faire hésiter à savoir dans lequel des deux je me trouvais ; au vrai l'être qui goûtait en moi cette impression, la goûtait en ce qu'elle avait de commun dans un jour ancien et maintenant, dans ce qu'elle avait d'extra-temporel, un être qui n'apparaissait que quand, par une de ces identités entre le présent et le passé, il pouvait se trouver dans le seul milieu où il pût vivre, jouir de l'essence des choses, c'est-à-dire en dehors du temps. » [1]

Il est donc clair que les impressions sensibles, qui vont devenir la matière de l'œuvre d'art, reposent sur l'expérience d'une identité entre le passé et le présent qui abolit l'ordre du temps et supprime toute crainte de l'avenir. Aussi fugitive soit-elle, cette expérience extra-temporelle d'une jouissance de l'essence des choses est en réalité une contemplation de l'éternité, comme le confirme le narrateur :

> « [...] ce que l'être par trois et quatre fois ressuscité en moi venait de goûter, c'étaient peut-être bien des fragments d'existences soustraits au temps, mais cette contemplation quoique d'éternité était fugitive. » [2]

La sensation éprouvée ne fait donc pas resurgir le passé tel qu'il a été vécu ou tel qu'il est remémoré, mais tel qu'il est en soi, tel

1. *Le temps retrouvé*, p. 871.
2. *Ibid.*, p. 875.

qu'en lui-même l'éternité le conserve[1]. Elle livre « un peu de temps à l'état pur »[2]. La réminiscence ne doit pas être confondue avec un simple souvenir, elle témoigne d'une présence du passé dans le présent telle qu'elle nous propulse hors du temps et du lieu actuel. L'expérience d'éternité résulte ainsi d'un chevauchement du passé et du présent dans la sensation qui libère l'essence vraie des choses et du moi. Elle n'est ni une reconstitution du passé ni la perception d'un présent actuel mais un fragment bienheureux d'existence soustrait au temps. C'est pourquoi la sensation est réelle sans être actuelle et possède le statut d'une idéalité dans la mesure où elle dépasse la simple matérialité pour exprimer une essence différente d'elle-même. C'est ce qu'observe le narrateur :

> « [...] mais qu'un bruit, qu'une odeur, déjà entendu ou respirée jadis, le soient de nouveau, à la fois dans le présent et dans le passé, *réels sans être actuels*, *idéaux sans être abstraits*[3], aussitôt l'essence permanente et habituellement cachée des choses se trouve libérée, et notre vrai moi qui, parfois depuis longtemps semblait mort, mais ne l'était pas entièrement, s'éveille, s'anime en recevant la céleste nourriture qui lui est apportée. Une minute affranchie de l'ordre du temps a recréé en nous, pour la sentir, l'homme affranchi du temps. Et celui-là, on comprend qu'il soit confiant dans sa joie, même si le simple goût d'une madeleine ne semble pas contenir logiquement les raisons de cette joie, on comprend que le mot de mort n'ait pas de sens pour lui ; situé hors du temps, que pourrait-il craindre de l'avenir ? »[4]

Le bruit, l'odeur ou la saveur, ici, sont porteurs à la fois d'une identité, entre le passé et le présent, et d'une différence, car la sensation contient en elle-même autre chose qu'elle-même et renvoie à un monde qui n'a logiquement rien à voir avec elle. Ainsi ce n'est pas le simple goût de la madeleine qui comprend en lui les raisons de la

1. Voir sur ce point les analyses de Gilles Deleuze dans le chapitre V de *Proust et les signes*.
2. *Le temps retrouvé*, p. 872.
3. Nous soulignons.
4. *Le temps retrouvé*, p. 873.

joie, mais ce à quoi il est associé en vertu d'une relation de contiguïté. Bien qu'elle ne soit pas immanente à sa nature même mais au rapport singulier et contingent qu'elle noue avec les autres événements, l'odeur, comme la saveur, possèdent donc une extraordinaire puissance d'affranchir l'homme du temps et de le libérer de la crainte de l'avenir et de la mort. C'est pourquoi, en définitive, la sensation olfactive interprétée par la pensée donne la jouissance de l'éternité.

On pourrait cependant faire valoir que dans l'exemple célèbre de la madeleine, Proust privilégie le goût et se réfère avant tout à lui. Il évoque, certes, l'odeur, mais insiste davantage sur la saveur. Est-ce à dire alors que l'odeur soit toujours tributaire de la saveur et ne soit capable à elle seule de libérer l'essence du passé et de donner matière à une expérience d'éternité ? Lorsque Proust évoque les exemples de réminiscences qui vont nourrir l'œuvre d'art, il s'appuie surtout sur l'épisode de la madeleine, et mentionne également les pavés inégaux, le bruit de la cuiller ou la raideur de la serviette dans *Le temps retrouvé*. Une lecture attentive, toutefois, montre que l'odeur n'a rien à envier aux autres sensations. Alors que les exemples de saveur sont rares et se limitent au cas de la madeleine, Proust allègue plusieurs cas d'odeurs qui jouent un rôle analogue aux sensations sonores, tactiles et gustatives. À cet égard, il en va de l'odorat comme des autres sens : tout dépend de la nature de l'appel et de la puissance du signe émis.

En effet, lorsque la sensation au hasard d'une rencontre fait signe vers autre chose qu'elle-même, le moi est arrêté par un sentiment de plaisir inexpliqué et il est invité par la pensée à aller au-delà. C'est ce qui ressort, par exemple, du récit du narrateur, lorsqu'il est interpellé brusquement par des sensations qui l'arrachent à ses regrets de ne pas avoir de dispositions pour les lettres et l'étoffe d'un grand écrivain :

> « Et bien en dehors de toutes ces préoccupations littéraires, et ne s'y rattachant en rien, tout d'un coup un toit, un reflet de soleil sur une pierre, l'odeur d'un chemin me faisaient arrêter par un plaisir particulier

> qu'ils me donneraient, et aussi parce qu'ils avaient l'air de cacher, au-delà de ce que je voyais, quelque chose qu'ils invitaient à venir prendre et que malgré mes efforts je n'arrivais pas à découvrir. Comme je sentais que cela se trouvait en eux, je restais là immobile, à regarder, respirer, à tâcher d'aller avec ma pensée au-delà de l'image ou de l'odeur. »[1]

Or l'effort pour décrypter par la pensée ce qui se cache derrière l'image et l'odeur n'est pas toujours nécessairement couronné de succès. Il faut ainsi distinguer deux types d'appels lancés par les sensations : ceux qui resteront des signes muets à jamais et ceux qui seront des signes parlants auxquels le moi va pouvoir répondre en se recueillant en lui-même pour déchiffrer leur sens.

Le premier type regroupe les appels manqués où la sensation fait signe vers un je ne sais quoi mystérieux que le moi ne peut parvenir à nommer ; condamné au silence, il est impuissant à réveiller le passé malgré tous ses efforts pour le faire remonter des profondeurs de son intériorité. Les exemples les plus frappants sont empruntés à la vue, dans les « Projets de préface » du *Contre Sainte-Beuve*, où la perception d'un morceau de toile verte ou d'un groupe d'arbres interpelle en vain le narrateur comme le fantôme d'un passé impossible à ressusciter[2]. Mais l'odorat n'échappe pas à la règle, car certains parfums aussi puissants soient-ils, lancent des appels manqués de sorte que le narrateur échoue à déterminer leur sens caché et doit se résigner à faire le deuil du passé. Ainsi, le fameux parfum des aubépines que l'exaltation du narrateur « a porté et a réussi à [...] faire traverser tant d'années successives, tandis qu'alentour les chemins se sont effacés et que sont morts ceux qui les foulèrent et le souvenir de ceux qui les foulèrent »[3], ne se laissera pas approfondir par la pensée et restera définitivement muet. Le narrateur se voit contraint de reconnaître son échec :

> « Mais j'avais beau rester devant les aubépines à respirer, à porter devant ma pensée qui ne savait ce qu'elle devait en faire, à perdre, à

1. *Du côté de chez Swann*, p. 178.
2. Cf. « Projets de préface », *Contre Sainte-Beuve*, La Pléiade, Gallimard, p. 214.
3. *Du côté de chez Swann*, p. 184.

retrouver leur invisible et fixe odeur, à m'unir au rythme qui jetait leurs fleurs, ici et là, avec une allégresse juvénile et à des intervalles inattendus comme certains intervalles musicaux, elles m'offraient indéfiniment le même charme avec une profusion inépuisable, mais sans me laisser approfondir davantage, comme ces mélodies qu'on rejoue cent fois de suite sans descendre plus avant dans leur secret. » [1]

En dépit de sa puissance mystique et érotique, l'odeur des aubépines ne jouera pas le rôle détonateur d'une madeleine, et ne se prêtera pas à une expérience métaphysique d'éternité. Elle a beau être chargée affectivement, elle ne se laisse pas déchiffrer et approfondir de sorte que le passé reste lettre morte. Le mutisme de la sensation n'est donc pas lié à sa faiblesse et ne dépend pas de son intensité émotionnelle. Mais si le parfum des aubépines ne livre pas leur secret, cela ne signifie pas que toute odeur soit muette et ne puisse advenir à la parole.

En effet, il faut distinguer un second type de sensations comprenant les appels qui trouvent un écho dans les profondeurs du moi et le remplissent de la joie du réel retrouvé en faisant remonter à la surface des fragments du passé. Parmi les sensations olfactives qui ne se ramènent pas à de vagues réminiscences et permettent de véritables découvertes, figurent non seulement le parfum de la madeleine, mais également des odeurs particulières, qui en elles-mêmes et par elles-mêmes, sans aucune référence à la saveur, font respirer un air d'éternité et donnent à sentir un peu de temps à l'état pur. Proust mentionne deux exemples privilégiés dans *La prisonnière*[2] : l'odeur des brindilles de bois brûlées et l'odeur de pétrole.

1. *Du côté de chez Swann*, p. 138.

2. Voir également dans *Jean Santeuil*, l'odeur spéciale de la villa en bois, au bord de la mer, à propos de laquelle le narrateur confesse : « Aussi en la sentant, ai-je senti toute une vie remonter que mon imagination n'avait pas connue, qu'elle recueille en cet instant, la goûtant, je ne sais si c'est dans l'odeur que je sens ou dans la même odeur que ma mémoire lui présente, plutôt j'aime à le croire [dans] l'essence commune aux deux, [dans] l'identification des deux, comme s'il fallait une telle chose pour qu'une sensation perdît ce quelque chose de personnel qu'elle a dans le présent qu'elle perçoit, et que la mémoire ne peut pas lui retirer », La Pléiade, Gallimard, p. 400.

La première expérience de résurrection du passé naît involontairement de la respiration de l'odeur du feu de bois qui fait ressurgir dans la chambre de Paris, aux Champs-Élysées, le double univers de Combray et de Doncières :

> « Françoise venait allumer le feu et pour le faire prendre y jetait quelques brindilles dont l'odeur, oubliée pendant tout l'été, décrivait autour de la cheminée un cercle magique dans lequel, m'apercevant moi-même en train de lire tantôt à Combray, tantôt à Doncières, j'étais aussi joyeux restant dans ma chambre à Paris, que si j'avais été sur le point de partir en promenade du côté de Méséglise ou de retrouver Saint-Loup et ses amis faisant du service en campagne. » [1]

Cette expérience olfactive vérifie bien les critères requis pour figurer au rang des expériences extra-temporelles, car elle est éprouvée à la fois dans le présent, à Paris, et dans le passé, à Combray et Doncières, et met au jour leur identité en les faisant se chevaucher dans un cercle magique qui embrasse l'éternité. Elle s'accompagne en outre de la joie du réel retrouvé. Le narrateur explique ainsi que cette sensation identique refait de lui tout entier l'enfant et l'adolescent qu'il a jadis été et lui donne à respirer les fragments du passé :

> « L'odeur dans l'air glacé des brindilles de bois, c'était comme un morceau du passé, une banquise invisible détachée d'un hiver ancien qui s'avançait dans ma chambre souvent striée d'ailleurs par tel parfum, telle lueur, comme par des années différentes où je me trouvais replongé, envahi, avant même que je les eusse identifiées par l'allégresse d'espoirs abandonnés depuis longtemps. » [2]

Cette odeur de brindilles brûlées a un parfum d'éternité qu'elle offre à goûter comme une madeleine trempée dans la tasse de thé. Aucun doute n'est possible car ces deux expériences sont assimilées et présentées comme des états de pure félicité, que la musique de Vinteuil est à même de pouvoir évoquer :

1. *La prisonnière*, p. 26.
2. *Ibid.*, p. 27.

> « Je me disais qu'après tout il se pourrait que si les phrases de Vinteuil semblaient l'expression de certains états de l'âme analogues à celui que j'avais éprouvé en goûtant la madeleine trempée dans la tasse de thé, rien ne m'assurait que le vague de tel état fût une marque de leur profondeur, mais seulement de ce que nous n'avons pas encore su les analyser, qu'il n'y aurait donc rien de plus réel en eux que dans d'autres. Pourtant ce bonheur, ce sentiment de certitude dans le bonheur, pendant que je buvais la tasse de thé, que je respirais aux Champs-Élysées une odeur de vieux bois, ce n'était pas une illusion. » [1]

Il est donc clair que Proust confère à l'odeur des brindilles brûlées le même statut qu'à la madeleine trempée dans la tasse de thé, bien qu'elle n'ait pas une dimension aussi archétypale.

Le second exemple d'expérience olfactive d'éternité est lié à la respiration d'une odeur de pétrole qui fait irruption dans la chambre et qui restitue le monde de Balbec et les amours pour Albertine et les jeunes filles en fleurs :

> « Comme un vent qui s'enfle par une progression singulière, j'entendis avec joie une automobile sous la fenêtre ; je sentis son odeur de pétrole. Elle peut sembler regrettable aux délicats (qui sont toujours des matérialistes et à qui elle gâte la campagne), et à certains penseurs matérialistes à leur manière aussi [...]. Mais pour moi, (de même qu'un arôme déplaisant en soi peut-être, de naphtaline et de vétiver, m'eût exalté en me rendant la pureté bleue de la mer, le jour de mon arrivée à Balbec), cette odeur de pétrole qui, avec la fumée qui s'échappait de la machine, s'était tant de fois évanouie dans le pâle azur, par ces jours brûlants où j'allais de Saint-Jean-de-la-Haise à Gourville, comme elle m'avait suivi dans mes promenades pendant ces après-midi d'été pendant qu'Albertine était à peindre, elle faisait fleurir maintenant à chaque côté de moi, bien que je fusse dans ma chambre obscure, les bleuets, les coquelicots, et les trèfles incarnats, elle m'enivrait comme une odeur de campagne, non pas circonscrite et fixe comme celle qui est apposée devant les aubépines, et, retenue par ses éléments onctueux et denses, flotte avec une certaine stabilité devant la haie, mais une odeur devant quoi

1. *Ibid.*, p. 381.

fuyaient les routes, changeait l'aspect du sol, accouraient les châteaux, pâlissait le ciel, se décuplaient les forces, une odeur qui était comme un symbole de bondissement et de puissance et qui renouvelait le désir que j'avais eu à Balbec de monter dans la cage de cristal et d'acier, mais cette fois non plus pour aller faire des visites dans des demeures familières avec une femme que je connaissais trop, mais faire l'amour dans des lieux nouveaux avec une femme inconnue. Odeur qu'accompagnait à tout moment l'appel de trompes automobiles qui passaient, sur lequel j'adaptais des paroles comme sur une sonnerie militaire : Parisien, lève-toi, lève-toi, viens déjeuner à la campagne et faire du canot dans la rivière à l'ombre sous les arbres, avec une belle fille, lève-toi, lève-toi. »[1]

L'odeur de pétrole est porteuse d'une joie dont elle ne contient pas les raisons logiques, car non seulement elle est déplaisante au nez des délicats, mais elle fait surgir les senteurs de la campagne en fleurs au sein du milieu urbain et industrialisé. Le pouvoir mnésique ne tient donc pas à la nature de cette odeur qui symbolise ici le contraire de ce qu'elle est. Au présent, une odeur de ville ; au passé, une odeur de campagne. L'exhalaison la plus prosaïque devient ainsi source de poésie, car elle est traversée par une charge affective qui fait oublier son essence, transforme le regrettable en exaltant, et remplit le narrateur de cette fameuse joie inexpliquée qui est le fruit d'une contemplation d'éternité. Cette joie est le signe du réel retrouvé, d'une expérience extra-temporelle où le passé empiète sur le présent, en faisant fleurir dans la chambre, les bleuets, les coquelicots, et les trèfles incarnats de jadis, et défiler les routes à toute vitesse au point de griser le narrateur immobile au fond de son lit. Renforcée par les coups de trompes automobiles, cette expérience olfactive, dans laquelle Paris et Balbec sont idéalement mêlés, prend la forme d'une résurrection d'entre les morts, comme le suggère la formule « lève-toi, lève-toi », qui réveille le désir amoureux. Si elle évoque le monde lumineux de Balbec, le désir vague des jeunes filles en fleurs, l'amour pour Albertine et les promenades en toute liberté

1. *La prisonnière*, p. 410-411.

par les après-midi brûlants d'été, elle n'est nullement la reconstitution d'un passé à l'identique. « Symbole de bondissement et de puissance », l'odeur de pétrole est une image mobile de l'éternité, elle livre une essence commune hors du temps, celle du désir amoureux, qui n'est pas revécu à l'identique, mais renouvelé. Autrefois, désir de faire l'amour dans des lieux familiers avec une femme trop connue, il devient désir de faire l'amour dans des lieux nouveaux avec une inconnue. La sensation éprouvée est donc à la fois semblable et différente au présent et au passé. C'est pourquoi elle affranchit du temps et donne lieu à une contemplation joyeuse d'éternité.

Tout le problème est alors de savoir comment l'écrivain peut rendre cette contemplation fugitive de l'essence des choses, offerte fortuitement par la sensation. C'est à cette question épineuse que se consacre le narrateur dans *Le temps retrouvé* après avoir fait part de sa décision de s'attacher à cette contemplation et de la fixer[1]. Proust dénonce le leurre consistant à croire qu'il suffirait de retourner volontairement sur les lieux du passé pour saisir son essence, comme si les impressions anciennes existaient hors de soi dans les choses. Très vite le narrateur, qui s'interroge sur sa propre vocation d'écrivain, écarte cette tentation et comprend que la contemplation ne doit pas être cherchée dans les objets mais en soi, dans les profondeurs de l'esprit. « Des impressions telles que celles que je cherchais à fixer ne pouvaient que s'évanouir au contact d'une jouissance directe qui a été impuissante à les faire naître. La seule manière de les goûter davantage, c'était de tâcher de les connaître plus complètement là où elles se trouvaient, c'est-à-dire en moi-même, c'est-à-dire dans leurs profondeurs. »[2] Il s'agit donc d'explorer le moi véritable, l'être extra-temporel qui se nourrit de l'essence des choses et transforme l'écriture des sensations en équivalent spirituel. L'écrivain authentique est celui qui enferme le rapport entre sensations et souvenirs, constitutif de la réalité, « dans les anneaux nécessaires

1. *Le temps retrouvé*, p. 876.
2. *Ibid.*, p. 877.

d'un beau style »[1]. Il atteint la vérité « quand en rapprochant une qualité commune à deux sensations, il dégagera leur essence commune en les réunissant l'une et l'autre pour les soustraire aux contingences du temps, dans une métaphore »[2]. Seule la métaphore, aux yeux de Proust, donne de l'éternité au style.

Or l'un des registres les plus puissants de métaphore dans *La recherche* est d'ordre olfactif. L'exemple le plus frappant concerne la sonate de Vinteuil, qui rythme la rencontre de Swann et d'Odette, et qui envoûte le narrateur par sa fameuse petite phrase maintes fois rejouée sans en épuiser le charme et la beauté. C'est le langage du parfum qui, à plusieurs reprises, restitue le mystère ineffable de la musique et exprime son secret. Ainsi, dans *Du côté de chez Swann*, le narrateur « reconnut secrète, bruissante, et divisée, la phrase aérienne et odorante qu'il aimait [...] À la fin, elle s'éloigna, indicatrice, diligente, parmi les ramifications de son parfum »[3]. La métaphore n'est pas fortuite, elle revient comme un refrain sous la plume de Proust lorsqu'il écrit, un peu plus loin, que cette petite phrase musicale « passait légère, apaisante, murmurée comme un parfum »[4], ou que le narrateur « avait cherché à démêler comment à la façon d'un parfum, d'une caresse, elle le circonvenait, elle l'enveloppait »[5]. L'auteur de *La recherche* mêle également les sensations tactiles et olfactives pour forger des métaphores d'une rare beauté. Il compare ainsi les effets de la sonate de Vinteuil sur le narrateur à la « soierie embaumée d'un géranium », et reprend cette image florale pour exprimer ce qui est ressenti à travers cette musique :

> « Les sensations vagues données par Vinteuil, venant non d'un souvenir, mais d'une impression (comme celle des clochers de Martinville) il aurait fallu trouver, de la fragrance de géranium de sa musique, non une explication matérielle, mais l'équivalent profond, la fête inconnue et colorée (dont

1. *Ibid.*, p. 889.
2. *Ibid.*
3. *Du côté de chez Swann*, p. 211.
4. *Ibid.*, p. 348.
5. *Ibid.*, p. 348.

ses œuvres semblaient les fragments disjoints, les éclats aux cassures écarlates) mode selon lequel il "entendait" et projetait hors de lui l'univers. »[1]

La fragrance de géranium de la musique de Vinteuil, par son éclat sensuel fait écho au rire de géranium d'Albertine qui circonvient le narrateur à la façon d'une caresse entêtante et parfumée. Les odeurs et les parfums constituent donc un réservoir de métaphores privilégiées dans lequel l'écrivain peut puiser pour exprimer l'essence de la musique, et la complicité des sens qui s'enlacent et se répondent dans une magnifique synesthésie.

Proust n'a donc rien à envier à Chateaubriand, à sa brise chargée de parfum de réséda ou à son odeur d'héliotrope. L'odorat possède chez lui une puissance esthétique inégalée : il est non seulement le sens qui permet de descendre dans les profondeurs de l'intimité et de l'affectivité, et de s'élever à une contemplation d'éternité, mais il est un trésor de poésie par le jeu des métaphores qu'il fournit pour convertir la sensation en idée. *À la recherche du temps perdu* peut ainsi se lire comme un bouquet d'odeurs, mêlant le vétiver et l'iris de l'enfance aux aubépines et aux lilas de l'adolescence, rehaussé, à la maturité, de l'éclat des catleyas et du minium des géraniums.

Les expressions musicales et plastiques de l'odeur

MUSIQUE ET PARFUM

Si le charme indéfini du parfum et les fragrances incarnats restituent la douceur aérienne de la sonate de Vinteuil, il faut noter que

1. *La prisonnière*, p. 375.

la musique à son tour, chez Proust, est dotée d'une puissance olfactive telle qu'elle donne à sentir les odeurs au point d'en être parfois incommodé. Musique et parfum entretiennent ainsi des rapports privilégiés et s'expriment l'un l'autre dans une parfaite harmonie et réciprocité. Le narrateur n'affirme-t-il pas à Mme de Cambremer à propos de l'opéra de Debussy :

> « C'est tout à fait *Pelléas,* [...] cette odeur de roses montant jusqu'aux terrasses. Elle est si forte dans la partition, que j'ai comme le hay-fever ou la rose-fever, elle me faisait éternuer chaque fois que j'entendais cette scène. » [1] ?

Derrière le propos mondain, destiné à flatter le goût du modernisme de la snob Mme de Cambremer, le narrateur attire l'attention sur l'aptitude de Debussy à restituer un monde olfactif par la puissance conjuguée des mots et des sons et il invite d'une manière plus générale à se demander comment la musique peut exprimer l'odeur.

Debussy ou la musique des odeurs

« Pelléas et Mélisande »

À l'évidence, dans *Pelléas et Mélisande*[2], la présence musicale du parfum n'est pas cantonnée à la scène III de l'acte III, à laquelle Proust fait allusion mais elle imprègne fortement l'opéra tout entier, car c'est en termes olfactifs que se disent l'amour et la mort. Lorsque Golaud, qui a surpris un peu auparavant la scène de séduction entre sa jeune femme Mélisande et son demi-frère Pelléas, entraîne celui-ci dans les souterrains du château pour rejoindre la grotte marine très

1. *Le côté de Guermantes*, p. 813.

2. Joué pour la première fois le 30 avril 1902, à l'Opéra-Comique, *Pelléas et Mélisande* fut composé par Claude Debussy sur un livret de Maurice Maeterlinck.

profonde où son épouse est censée avoir perdu sa bague, il le force à respirer l'odeur de mort qui monte du gouffre en guise d'avertissement à peine voilé :

> « Eh bien, voici l'eau stagnante dont je vous parlais. Sentez-vous l'odeur de mort qui monte ? Allons jusqu'au bout de ce rocher qui surplombe et penchez-vous un peu ; elle viendra vous frapper au visage... Penchez-vous n'ayez pas peur, je vous tiendrai. Donnez-moi non, non pas la main, elle pourrait glisser, le bras. Voyez-vous le gouffre, Pelléas, Pelléas ? » [1]

Cette odeur de mort qui émane de la grotte pour frapper au visage préfigure la scène IV où Golaud, en proie à la jalousie, tire son épée dans les ténèbres et en assène des coups furieux à Pelléas et Mélisande enlacés près de la fontaine au fond du jardin, blessant ainsi sa femme et tuant son demi-frère. Pour l'heure, il laisse planer la menace de la chute mortelle en invitant Pelléas à se pencher au-dessus de la grotte et en se proposant de le retenir. Pelléas ne s'y trompe pas car il proteste contre ce parfum morbide par un « j'étouffe ici, Sortons ».

La musique dans cette scène II de l'acte III est elle aussi expressive par ses rythmes traînants de l'odeur de mort qui émane des eaux stagnantes. Jankélévitch supposait d'ailleurs à ce propos que l'utilisation par Debussy des pédales et de rythmes très lents traduit une obsession de la stagnation et notamment de la stagnation de l'eau qui se retrouve dans toute l'œuvre et plus particulièrement dans cette scène II de l'acte III[2]. Les couleurs orchestrales très sombres et très graves dominées par le rôle soliste du basson et des timbales accentuent la menace du gouffre d'où monte l'odeur suffocante de mort. Toute la scène est en ut mineur et repose sur cette tonique.

Une fois sorti des souterrains, à l'air libre sur la terrasse, c'est encore dans le registre olfactif que s'exprime le soulagement de Pelléas :

1. Cf. scène II de l'acte III.
2. Voir sur ce point, *Debussy et le mystère*, Plon, et *La vie et la mort dans la musique de Debussy*, la Baconnière, Neuchâtel.

« Ah ! je respire enfin ! J'ai cru un instant que j'allais me trouver mal dans ces énormes grottes, j'ai été sur le point de tomber. Il y a là un air humide et lourd comme une rosée de plomb, et des ténèbres épaisses comme une pâte empoisonnée. Et maintenant tout l'air de toute la mer ! Il y a un vent frais, voyez, frais comme une feuille qui vient de s'ouvrir, sur les petites lames vertes.
Tiens ! On vient d'arroser les fleurs au bord de la terrasse et l'odeur de la verdure et des roses mouillées monte jusqu'ici. Il doit être près de midi ; elles sont déjà dans l'ombre de la tour. Il est midi, j'entends sonner les cloches et les enfants descendent vers la plage pour se baigner. Tiens voilà notre mère et Mélisande à une fenêtre de la tour. » [1]

C'est d'abord un parfum de liberté que respire Pelléas, parfum qui balaie la sensation d'oppression et écarte la menace de mort. À l'odeur morbide des eaux croupies dans les ténèbres s'opposent les verts effluves marins. L'ouverture infinie « de tout l'air de toute la mer » brise la chape méphitique de la grotte et dissipe le parfum empoisonné de la réclusion.

Mais c'est aussi le frais parfum des amours enfantines, symbolisé par l'herbe humide et les roses mouillées, qui monte aux narines de Pelléas au sortir du lugubre souterrain. L'odeur vénéneuse des eaux stagnantes et ténébreuses fait place à la délicate senteur des fleurs arrosées par les eaux claires de la fontaine. Les roses qui exhalent leur parfum mouillé expriment la douceur d'un midi radieux de l'amour, et cette impression est relayée par les cris des enfants qui courent au bain et par la vision fugitive des figures aimées de la mère et de l'amante à une fenêtre de la tour. Plus profondément encore l'évocation de l'odeur des roses dans l'ombre de la tour constitue une réminiscence de la scène romantique où Mélisande à la fenêtre dénoue ses longs cheveux pour la nuit devant un Pelléas ébloui par leur lumière. Au pied de la tour, Pelléas demande à la jeune femme de se pencher pour contempler sa beauté et lui prendre la main. Mélisande se penche alors et s'écrie qu'elle voit une rose

1. *Pelléas et Mélisande*, acte III, scène III.

dans les ténèbres, que Pelléas n'aperçoit pas. Du haut de sa fenêtre, sur le point de tomber, elle ne peut se rapprocher davantage et c'est alors que toute sa chevelure se déroule le long de la tour et tombe dans les bras de Pelléas qui la couvre de baisers. Le flot céleste de la chevelure qui se répand jusque dans les branches du saule inonde Pelléas et l'enivre de bonheur[1]. C'est cette pluie douce du ciel que réveillent à la scène III les herbes et les roses mouillées.

Ainsi chez Debussy l'odeur est tour à tour porteuse d'amour et de mort et possède une forme d'ambivalence. Cette ambivalence se retrouve à deux reprises dans la symbolique de la rose entrevue dans les ténèbres par Mélisande ou déjà gagnée par l'ombre de la tour pour Pelléas. Au parfum de l'amour se mêle déjà subrepticement l'odeur imperceptible de la mort. La musique épouse ce passage de l'odeur de mort dans l'ombre de la grotte, à l'odeur de vie et d'amour dans la lumière du jour. D'*ut mineur* pendant la scène souterraine, elle passe en *la majeur* et devient rayonnante avec une dominante de sol. Au lugubre basson succède une mélodie de harpes, de flûtes clochettes et de violons qui égrènent des notes cristallines comme des gouttelettes de rosée parfumée. L'évocation euphorique de l'air marin se fait en *ut majeur* et la douceur du parfum de roses mouillées en *fa dièse majeur*. De nouveau lorsque Golaud à la fin de cette scène sur la terrasse réintroduit subrepticement l'odeur de mort au sein de l'ivresse des odeurs de midi en enjoignant Pelléas de cesser son petit jeu avec Mélisande, la musique passe brutalement en *mi bémol mineur*.

Ces ruptures de ton, cette mobilité de la musique qui passe d'un temps lourd suspendu et immobile à l'éclat d'une note vive et légère sont tout à fait appropriés aux impressions olfactives de Pelléas tour à tour saturées par l'odeur croupie de l'eau stagnante et revivifiées par la fraîcheur de l'air marin, la suavité mouillée des roses comme une bulle de parfum qui s'élève avant de s'éclater dans l'ombre morbide

1. Cf. acte III, scène I : « Je n'ai jamais vu des cheveux comme les tiens, Mélisande. Vois, vois, vois, ils viennent de si haut et ils m'inondent encore jusqu'au cœur : ils m'inondent encore jusqu'aux genoux ! Et ils sont doux, ils sont doux comme s'ils tombaient du ciel. »

de Golaud. Ainsi malgré le caractère mondain de son propos, le narrateur proustien n'avait-il pas totalement tort de craindre le *hay-fever* ou la *rose-fever* tant l'odeur de rose imprègne la partition de *Pelléas et Mélisande*. Avec cet opéra se met donc en place une forme d'expression olfactive qui résulte du mariage de la musique et des mots. Certes la musique des odeurs dans l'art lyrique de Debussy repose encore sur un socle littéraire et prend appui sur le livret de Maeterlinck.

La question se pose alors de savoir si l'on peut aller au-delà des mots et des chants d'opéra pour penser une pure musique olfactive qui fasse l'économie de la médiation du texte. Là encore Debussy peut servir de modèle car la référence à l'odeur n'est pas un simple hapax dans son œuvre. Indépendamment du recours à un support textuel, le musicien s'est toujours montré particulièrement sensible aux parfums et aux odeurs, comme en témoignent les titres de certaines de ses compositions : *Les parfums de la nuit*, dans *Ibéria* ou *Les sons et les parfums tournent dans l'air du soir* dans les *Préludes*, livre I (1909-1910). Debussy conçoit la musique comme un art libre, comme un art de plein air, à la mesure du vent et de la mer où les impressions visuelles, sonores et olfactives se répondent dans une harmonie naturelle. Dans la *Revue blanche*, il écrit le 1er juin 1901 :

> « J'entrevois la possibilité d'une musique construite spécialement pour le plein air, toutes en grandes lignes et en hardiesses vocales et instrumentales, qui joueraient dans l'air libre et planeraient joyeusement sur la cime des arbres [...]. Il y aurait là une collaboration mystérieuse de l'air, du mouvement des feuilles et du parfum des fleurs avec la musique ; celle-ci réunirait tous ces éléments dans une entente si naturelle qu'elle semblerait participer de chacun d'eux. »

Debussy explore ainsi les correspondances et invente ce qu'on l'on pourrait appeler une « harmonie sonolfactive ». Cette volonté audacieuse de lier le son au parfum se faisait déjà jour dans la mise en musique dans les années 1887-89 de cinq poèmes de Baudelaire, notamment *Harmonie du soir* composé en 1889 sur le rythme d'une vieille sarabande et marqué par des accents wagnériens.

« Les parfums de la nuit »

Dans *Ibéria*[1], composé de trois mouvements, *Par les rues et les chemins*, *Les parfums de la nuit*, *Le matin d'un jour de fête*, le langage musical de Debussy restitue la chaleur lumineuse des villages espagnols, la suavité magique des nuits andalouses, la joie du peuple en fête qui danse dans les rues. Le tryptique d'*Ibéria* atteint une richesse sans précédent, car il vise l'expression des sensations aussi bien visuelles et tactiles qu'olfactives. Cette correspondance entre le son et l'odeur a tout d'une gageure car il paraît impossible de transcrire musicalement des sensations olfactives. L'écriture du premier et du troisième mouvement paraît plus facile, du moins si l'on en croit la lettre du 10 août 1908 où Debussy confesse : « J'entends les bruits que font les chemins de Catalogne, tout en même temps que la musique des rues de Grenade. »[2] Après avoir évoqué dans un premier morceau, ces rues et ces chemins sur un rythme de Sévillane, Debussy se risque pourtant à exprimer musicalement les sensations olfactives dans *Les parfums de la nuit* et à recréer l'atmosphère enivrante et capiteuse de la nuit espagnole. L'écriture musicale repose sur une dispersion des timbres et un éclatement de la forme qui étaient déjà présents dans *Jeux de vagues* mais que Debussy exploite ici de manière plus poussée et systématique. Cette technique qui consiste selon Harry Halbreich en « une juxtaposition par imbrication d'éléments aux retours irréguliers donnant naissance par voie de prolifération organique à des éléments nouveaux »[3], est tout à fait appropriée aux mouvements des effluves qui se mêlent, se recouvrent et se dissolvent dans l'air du soir pour exhaler à nouveau leurs notes puissantes au gré de la brise comme une onde parfumée qui vient mourir aux narines et laisser place à une nouvelle vague de senteurs. Dès le début du morceau, sur un rythme lent de habanera, Debussy

1. Cf. *Images pour orchestre*, II.
2. Cité par Harry Halbreich, in *Claude Debussy*, Edward Lockspeiser, Fayard, p. 691.
3. *Claude Debussy*, p. 682.

évoque les parfums langoureux et sensuels qui saturent l'atmosphère et stagnent dans l'air du soir par une mélodie de hautbois au caractère traînant et de *pizzicati* de violons qui donnent l'impression d'un temps musical immobile, d'une apesanteur de rêve, d'une évaporation ondulatoire des notes sur un ton dominant de *fa dièse majeur*. À la chaleur sensuelle du hautbois, il mêle çà et là célesta et harpes qui suggèrent le murmure frais des fontaines et le *glissandi* des cordes qui épousent la volatilité des effluves ou de la brise légère. La forme du morceau est extrêmement mouvante, se déploie en volutes alternant la langueur des hautbois, les cordes graves des altos et des violoncelles avec la fraîcheur des harpes et des flûtes, tour à tour traversées par les reprises et les variantes du thème du premier morceau puis par les anticipations de la marche joyeuse du troisième mouvement que les cloches matutinales au lointain et la trompette annoncent au final.

« Les sons et les parfums tournent dans l'air du soir »

Dans les *Préludes*, livre I, Debussy exprime encore plus fortement l'harmonie des sons et des parfums avec un raffinement tout baudelairien. Le vers célèbre d'*harmonie du soir*, « les sons et les parfums tournent dans l'air du soir » devient le titre du quatrième prélude où Debussy, à l'aide du seul piano, crée un chef-d'œuvre de musique olfactive. Sur le rythme d'une valse très lente, qui fait écho au vers de Baudelaire, « valse mélancolique et langoureux vertige », le morceau se déploie à la manière d'un ostensoir qui répand un parfum entêtant, sur une tonalité de *la majeur* parcourue par des combinaisons harmoniques et des séries mélodiques qui viennent s'évaporer par intervalles. Harry Halbreich, qui voit dans ce morceau l'un des sommets des *Préludes*, estime qu'« on y respire une atmosphère voluptueuse et un peu entêtante, comme certaines odeurs d'herbe ou de chèvrefeuille, avec cette tournure harmonique d'une si étrange couleur qui parcourt le morceau à l'aide d'un *ostinato* »[1]. Debussy est

1. *Op. cit.*, p. 583.

en somme le Baudelaire de la musique ; il manie les correspondances avec brio à tel point que les notes olfactives et sonores se répondent.

Certes la tâche est facilitée par l'existence d'une temporalité musicale et d'une dynamique sonore capables d'épouser les évolutions et les circonvolutions du parfum. De ce point de vue, la peinture et la sculpture semblent plus mal loties. En règle générale, les arts plastiques sont plus statiques ; ils impliquent une vision *tota simul* peu adaptée aux métamorphoses successives des effluves qui s'envolent au vent. Dès lors les correspondances risquent d'être manquées de sorte que l'appel de l'odeur se brise sur le silence de la couleur. Baudelaire, qui évoque des parfums « doux comme les hautbois, verts comme les prairies »[1], aurait-il tort d'étendre l'harmonie des sons et des odeurs à la couleur ? Doit-on estimer au contraire que la peinture et la sculpture sont impuissantes à rendre la fragrance et que la couleur ne peut rimer avec l'odeur ?

Peinture et parfum

L'évocation des odeurs ou la représentation du parfum dans la peinture est un phénomène d'autant plus rarissime qu'il s'agit de restituer l'invisible par le visible, l'informe par la forme et d'enfermer dans les limites fixes d'un tableau ce qui par essence s'évapore et n'a pas de forme délimitée. Comment rendre l'odeur par la couleur et évoquer l'odorat par la vue ? Peu d'artistes ont tenté cette aventure et lorsqu'ils s'y risquent, ils le font souvent d'une manière très conventionnelle en courant droit à l'échec. Le peintre Boizot qui avait entrepris de représenter l'odorat et l'ouïe dans deux tableaux pendants, aujourd'hui disparus, l'a appris, semble-t-il, à ses dépens, car il s'est attiré ce commentaire peu amène de Diderot dans les *salons* de 1771 : « M. Boizot : 49-L'odorat. 50-L'ouïe. Mauvais. »[2] C'est la marque du

1. *Les fleurs du mal*, « Correspondances », Édition Garnier, p. 13.
2. *Héros et martyrs, Salon de 1771*, Paris, Hermann, 1995, p. 161.

grand art que de savoir trouver la couleur vaporeuse des odeurs. La plupart du temps, la peinture reste inodore et impuissante à rendre la fragrance d'un bouquet. Le même Diderot ne s'y trompe pas, lorsqu'il critique, dans les *Salons*, une nature morte de Gérard Van Spaendonk :

> « [...] on a dit de ces fleurs, et la critique a paru du moins ingénieuse, que toutes belles qu'elles étaient, on pourrait leur reprocher de manquer d'odeur. Rien n'égale en effet l'éclat et la vivacité de leurs coloris ; mais y trouve-t-on ce léger duvet, cette espèce de vapeur qui pourrait seule rappeler à la vue l'idée des doux parfums qu'elles exhalent ? » [1]

Le philosophe souligne ici la difficulté de l'évocation de l'odeur dans la peinture et la nécessité d'une transposition du registre olfactif dans le cadre visuel. La peinture, toutefois, peut bien donner à la vue l'idée du parfum, mais ne le fait pas sentir ; elle recourt à des effets visuels censés correspondre à la sensation olfactive. Elle est donc condamnée à inventer des leurres, à forger l'illusion de la fragrance. En somme pour suggérer l'odeur, il faudrait créer « une peinture en trompe-nez » [2]. L'imagination des artistes se doit donc d'être particulièrement inventive à cet égard et c'est sans doute l'une des raisons pour lesquelles l'odeur et l'odorat ont rarement constitué l'objet central des investigations picturales.

Il faut toute la virtuosité d'un Fragonard pour réussir le tour de force de réaliser une toile comme *Le sacrifice de la rose* qui est devenue l'emblème des parfumeries de Grasse. Allégorie de la perte de la virginité et du vertige amoureux, *Le sacrifice de la rose* se présente comme une offrande à l'amour. Le tableau représente un ange sous les traits d'un bel adolescent qui brûle sur un autel en forme de cinérarium circulaire la rose dont une jeune fille vient de lui faire le sacrifice. La jeune fille pâmée devant l'autel de l'amour

1. *Ibid.*, p. 357.
2. C'est le titre d'un article signé Boba'no, paru dans *L'odeur, essence d'un sens*, p. 202-205.

est nue et abandonnée à sa jouissance extatique. La tête légèrement renversée en arrière et inclinée sur l'épaule gauche, la bouche entrouverte et les yeux clos, une main sur la poitrine, elle est tout entière offerte à l'Amour. L'ange aux ailes déployées qui la soutient d'une main, aidé par un petit angelot, pose délicatement sa tête blonde sur son flanc droit tout en embrasant au feu du flambeau qu'il tient dans son autre main la rose sacrifiée sur l'autel. Le parfum vaporeux qui s'en dégage, s'échappe de la toile et l'imprègne d'une forte charge de sensualité et d'érotisme. Mais si Fragonard a su restituer le parfum de la sexualité à travers une jeune fille qui donne sa fleur, son objet pictural n'est pas l'odeur en soi de sorte qu'il serait excessif de le considérer comme un peintre olfactif. Est-ce à dire alors que la tentative d'exprimer le nez par la vue soit généralement indirecte, périphérique voire marginale, et que l'évocation de l'odeur par la couleur soit toujours vouée à l'arrière-plan comme un adjuvant ou un complément des sensations visuelles, sonores et tactiles ? On serait en tout cas tenté de le croire pour peu que l'on examine l'ensemble du patrimoine pictural de l'humanité tant les tableaux qui ont pour objet premier la dimension olfactive sont une rareté.

À titre d'exception, il faut toutefois mentionner deux démarches originales, qui correspondent à deux voies possibles d'expression de l'olfactif par la peinture. La première est d'ordre allégorique et la seconde d'ordre symbolique. Cela ne signifie pas qu'il soit impossible d'envisager une forme de peinture abstraite de l'odorat. Louise Bourgeois a commencé d'explorer cette voie en 1968 avec un tableau intitulé *Le doux parfum de l'indigo* fondé sur des formes abstraites, des lignes et des spirales et elle y est revenue plus récemment en 2007 dans sa dernière œuvre intitulée *Extreme Tension*. En onze grands panneaux, elle décrit de la tête aux pieds son corps morcelé, les sensations qui l'étouffent parfois, la douleur, les crampes, les palpitations, la respiration, les bouffées de chaleur et la transpiration. Le dernier panneau a pour titre *The Smell of the Hunted Animal* (*L'odeur de l'animal traqué*), et repose sur une série de lignes verticales comme un fumet de fumée[1].

Gonzales Coques et l'allégorie de l'odorat

Bien auparavant, dans la peinture classique, un élève de Pieter II Brueghel, Gonzales Coques, s'est attelé à la tâche délicate de représenter les cinq sens et de faire du tableau le support visuel de sensations non visuelles[2]. Ce peintre belge de l'école flamande a consacré une série de tableaux aux cinq sens et a eu recours à des allégories pour contourner la difficulté de rendre avec le pinceau et la palette les sensations sonores, olfactives, tactiles et gustatives. Gonzales Coques était très connu au XVIIe siècle pour ses portraits individuels ou de groupe de petit format qui lui ont valu le surnom de « Petit Van Dycke », mais il excellait également dans le portrait allégorique. Dans la série de cinq tableaux conservés à Londres à la National Gallery, Gonzales Coques fait le portrait de cinq artistes censés incarner les cinq sens. Le portrait intitulé « *Smell* » qui date d'avant 1661 représente sur un fond brun le sculpteur et architecte Lucas Fayd'herbe, en costume d'époque, assis de face en train de fumer une longue pipe. L'odeur et l'odorat paraissent évoqués de façon très conventionnelle par un fumeur de pipe et renvoyer uniquement à l'image du tabac. Toutefois, le tableau dégage une étrange impression d'abstraction et dépasse le cadre d'une simple vision picturale de l'odeur. Il n'a rien d'une peinture réaliste, car aucune fumée ne s'échappe de la pipe ni aucune narine ne frémit. L'odeur n'est pas

1. Voir également le tableau du peintre futuriste Luigi Rossolo, *Le Parfum*, et l'analyse qu'en donne Héléne Faivre, dans *Odorat et humanité en crise à l'heure du déodorant parfumé*, *op. cit.*, p. 132-133.

2. Gonzales Coques n'est pas le seul peintre à avoir entrepris d'évoquer les cinq sens au XVIIe siècle. Antoine Bosse (1604-1676) a également consacré cinq tableaux aux sens et notamment à l'odorat dont s'est inspiré un peintre anonyme (voir au musée des Beaux-arts de Tours, le tableau intitulé « *Odoratus* » qui représente un couple entouré de chiens flairant, qui respire le parfum d'un bouquet sur le parvis d'un escalier monumental donnant accès à un jardin.

évoquée de façon visuelle par des volutes blanches qui s'échapperaient en abondance ou par un nez qui ferait un effort sensible pour la humer. Bien au contraire, le regard se fait absent, car tout est conçu pour le détourner d'une simple vision du tableau. L'artiste qui sert de support à l'évocation olfactive a les yeux dans le vague et semble ne rien voir. Il est tout entier absorbé par cette pipe fourrée dans sa bouche et qu'il tient négligemment dans la main gauche. Il est cette pipe et rien d'autre, de sorte que son image s'efface pour laisser monter l'odeur de tabac. Le choix d'un artiste comme support allégorique aux cinq sens laisse entendre qu'aux yeux de Gonzales Coques toutes les facultés sensorielles donnent lieu à des contemplations esthétiques et peuvent appréhender la beauté sous ses diverses formes.

La représentation allégorique de l'odorat chez Coques n'est pas figée dans l'image du tabac mais donne lieu à des variations ainsi qu'en témoigne une seconde série de tableaux consacrés aux cinq sens[1]. La toile intitulée « *Mirosul* » (« l'odorat »), qui figure au musée de Bucarest, représente un homme brun aux cheveux longs qui respire sa main et qui tient dans l'autre un objet dont la nature est difficile à déterminer, flacon, tabatière, ou pomander ? Moins expressive que la précédente, elle évoque toutefois l'aspect intime et sensuel de l'odeur qui imprègne la peau et vient troubler les narines.

Gauguin : Noa Noa ou la peinture parfumée

Mais c'est sans doute chez Gauguin que l'expérience de l'évocation de l'odeur par la couleur est la plus prégnante. Il ne s'agit plus comme chez Coques de représenter les sens, il s'agit de faire sentir l'odeur des tropiques dans le tableau. Paul Gauguin se place d'emblée dans cette optique d'une peinture olfactive, notamment avec son album intitulé *Noa Noa*. Le titre parle de lui-même : dans la langue maorie, le terme *Noa Noa*, employé comme substantif et comme adjectif, désigne le parfum ou ce qui est odorant.

1. Cf. musée Sibio, Bucarest.

La recherche d'une esthétique qui convoque le nez n'est pas une tentative mineure et marginale mais l'expression d'une préoccupation fondamentale dans la peinture de Gauguin. L'art pictural ne s'adresse pas seulement à la vue, mais à la sensibilité tout entière et saisit l'intelligence de manière immédiate et instantanée. À ses yeux, « la peinture est le plus sublime de tous les arts ; elle est la somme de toutes nos sensations et, en contemplant, chacun de nous peut créer l'histoire selon son imagination, un simple coup d'œil suffit à submerger notre âme des réflexions les plus profondes ; aucun effort de la mémoire, tout s'additionne en un seul instant » [1]. L'impression qui résulte de l'arrangement des couleurs, de la lumière et de l'ombre dépasse le cadre visuel pour devenir un symbole s'adressant à tous les sens. Fortement marqué par le modèle poétique baudelairien, Gauguin cherche les correspondances, une musique du tableau, et assigne au parfum une vocation picturale essentielle. Il vise une harmonie qui va au-delà des sens et du réel et qui invite à penser sans la médiation des images et des mots :

> « J'obtiens par des arrangements de lignes et de couleurs, avec le prétexte d'un sujet quelconque emprunté à la vie ou à la nature, des symphonies, des harmonies ne représentant absolument rien de réel au sens vulgaire du mot, n'exprimant directement aucune idée, mais qui doivent faire penser comme la musique fait penser, sans le secours des idées ou des images, simplement par les affinités mystérieuses qui sont entre nos cerveaux et tels arrangements de couleurs et de lignes. » [2]

Les verts acides, les violets sombres et les jaunes éclatants chantent ainsi la musique des couleurs, mais cette harmonie enveloppe aussi une gamme d'odeurs comme en témoigne cette confession à Fontainas de mars 1899 :

> « Ici près de ma case en plein silence, je rêve à des harmonies violentes dans les parfums naturels qui me grisent. Délice relevé de je ne sais

1. *Notes synthétiques*, cité par B. Thomson, *Gauguin*, Thames & Hudson, p. 33.
2. Interview de Gauguin par E. Tardieu dans l'*Écho de Paris*, 13 mai 1895.

quelle horreur sacrée que je devine vers l'immémorial. Autrefois odeur de joie que je respire dans le présent. »[1]

Certes, comme chez Baudelaire, au-delà du présent le parfum des couleurs fleure la nostalgie d'un Tahiti mythique que Gauguin s'efforce d'exhumer en retrouvant les traces des légendes maories et du culte des morts, comme dans le tableau *Manao Tupapau* (*L'esprit des morts veille*).

La sensibilité aux odeurs, toutefois, n'est pas simplement liée à un goût de l'exotisme, à la recherche d'un paradis perdu ou au désir d'un retour à une vie primitive édénique, comme pourrait le laisser penser l'évocation de Tahiti traditionnellement nommée la parfumée, « *Noa, Noa* ». Pour Gauguin, l'odeur est l'expression d'une essence des choses et des êtres dans leur mystère et leur profondeur. Le peintre revendique une véritable approche olfactive du monde. Pour exprimer l'exubérance et la sérénité de la nature, il estime nécessaire d'en avoir, comme il dit, « compris l'odeur ». C'est pourquoi il s'inspire de la nature tropicale et des femmes maories pour peindre ses paysages tropicaux et ses nus en respirant leur odeur. Il écrit ainsi à sa femme Mette dans une lettre datée de juillet 1992 :

> « Je suis en plein travail, maintenant je connais le sol ; son odeur, et les Tahitiens que je fais d'une façon très énigmatique n'en sont pas moins des Maories et non des Orientaux des Batignolles. Il m'a fallu presque un an pour arriver à le comprendre. »[2]

Lorsqu'il décrit l'un de ses tout premiers tableaux de Vahiné, « la femme à la fleur », *Vahiné no te tiare*, qui se trouve aujourd'hui au musée de Copenhague, il ne met pas l'accent sur la ressemblance visuelle mais sur la perception d'une intériorité. « Ce fut un portrait ressemblant à ce que mes yeux voilés par mon cœur ont aperçu. Je

1. Lettre CLXX à André Fontainas, *Lettres à sa femme et à ses amis*, recueillies, éditées et préfacées par Maurice Malingue, Paris, Grasset, p. 292.
2. Lettre CXXX à sa femme, *op. cit.*, p. 233.

crois surtout qu'il fut ressemblant à l'intérieur. »[1] Il ne s'agit donc pas tant de regarder l'autre que de le ressentir. Gauguin est ainsi moins sensible à la vue de cette femme tahitienne qu'à son aura parfumée symbolisée par la fleur qui livre son intimité. C'est d'ailleurs en des termes olfactifs qu'il brosse son portrait lors de la première rencontre. « Elle avait, dit-il, une fleur à l'oreille qu'écoutait son parfum. »[2] Il la décrit comme « une de ces femmes qui répandent autour d'elles ce mélange d'odeur animale et de parfum de santal, de tiaré »[3]. Le *tiare* figurant dans le tableau est une variété de gardénia très odorant utilisé en parfumerie et qui est devenu l'emblème de l'île. Écouter le parfum des choses et des êtres, tel pourrait bien être le maître mot de cet atelier des tropiques fondé par Gauguin pour saisir l'âme maorie. La couleur est la musique de l'odeur. Et c'est dans son album *Noa Noa* qu'il porte le plus loin cette tentative puisqu'il la place tout entière dès le titre sous l'égide du parfum.

En mai 1895, il déclare au journaliste Eugène Tardieu :

> « Avant de partir je vais faire paraître, avec mon ami Charles Morice, un livre où je raconte ma vie à Tahiti et mes impressions d'art. Morice commente en vers l'œuvre que j'en ai rapportée. Cela vous expliquera pourquoi et comment j'y suis allé. – Le titre de ce livre ? *Noa-Noa*, ce qui veut dire en tahitien : odorant ; ce sera ce qu'exhale Tahiti. »

Cet album est à la fois un récit de voyage, un témoignage de la vie de Gauguin pendant son premier séjour à Tahiti, un commentaire de ses tableaux, il est accompagné de poèmes de Charles Morice et a donné lieu à plusieurs versions remaniées. Le manuscrit intitulé *Noa Noa, voyage de Tahiti*, conservé au département des Arts graphiques du musée du Louvre, qui est l'unique version du texte entièrement validée par Gauguin, est conçu comme un livre à la fois à lire et à voir ; il comporte un récit à l'encre brune enluminé de nombreuses

1. *Noa Noa*, Éditions de J. Loize, A. Balland, p. 24.
2. *Noa Noa*, p. 25.
3. *Ibid.*

images, et devait être accompagné de gravures. *Noa Noa* parut le 1er mai 1901 et fut placé par son éditeur sous le signe d'une peinture parfumée comme en témoigne la présentation : « Des bonnes feuilles de ce livre qui fleure si puissamment le parfum, l'essence double de la nature et de l'art – ces deux divines sauvageries. »

Parmi les nombreuses illustrations, photographies, dessins au lavis ou aquarelles figure le tirage en noir sur papier Japon d'une gravure sur bois intitulée *Noa Noa*. *Noa Noa* n'est donc pas seulement le titre général d'un album, mais le nom d'une œuvre picturale consacrée expressément au parfum. L'ordre des gravures est contesté mais selon Barbara Stern Shapiro[1], « *Noa Noa* est la première d'une série d'images qui représentent les aspects agraires de la vie des populations indigènes. La profusion de ses formes végétales introduit effectivement la série. Considérés comme un ensemble, les bois gravés incorporent des éléments décoratifs que Gauguin réalisa durant son premier séjour à Tahiti ». *Noa Noa* est une gravure sur bois, en noir sur papier Japon, préparé en jaune, ocre, rouge orangé et vert. Les teintes de couleurs chaudes rehaussées de vert se prêtent à l'évocation d'un univers tropical, mais à la différence de certains tableaux, ce n'est pas tant la couleur que le trait délibérément imprécis et vaporeux qui suggère l'odeur.

L'évocation de l'odeur se fait par une série de lignes et de mouvements circulaires comme des volutes qui s'élèvent de la terre vers le ciel, lignes vagues définissant les formes floues des animaux qui entourent le personnage au premier plan vu de dos, mouvements de son corps et de son visage tournés dans la direction d'une femme au loin, sillons du champ dans lequel elle se trouve. Au centre figure un arbre mystérieux dont le feuillage incorpore les images de deux femmes assises dans un décor végétal. Cet arbre onirique à la fois mirage et nuage est entouré de fleurs suspendues dans les airs comme des lianes parfumées qui se tordent délicatement vers le ciel. Tout contribue à donner une impression de rêve vaporeux, d'une

1. Cf. *L'atelier des tropiques*, Éditions de la Réunion des musées nationaux, 2003, p. 167.

fusion de la nature et de l'homme, par une sorte de décomposition organique et d'évaporation, de mélange odorant du monde animal et végétal qui environne l'homme et l'enveloppe de ses effluves. Cette impression est renforcée par l'incrustation dans le sommet du tableau d'une sorte de phylactère ou de bulle dans laquelle figurent l'inscription de couverture *Noa Noa* ainsi que les initiales de Gauguin. Le tableau est ainsi une exhalaison tropicale et sa réussite tient à son caractère odorant.

A contrario l'échec d'une œuvre d'art s'exprime également en termes olfactifs. La peinture classique asservie à la reproduction du réel est frelatée et pue l'académisme. Lorsqu'il défend sa célèbre composition « D'où venons nous ? Que sommes nous ? Où allons-nous ?, il s'écrie : « Cela ne pue pas le modèle, le métier et les prétendues règles. »[1] Gauguin fuit la fadeur et cherche toujours des parfums nouveaux, sans cesse plus puissants et jamais respirés, comme en témoigne cette remarque avant son départ pour les îles Marquises : « Mes toiles de Bretagne sont devenues de l'eau de rose à cause de Tahiti ; Tahiti deviendra de l'eau de Cologne à cause des Marquises. »[2]

Ce parfum plus subtil, Gauguin le donnera à sentir dans *Contes barbares*, l'une de ses dernières toiles dont George T.M. Shackelford estime qu'elle aurait pu être la conclusion toute désignée de la carrière du peintre tant elle porte à son sommet l'harmonie sensorielle et sollicite les narines autant que les yeux. Ce chef-d'œuvre de synesthésie représente deux femmes polynésiennes à demi nues, assises au premier plan, dans un cadre luxuriant où prolifèrent les fleurs et les fruits comme dans un paradis exotique et vaporeux. La première à droite a le teint clair et possède une abondante chevelure rousse couronnée de fleurs blanches qui tombe en cascade de lumière sur son dos. La seconde, au teint plus sombre, est assise dans une posture traditionnelle bouddhique. Les yeux dans le vague, ces deux femmes ne regardent pas, elles sont tournées vers leur intériorité.

1. Lettre à Monfreid, mars 1898, V. Segalen, *Lettres à Daniel de Monfreid*, Paris, 1950, p. 94.
2. Cf. Joly Segalen, Lettre LXXV, juin 1901, p. 177.

Derrière elles, figure une étrange créature aux pieds griffus et aux cheveux roux, en robe violette, mi-homme, mi-renard, avec ses yeux verts obliques, qui rappelle le renard aux yeux fixes, symbole de la perversité chez les Indiens, qui est présent dans le bas-relief, « soyez amoureuses ». C'est un tableau troublant qui se contemple avec le nez, comme l'a très bien senti Richard Bretell : « L'aura de troublant mystère, les brumes vaporeuses, le "parfum" entêtant et l'exotique foisonnement végétal, de fruits, fleurs et arbres engloutissent presque les personnages surgis de cette luxuriance qu'ils ne sauraient dominer. [...] En vérité les fleurs que l'on croit respirer, triomphent ici des humains dont on oublie les regards vides pour admirer l'iris stylisé à droite du personnage central, ou les "lotus" chers à Gauguin à Tahiti. »[1] Les *Contes barbares* sont saturés d'odeurs et exhalent le souffle poétique des fleurs qui répandent un bouquet sibyllin, à l'instar des messages d'Iris, la mythologique déesse des parfums.

Sculpture et parfum

Si avec Gauguin, la peinture se fait odorante, il devient possible de penser que tous les arts plastiques sont dotés de cette capacité. Avec *Noa Noa* et les gravures sur bois, c'est aussi la possibilité d'une sculpture olfactive qui voit le jour, car la frontière est ténue entre peinture et bas-relief. Il est vrai que les sculptures de Gauguin ont moins retenu l'attention que ses peintures mais doit-on y voir une preuve de l'impossibilité d'exprimer le parfum en trois dimensions ? Certes, l'idée de « sculpture olfactive » semble une contradiction dans les termes tant l'épaisseur brute de la matière dans sa dureté immobile s'oppose à la volatilité de l'odeur, à sa fugacité et son évanescence. La solidité du matériau du sculpteur s'accorde mal

1. Catalogue de l'exposition Gauguin, Washington, Chicago, Paris, 1988-99, p. 474, *op. cit.*, Shackelford, « Splendeurs et misères : Gauguin aux îles Marquises », *Gauguin. L'atelier des tropiques*, Éditions de la Réunion des musées nationaux, 2003.

avec la fluidité du parfum, peu enclin à se fixer et à épouser l'aspect d'une forme en trois dimensions. Il paraît donc bien difficile de concevoir une alliance entre la pierre et le parfum. Est-ce à dire alors que les moules et les ciseaux aient moins de puissance expressive que la toile et le pinceau ? Loin s'en faut, car certaines sculptures ont une puissance telle qu'elles font jaillir l'odeur du modelé et de la couleur et témoignent d'une imagination créatrice qui peut puiser ses sources aussi bien dans un réalisme que dans un symbolisme olfactifs.

Zumbo : la sculpture qui empeste

Dans la veine réaliste, il faut distinguer Gaetano Giulio Zumbo au tout premier chef car il pourrait aisément soutenir la comparaison avec les peintures en trompe-l'œil de Xeusis, mais dans la catégorie des trompe-nez. Cet abbé sicilien, né en 1656, sculpteur de cires anatomiques représentant des cadavres en décomposition, s'est fait connaître en Italie par ses théâtres de la corruption des corps et ses miniatures évoquant des sépulcres ou des scènes d'épidémies. Dans ses *Scènes de peste* en cire colorée, le réalisme est tel que le bas-relief semble dégager une odeur suffocante de putréfaction. Sade lui-même s'y laisse prendre au cours de son voyage en Italie et il rapporte son saisissement, dans la chambre des Arts à Florence, à la vue du spectacle macabre offert par l'œuvre de celui qu'il appelle Zummo : « On voit un sépulcre rempli de cadavres, dans chacun desquels on peut observer les différentes gradations de la dissolution, depuis le cadavre du jour, jusqu'à celui que les vers ont totalement dévoré. Cette idée bizarre est l'ouvrage d'un Sicilien nommé Zummo. Tout est exécuté en cire et colorié au naturel. L'impression est si forte, que les sens paraissent s'avertir mutuellement : on porte naturellement la main au nez sans s'en apercevoir en considérant cet horrible détail [...] »[1]. Comme l'indique le titre, ce théâtre de cire

1. *Voyages d'Italie*, Florence, *Œuvres complètes*, XV, p. 152. On retrouve la même observation sous la plume de Sage dans *Histoire de Juliette*, *Œuvres complètes*, IX, p. 23.

empeste et la contagion semble gagner le spectateur révulsé qui se bouche le nez.

Sans doute l'abbé Zumbo dans son réalisme pestilentiel n'est-il pas l'ambassadeur rêvé de la sculpture odorante. Pourtant, force est de reconnaître qu'à travers ses fantômes de cire, il a su restituer cette odeur de la mort qui nous hante, cette essence de la peste imputée jadis à des miasmes empoisonnés, des émanations putrides liées à la corruption de l'air.

Rodin et l'odeur d'Iris

À ce spectacle macabre, la contemplation de l'œuvre de Rodin, *Iris messagère des dieux*, peut servir de puissant antidote car il n'est plus là question de l'odeur mortifère mais du parfum du désir, de l'amour, et de la vie. Ce bronze de Rodin, sculpté en 1891, dont il existe plusieurs versions, aurait sans doute saisi le marquis de Sade aussi vivement que les scènes de peste de Gaetano Zumbo, car c'est l'une des plus audacieuses sculptures jamais réalisées : elle donne à voir ou plutôt elle met sous le nez du spectateur le sexe nu et éclatant d'une femme sans tête qui écarte largement ses jambes, tenant son pied droit dans sa main droite et qui épouse une posture aérienne de danseuse renversée défiant l'équilibre. La référence à Iris est riche de significations. Fille du Titan Thaumas et d'Électre, Iris dans la mythologie était considérée tantôt comme vierge, tantôt comme amante de Zéphir et mère de l'amour. Iris est la déesse du parfum et porte les messages des dieux, en laissant sur son passage une trace symbolisée par l'arc-en-ciel. La légende raconte qu'Iris purifiait Junon avec des parfums lorsque la déesse revenait des Enfers dans l'Olympe. La fleur a gardé elle aussi le symbole de cette fonction de messagère et ses trois pétales représentent la fidélité, la sagesse et la valeur. L'iris est également la fleur des artistes et des poètes.

Dans le bronze de Rodin, Iris est tout entière symbolisée par le sexe de cette femme qui exhibe sa fleur et qui envoie son divin message parfumé. Curieusement, il n'y a rien d'obscène dans cette sculpture, car le sexe respire et exhale le souffle du désir, de la vie et de l'amour. La posture est à la fois chaste et érotique, à l'image de la déesse, tantôt vierge, tantôt amante. L'*Iris* de Rodin a la grâce légère d'un Hermès et ses deux jambes apparaissent comme les ailes du sexe qui vole dans les airs. La messagère en effet « court comme le vent » dans la mythologie, à l'instar de Zéphir, son amant. Ce sexe ouvert aux quatre vents, que l'on peut contempler sans effroi ni scandale comme *L'origine du monde* de Courbet, palpite de beauté et de sensualité. Néanmoins, il n'est pas dénué d'ambiguïtés et de tensions et la richesse expressive de la sculpture excède sans doute les interprétations. Le sexe est d'abord le lieu du plaisir et de la naissance. Iris, la fleur de l'artiste, est donc tout aussi bien le symbole de la procréation que de la création artistique. Elle donne à penser l'unité de l'acte sexuel et de l'acte créateur, leur fécondité réciproque et l'identité de leur jouissance. Le sexe de la femme et la main de l'artiste sont ainsi les médiateurs entre les hommes et les dieux et ils irisent le monde de leur splendeur. Mais cette érotique qui fleurit peut se faner également, car Iris conduisait aussi les âmes aux Enfers et avait pour principal emploi de couper le cheveu fatal des femmes qui allaient mourir. C'est donc sous le double registre d'Éros et de Thanatos qu'il faut placer l'œuvre de Rodin. Ce n'est sans doute pas un hasard si le sculpteur a choisi volontairement de supprimer la tête après différentes esquisses et n'a conservé qu'un buste fragmenté. Iris a perdu la tête et il faut y voir les effets de l'amour et de la mort conjugués. Ainsi les hommes sont « au parfum » et peuvent flairer l'essence de leur condition d'amour et de mort en respirant la fleur d'iris.

D'une manière générale, cependant, la signification du parfum ne se borne pas à un message érotique ou « thanatique », à l'odeur de vie dans la mort ou de mort dans la vie ; elle dépasse toute symbolique figée pour s'élargir aux confins de l'imaginaire humain. Il n'est nullement question ici de sceller les contours d'un imaginaire osmophile ni d'en explorer les figures de manière exhaustive en analysant les beaux-arts dans leur diversité et en recensant l'ensemble des œuvres créées autour d'une thématique olfactive. Que ce soit la littérature, la musique ou les arts plastiques, chacun, dans son registre, est susceptible d'inventer les formes d'une esthétique olfactive et de les exprimer. Dans un entretien radiophonique, Ariane Ascaride ne disait-elle pas que pour elle, « le théâtre, c'est d'abord une odeur », l'odeur de la boîte de maquillage de son père comédien[1] ? Et le septième art n'est pas en reste, malgré son apparition récente[2]. Il est vrai que, parmi les beaux-arts, certains se prêtent mieux que d'autres à l'élaboration d'une telle esthétique et que l'architecture, par exemple, semble en retrait à ce sujet. Est-ce à dire qu'une architecture olfactive soit impossible et se heurte à des limites insurmontables ?

Vers une architecture olfactive

Il serait abusif d'affirmer l'existence d'une véritable architecture fondée sur un art du nez. Les mises en scène olfactives, toutefois, ne sont pas bornées à l'espace théâtral, elles peuvent s'étendre à l'aménagement de l'environnement. Au cours de l'histoire, l'usage du parfum sous forme liquide ou de mélange à brûler pour créer une atmosphère ou la purifier est largement répandu et l'on n'a pas attendu l'invention des diffuseurs d'arômes pour créer un espace agréablement odorant. Néron passait déjà pour avoir installé des appareils muraux dans certains quartiers des palais, pour distraire ses invités avec des pluies d'huile parfumée et de pétales de fleurs.

1. Cf. l'émission « Ça me dit, l'après-midi » diffusée sur France Culture le 11 novembre 2006.

2. Sur le cinéma et l'odeur, outre les adaptations des romans de Gaston Leroux, *Le parfum de la dame en noir*, et de Süskind, *Le parfum, histoire d'un meurtrier*, qui n'offrent qu'un médiocre intérêt, il faut notamment voir le film de Dino Risi, *Parfum de femme*. Voir également l'article de Yanne Fagen, « Les parfums de la salle en noir », *Odeurs, l'essence d'un sens*, sous la direction de Jacqueline Blanc-Mouchet, revue *Autrement*, n° 92, septembre 1987.

Le sol de certaines pièces était lui aussi recouvert de pétales de fleurs.

Envisagée sous un angle olfactif, l'architecture obéit à des règles de construction qui prennent essentiellement deux formes, la désodorisation et le parfumage. Ces règles touchent aussi bien l'espace public que l'espace privé. Dans l'espace privé, la volonté de maîtriser les odeurs joue sur l'organisation et le découpage des pièces et donne lieu à des normes d'hygiène et d'aération. L'existence de fumoir, par exemple, témoigne en faveur de la prise en compte de l'odeur dans les modèles architecturaux. C'est aussi au nom d'un impératif olfactif que l'architecte sépare les cuisines et les toilettes du lieu de séjour. Cette distribution change cependant en fonction de la manière dont le malodorant est reconsidéré ou neutralisé. Ainsi l'existence de cuisines américaines non séparées du séjour est corrélative d'une revalorisation de l'odeur de nourriture ou d'une rationalisation de son évacuation. L'intégration des toilettes dans la salle de bains participe de la même logique.

Les normes olfactives déterminent également l'aménagement de l'espace public. Alain Corbin montre qu'à la fin du XVIIIe siècle, les préoccupations hygiénistes ont débouché sur de véritables stratégies de désodorisation qui se sont manifestées par une volonté de réorganiser l'espace public pour lutter contre la puanteur et le nauséabond[1]. Ainsi s'est mise en place une architecture olfactive qui a consisté à évacuer hors les murs, les cimetières, les hôpitaux, les boucheries et les métiers responsables des mauvaises odeurs, comme les tanneurs ou les teinturiers, et à favoriser l'assainissement et la circulation de l'air par la création de rues larges et de places. Cet effort massif de désodorisation a conduit à paver les rues pour les isoler de la souillure du sol et de la putridité des nappes phréatiques, à crépir et blanchir les murs pour éviter leurs suintements nauséabonds, à drainer les sols pour assurer l'évacuation des immondices, à assécher les marais, à procéder à une privatisation des déchets et à

1. Cf. *Le miasme et la jonquille*, deuxième partie : Purifier l'espace public, notamment le chapitre I, « Les stratégies de la désodorisation ».

des désinfections massives rendues possibles par la découverte en 1763 de l'acide muriatique par Guyton de Morveau qui a constitué une véritable révolution olfactive.

L'urbanisme en question repose néanmoins davantage sur la mise en œuvre de techniques d'aération et de purification hygiéniste que sur un véritable art olfactif. Si l'architecture contemporaine[1] persévère dans cette voie de la désodorisation en expulsant les usines et industries polluantes hors des villes, elle s'oriente cependant vers de nouvelles recherches osmologiques promouvant un aménagement de l'espace public fondé sur l'invention de formes odorantes et de créations inédites dont l'art des jardins de senteurs ou des diffuseurs de parfum dans les lieux clos offrent déjà au nez matière à respirer.

En définitive, si une architecture olfactive en reste encore à ses balbutiements, il existe néanmoins de la littérature à la sculpture des formes exemplaires d'une esthétique du nez. À cet égard, Balzac, Proust, Debussy, Gauguin et Rodin n'incarnent pas à eux seuls cette esthétique, mais ils constituent des archétypes attestant de la possibilité d'arracher l'odeur au silence et de lui conférer une dimension artistique. Ils sont les hérauts d'un imaginaire olfactif, les proues avancées d'un panthéon où trônent également des écrivains, comme Huysmans ou Maupassant et des musiciens comme Wagner[2] ou Suzanne Giraud en collaboration avec Olivier Py[3]. Marqué par les odeurs d'amour et de mort, par les voyages dans les profondeurs aromatiques de l'espace et du temps, cet imaginaire olfactif est empreint de mélancolie douce, de sensualité, tour à tour innocente et perverse, de rêverie lointaine et de mystique secrète. Subtil et raffiné,

1. Voir sur ce point l'article d'Alexandre Fernandez : « Des villes sans odeurs ? Représentations de l'urbanité au XXe siècle », *Odeurs et parfums*, *op. cit.* p. 21-28.

2. Cf. *Parsifal*, III, II, la tentative de séduction de Parsifal par les filles-fleurs. Dans le domaine musical, il faut mentionner également la suite « Parfums » du compositeur Roger Roger. (Nous remercions Ariel Suhamy de nous l'avoir signalée.)

3. L'opéra *Le vase de parfums* de Suzanne Giraud, créé en 2004 à partir du livret du metteur en scène Olivier Py, s'inspire de l'épisode biblique de Marie Madeleine qui répand du parfum sur les pieds du Christ et les essuie avec ses cheveux.

il épouse les méandres de la pensée qui se transporte vers un ailleurs, des limbes de la mémoire aux songes flottants d'un renouveau. Bien qu'il puisse exhaler des fleurs inédits, le parfum est souvent le vase du passé et le flacon de l'évasion. « Mon âme voyage sur le parfum comme l'âme des autres hommes sur la musique »[1], nous dit Baudelaire. Il faut remarquer, toutefois, que cette invitation au voyage lancée par le parfum n'est pas directement honorée par lui, mais par la littérature, la musique et les arts plastiques, qui lui donnent ses lettres de noblesse, lui prêtent leurs voix et leurs formes. Est-ce à dire qu'en solitaire le parfum se dérobe, qu'il ne puisse être en lui-même et par lui-même source de beauté et s'élever au rang d'art véritable ? Après avoir cerné les contours d'une esthétique olfactive inhérente aux diverses formes d'art, il reste à déterminer s'il est possible de concevoir l'existence d'une création artistique et d'une contemplation pure des odeurs.

1. Cf. *Un hémisphère dans une chevelure.*

Chapitre IV

L'art olfactif

> C'étaient des dizaines, des centaines de milliers d'odeurs spécifiques qu'il avait collectionnées et qu'il avait à sa disposition, [...]. Il était capable, par la seule imagination, de les combiner de façons nouvelles si bien qu'il créait en lui des odeurs qui n'existaient pas du tout dans le monde réel. [...]. Son don rappelait peut-être celui du petit musicien prodige qui a su dégager des mélodies et des harmonies l'alphabet des notes simples et qui dès lors compose lui-même des mélodies et des harmonies complètement nouvelles.
>
> Patrick Süskind, *Le parfum*

L'ART DU PARFUM ET SON STATUT ESTHÉTIQUE

À la question de savoir si le parfum peut, par sa force propre, donner naissance à un beau olfactif, à une esthétique autonome, privée du secours et du concours des autres arts, Jean-Baptiste Grenouille, le héros de Patrick Süskind, répondrait par l'affirmative sans hésiter. Il est l'exemple même de l'enfant prodige qui compose par un art divin une mosaïque de parfums de toute beauté devant laquelle la foule admirative ne peut que se prosterner. Mais cette essence sublime et rêvée a le charme cruel d'un roman inventé et le génie meurtrier de Grenouille n'a rien d'un modèle à imiter.

Dans les faits, l'idée d'une esthétique olfactive pure impliquant la recherche d'un beau odorant, qui puisse être contemplé et faire l'objet d'un jugement de nez, a rarement effleuré les esprits, comme le confesse saint Augustin : « Du charme des parfums, je ne me mets guère en peine. Absents, je ne les recherche pas ; présents, je ne les repousse pas. Je suis prêt à m'en passer toujours. C'est du moins ce qui me semble, peut-être suis-je dupe ? »[1] Quelques siècles plus tard dans nos sociétés, la situation n'a pas beaucoup changé : quel que soit son essor, la parfumerie ne figure pas au rang des beaux-arts et ne peut guère prétendre rivaliser avec la littérature, la musique et les arts plastiques. Elle fait partie de l'art de bien vivre et semble mettre en jeu des compétences plus techniques qu'artistiques à proprement parler. La composition des parfums obéit à une loi de production en série et rentre au mieux dans la catégorie des arts décoratifs ; elle est souvent associée à la création des parures, des bijoux et de l'ensemble des activités de luxe. La plupart des parfumeurs actuellement sont des couturiers et leurs œuvres relèvent généralement des arts de la mode. Dans ces conditions, la valeur esthétique du parfum semble se limiter à son caractère agréable et ne saurait atteindre la dimension du beau. La création de parfums ne dépasserait donc pas le stade de l'art d'agrément et ne pourrait se hisser au rang des beaux-arts, car elle a pour fonction de plaire et de renforcer le potentiel de séduction. Mais peut-être sommes-nous dupes et devons-nous interroger comme Augustin nous invite à le faire ?

Aujourd'hui, en effet, une nouvelle tendance se dessine pour arracher le parfum à son statut de produit de luxe et de consommation et lui conférer une dimension artistique, comme en témoigne la multiplication d'expositions qui lui sont consacrées. Ainsi les expositions itinérantes en France et à l'étranger organisées par le Comité français du parfum, notamment « l'hymne au parfum » en 1992, ou plus récemment « Parfum l'expo » et « Parfum un autre voyage », ont pour objectif de promouvoir non seulement la dimension économique, mais culturelle et artistique du parfum. « Parfum l'expo », par exemple, est basée sur un concept interactif et comporte des ateliers olfactifs, des conférences et des visites découvertes ; elle

1. *Confessions*, X, XXXII.

aborde quatre thèmes de la parfumerie, l'histoire, la création, le flacon et l'univers du parfum, en les illustrant à l'aide d'animations technologiques comme les orgues à parfums électroniques, les odoramas. Les initiatives locales, comme l'exposition « Aroma, Aroma » au Museum für Gestaltung à Bâle, ou « Secrets de parfum, voyage à travers l'essence » à Rennes en décembre 2001, se multiplient également et conduisent à mieux faire connaître l'univers des odeurs et à expérimenter des contemplations olfactives. Le développement des musées consacrés au parfum et à la parfumerie détache cet art de sa dimension strictement économique pour l'enraciner dans le patrimoine culturel. C'est ainsi qu'en France l'ouverture successive de trois musées à la fin des années 80 témoigne de cet effort de communication et de valorisation esthétique des parfums. En 1987, le rachat et le réaménagement du château de Chamerolles en « Promenades des parfums » par le conseil général du Loiret ont pour objectif de restituer l'histoire des senteurs et l'art olfactif du XVIe au XXe siècle à travers une collection d'objets comme les pomanders[1], les boîtes à mouche, les fontaines à parfum et la reconstitution de laboratoires et de cabinets de travail. Ce château bâti à la Renaissance par Lancelot 1er du Lac abrite ainsi des trésors olfactifs parmi lesquels figure un orgue à parfums réunissant environ deux cent soixante-dix flacons d'essences variées.

Deux années plus tard, en 1989, est inauguré à Grasse le musée international de la parfumerie, qui non seulement retrace quatre mille ans d'histoire des parfums, des savons, des fards et de la cosmétique, mais qui dévoile toute les étapes de la création depuis la récolte des matières premières jusqu'à la fabrication de la fragrance finale et au lancement du produit. Le visiteur découvre la palette des diverses matières premières utilisées, qu'elles soient naturelles ou synthétiques. Le parfumeur dispose d'environ deux cents composants d'origine végétale et animale et de plusieurs milliers de produits de

1. Les pomanders étaient des boules aromatiques contenues dans des récipients sphériques qui étaient considérées comme des protections contre la peste qu'il fallait respirer de temps à autre.

synthèse. Loin de la simple combustion des résineux et des gommes présente dès l'Antiquité, sont exposées les principales techniques de composition des parfums[1], *la distillation* dans un alambic, inventée par les Arabes au XIVe siècle, *l'enfleurage à froid ou à chaud* fondé sur le pouvoir des huiles et des graisses à absorber les odeurs, *l'extraction par dissolvants volatils* comme l'hexane ou l'éthanol qui se chargent du parfum des matières odorantes, *l'extraction par le gaz carbonique supercritique*[2], *l'expression* pour obtenir les huiles essentielles contenues dans les agrumes, *la concentration sous vide ou à froid* pour conserver les principes aromatiques des fruits, *l'infusion* qui demande six mois de macération, ainsi que tous les procédés chimiques utilisés pour fabriquer les produits de synthèse, *le fractionnement* qui sépare les essences en isolant leurs corps chimiques[3], la chromatographie en phase gazeuse qui sert à décrypter une odeur et ses composants en séparant les molécules, *le headspace, l'espace de tête, ET*[4].

Enfin, la création de l'osmothèque de Versailles en 1990 sous l'impulsion notamment de Jean Kerleo, parfumeur-créateur de chez Patou, constitue un événement décisif car le parfum entre définitivement dans l'histoire et possède un véritable musée où mille trois cents fragrances venues du monde entier sont conservées. Chaque maison est invitée à envoyer à l'osmothèque 500 ml de son parfum dans sa formule la plus concentrée. Tous les parfums sont étiquetés et classés dans une chambre froide et aveugle pour éviter leur altéra-

1. Pour de plus amples précisions concernant les techniques, voir le site du musée ainsi que le premier chapitre du livre de Maurice Chastrette *L'art des parfums*, Questions de science, Hachette, 1995.

2. Ce procédé non polluant repose sur la mise sous pression du CO_2 à plus 73,8 bars et à une température supérieure à 31 °C pour qu'il passe à l'état supercritique où il possède un fort pouvoir dissolvant et va permettre l'extraction de la matière première.

3. Ce fractionnement permet d'obtenir une odeur différente de l'odeur initiale. Ainsi à partir de l'essence de géranium fractionnée on peut obtenir une odeur de rose.

4. À la différence des procédés d'isolation classiques, comme la distillation, ou l'extraction aux solvants organiques; qui débouchent sur des produits dont la fragrance est différente de l'odeur de la fleur vivante, le *headspace* permet d'obtenir des parfums qui correspondent assez fidèlement à la fleur. La technique consiste à transporter les molécules odorantes dégagées par la fleur coupée par un courant de gaz puis à les fixer sur un absorbant, puis à les libérer et les analyser à l'aide d'un chromatographe.

tion. Cette véritable bibliothèque des parfums abrite non seulement les parfums fabriqués actuellement, mais garde la trace des senteurs du passé. Parmi les mille trois cents fragrances, trois cents qui étaient disparues ont été reconstituées d'après leurs formules et les analyses chimiques des vêtements qui en ont été imprégnés. Le visiteur qui se promène dans l'osmothèque peut ainsi sentir sur des mouillettes odoriférantes la légendaire « Eau de la reine de Hongrie »[1] distillée à l'alcool à base de fleurs de romarin, ou encore la fameuse « eau admirable », « *aqua mirabilis* » vendue en 1693 par Gian Maria Farina, dont Napoléon raffolait et qui sera plus connue en France sous le nom d'eau de Cologne.

Toutes ces initiatives convergent pour montrer que les frontières entre le produit de luxe et l'œuvre d'art sont bien ténues et pour assigner au parfum un statut nouveau. Elles invitent à méditer sur la question de savoir s'il est possible de fonder un art olfactif analogue à la peinture ou à la musique, et d'ériger la création de parfums au rang des beaux-arts.

Un art du beau ou de l'agréable ?

Comme tout ce qui touche à la sensibilité, les odeurs et les parfums peuvent donner lieu à une esthétique. Tout le problème est de savoir sur quelles catégories elle repose. A-t-on affaire à une esthétique du beau ou simplement à une esthétique de l'agréable ? Dans le système kantien, l'esthétique des parfums serait plutôt classée dans la catégorie de l'agréable que dans celle du beau. L'auteur de la *Critique de la faculté de juger* distingue en effet la satisfaction liée au beau de celle qui naît de l'agréable. L'agréable, selon lui, désigne « ce qui plaît au sens dans la sensation »[2] ; il renvoie à la subjectivité et

1. Créé au XIVe siècle par un moine à l'intention de la reine de Hongrie, ce parfum passait pour une eau de beauté et de jouvence, car la souveraine fort âgée en aurait été embellie et rajeunie au point d'être demandée en mariage par le roi de Pologne.

2. *Critique de la faculté de juger*, I, § 3.

au sentiment de plaisir et de peine. Il peut envelopper une représentation objective comme toute sensation qui fait percevoir un objet. Toutefois, ce n'est pas cette dimension qui est visée dans l'objet, mais la satisfaction qu'il procure. L'objet n'est pas considéré comme un objet de connaissance, mais de jouissance[1]. Pour Kant, la satisfaction relative à l'agréable est liée à un intérêt, le plaisir des sens attaché à l'existence de la chose. Cela ne signifie pas pour autant que la chose soit bonne, car pour cela il faut en outre que la raison juge qu'il en est ainsi[2]. Certes, dans bien des cas, l'agréable et le bon sont identiques, car ce qui plaît au sens peut plaire à la raison, mais leurs principes de détermination ne sont pas les mêmes. Il faut distinguer ce qui plaît immédiatement au sens et ce qui plaît médiatement à la raison qui a envisagé les conséquences de la chose. L'agréable et le bon, toutefois, ont ceci de commun que la satisfaction qu'ils engendrent est intéressée, car elle n'est pas seulement déterminée par la représentation de l'objet, mais aussi par son existence.

C'est pourquoi l'agréable, comme le bon, se distinguent du beau qui, lui, fait l'objet d'une satisfaction désintéressée. Le jugement de goût, qui a pour fonction chez Kant de déterminer subjectivement la beauté d'un objet, implique que je porte une appréciation sur lui sans me soucier de son existence. « Le jugement de goût est seulement contemplatif ; c'est un jugement qui, indifférent à l'existence de l'objet, ne fait que lier sa nature au sentiment de plaisir et de peine. Toutefois, cette contemplation elle-même n'est pas réglée par des concepts ; en effet le jugement de goût n'est pas un jugement de connaissance (ni théorique, ni pratique), il n'est pas fondé sur des

1. C'est ce que montre l'exemple qui figure au § 3 de la *Critique de la faculté de juger* : « La couleur verte des prés est une sensation objective en tant que perception d'un objet des sens. Son caractère agréable est une sensation subjective suivant lequel l'objet est considéré comme objet de satisfaction, ce qui n'est pas une connaissance de celui-ci. »

2. Kant prend l'exemple de la jouissance d'un plat dans le § 4 : « Sans hésiter on dit d'un plat qui excite le goût par des épices et autres ingrédients, qu'il est agréable et en même temps l'on avoue qu'il n'est pas bon. C'est qu'il convient immédiatement aux sens, mais déplaît considéré médiatement, c'est-à-dire par la raison qui envisage les conséquences. »

concepts, il n'a pas non plus des *concepts pour fin.* »[1] Les deux catégories du beau, du bon et de l'agréable ont donc en commun d'instituer une relation avec la faculté de désirer et d'entraîner une satisfaction, mais la nature de cette satisfaction est spécifiquement différente[2]. Dans le cas de l'agréable, la satisfaction est pathologiquement conditionnée par l'existence de l'objet et s'avère liée à un intérêt sensible. L'agréable est ce qui plaît aux sens et qui procure un plaisir variable d'un individu à l'autre. Dans le cas du bon, la satisfaction est d'ordre pratique ; elle est liée à un intérêt de la raison pour une chose ou une action. Pour trouver une chose bonne, il faut que je sache ce que l'objet devrait être et que je possède par conséquent un concept de cet objet. C'est pourquoi le bon est ce qui plaît par le simple concept grâce à la raison[3]. Fondé sur un concept de la raison, le bon se verra donc attribuer une valeur universelle et objective. Dans le cas du beau, en revanche, la satisfaction est désintéressée, et de ce fait, elle peut être partagée par tous sans qu'elle obéisse pour autant à un concept objectif de la raison. C'est ainsi que pour Kant, « est beau, ce qui plaît universellement sans concept »[4].

À partir de là, il devient évident que l'art de la parfumerie ne relève pas de la catégorie du beau mais de l'agréable, du moins lorsque les fragrances ne nous incommodent pas. D'une part, l'odorat ne se distingue guère du goût en raison de leur proximité et de leur parenté. Les sensations olfactives sont tributaires de cellules capables de reconnaître et de classer les molécules chimiques qui se répandent dans les narines et dans la bouche. Il est ainsi malaisé de définir et de distinguer les sensations. En somme, l'odorat est un sens impur mêlé au goût. Kant le définit, nous l'avons vu, comme une sorte de goût à distance[5]. Du même coup, la difficulté de séparer le goût de l'odorat constitue un obstacle à une approche purement

1. *Critique de la faculté de juger*, I, § 5.
2. Cf. *Critique de la faculté de juger*, I, §§ 5-7.
3. *Ibid.*, I, § 4.
4. *Critique de la faculté de juger*, I, § 9.
5. Cf. *Anthropologie du point de vue pragmatique*, I, 18.

contemplative de l'odorat vu que le goût implique toujours une forme de satisfaction intéressée qui relève de l'agréable et de l'utile plutôt que du beau. Dès lors il convient de ranger la composition des parfums dans les plaisirs attachés à l'existence et à la consommation des objets comme ceux de la cuisine. D'autre part, si Kant ne fait pas expressément allusion aux fragrances créées par l'homme, il considère dans la *Critique de la faculté de juger* que le parfum des fleurs peut être dit agréable mais n'entre pas dans la définition de leur beauté, car il ne plaît pas nécessairement de manière universelle et ne donne pas lieu à un jugement de goût, prétendant à l'adhésion de chacun, comme s'il était objectif. « Dire : cette fleur est belle, signifie aussi bien dire sa prétention à la satisfaction de chacun. Le caractère agréable de son odeur ne lui donne aucun droit. Car si son parfum est agréable à celui-là, il prend la tête à celui-ci. »[1] En outre, dans le cas du jugement portant sur le parfum, la satisfaction est liée en grande partie à son usage et dépend de l'existence de l'objet. Doit-on alors en conclure avec Kant qu'il ne peut y avoir de beaux parfums ?

Outre le fait que la distinction entre le beau et l'agréable est problématique dans la mesure où il n'est pas toujours facile de distinguer ce qui est intéressé à l'existence de l'objet et ce qui ne l'est pas, on ne voit pas pourquoi le parfum ne pourrait pas dans l'absolu faire l'objet d'une contemplation désintéressée au cours de laquelle la considération de l'existence de l'objet serait purement gratuite. Il est d'ailleurs plus facile à cet égard de légitimer l'existence d'une esthétique olfactive que celle d'une esthétique gustative, car la séparation entre le besoin et le plaisir est plus nette. D'une manière générale, il faut se garder des dichotomies trop rigides car le fait qu'une chose puisse être utile ou agréable n'empêche pas qu'elle puisse être dite belle. Il est possible de considérer des objets utilitaires ou agréables sous un angle esthétique indépendamment de leur intérêt pratique. La beauté est dans le regard et non dans la chose regardée, comme le fait valoir Paul Valéry, et ici en l'occurrence, dans le nez qui fait montre de sa sagacité et non dans la chose

1. *Critique de la faculté de juger*, livre I, § 32.

sentie. On peut ainsi se demander pourquoi l'odorat, contrairement à la vue et l'ouie, ne serait pas capable de donner lieu à un jugement de goût. Ne pourrait-on pas dire à son endroit : « est olfactivement beau ce qui plaît universellement à l'odorat sans concept » ?

La question se pose donc de savoir s'il est possible de constituer une véritable esthétique olfactive impliquant de considérer la composition de parfums comme une œuvre d'art et la contemplation olfactive comme une démarche artistique. Peut-on élaborer des catégories esthétiques olfactives et substituer à la formule « ça sent bon » la formule « ça sent beau », comme le fait le grand couturier parfumeur Kenzo ? Edmond Roudnitska parie résolument pour l'affirmative et revendique l'existence de beaux parfums dans son livre *L'esthétique en question.* Il estime que « l'audience des grands parfums comme celle de la belle musique est universelle » [1] et que les données intrinsèques de l'odorat permettent de fonder une esthétique olfactive. Pour peu que ce sens soit éduqué et cultivé, il peut donner lieu à un authentique jugement de goût. À sa suite, un collectif de parfumeurs a rédigé un manifeste pour faire reconnaître la création de fragrances comme une œuvre d'art originale. Les signataires aspirent à « l'émergence d'une parfumerie d'art et d'essai, dont le rôle serait l'invention et l'expérimentation de nouveaux concepts olfactifs, une parfumerie pilote dont la richesse d'invention entraînerait l'ensemble de la parfumerie dans un mouvement ascendant » [2].

La composition des parfums et son statut

Le projet d'assigner au parfum le statut d'une œuvre d'art se heurte à un certain nombre d'obstacles épistémologiques et de difficultés qu'il s'agit de lever, en examinant la nature de la création olfactive et ses principales caractéristiques.

1. *L'esthétique en question*, p. 167.
2. « Des parfumeurs créateurs se manifestent », dans *Odeurs, l'essence d'un sens*, dirigé par J. Blanc-Mouchet, p. 208.

L'une des premières objections à l'encontre de la constitution d'une véritable esthétique des parfums tient au caractère éphémère et volatil de l'odeur qui ne saurait se prêter à la pérennité propre à une œuvre d'art. C'est notamment ce que fait valoir Henri Delacroix dans son ouvrage *Psychologie de l'art* : « Ni l'odorat ni le goût ne se prêtent à former des ensembles solides et durables, comme la mélodie ou la forme. Ils peuvent renforcer l'impression esthétique, créer même pour leur propre compte une impression momentanée. Ils sont incapables de constituer à eux seuls un de ces ensembles étendus et durables que composent la vue et l'ouïe. » [1]

Cette analyse repose sur le présupposé selon lequel une œuvre d'art est une forme solide et durable à l'instar d'un tableau ou d'une sculpture. Mais ce présupposé est discutable, car il consiste à faire du modèle pictural ou sculptural une norme pour les autres arts en ignorant leur spécificité, et il enferme les canons de l'œuvre d'art dans une définition figée de la beauté comme éternité. Or l'art dit « éphémère », comme les emballages du plasticien Christo ou les performances d'artistes qui peignent et improvisent une œuvre sous les yeux des spectateurs en la recouvrant de couleurs ensuite ou en la détruisant, les *happenings* accomplis *hic et nunc*, et destinés à ne se produire qu'une seule fois, démentent cette définition par trop restreinte de l'œuvre d'art. Il existe dans la peinture un art de l'éphémère, de l'événementiel, du fugitif, et le parfum pourrait à son tour s'inscrire dans ce cadre.

En outre, l'idée selon laquelle le parfum s'évapore, disparaît et ne permet pas de constituer une forme solide et durable est elle aussi contestable. En effet, d'une part, certains parfums sont entêtants et possèdent une essence durable, comme en témoigne le parfum du boudoir de Joséphine à la Malmaison qui imprègne encore l'atmosphère longtemps après sa mort. D'autre part, il est faux de croire qu'une fois le parfum dissipé, il n'en reste rien. De ce point de vue, l'opposition entre l'odorat voué à l'instantanéité évanescente et l'ouïe capable de former un ensemble étendu et durable par la mélo-

1. P. 142.

die n'est guère convaincante. Le son lui aussi s'évanouit et disparaît. La musique est tout entière marquée par la temporalité, mais une fois le morceau achevé, peut-on dire qu'il n'en reste rien ? Il subsiste dans la mémoire et peut être à nouveau exécuté et reproduit. De ce point de vue, il existe une analogie entre les partitions et les formules des parfums qui constituent la trace de l'œuvre et permettent de l'actualiser. C'est ce qu'observe Edmond Roudnitska : « Quand les sons de la mélodie se sont envolés, qu'en reste-t-il ? Le souvenir dans la mémoire de ceux qui l'ont entendue et la partition qui va pouvoir perpétuer cette mélodie. Mais c'est très analogue avec le parfum. Il va aussi demeurer à jamais dans la mémoire de ceux qui l'ont senti et ont été frappés par sa forme et qui le reconnaîtront aisément grâce à cette forme. Et comme la mélodie renaît grâce à la partition, au disque, à la voix humaine, il peut renaître lui aussi grâce à un nouveau parfumage, grâce à un nouveau flacon, grâce surtout à sa formule (vous voyez bien que c'est une forme) qui est son scénario de reconstitution. »[1] Selon Edmond Roudnitska, le fait que cette évidence échappe à la plupart des philosophes et des critiques d'art tient au caractère communicable de la partition de musique alors que la formule du parfum ne l'est pas pour des raisons commerciales sous peine de pillage. Ce caractère de secret jalousement gardé de la création du parfum empêche de le concevoir comme une œuvre impliquant une composition complexe. Cet obstacle est sans doute moins rédhibitoire de nos jours car l'existence du chromatographe en phase gazeuse permet de détecter les molécules qui entrent dans la composition d'un parfum et la transforme en secret de polichinelle. À cet égard, il faut noter que si l'invention des parfums était dégagée de ses enjeux économiques et sociaux par un système de protection comme les droits d'auteur et l'interdiction de plagier, elle pourrait aisément disposer d'un statut analogue à celle d'un morceau de musique. La création de parfums repose donc sur l'invention d'une forme olfactive originale et ce sont la qualité et l'harmonie de cette forme qui font la beauté de la composition. « Un beau parfum,

1. *L'esthétique en question*, p. 166.

selon Edmond Roudnitska, est une composition dont les proportions sont heureuses et la forme générale originale. »[1] L'auteur compositeur parfumeur précise que « pour être belle cette forme devra répondre à notre attente de nouveauté et posséder les qualités fondamentales du grand parfum : caractère, vigueur, pouvoir diffusant, délicatesse, clarté, volume, persistance »[2].

Toutefois, on pourrait faire valoir que la formule d'un parfum revêt un caractère chimique et qu'à la différence d'une composition musicale, elle reste d'ordre purement sensible et n'a pas vocation à exprimer l'intelligible. C'est d'ailleurs l'une des objections majeures que Hegel effectue à l'encontre d'un art olfactif. L'odeur se réduit pour lui à sa dimension physique et physiologique et s'avère inapte à dépasser le sensible et à manifester l'esprit. Lorsqu'il cherche à déterminer quels sont les sens capables de percevoir les œuvres d'art et de donner une jouissance esthétique et quels sont ceux qui ne le sont pas, Hegel range la vue et l'ouïe dans la première catégorie, l'odorat dans la seconde, aux côtés du goût et du toucher, et il l'exclut du domaine des beaux-arts : « Pour ce qui est de l'odorat, il ne peut pas davantage être un organe approprié à la jouissance artistique, parce que les objets ne s'adressent à lui que par l'effet d'une décomposition chimique et qu'autant qu'ils se dissolvent dans l'air. C'est aussi une action toute physique. »[3] À l'instar du toucher et du goût, l'odorat n'est pas un organe approprié à la jouissance esthétique, car il entretient uniquement un rapport physique et sensible avec les objets. Selon Hegel, il ne peut pas y avoir d'esthétique tactile parce que le toucher ne fait pas percevoir un objet intelligible, mais seulement sensible, car il met en contact avec les propriétés matérielles de l'objet, son poids, sa dureté, sa résistance et ne donne pas lieu à une contemplation intellectuelle. Le goût entretient un rapport de consommation et de destruction avec les objets et ne les laisse pas subsister librement. Il s'intéresse aux qualités chimiques des aliments

1. *Le parfum*, PUF, « Que sais-je ? », p. 75.
2. *Ibid.*, p. 74.
3. *Esthétique*, Troisième partie, Introduction, division, Livre de poche, p. 17.

et les considère non pas de manière contemplative mais pratique. L'odorat suppose lui aussi une destruction de ses objets qui se décomposent et se dissolvent dans l'air. Il met en jeu uniquement une action physique et ne permet pas l'expression de l'intelligible dans le sensible. Contrairement à l'ouïe et la vue qui sont propices à la contemplation, l'odorat serait voué à une pure esthétique sensorielle.

Cette thèse qui dénie à l'odorat toute vocation contemplative est extrêmement réductrice pour deux raisons. Premièrement, si l'art peut être une manifestation de l'esprit dans le sensible, il ne s'y ramène pas tout entier. Il peut y avoir un art du sensible, qui a pour vocation à exprimer le corps et non l'esprit, ou qui dénie à l'acte créateur tout caractère expressif ou intentionnel. Les plaisirs esthétiques ne sont pas nécessairement expressifs de l'esprit. Ainsi, par exemple, dans la danse contemporaine, Merce Cunningham refuse que les ballets soient l'expression d'états d'esprit. Il cherche à s'arracher aux routines mentales et à trouver des mouvements nouveaux inconcevables par l'esprit, qu'il va découvrir par le hasard de séquences et d'enchaînements physiques tirés au sort.

Deuxièmement, quand bien même on accepterait le présupposé selon lequel l'art doit manifester l'esprit dans le sensible, on voit mal au nom de quoi Hegel peut affirmer que l'odorat ne peut avoir de vocation contemplative. Il y a dans le parfum et dans le fait de le respirer l'évocation possible de tout un monde de l'esprit. Toute l'expérience proustienne de la recherche du temps perdu, nous l'avons vu, est là pour en témoigner. L'odeur et la saveur sont des âmes qui réveillent le passé enfoui dans les confins de la mémoire[1] et qui stimulent la création artistique. L'odeur est grosse d'un univers de sentiments et d'idées que l'arôme restitue dans son instantanéité. En somme, le parfum respiré, c'est l'éternité de l'esprit retrouvée dans le sensible.

Certes, il est vrai que l'art des parfums est tributaire de la matière et implique une connaissance chimique des corps odorants, de la nature de leurs fragrances, de leur volatilité et de leur compatibilité.

1. Cf. le passage déjà cité plus haut, *Du côté de chez Swann*, p. 32.

Les parfumeurs recourent en effet à deux sources de matériaux : les produits naturels d'origine végétale et animale[1], et les produits de synthèse chimiques[2]. Dans cette seconde catégorie figurent d'abord les produits de synthèse élaborés à partir de l'analyse des corps chimiques qui constituent les essences naturelles. Cette analyse a pour fonction de repérer les constituants chimiques des essences naturelles, de les isoler et de les reproduire en éliminant ceux qui sont indésirables de façon à avoir des produits purs et des essences d'une qualité maximale. Les produits de synthèse sont aussi créés

1. Voir sur ce point la classification opérée par Edmond Roudnistka, *L'esthétique en question*, II, ch. III, « Les matériaux et leur mise en œuvre », p. 180-194. Les produits d'origine végétale peuvent être extraits des différentes parties des plantes (boutons, fleurs, fruits, graines, racines, feuilles, tiges, bois, écorce, résine, mousse...). Les produits d'origine animale sont plus rares : l'ambre gris, la civette, le castoréum et le musc.

2. Edmond Roudnistka en dresse une liste qui comprend d'abord :
– les hydrocarbures, notamment les terpènes qui existent dans les essences d'agrume, les sesquiterpènes qui se trouvent par exemple dans les essences de patchouli, santal, vétyver,
– les alcools terpéniques – comme le linadol qui entre dans l'essence de bois de rose, le menthol, le bornéol (essence des pins) –, sesquiterpéniques – comme le santalol, le patchoulénol, le cédrol –, aromatiques – comme l'alcool phényléthylique constituant des essences de rose et de fleur d'oranger,
– les phénols et éthers de phénol, comme le thymol (essence de thym), l'estragole et l'anéthole (estragon et anis) ou l'eugénol à odeur d'œillet,
– les aldéhydes : aliphatiques, comme l'aldéhyde C8 qui se trouve dans les essences d'agrumes, et aromatiques comme l'aldéhyde benzoïque, à odeur d'amande amère,
– les cétones, comme les cétones cycliques – parmi lesquels on peut mentionner la jasmone qui sent le jasmin, la carvone (cétone du carvi), la thuyone (cétone du thuya, de l'absinthe, de la tanaisie) –, comme les cétones macrocycliques, l'exaltone à note musquée, la muscone ou la civettone, l'ionone à odeur de violette,
– les lactones, très tenaces, comme la coumarine issue de la fève tonka qui a une odeur mielleuse de tabac anglais, la nonalactone, à l'arôme de noix de coco, l'undécalactone à la forte odeur de pêche,
– les esters, la catégorie le plus riche en nombre des corps odorants, parmi lesquels figurent les acétates de lynanyle contenu dans la lavande, le jasmin, la rose, la bergamote, les acétates de gyranyle concourant entre autres à l'odeur de rose, les acétates de benzyle principal constituant de l'essence de jasmin,
– les composés nitrés comme l'indole qui joue un rôle dans les notes florales (jasmin, fleur d'oranger, narcisse, etc.), le scanole qui joue un rôle dans les notes animales (civette), les muscs nitrés de synthèse,
Pour plus de détails, voir *L'esthétique en question*, p. 184-190.

par des combinaisons chimiques de sorte que la gamme des possibles s'étend de manière indéfinie. Alors que jusque dans les années 60, les parfums étaient composés de 75 % de produits naturels et 25 % de produits de synthèse, aujourd'hui ce pourcentage s'est largement inversé. Les parfums actuels contiennent en moyenne de 0,5 à 5 % de produits naturels. Les produits de synthèse tendent donc à supplanter les produits naturels en raison d'un prix de revient bien moindre[1]. Il est donc clair qu'une bonne connaissance de la chimie est une condition *sine qua non* d'un parfum réussi. Edmond Roudnitska dégage ainsi trois caractéristiques à partir desquelles s'élabore le parfum : la qualité qui détermine la note odorante, l'intensité et la durée[2].

Toutefois si la création du parfum est commandée par les exigences liées à la nature des produits et implique de veiller à leur compatibilité, leur intensité, leur durée, elle ne se résume ni à une pure technique ni à un problème de chimie. La chimie en elle-même n'a rien à voir avec les préoccupations esthétiques. Le créateur de parfums est d'abord un compositeur qui invente des combinaisons nouvelles et teste leur beauté. Il rassemble et conjugue les corps odorants pour constituer une fragrance. Comme le faisait observer Étienne Souriau dans sa conférence intitulée « La musique des parfums », l'affirmation d'une dimension esthétique de l'odorat repose sur la possibilité pour les diverses données qualitatives de ce sens de s'ordonnancer, d'exprimer des rapports, de fournir un système de *qualia* susceptibles d'être assemblés et combinés de façon multiple et variée.

Si elle prend appui sur des essences naturelles ou des produits de synthèse, la création ne se réduit pas pour autant à une découverte empirique, elle met en jeu une conception intellectuelle des effets de tels corps odorants combinés avec tel autre. Elle ne se borne pas à une simple addition, elle requiert une pensée des rap-

1. À titre d'exemple, 1 kilo d'absolu de jasmin de Grasse coûte environ 22 870 euros alors qu'1 kilo d'hédione, une molécule synthétique qui le reproduit, vaut 31 euros.
2. Cf. *L'esthétique en question*, p. 173.

ports et des proportions de chaque composant qui s'harmonise avec les autres pour constituer une forme. Elle implique à la fois de l'imagination, de la mémoire et une anticipation de la durée et des effets des produits combinés. Elle présuppose une forme de pensée abstraite, car il ne s'agit pas simplement de reproduire la nature mais d'inventer des senteurs inconnues. C'est ainsi que Chanel, par exemple, concevait la création d'un parfum original. Le célèbre *N°5*, créé par Ernest Beaux en 1921, qui reste aujourd'hui en tête des ventes dans le monde entier, est décrit par la grande couturière comme un bouquet de fleurs abstraites. Sa composition ne repose pas sur des odeurs florales naturelles concrètes mais sur un produit de synthèse, un aldéhyde qui lui confère un caractère inédit.

Le compositeur n'est donc pas un pur nez, il est aussi et surtout un esprit qui s'intéresse aux formes olfactives. Le parfum est ainsi une construction de l'esprit qui embrasse mentalement les odeurs pour les composer entre elles de manière intellectuelle sans qu'il soit nécessaire au préalable de les sentir. De la même manière qu'un Beethoven sourd continuait à composer de la musique, un parfumeur anosmique peut continuer à inventer des fragrances. La création est une opération de l'esprit, comme le rappelle Edmond Roudnitska : « Pour composer nous n'avons donc pas besoin de sentir nos matériaux concrètement, sensoriellement, l'effort mental suffit à les évoquer, et la combinaison de formes qu'ils représentent ne peut se faire elle aussi que dans l'abstrait sans possibilité de contrôle matériel immédiat. »[1] Du reste, Edmond Roudnitska n'est pas un cas à part, car de nombreux parfumeurs aujourd'hui continuent à partager cette conviction selon laquelle la composition n'est pas un simple processus chimique empirique. Jean-Claude Ellena, auteur notamment de *Terre d'Hermès*, révèle que pour construire un parfum, il doit avoir tous les ingrédients en tête. Il ne procède pas à tâtons en humant des arômes dans son orgue à parfums. Selon lui, les parfums ne s'écrivent pas avec le nez mais avec du papier et un

1. *L'esthétique en question*, p. 197.

crayon comme des formules mathématiques[1]. L'invention de fragrances obéit à un processus algébrique ; il s'agit de mettre en équations les odeurs, de penser leurs rapports et leur équilibre pour produire de nouveaux accords. Jean-Claude Ellena ouvre ainsi la voie de façon magistrale à une mathématisation rigoureuse des rapports entre les molécules odorantes et à une appréhension conceptuelle de l'odeur par l'intelligence et l'imagination pures. La création ne résulte donc pas d'une mystérieuse alchimie ; elle est fondée sur une connaissance rationnelle des lois et des propriétés des composants odorants, connaissance favorisée par le développement des produits de synthèse fabriqués scientifiquement.

Si elle n'a rien d'une expression sensible brute, d'une combinaison chimique fortuite, la parfumerie ne se réduit pas pour autant à un calcul mental ; elle exprime l'esprit de son auteur et porte la marque de son imagination. Le créateur parfumeur imprime son style à l'odeur, style qui fait office de signature. Ainsi Jean-Paul Guerlain, par exemple, revendique un style propre qui opère comme un signe de reconnaissance des parfums de sa société. Il définit le style Guerlain qui repose sur un accord spécifique de notes odorantes imprégnant toutes ses compositions originales et permettant d'identifier son auteur à travers la variété des inventions. « Les parfums de Guerlain ont tous un air de famille. La clé de l'énigme est un accord secret à base de jasmin rehaussé de rose, de vanille et de fève tonka que l'on retrouve dans chacune de nos créations. C'est notre sceau olfactif, notre fil d'Ariane. »[2]

Par conséquent, la réduction de l'art des parfums à sa dimension sensible empirique tient plus du préjugé et de l'ignorance du processus de création olfactive que de la réalité. L'esprit est partout chez lui et souffle aussi bien dans les couleurs que dans les odeurs ; il se manifeste dans le flacon comme dans le tableau. Comme un génie

1. Cf. son interview et son portrait dans le journal *Libération* du 26 juin 2006, p. 32.

2. Propos recueillis par Isabelle Raison, Reportages insolites « Guerlain au paradis des senteurs », *Valeurs actuelles* n° 3218 du 1er août 1998.

dans la bouteille, l'esprit du parfum s'échappe à l'ouverture du flacon qui en est l'ambassadeur auprès du public.

L'art du flacon

L'art du parfum est donc aussi l'art du flacon car le contenant doit être expressif du contenu, évoquer la fragrance et éveiller le désir de la sentir. La première représentation du parfum passe en effet le plus souvent par le message véhiculé par le flacon avant même de pouvoir juger de sa qualité. La réclame à grande échelle ne peut reposer sur la respiration directe de la fragrance ou l'envoi d'échantillons. C'est pourquoi la publicité pour un parfum joue d'abord sur la vision du flacon qui doit suggérer ses qualités odorantes et déterminer le consommateur à l'adopter. L'art du flaconnage a donc nécessairement partie liée à l'art des parfums. À contenu exceptionnel, il faut un contenant hors du commun. C'est ce qu'a très bien senti François Coty, qui conçoit le parfum et son emballage comme une seule et même entité artistique.

L'élaboration de luxueux flacons relève traditionnellement de l'artisanat de la verrerie ou de la cristallerie et figure au mieux dans la rubrique des arts décoratifs, mais le caractère unique et original de certaines pièces dont la matière, la forme et la couleur dépassent largement la vocation utilitaire du flacon pour éveiller un pur plaisir esthétique et évoquer et faire sentir le parfum par les yeux, le hisse au rang de sculpture olfactive. La parfumerie peut donner lieu à des chefs-d'œuvre non seulement en ce qui concerne l'invention de nouvelles senteurs, mais de flacons dont les formes sculptées et ciselées en font de véritables objets d'art. L'audace et l'imagination d'un Julien Viard qui invente des flacons de toute beauté dans le style floral au début du XXe siècle n'ont rien à envier à la sculpture. Julien Viard était d'ailleurs à bonne école puisque son père était sculpteur. Ses flacons marient le style géométrique et le style floral, les lignes dépouillées du col et la sophistication des bouchons, et évoquent à la fois la simplicité et le luxe du parfum, sa fraîcheur naturelle et ses notes richement travaillées. Aujourd'hui la création de prototypes de flacons est érigée au rang d'art plastique et fait appel à l'imagination et l'inventivité de designers devenus célèbres comme Joël Desgrippes, Pierre Dinand, Serge Mansau ou Federico Restrepo.

La séparation entre la sculpture et la fabrique de flacons relève parfois davantage de conventions établies que d'une réelle distinction entre art plastique et art décoratif. L'art du parfum implique des compétences croisées entre la chimie et la cristallerie, l'art et l'industrie, et bouscule les frontières établies. Certains flacons célèbres, comme celui de *L'air du temps* de Nina Ricci, en pur cristal, dont le bouchon est constitué par des colombes qui se posent délicatement, ont requis toute la créativité de la maison Lalique. D'autres mobilisent le savoir-faire croisé des couturiers parfumeurs comme Thierry Mugler ou Jean-Paul Gaultier qui a dessiné lui-même le buste de femme vêtu d'un corset, devenu la figure de proue de son parfum éponyme. Dans ce chassé-croisé entre la mode, le design, le pop art, il devient bien difficile de tracer une ligne de démarcation entre les beaux-arts et l'art décoratif.

Certains flacons sont de pures œuvres d'art et ont été conçus par des artistes en personne comme Salvador Dali ou Niki-Saint Phalle. Salvador Dali a ainsi sculpté le flacon du parfum *Salvador Dali* en 1980 et l'a conçu sous la forme d'une bouche de femme ourlée comme des pétales de rose, et coiffé d'un bouchon pointu comme le chapeau des beys orientaux. Le flacon en verre dépoli de *Dalissime* créé en 1994 par les designers de la maison Dali pour rendre hommage à la muse Gala s'inspire d'une des toiles du maître, *Christmas*, peinte en 1936, et représente la tour de l'échiquier qui figure dans le tableau. Il repose sur un socle sphérique surmonté d'une bouche féminine pulpeuse et d'un nez sensuel. Le bouchon possède la forme d'un chapiteau qui confère au flacon la stature d'une colonne corinthienne, évoquant un temple érigé à la féminité, à son mystère et son exotisme. Corps élancé et souple dans un drapé bleu au col fragile surmonté d'un bouchon en forme délicate de tête, le flacon romantique de *Dalistyle*, apparu sur le marché en 2002, s'inspire quant à lui du tableau *Femme à la tête de roses*.

Niki de Saint Phalle refuse à son tour l'idée d'une démarcation rigide entre la sculpture et la fabrique de parfums. En 1982, la sculptrice est invitée par la firme américaine, Jacqueline Cochran, à lancer une nouvelle gamme de parfums à son nom pour financer la réalisation de son projet d'un jardin de tarots, série de vingt-trois sculptures monumentales inspirées par les cartes du jeu de tarot. Si la création de parfums obéit à un but lucratif et commercial, elle ne s'y résume pas, car Niki de Saint-Phalle récuse la distinction catégorique entre créations nobles désintéressées et productions commerciales que l'existence d'un marché des œuvres d'art suffit à brouiller. Elle brise les canons bourgeois de l'art établi en montrant que la peinture et la sculpture peuvent se faire parfum. Le flacon n'est pas considéré comme un sous-produit mais est un objet sculptural à part entière. C'est ainsi que les prototypes de flacon qu'elle a conçus elle-même possèdent un style qui n'a rien à envier à sa sculpture mariant les formes géométriques aux volutes colorées. L'un des flacons de la gamme, par exemple, repose sur un cube surmonté d'un bouchon audacieux où s'enlacent deux serpents dont l'un a la couleur de l'or, et l'autre, d'une teinte de lapis-lazzuli, est serti d'anneaux et de pois jaunes, rouges et verts qui rutilent comme des pierres précieuses.

Le flacon n'est donc pas un simple réceptacle, un emballage étranger à l'œuvre d'art. Il fait corps avec le parfum, s'en imprègne de sorte qu'une circulation s'opère et qu'une perméabilité s'instaure entre contenant et contenu. Baudelaire suggérait déjà cette osmose dans les deux premiers vers de son poème intitulé « Le flacon » :

« Il est de forts parfums pour qui toute matière
Est poreuse. On dirait qu'ils pénètrent le verre. »[1]

Ainsi, c'est par la poésie des flacons et des noms apposés sur leur étiquette que s'ouvre la contemplation olfactive du parfum. L'esthétique olfactive présuppose une synesthésie et cette correspondance entre les sons, les couleurs et les odeurs que l'auteur des *Fleurs du mal* avait magnifiquement perçue. La puissance du parfum est telle qu'elle outrepasse le cadre de l'odeur et restitue les sensations atte-

1. *Les fleurs du mal*, XLVIII, Éditions Garnier, p. 52.

nantes dans leur richesse et leur diversité mêlées. Ouvrir un flacon, c'est ouvrir un monde, c'est sentir les odeurs, les sons, les couleurs et les saveurs qui se répondent. Les parfumeurs ne s'y sont pas trompés en baptisant leurs parfums, « chant d'arômes », « l'heure bleue », « vague souvenir », chez Guerlain, « vent vert » de Balmain. Cela tient à la force évocatrice, à la puissance mnésique de l'odeur qui reconstitue d'une bouffée les fragments épars du passé. L'art des parfums, toutefois, n'est pas voué à l'évocation du passé et teinté de nostalgie. Il peut ouvrir à la contemplation de mondes nouveaux par la recherche de senteurs exotiques, inédites, qui arrachent l'imagination à ses stéréotypes grâce à la combinaison indéfinie des composants olfactifs. Les formes et les matières des flacons n'épousent donc pas nécessairement les contours d'une époque ancienne et n'adoptent pas systématiquement un style rococo et désuet qui évoque le salon ou le boudoir. Loin de s'enfermer dans la cristallerie de Bohême, elles peuvent être résolument modernes et futuristes à l'image des atomiseurs métalliques circulaires de *Rive Gauche* d'Yves Saint Laurent ou des boîtes de conserve de Jean-Paul Gaultier servant d'emballage à son parfum pour femme, et emprunter les voies du pop art.

Dans ces conditions, il semble difficile de refuser au compositeur parfumeur le statut d'artiste, qui se place sous les auspices du beau pour créer fragrances et flacons. Est-ce à dire alors qu'il faille réviser les catégories et faire entrer l'art actuel des parfums dans les beaux-arts sans autre forme de procès ?

Les limites de l'art actuel des parfums

Si les compositions des parfumeurs sont originales et inventives et constituent en droit de véritables œuvres d'art, de fait, elles restent marquées par leur vocation commerciale, de sorte que le manifeste en faveur d'un statut reconnu de l'artiste parfumeur et de la création originale reste encore lettre morte. En dépit des efforts pour promouvoir un art authentique, l'esthétique des parfums qu'Edmond

Roudnitska appelait de ses vœux demeure programmatique pour des raisons qui tiennent à la fabrication du parfum et à son usage. L'industrialisation de la parfumerie, suite à la découverte de produits de synthèse bien moins onéreux que les produits naturels, a entraîné des changements profonds dans la manière de concevoir la composition des essences. La recherche de nouvelles molécules odorantes se fait dans des laboratoires qui sont aux mains de grands groupes industriels dictant leurs impératifs économiques et commerciaux. Mise à part la maison Chanel qui est restée indépendante, les grandes marques de parfum appartiennent à des groupes internationaux et ne fabriquent plus elles-mêmes leurs fragrances mais les font produire par des sociétés de composition. Les groupes qui achètent ces marques ne sont pas spécialisés dans les parfums et visent la rentabilité immédiate sans avoir de politique suivie ni de vision à long terme en matière d'esthétique olfactive. Il s'ensuit une grande précarité des directives et des recherches en fonction des modifications des stratégies d'entreprise qui n'hésitent pas à acheter et à revendre très rapidement si les profits escomptés ne sont pas suffisants. Les sociétés de composition qui emploient les créateurs de parfum sont soumises au marketing et orientent la conception des fragrances en fonction des commandes qui leur sont passées. Les « nez » voient ainsi leur marge de manœuvre réduite et leur créativité bridée, car ils sont soumis à un cahier des charges, à un *brief* qui leur donnent des directives à suivre pour composer leurs parfums selon les exigences du client, en matière de prix, d'image du produit selon le public visé. La recherche du beau parfum passe donc au second plan car il s'agit de lancer sur le marché des produits susceptibles de plaire au plus grand nombre ou à une clientèle ciblée, en essayant de coïncider le plus possible à ses aspirations, ses représentations du monde, son style de vie. Loin d'être original et singulier, le parfum est souvent la copie déguisée d'une fragrance à succès, il tend à devenir banal et passe-partout pour séduire le plus grand monde possible et permettre d'empocher les parts de marché. Le lancement d'un parfum ne table pas d'abord sur sa qualité, mais se fait à grand renfort de publicité. Le lancement mondial d'un parfum repose sur un budget publicitaire colossal. Le lancement de *CK One* de Calvin Klein en 1995 a coûté près de 100 millions de dollars. Selon Jean-Pierre Petitdidier, interviewé par Annick Le Guérer en 1999, « plus de 80 % du prix de vente d'un parfum est représenté par la publicité et le marketing. Ce qui sent quelque chose dans un parfum, la composition parfumante, ne représente, à peu près, que 2 % [...]. Donc à partir du moment où ça ne représente plus que 2 %, quand vous achetez une eau de toilette à 80 francs, ça fait 1,60 franc. S'il y a 1,60 franc de produits parfumants, on ne peut pas à l'évidence, mettre des produits coûteux. Pas de rose, pas de jasmin mais des produits de synthèse pas chers »[1]. Dans ces conditions, il est clair que la qualité du parfum s'en ressent et qu'il n'est guère question de création artistique. De ce point de vue, les règles de fabrication d'un produit énoncées par Patrick Choël, président des parfums et cosmétiques de LVMH, sont particulièrement éloquentes : « Penser à l'élaboration d'un concept, d'une idée forte et simple, trouver ensuite un nom qui le reflète, puis imaginer un flacon et un packaging unique, développer une campagne de communication adéquate et, enfin, créer un jus. Je place volontairement la création de la fragrance en dernier. »[2] Certes quelques créateurs indépendants, comme Frédéric Malle ou Olivia Giacobetti, tentent de lutter contre cette tendance ruineuse pour l'art du parfum, mais ils restent fort minoritaires.

Les effets pervers de la mondialisation de l'industrie du parfum se font sentir non seulement sur la création des fragrances mais sur la manière de les apprécier. Le jugement de goût est façonné par les campagnes de promotion à grande échelle et ne s'exerce pas en toute liberté. Annick Le Guérer observe ainsi que la force de manipulation du marketing est telle que « lors de tests faits “à l'aveugle”, *Arpège* a la préférence sur le *N°5*, mais les positions respectives des deux parfums s'inversent quand ils sont “marketés”, c'est-à-dire présentés

1. Voir Annick Le Guérer, *Le parfum des origines à nos jours*, p. 349.
2. Entretien avec Patrick Choël, propos recueillis par V. Jacoberger-Lavoué, *op. cit.*, Annick Le Guérer, *ibid.*, p. 274.

avec leur nom »[1]. L'aura du parfum charrie donc souvent l'imaginaire frelaté et les fantasmes standardisés que la publicité aura instillés de sorte que le jugement est d'emblée voilé.

Quand bien même les efforts pour déjouer les offensives commerciales seraient couronnés de succès, la constitution d'un art olfactif pur se heurte à un obstacle lié à la finalité du parfum. L'œuvre olfactive n'est pas une finalité sans fin, pour reprendre une formule kantienne, elle reste subordonnée à un usage des fragrances à des fins de parure et de séduction. Ainsi le plaisir éprouvé à la respiration d'un parfum semble toujours d'une nature mixte, tant il est vrai que l'émotion esthétique est toujours teintée d'une charge érotique et a bien du mal à s'en dégager. Est-ce à dire alors qu'une contemplation olfactive ne soit jamais pure et ne puisse réellement donner lieu à cette satisfaction désintéressée qui est, selon Kant, le propre du jugement de goût ? Certes, le caractère mixte du plaisir olfactif n'est pas un argument permettant de le dévaluer et de dépouiller le parfum de sa dimension artistique. Il est tout à fait possible de s'en accommoder en récusant la nature un peu factice et manichéenne de la distinction entre des arts utilitaires voués à une satisfaction intéressée et des beaux-arts exprimant une pure satisfaction désintéressée. De la même manière que l'on peut s'interroger avec Kant pour savoir s'il y eut jamais une seule action morale accomplie par devoir et qui ne soit pas déterminée par des mobiles pathologiques, on peut se demander si une satisfaction esthétique désintéressée a déjà existé, car pas plus que les beaux-arts n'échappent aux lois du marché, les esthètes ne sont des ascètes dépouillés de mobiles et de sensualité. Cette remarque ne permet pas néanmoins d'éluder la question de savoir s'il est possible de concevoir de droit des plaisirs olfactifs résultant d'une contemplation qui n'ait d'autre fin qu'elle-même. L'art olfactif par essence produit-il toujours nécessairement des plaisirs mixtes ou peut-il donner naissance à des plaisirs sans mélanges ? L'enjeu est de taille, car il s'agit de savoir s'il est possible en réalité d'envisager l'émergence d'un art olfactif libre, existant en lui-même

1. *Op. cit.*, p. 214.

et par lui-même, et fondé sur la création d'odeurs et de catégories esthétiques indépendantes des considérations et des finalités liées à la parfumerie. Cette question implique en fait la recherche de modèles d'un art odorant en dehors de la sphère de la parfumerie afin d'imaginer une olfactique libérée de la cosmétique et des impératifs du marché. Cette démarche, qui pourrait s'apparenter à un songe-creux, n'est pas dénuée de sens, car il existe des modèles philosophiques, littéraires et historiques d'art olfactif qui invitent à concevoir la pure beauté des fragrances.

UN MODÈLE PHILOSOPHIQUE D'ART OLFACTIF : LE PUR PLAISIR DES ODEURS CHEZ PLATON

L'idée d'un art olfactif susceptible de procurer des plaisirs purs est loin d'être une absurdité chez certains philosophes, car même pour les contempteurs du sensible, l'odeur ne se réduit pas nécessairement à l'évanescence de la sensation changeante et périssable ou au luxe et à la frivolité du parfum. Ainsi paradoxalement, Platon, qui critique vigoureusement les erreurs et les passions liées aux sens, et qui cherche à élever l'homme au-dessus du monde sensible en proie au devenir pour contempler le monde intelligible dans son être immuable, accorde une place de choix aux odeurs. Sa pensée, que nul ne peut soupçonner de complaisance à l'égard des sens, peut donc servir de contre-épreuve attestant de l'existence d'un beau olfactif et de la possibilité d'une esthétique pure des parfums. La perception de l'odeur peut en effet relever de plaisirs vrais et donner accès à la contemplation du beau en soi. C'est ce qui ressort de la théorie des plaisirs esquissée par Socrate au cours de son dialogue avec Protarque dans le *Philèbe*. Le maître de Platon distingue, en effet, deux types de plaisir, selon un schéma dichotomique : les plaisirs impurs ou mélangés et les plaisirs purs et sans mélanges. Les premiers sont dits impurs ou mélangés, dans la mesure où ils impliquent un mixte de jouissance et de douleur. Il en va ainsi par exemple des plaisirs liés au théâtre, aussi bien ceux de la comédie où nous rions du ridicule d'autrui que ceux de la tragédie où les pleurs se mêlent à la jouissance de la représentation[1]. Mélange de limite et d'illimité, les plaisirs mixtes sont des plaisirs relatifs, car ils varient en fonction de la dose plus ou moins grande de douleur qui entre dans leur composition. Il existe ainsi des mélanges où le plaisir l'emporte sur la douleur, d'autres où le plaisir égale la douleur, et d'autres où la douleur l'emporte sur le plaisir, comme dans le cas de la gale et des démangeaisons[2]. Ce premier genre de plaisir relève du monde sensible, et porte la marque du devenir, car il implique une altération d'états.

Les plaisirs purs, en revanche, sont exempts de toute douleur, ils s'opposent aux plaisirs mélangés, et sont considérés comme vrais, car ils visent l'être, ont trait à ce qui est beau par soi et expriment l'intelligible à travers la jouissance sensible. Ainsi le plaisir qui accompagne la sensation est à la fois d'ordre sensible et intelligible et possède une spécificité qui n'a rien à voir avec un chatouillement en tant qu'il ne se rapporte pas à une beauté particulière mais à la beauté en soi. Or, contrairement à toute attente, dans la liste des plaisirs purs figure la perception de certaines odeurs. Lorsque Protarque demande à Socrate « quels sont, [...] les plaisirs qu'on peut à juste titre, regarder comme vrais ? », celui-ci lui répond : « Ce sont ceux qui ont trait à ce qu'on appelle les belles couleurs, aux figures, à la plupart des odeurs et des sons et à toutes les choses dont la privation n'est ni sensible ni douloureuse, mais qui procurent des jouissances sensibles, agréables, pures de toute souffrance. »[3]

Il faut observer premièrement que *la plupart des odeurs* donnent lieu non pas à des plaisirs impurs ou mélangés mais à des plaisirs purs et sans mélanges. Ce n'est donc pas à titre exceptionnel que l'odeur éveille de purs plaisirs mais c'est le cas le plus fréquent. Il faut noter deuxièmement que l'odeur occupe une place de choix aux

1. Cf. *Philèbe*, 47e et 50b.
2. Cf. *Philèbe*, 46c-47b.
3. *Philèbe*, 50e-51c.

côtés de la figure, de la couleur et du son ; elle fait l'objet d'une mention alors que le goût et le toucher ne sont pas évoqués. Certes, Platon n'exclut pas que les plaisirs tactiles et gustatifs appartiennent à la catégorie des plaisirs vrais puisque sous cette rubrique figure l'ensemble des jouissances pures liées à des choses « dont la privation n'est ni sensible ni douloureuse ». Néanmoins, les seuls exemples de plaisirs vrais qu'il donne en dehors des pures délectations visuelles, sonores et olfactives sont les plaisirs des sciences[1], qui ne relèvent ni du goût ni du toucher.

La question se pose alors de savoir en quoi consistent ces plaisirs olfactifs vrais ou purs[2]. C'est là que les difficultés commencent car Platon ne donne guère de précision à ce sujet. Il est manifeste que les plaisirs vrais, au rang desquels figurent la plupart des odeurs, ne sont pas issus de la perception d'une beauté sensible particulière mais touchent à la beauté en soi. C'est ce que révèlent les exemples visuels et sonores fournis par Socrate pour éclairer la nature des plaisirs vrais :

> « Quand je parle de la beauté des figures, je ne veux pas dire ce que la plupart des gens entendent sous ses mots, des être vivants par exemple, ou des peintures ; j'entends dit l'argument, la ligne droite, le cercle, les figures planes et solides formées sur la ligne et le cercle au moyen des tours, des règles, des équerres, si tu me comprends. Car je soutiens que ces figures ne sont pas comme les autres, belles sous quelque rapport, mais qu'elles sont toujours belles par elles-mêmes et de leur nature, qu'elles procurent certains plaisirs qui leur sont propres et n'ont rien de commun avec les plaisirs du chatouillement. J'ajoute qu'il y a des couleurs qui offrent des beautés et des plaisirs empreints du même caractère. »[3]

Les plaisirs vrais qui naissent de la contemplation des figures sont d'essence géométrique. Ils ne sont pas issus de simples représen-

1. *Philèbe*, 52b.
2. Cf. *Philèbe*, XXXII, 52b-52e.
3. *Philèbe*, 51c.

tations sensibles, des images ou des portraits particuliers du vivant, mais touchent à des formes géométriques, comme la ligne, le cercle et les figures planes et solides, qui sont construites à l'aide d'instruments précis et rigoureux. Ils sont à la charnière entre le sensible et l'intelligible et ouvrent la voie à la contemplation du beau en soi. En effet – et ce n'est pas Kandinsky qui le démentira –, ces formes géométriques sont belles en elles-mêmes de façon absolue, car elles sont abstraites, immuables et ne dépendent pas d'une figure sensible particulière sans cesse en devenir, belle sous certain rapport et laide sous un autre. On retrouve ici le rôle de tremplin et de propédeutique à la contemplation en soi des idées qui était dévolu à la géométrie au livre VII de la *République*[1]. Les plaisirs vrais issus des couleurs en tant qu'ils sont l'expression d'un genre dans sa pureté dépassent également le cadre de la représentation sensible particulière. Après l'exposé des deux genres de plaisirs, Socrate évoquera l'exemple d'un peu de blanc pur qui « est à la fois plus blanc, plus beau et plus vrai que beaucoup de blanc mélangé »[2]. Ce blanc pur exempt de trace de couleurs différentes incarne le genre de la blancheur en soi et en donne l'idée vraie.

Les plaisirs vrais sonores sont plus énigmatiques que les plaisirs vrais visuels. Socrate est avare d'exemples, il signale simplement qu'ils ne sont pas produits par tous les sons mais uniquement par ceux dont la nature est claire et pure. « Je dis donc pour en venir aux sons, qu'il y en a de coulants et de clairs, qui rendent une simple note pure, et qu'ils sont beaux, non point relativement, mais absolument, par eux-mêmes, ainsi que les plaisirs qui en sont une suite naturelle. »[3] Bien que Socrate ne précise pas ici à quels sons exactement il fait allusion, il est clair qu'il vise des sons homophoniques, qui produisent une même sonorité et expriment une consonance, faute de quoi ils ne rendraient pas une note pure. Sans entrer dans le détail de l'analyse, ce plaisir musical pur correspond à ce que Platon

1. Cf. 526d-527c.
2. *Philèbe*, 52c-53e.
3. *Philèbe*, 52b.

appelle la *charis*, dans le livre II de la *République*[1], et qui exprime la grâce du mètre et de la mesure[2].

Qu'en est-il alors des plaisirs vrais olfactifs ? Platon reste très elliptique sur ce point et les définit de manière purement négative : « Le plaisir que donnent les odeurs est d'un genre moins divin que les précédents ; mais dès lors que la douleur ne s'y mêle pas nécessairement, par quelque voie et en quelque objet qu'il nous arrive, je le tiens toujours pour un genre qui fait le pendant avec eux... »[3]. D'une part, les plaisirs olfactifs purs sont d'un genre inférieur aux précédents, d'autre part, ils se caractérisent par une absence de douleur et ne sont pas distingués positivement des plaisirs olfactifs mélangés. Platon ne s'attarde pas sur la nature des odeurs suscitant un plaisir pur et ne donne aucun exemple ; il se contente de préciser que ces odeurs ne doivent pas s'accompagner de douleur, ce qui exclut non seulement les miasmes et les effluves malodorants, mais les parfums entêtants.

À peine esquissée, cette esthétique olfactive platonicienne semble donc s'évanouir, car les plaisirs purs qu'elle promet paraissent entachés d'impureté ou du moins n'ont pas l'éclat des autres. Comment comprendre cette réserve ? N'est-il pas contradictoire d'affirmer l'existence de plaisirs olfactifs purs et de leur refuser un caractère aussi divin que les autres ? Certes, il est toujours possible de faire valoir que Socrate, dans son art consommé du dialogue, emploie un argument *ad hominem* pour convaincre un Protarque en proie aux préjugés osmophobes de l'existence de plaisirs olfactifs purs. En lui concédant qu'ils sont moins divins que les autres, il ne remet pas en cause la hiérarchie communément admise, ne le heurte pas de front, et le conduit à admettre la distinction entre le pur et le

1. 357b : « N'y a-t-il pas à ton avis, une sorte de bien, que nous souhaiterions d'avoir non pas en vue de ses suites, mais parce que nous l'aimons pour lui-même, comme la joie et tous les plaisirs inoffensifs, et qui n'ont pas pour l'avenir d'autre conséquence que le plaisir même de leur possesseur ? »

2. Voir sur ce point l'article d'Anne Wersinger, « La *charis* des muses, le plaisir musical selon Platon », *La fêlure du plaisir. Études sur le* Philèbe *de Platon*, II, p. 61-81.

3. *Philèbe*, 52b.

mélangé au sein de la sphère des odeurs. Pour plausible qu'elle soit, cette explication reste cependant un peu courte, car elle élude la difficulté plutôt qu'elle ne la résout.

En réalité, la position de Platon à ce sujet est complexe, car à travers l'exemple des plaisirs olfactifs purs se dessine peut-être une évolution de sa pensée vers une conception moins immuable et statique de la théorie des formes. Pour tenter de comprendre ce texte énigmatique, il faut d'abord remarquer que l'attribution d'un caractère moins divin que les autres ne remet pas en cause la pureté des plaisirs olfactifs et la distinction entre les deux catégories d'odeurs, celles qui mélangent le plaisir et la peine, et celles qui sont sans mélange. Bien que les plaisirs occasionnés par les odeurs soient d'un genre moins divin que les précédents, ils sont incontestablement purs et expriment une forme de beauté dans leur vérité sans mélange. Platon prend d'ailleurs soin de préciser que le genre de ces plaisirs fait pendant à celui des autres plaisirs purs dès lors que ne s'y mêle aucune peine. Ce qui est moins divin par conséquent ne déroge pas à l'ordre du divin. Les plaisirs olfactifs ont donc trait comme les autres au beau en soi, aux essences et non aux choses particulières. Est-ce à dire alors qu'il y ait une forme intelligible en soi de l'odeur qui participe du divin et qui puisse faire l'objet d'une contemplation philosophique ?

Une telle conclusion serait hâtive, car contrairement à celui de la figure, de la couleur et du son, le statut ontologique de l'odeur est problématique. Alors que Platon affirme sans hésiter l'existence d'une beauté en soi, absolue, de la figure, de la couleur et du son, il reste étrangement silencieux au sujet des odeurs et se borne à définir la pureté du plaisir qu'elles suscitent en termes d'absence de peine. Faut-il voir là un signe d'embarras et d'hésitation à admettre une forme pure de l'odeur ? Il est certain que pour Platon, l'odeur fait partie de ces choses dont on peut se demander si elles font l'objet d'une idée en soi. Ce n'est peut-être pas un hasard si c'est en grande partie à propos de choses malodorantes comme la boue ou la saleté que Parménide interroge Socrate pour savoir s'il faut ou non admettre qu'il existe aussi pour elles une forme en soi. Socrate hésite et confesse son trouble lorsque Parménide lui demande si « au sujet des choses qui pourraient paraître ridicules comme la boue, le poil, la saleté ou toutes autres choses insignifiantes et sans valeur [...] il faut admettre qu'il y a aussi pour chacune d'elles une forme à part distincte, elle aussi des choses que nous touchons de nos mains »[1]. Il répond d'une manière prudente et fort peu tranchée, qui lui vaut les commentaires ironiques de son interlocuteur : « Pour des choses que nous voyons, je ne doute pas de leur existence ; mais de penser qu'il en existe une forme, j'ai peur que ce ne soit par trop étrange. Cependant, il m'est parfois arrivé de me sentir troublé et de me demander si toutes les choses n'ont pas également leurs formes. Puis quand je me suis arrêté à cette pensée, je m'en détourne en toute hâte, de peur de tomber et de me noyer dans un abîme de niaiserie. »[2] Au-delà de la crainte du ridicule, il faut retenir le trouble et la perplexité qui sont chez Platon le signe de la présence d'une contradiction ou du moins d'impressions opposées propices à l'éveil de la réflexion philosophique[3]. En effet d'un côté, l'odeur, comme toute chose, semble avoir une forme puisqu'elle suscite des plaisirs purs et vrais, de l'autre, elle semble n'en avoir pas, tant elle est fugace et en proie au devenir.

Si dans le *Philèbe*, la nature exacte de l'odeur n'est pas explicitement déterminée, en revanche dans le *Timée*, Platon adopte une position nettement tranchée. L'odeur se voit assigner un statut intermédiaire entre l'être et le devenir. Elle ne relève pas de la catégorie des formes mais des demi-formes. Timée explique à Socrate qu'« en ce qui regarde la propriété des narines, il n'y a pas d'espèces définies. Une odeur, en effet, n'est jamais qu'une chose à *demi formée*, et aucun type de figure n'a les proportions nécessaires pour avoir une odeur. Les veines qui servent à l'odorat ont une structure trop étroite pour les espèces de terre et d'eau, trop large pour celles de feu et d'air. Aussi personne n'a jamais perçu l'odeur d'un de ces

1. *Parménide*, 130c.
2. *Ibid.*
3. Cf. *République* VII, 524a et suiv.

corps : les odeurs ne naissent que des substances en train de se mouiller, de se putréfier, de se liquéfier, ou de s'évaporer. C'est quand l'eau se change en air et l'air en eau que l'odeur se produit dans le milieu de ces changements, et toute odeur est fumée ou brouillard, quand l'air est en train de se transformer en eau, fumée, quand c'est l'eau qui se change en air. [...]. En conséquence, les variétés d'odeurs se répartissent en deux types qui n'ont pas de noms, parce qu'elles dérivent de formes qui ne sont ni nombreuses ni simples. La seule distinction nette qui soit entre elles est celle du plaisir et de la peine qu'elles causent : l'une irrite et violente toute la cavité qui est en nous entre le sommet de la tête et le nombril ; l'autre lénifie cette même cavité et la ramène agréablement à son état naturel »[1]. Timée est formel : l'odeur est une chose à demi formée, un dérivé de formes. Elle résulte de la métamorphose des corps, de leur changement ou de leur destruction. Elle provient d'une décomposition des éléments et de leur transmutation quand l'eau se change en air et l'air en eau. En vertu de sa fluidité, elle n'a pas le statut d'un être immuable mais épouse les contours des mutations des choses. Elle relève donc en partie du monde du devenir et témoigne du passage et de la transition. Tout au plus elle est une demi-forme et ne comprend pas d'espèces définies vu sa constitution. C'est ce que fait valoir Anne Wersinger au cours de son commentaire de ce passage du *Timée* : « Les odeurs dépourvues de formes (*eidos*, 66d2), puisqu'elles ne sont pas constituées d'une pluralité d'espèces simples (67a2), ont la figure du bougé, du passage, du demi-genre (66d2), elles correspondent aux figures irrégulières de transition, elles sont bigarrées (67a1). »[2] On comprend alors que Platon puisse dire que les plaisirs vrais liés à l'olfaction soient d'un genre moins divin que les autres, car ils ne reposent pas sur la contemplation d'une forme et restent marqués par l'évanescence des odeurs, leur flux incessant.

La classification des odeurs ne peut donc se fonder sur une division en genre et en espèces car elles ne dérivent pas de formes

1. *Timée*, 66d-66e.
2. *Platon et la dysharmonie*, p. 148.

simples. C'est pourquoi la seule typologie claire prend appui sur leurs effets plaisants ou pénibles. Ainsi la distinction et la dénomination des odeurs se font sur la base du plaisir et de la peine qu'elles suscitent. Ceci permet d'éclairer la raison pour laquelle Platon dans le *Philèbe* distingue les plaisirs olfactifs purs des mélangés, non pas en les fondant sur une forme de l'odeur en soi comme il le faisait pour la figure, la couleur, mais sur le fait qu'ils ne comportent aucune douleur.

Le problème n'est pas entièrement résolu pour autant. Si les odeurs sont bigarrées et s'apparentent aux figures irrégulières de transition, comment peuvent-elles faire l'objet de plaisirs purs et vrais ? Peut-il y avoir une vérité qui ne repose pas sur des formes et des genres ? Une vérité du demi-genre, de la demi-forme ? Il est clair que si Platon admet l'existence d'un plaisir olfactif pur, c'est qu'il accorde à l'odeur un statut ontologique positif. Le moins divin reste en partie du divin et ce qui est à moitié formé reste de l'ordre de la forme.

Ce genre moins divin correspond aux êtres que Platon appelle les démons, qui sont d'une nature intermédiaire entre le mortel et l'immortel, et qui tiennent le milieu entre la sagesse et l'ignorance, comme c'est le cas de l'amour présenté dans *Le banquet*[1] comme un grand démon qui conduit vers le beau en soi et donne accès à la contemplation du monde intelligible. Or l'amour ne possède pas une forme immuable, mais une forme ondoyante. Il est alors possible de se demander si l'odeur ne pourrait pas se rapprocher de cette forme ondoyante qui caractérise l'amour d'après Agathon dans *Le banquet* : « Éros, on le voit, est le plus jeune et le plus délicat. À cela, il faut ajouter que, par sa constitution, il est ondoyant. En effet, s'il était rigide, il ne pourrait en toute âme ni se faire totalement enveloppant ni passer inaperçu, d'abord en y entrant, puis en en sortant. De sa constitution (*eidôs*) harmonieuse et ondoyante (*hugrós*) sa grâce donne un indice important, cette grâce qu'Éros possède au suprême degré, comme on s'entend à le

1. Cf. 203a.

reconnaître, car entre le manque de grâce et l'amour, l'antagonisme est incessant. Le fait que le dieu vive au milieu des fleurs explique la beauté de son teint. Sur ce qui ne fleurit pas, sur ce qui a passé fleur, corps, âme ou quoi que ce soit d'autre, Éros ne se pose point. Mais s'il se trouve un lieu bien fleuri et bien parfumé, là Éros se pose et demeure. »[1]

L'*eidôs*, la forme d'Éros n'est pas statique, fixe, mais fluide et ondoyante. *Hugrós* signifie au sens premier humide. Anne Wersinger voit ainsi dans l'emploi de l'expression forme ondoyante, « le manifeste d'une pensée nouvelle de l'harmonie fondée sur l'ajustement [...], la douceur, l'insinuation, c'est-à-dire le processus qui épouse les formes par enlacement, pliure, selon une dynamique réticulative »[2] et observe que « cette structure ondoyante [...] concerne de manière privilégiée la couleur »[3]. L'amour en effet cherche un terrain adapté à sa constitution ; il passe sa vie au milieu des fleurs et en possède le teint incarnat. S'il est vrai que la forme ondoyante se déploie au premier chef parmi les fleurs, il faut noter toutefois que ce n'est pas seulement leur couleur qui est en jeu mais aussi leur parfum. C'est dans les lieux colorés et odorants que se manifeste sa forme ondoyante. Le parfum de par sa fluidité et son caractère enveloppant s'apparente à la forme ondoyante de l'amour. C'est pourquoi il semble légitime d'appliquer à l'odeur et au parfum cette constitution fluide qui caractérise l'amour. S'il n'y a pas de forme immuable de l'odeur à l'origine des plaisirs olfactifs vrais, il existe cependant une forme ondoyante qui peut donner lieu à une contemplation pure des fluides parfumés. En introduisant des formes ondoyantes qui font pendant aux formes fixes et immuables, bien qu'elles soient d'un genre moins divin, Platon jette les fondements de ce que l'on pourrait appeler une esthétique des fluides et redonne ses lettres de noblesse au parfum en lui accordant une beauté démo-

1. *Le banquet*, 196ab, traduction Luc Brisson, Garnier Flammarion, p. 125.

2. *Platon et la dysharmonie*, p. 79. Voir plus généralement le chapitre III consacré à la forme ondoyante.

3. *Ibid.*

nique susceptible d'éveiller un plaisir pur. L'odeur dépasse la particularité sensible, elle peut donner accès au monde intelligible et être l'expression d'une vérité. Platon légitime ainsi la recherche d'un beau odorant et offre un modèle philosophique attestant de la possibilité de constituer une esthétique des parfums.

Cette esthétique des fluides, toutefois, reste très programmatique, elle est plus suggérée que constituée à proprement parler. Platon fournit une armature théorique mais ne détermine pas concrètement la nature de ces belles odeurs qui suscitent des plaisirs purs. Il laisse entendre qu'elles peuvent provenir de diverses voies et de divers objets et ouvre donc un large éventail de possibilités qui comprend aussi bien les fragrances naturelles qu'artificielles, les parfums liquides ou les mélanges à brûler. À défaut de la réaliser, il invite à concevoir ce que serait une véritable esthétique olfactive et à imaginer des modèles d'un beau olfactif qui ne soient pas asservis aux canons de l'hygiène, de la parure et de la séduction. Pour en avoir une idée, ce n'est pas tant vers la philosophie que vers la littérature qu'il faut se tourner, car elle a élaboré avec bonheur des modèles de cette esthétique des fluides odorants qui est en germe chez Platon. Et parmi ces modèles littéraires qui stimulent l'imaginaire en offrant une représentation de ce que pourrait être un véritable art olfactif figure au premier chef le roman de Carl Joris Huysmans, *À rebours*.

Un modèle littéraire imaginaire : Des Esseintes et l'art olfactif

Si d'une manière générale à travers toute son œuvre, Huysmans invite à reconsidérer la place du nez, c'est dans *À Rebours* qu'il esquisse plus particulièrement les contours d'une esthétique olfactive pure. Prenant le contre-pied du naturalisme, il brosse le portrait fantaisiste d'un esthète décadent, Des Esseintes – dont le nom, à lui seul, évoque les essences et les senteurs –, qui va donner corps à un art olfactif. Cet art olfactif est envisagé d'un double point de vue, celui de l'amateur qui doit fonder son jugement sur une interprétation sûre et celui du créateur qui élabore de nouvelles formules. Le personnage principal du roman incarne ainsi tour à tour la figure de l'esthète connaisseur et de l'artiste créateur. En proie à la folie nerveuse et à des hallucinations olfactives, Des Esseintes est le prototype du héros baudelairien à la recherche de correspondances et de plaisirs sensibles nouveaux pour tromper son ennui et sa maladie. Toute son existence est dominée par la fièvre d'inconnu, le désir d'échapper à la réalité et de se hisser vers les confins de la pensée au-delà de l'art. Dans cette recherche, tous les sens ont leur place, y compris le goût et l'odorat, qui sont généralement négligés ou relégués au second plan. Des Esseintes adopte ainsi la profession de foi de la chimère dans *La tentation de saint Antoine* de Flaubert : « Je cherche des parfums nouveaux, des fleurs plus larges, des plaisirs inéprouvés. »[1] Et ce mot d'ordre dans sa bouche ne reste pas lettre morte mais va se traduire par la création d'un art olfactif.

> « Il était depuis des années habile dans la science du flair, nous dit Huysmans ; il pensait que l'odorat pouvait éprouver des jouissances égales à celles de l'ouïe et de la vue, chaque sens étant susceptible, par suite d'une disposition naturelle et d'une érudite culture, de percevoir des impressions nouvelles, de les décupler, de les coordonner, d'en composer ce tout qui constitue une œuvre ; et il n'était pas en somme, plus anormal qu'un art existât, en dégageant d'odorants fluides, que d'autres, en détachant des ondes sonores, ou en frappant de rayons diversement colorés la rétine d'un œil ; seulement, si personne ne peut discerner, sans une intuition particulière développée par l'étude, une peinture de grand maître d'une croûte, un air de Beethoven d'un air de Clapisson, personne, non plus, ne peut, sans une initiation préalable, ne point confondre au premier abord, un bouquet créé par un sincère artiste, avec un pot-pourri fabriqué par un industriel, pour la vente des épiceries et des bazars. »[2]

1. Formule expressément citée dans *À rebours*, Éditions 10/18, 1975, p. 186.
2. *Ibid.*, p. 192-193.

Ce texte peut être considéré comme un véritable manifeste pour l'invention d'une esthétique olfactive. Il plaide aussi bien en faveur de la création originale de beaux parfums, libérée de la production économique en grande série et des lois du marché, que de la formation d'un jugement de goût ou plutôt de nez fondé sur une appréciation rigoureuse de l'œuvre odorante. Des Esseintes est ainsi présenté comme un expert dans la *science du flair*. Cette étonnante formule ne se résume pas à un simple oxymore, elle allie le caractère intuitif du flair à l'exigence de règles précises et d'un savoir nécessaire en la matière. Comme toutes les sciences, celle du flair possède ses principes et ses réquisits. Son principe fondateur repose sur la proclamation de l'égalité des sens. Des Esseintes récuse la hiérarchie sensorielle et admet l'existence d'une puissance olfactive esthétique analogue à celle de la musique ou de la peinture. Il invite ainsi à abolir les privilèges accordés à la vue et l'ouïe et remet en cause leur hégémonie en tant qu'elle constitue ce que l'on pourrait appeler un obstacle épistémologique à la recherche de formes esthétiques nouvelles. Des Esseintes rompt avec l'attitude naturelle et considère tous les sens à égalité sans préjugés. Il n'est pas plus anormal ou arbitraire de concevoir un art issu « d'odorants fluides » que « d'ondes sonores » ou de « rayons diversement colorés ». Si le caractère mouvant des ondes et des rayons lumineux n'a pas empêché la naissance d'un art pérenne, il doit *a priori* en aller de même pour les parfums dans leur fluidité évanescente. Le principe de l'égalité des sens se fonde donc en dernière instance sur la nature similaire de la matière perçue par chacun d'eux. Ce principe, toutefois, est la condition nécessaire mais non suffisante de l'émergence d'une science du flair. Celle-ci requiert en outre que deux autres conditions soient remplies : l'existence d'une disposition naturelle et l'acquisition d'une culture olfactive érudite.

Des Esseintes vérifie parfaitement ces deux conditions ; il est la vivante preuve du mariage heureux entre une grande sensibilité olfactive et une culture lettrée du nez. Il jouit d'abord d'une aptitude hors du commun à percevoir le monde par ses narines, à identifier et à discerner les odeurs. Loin d'être en régression pour Huysmans, la disposition naturelle à sentir possède une puissance qui excède le cadre de la perception immédiate et de la reconnaissance des effluves présentes ici et maintenant pour plonger ses racines jusque dans le passé. La sensibilité olfactive se double d'une mémoire qui permet d'explorer le passé par le nez et de le ressusciter. Les expériences de Des Esseintes sont l'illustration même de cette puissance mnésique de l'odeur souvent constatée par les psychologues et dont Proust se fera l'écho. Les fragrances éveillent des réminiscences et font surgir un monde ancien des profondeurs de l'oubli. C'est ainsi qu'à travers l'odeur de whisky d'Irlande, des souvenirs enfouis viennent affleurer à sa conscience : « Il se renfonça dans son fauteuil et huma lentement ce suc fermenté d'avoine et d'orge. Un fumet prononcé de créosote lui empuantit la bouche. Peu à peu, en buvant, sa pensée suivit l'impression maintenant ravivée de son palais, emboîta le pas à la saveur du whisky, réveilla par une fatale exactitude d'odeurs des souvenirs effacés depuis des ans. Ce fleur phéniqué, âcre, lui remémorait forcément l'identique senteur dont il avait eu la langue pleine au temps où les dentistes travaillaient dans sa gencive. »[1] Lancé sur cette piste olfactive, Des Esseintes exhume par association l'épisode peu glorieux où, souffrant d'une rage de dents et ne pouvant attendre que les dentistes patentés lui accordent un rendez-vous, il se précipita chez un « quenottier du peuple », et fut à sa grande honte tenté de rebrousser chemin, épouvanté par les crachats rouges collés sur les marches de l'escalier, quand la porte s'ouvrit et une vieille femme le pria d'entrer. La grande scène de l'arracheur de dents qui extirpa sa molaire douloureuse dans un fracas d'émail cassé lui revient alors tout entière avec ses hurlements de bête qu'on assassine et ses battements de pieds furieux dans le fauteuil. Fatale exactitude des odeurs qui reconstituent un univers à la manière d'un métronome implacable et qui vous entraînent malgré vous dans les circonvolutions de la mémoire.

Si elle peut donner lieu à un cortège d'associations mnésiques qui épousent les méandres du souvenir, la résurgence olfactive du

1. *À rebours*, p. 108-109.

passé peut être fulgurante et brutale comme le révèle l'épisode de la constitution de la collection raffinée de plantes, de fleurs et de bouquets de senteur. C'est le parfum du cattleya de la Nouvelle-Grenade qui sert ici de détonateur. « Il s'approcha, mit son nez dessus et recula brusquement ; elle exhalait une odeur de sapin verni, de boîtes à jouets, évoquait les horreurs d'un jour de l'an. »[1] L'odeur du cattleya restitue le passé dans sa dimension affective et entremêle la sensation et le sentiment de sorte qu'elle livre le souvenir dans sa richesse émotionnelle perçue et vécue. Cette petite fleur de littérature – qui joue décidément un rôle de tout premier plan dans l'imaginaire narratif, puisqu'elle sera également convoquée par Proust pour exprimer non plus les horreurs d'un jour de l'an, mais les parfums de l'amour entre Swann et Odette –, révèle que la sensibilité olfactive, loin d'être une disposition faible et bornée, étend ses racines dans la mémoire et jusque dans le cœur. C'est d'ailleurs l'un de ses traits caractéristiques que de se prêter aussi bien à la remémoration cognitive qu'à la commémoration affective. Des Esseintes aime avec son nez de sorte que le catalogue de ses maîtresses est empreint d'un érotisme olfactif. Les femmes aimées sont répertoriées dans sa mémoire en fonction de leurs saveurs et de leurs odeurs. L'arôme des bonbons violets de Siraudin « était une goutte de parfum de sarcanthus, une goutte d'essence féminine, cristallisée dans un morceau de sucre ; ils pénétraient les papilles de la bouche, évoquaient des souvenances d'eau opalisée par des vinaigres rares, de baisers très profonds tout imbibés d'odeurs »[2]. L'évocation des maîtresses se fait par le nez et leur persistance dans le souvenir malgré le flot ininterrompu des conquêtes est liée à leur odeur contrastée. Ainsi si miss Urania « s'était plus énergiquement empreinte dans sa mémoire qu'une foule d'autres dont les appâts avaient été moins fallacieux et les plaisirs moins limités, cela tenait à sa senteur de bête bien portante et saine ; la redondance de sa santé était l'antipode même de cette anémie, travaillée aux parfums,

1. *Ibid.*, p.166.
2. *Ibid.*, p. 180.

dont il retrouvait un fin relent dans le délicat bonbon de Siraudin. Ainsi qu'une odorante antithèse, miss Urania s'imposait fatalement à son souvenir, mais presque aussitôt Des Esseintes, heurté par cet imprévu d'un arôme naturel et brut, retournait aux exhalaisons civilisées, et inévitablement il songeait à ses autres maîtresses ; elles se pressaient, en troupeau dans sa cervelle, mais par-dessus toutes s'exhaussait maintenant la femme dont la monstruosité l'avait tant satisfait pendant des mois »[1]. À miss Urania dégageant une senteur saine et naturelle de bête succède en effet une brunette ventriloque « qui lui plut par le contraste même qu'elle opposait avec l'Américaine. Cette brunette suintait des parfums préparés, malsains et capiteux »[2]. Le tableau des femmes aimées est ainsi construit sur une opposition olfactive entre une odeur saine naturelle de bête et un parfum malsain et artificiel de créature civilisée. En somme, que reste-t-il des amours mortes si ce n'est la romance de leurs fragrances ?

La sensibilité olfactive de Des Esseintes est telle qu'elle donne lieu chez lui à un imaginaire olfactif. Ainsi la contemplation de la peinture lui procure non seulement une délectation des yeux mais du nez. Aux réminiscences s'ajoutent les rêveries olfactives devant les tableaux comme celui de la Salomé de Gustave Moreau qu'il évoque « dans l'odeur perverse des parfums » qui brûlent dans l'église, une fleur de lotus à la main[3], ou comme la série des persécutions religieuses du graveur hollandais Jean Luyken, « ces œuvres pleines d'abominables imaginations puant le brûlé, suant le sang et remplies de cris d'horreurs et d'anathèmes »[4]. Il va jusqu'à interpréter le sens mystérieux de l'emblème de la fleur de lotus porté par Salomé en termes olfactifs, le renvoyant aux cérémonies égyptiennes d'embaumement où les chimistes et les prêtres qui préparent le cadavre de la morte, « avant de l'enduire de bitumes et d'essences, lui insèrent,

1. *Ibid.*, p.182-184.
2. *Ibid.*, p. 184.
3. Cf. p. 114.
4. *Ibid.*, p. 124.

dans les parties sexuelles, pour les purifier, les chastes pétales de la divine fleur »[1].

Cette sensibilité exacerbée atteint son paroxysme avec l'apparition d'hallucinations de l'odorat. Des Esseintes est poursuivi par une odeur illusoire de frangipane dont son domestique dément l'existence et entreprend de soigner sa névrose par une thérapie olfactive. « Fatigué par la ténacité de cet imaginaire arôme, il résolut de se plonger dans des parfums véritables, espérant que cette homéopathie nasale le guérirait ou du moins qu'elle retarderait la poursuite de l'importune frangipane. »[2] Il est donc clair que Des Esseintes est le prototype du Nez puisque toute la sphère de sa sensibilité, de sa mémoire, et de son imagination est hantée par l'odeur, qui outrepasse sa portée physique pour atteindre une dimension métaphysique. Métaphysique du spleen et de la recherche de parfums factices pour échapper à l'ennui, comme en témoigne cette méditation aux accents baudelairiens : « Sous le ciel bas, dans l'air mou, les murs des maisons ont des sueurs noires et leurs soupiraux fétident ; la dégoûtation de l'existence s'accentue et le spleen écrase ; les semailles d'ordures que chacun a dans l'âme éclosent ; des besoins de sales ribotes agitent les gens austères et, dans le cerveau des gens considérés, des désirs de forçats vont naître. Et pourtant, je me chauffe devant un grand feu et, d'une corbeille de fleurs épanouies sur la table se dégage une exhalaison de benjoin de géranium et de vétiver qui remplit la chambre. En plein mois de novembre à Pantin, rue de Paris, le printemps persiste et voici que je ris, à part moi, des familles craintives qui, afin d'éviter les approches du froid, fuient à toute vapeur vers Antibes ou vers Cannes. L'inclémente nature n'est pour rien dans cet extraordinaire phénomène ; c'est à l'industrie seule, il faut bien le dire, que Pantin est redevable de cette saison factice. En effet ces fleurs sont en taffetas, montées sur du fil d'archal, et la senteur printanière filtrée par les joints de la fenêtre,

1. *Ibid.*, p. 118.
2. *Ibid.*, p. 192.

exhalée des usines du voisinage, des parfumeries de Pinaud et Saint-James. »[1]

Ce texte met l'accent sur la dimension artificielle et factice de cette science du flair que revendique Des Esseintes et montre qu'elle ne repose pas seulement sur une disposition naturelle mais qu'elle suppose une industrie, des artefacts, en un mot toute la sphère de la culture. C'est là la seconde condition de son émergence. L'art des parfums ne se résume pas à une simple composition de produits naturels. Il se présente comme un art de la « précision factice »[2]. Huysmans insiste sur ce point : « Presque jamais, en effet, les parfums ne sont issus des fleurs dont ils portent le nom; l'artiste qui oserait emprunter à la seule nature ses éléments, ne produirait qu'une œuvre bâtarde, sans vérité, sans style, attendu que l'essence obtenue par distillation des fleurs ne saurait offrir qu'une très lointaine et très vulgaire analogie avec l'arôme même de la fleur vivante, épandant ses effluves, en pleine terre. »[3]

Pas plus que la peinture ou la musique, l'art des parfums ne reproduit la nature faute de quoi il n'est qu'une copie fade et inodore. Quand bien même il resterait tributaire des arômes naturels, « dans la parfumerie, l'artiste achève l'odeur initiale de la nature dont il taille la senteur, et il la monte ainsi qu'un joaillier épure l'eau d'une pierre et la fait valoir »[4]. L'art des parfums s'inscrit donc dans une culture olfactive qui s'exprime d'abord sous la forme d'une langue dont il faut apprendre à maîtriser la syntaxe et la grammaire, pour la comprendre, et créer de nouveaux poèmes de senteur. Huysmans conçoit une esthétique olfactive sur le modèle de la création littéraire; il établit d'ailleurs ouvertement une analogie entre l'art des parfums et la littérature. « Peu à peu les arcanes de cet art le plus négligé de tous, s'étaient ouverts devant Des Esseintes qui déchiffrait maintenant cette langue, variée, aussi insinuante que celle

1. *Ibid.*, p. 205.
2. *Ibid.*, p. 193.
3. *Ibid.*
4. *Ibid.*

de la littérature, ce style d'une concision inouïe sous son apparence flottante et vague. »[1] À l'idée que l'odorat serait le sens muet voué à l'indicible et à l'ineffable, Des Esseintes oppose la théorie d'un « idiome des fluides »[2], d'un langage des parfums. Sentir un parfum, c'est de fait décrypter une langue olfactive. Des Esseintes procède ainsi à une analyse linguistique de l'odeur. La langue des parfums se définit par trois principaux traits : sa variété, son caractère insinuant et sa concision sous son apparence flottante et vague. Sa variété tient non seulement à la diversité indéfinie des composants, renforcée aujourd'hui par la prolifération de produits de synthèse, mais à la possibilité de combinaisons innombrables qui n'a rien à envier à la puissance combinatoire illimitée des mots. La langue olfactive est aussi subtile et insinuante que la langue littéraire, car elle pénètre l'homme sagace, l'enveloppe et le circonvient en instillant des effluves tour à tour ténus ou tenaces. Bien qu'elle se présente comme flottante et vague en raison du caractère vaporeux et volatil du parfum qui se répand et se dissipe au hasard, elle ne se dilue pas en bavardage flou mais possède un style concis de par la fulgurance et la brièveté de l'odeur qui délivre son message essentiel de manière instantanée et sans détours. La formule d'un parfum est semblable à une formule littéraire dont il faut déchiffrer la grammaire, la syntaxe et la signification. Pour l'interpréter, il faut se livrer aussi bien à une analyse linguistique interne qui examine la construction des phrases olfactives qu'à des essais de littérature comparée. Des Esseintes préconise en effet de « travailler la grammaire, comprendre la syntaxe des odeurs, se bien pénétrer des règles qui la régissent, et une fois familiarisé avec ce dialecte, [de] comparer les œuvres des maîtres, des Atkinson, des Lubin, des Chardin et des Violet, des Legrand et des Piesse, désassembler la construction de leurs phrases, peser la proportion de leurs mots et l'arrangement de leurs périodes »[3]. L'idiome des parfums se définit par un style qui varie selon les

1. *Ibid.*, p. 194.
2. Cf. p. 194.
3. *Ibid.*, p. 194.

auteurs et qui épouse les évolutions de la langue. Il mobilise ainsi une intelligence lettrée et requiert une approche esthétique fondée non seulement sur une analyse linguistique, mais sur une histoire et sur une psychologie. Voilà pourquoi une disposition naturelle à sentir ne suffit pas mais doit s'accompagner d'une « érudite culture »[1].

Cette culture qui sous-tend la science du flair implique la constitution d'une histoire de l'art des parfums dont les grands traits sont esquissés dans le chapitre X d'*À rebours*. Huysmans distingue des styles et des époques qu'il met en parallèle avec les mouvements littéraires et leurs évolutions. Au style Louis XIII qui consomme le triomphe d'un vocabulaire olfactif empreint de poudre, d'iris, de musc, de civette, d'eau de myrte, correspondent « les grâces cavalières, les teintes un peu crues du temps que nous ont conservées certains des sonnets de Saint Amand »[2]. Le style Louis XIV, où advient le règne de la myrrhe, de l'oliban et des senteurs mystiques puissantes et austères, lui succède et exprime « l'allure pompeuse du grand siècle »[3], faisant écho aux artifices rhétoriques d'un Bossuet. Il fait place au style Louis XV, qui trouve son interprète dans la frangipane et la maréchale traduisant « les grâces fatiguées et savantes de la société française »[4]. Apparaissent ensuite les eaux de Cologne et les préparations à base de romarin aux arômes respirant « l'ennui et l'incuriosité du premier empire »[5], puis les orientales, les sélams fulgurants d'épices qui lancent la parfumerie, « derrière Victor Hugo et Gautier, vers les pays du soleil »[6]. En constante évolution, la langue de la parfumerie au-delà de 1830 connaît une période qui se caractérise par un orientalisme prononcé et se tourne vers la Chine et le Japon parallèlement aux autres arts, « imaginant des albums odorants, imitant les bouquets de fleurs de Takéoda, obtenant par des alliances de lavande et de girofle, l'odeur du

1. Cf. p. 192.
2. Cf. p. 195.
3. *Ibid.*
4. *Ibid.*
5. *Ibid.*
6. *Ibid.*

Rondeletia ; par un mélange de patchouli et de camphre, l'arôme singulier de l'encre de Chine ; par des composés de citron, de girofle et de néroli, l'émanation de l'Hovénia du Japon »[1].

En prenant appui sur une histoire de l'art, il devient possible de se livrer à une interprétation des textes olfactifs et d'inventer une herméneutique des parfums. Ainsi, « Des Esseintes étudiait, analysait l'âme de ces fluides, faisait l'exégèse de ces textes »[2]. Il ne se présente pas simplement comme un historien mais comme un psychologue qui démonte les rouages d'une œuvre odorante, exhibe sa structure, et la reconstitue de manière infaillible. Grâce à l'exercice, il est capable de décomposer une exhalaison, de reconnaître les senteurs et d'apprécier la proportion et l'harmonie de leurs combinaisons[3]. Son jugement acquiert la précision et l'exactitude de ceux du marchand de vins œnologue ou du négociant chinois de thé qui sont capables d'identifier la nature, l'histoire et la qualité du produit simplement en les humant[4]. À leur image, « Des Esseintes pouvait, en respirant un soupçon d'odeur, vous raconter aussitôt les doses de son mélange, expliquer la psychologie de sa mixture, presque citer le nom de l'artiste qui l'avait écrit et lui avait imprimé la marque personnelle de son style »[5]. La science des fluides odorants qui fonde le jugement esthétique ne se résume donc pas à une connaissance physique ou chimique des composants, elle mobilise également une psychologie, car c'est l'âme des fluides, l'inscription de la pensée originale de l'artiste dans l'œuvre odorante qu'il s'agit d'appréhender.

Mais le personnage de Huysmans ne se réduit pas à la figure du connaisseur, de l'esthète olfactif éclairé, il est aussi présenté comme un véritable artiste en acte en proie aux affres de la création devant son orgue à parfums. À ce titre il constitue également un modèle

1. *Ibid.*, p. 196.
2. Cf. p. 196.
3. *Ibid.*
4. Cf. p. 196-197.
5. *Ibid.*, p. 197.

permettant d'imaginer ce que pourrait être un authentique art olfactif qui ne se réduise pas à la production en série de parfums commerciaux, aussi suaves soient-ils. La création d'un bouquet inédit s'inspire à nouveau du modèle de l'écriture littéraire et elle est placée plus particulièrement sous l'égide de Balzac. Au complexe de la page blanche fait écho celui du flacon vide. Dès lors il s'agit de trouver les moyens de rompre avec les balbutiements du commencement et de « plonger dans l'inconnu pour y trouver du nouveau ». Des Esseintes ne conçoit pas la création comme l'œuvre du génie inspiré mais comme le résultat d'une pratique où le nez et l'esprit s'affermissent, gagnent progressivement en assurance et en audace à travers des exercices d'entraînement. La réalisation d'une œuvre comporte donc une phase nécessaire d'exercice et d'essai. À la manière de Balzac qui préconise de noircir beaucoup de papier pour se mettre en train, il s'agit de composer des senteurs pour se refaire la main par des travaux sans importance[1]. Des Esseintes commence donc par essayer de fabriquer une odeur de pois de senteur. C'est un exercice de style analogue à l'écriture d'un poème sur commande ou d'un pastiche qui comporte ses ratures et ses ratés : « Les expressions, les procédés lui échappaient ; il tâtonna ; en somme, dans la fragrance de cette fleur, l'oranger domine ; il tenta plusieurs combinaisons, et il finit par atteindre le ton juste, en joignant à l'oranger de la tubéreuse et de la rose qu'il lia par une goutte de vanille. »[2] Cette phase d'atelier d'écriture olfactive n'est pas à proprement parler créative, elle est une simple propédeutique, une mise en nez, qui vise à dissiper les incertitudes et à renforcer l'assurance. Des Esseintes s'entraîne ainsi à composer du thé « en mélangeant de la cassie et de l'iris »[3], jusqu'à ce qu'il soit déterminé à se lancer.

Il s'ensuit une phase proprement créative où l'artiste, hanté par l'orientalisme des parfums du XVIIIe, manie l'ambre, le musc-tonkin, le patchouli, et rompt brutalement avec ces vapeurs surannées en

1. Cf. p. 197.
2. *Ibid.*, p. 197-198.
3. *Ibid.*, p. 198.

respirant une essence de spika-nard dont les relents prononcés de valériane, généralement désagréables au nez occidental, constituent un choc olfactif nécessaire pour se libérer du passé et frayer la voie à des œuvres nouvelles. Il crée alors des stances aromatiques en s'inspirant de « l'admirable ordonnance de certaines pièces de Baudelaire, telles que "l'irréparable" et "le balcon", où le dernier des cinq vers qui composent la strophe est l'écho du premier et revient, ainsi qu'un refrain, noyer l'âme dans des infinis de mélancolie et de langueur »[1]. C'est ce modèle baudelairien qui guide la création de ce parfum « innommé, imprévu, étrange », selon l'auteur, et orchestré comme un poème où le thème initial reparaît à intervalles réguliers. L'œuvre olfactive se présente comme un vagabondage dans un paysage variable et inédit qui mêle nature et artifice, ville et campagne, pays et contrées, qui berce les narines d'accords incroyables et les ramène au thème initial après un voyage de senteurs. À la manière des performances accomplies dans l'art contemporain, Des Esseintes ouvre l'œuvre sur une composition d'odeurs de pré fleuri qui reviendra de manière récurrente comme un refrain. « Avec ses vaporisateurs, il injecta dans la pièce une essence formée d'ambroisie, de lavande de Mitcham, de bouquet, une essence, qui, lorsqu'elle est distillée par un artiste, mérite le nom qu'on lui décerne, "d'extrait de pré fleuri". »[2] Il enrichit ensuite le thème initial en introduisant dans ce pré un mélange de tubéreuse, de fleur d'oranger et d'amandes pour faire surgir des senteurs de lilas, de tilleuls au vent, et créer un décor naturel. Dans la deuxième strophe de ce poème odorant, Des Esseintes instille « une légère pluie d'essences humaines et quasi félines, sentant la jupe, annonçant la femme poudrée et fardée, le stéphanotis, l'ayapana, l'opopanax, le chypre, le champaka, le sarcanthus, sur lesquels il juxtaposa un soupçon de seringa, afin de donner dans la vie factice du maquillage qu'ils dégageaient, un fleur naturel de rires en sueur, de joies qui se démènent au plein soleil »[3].

1. *Ibid.*, p. 199.
2. *Ibid.*, p. 198.
3. *Ibid.*, p. 200.

Les senteurs végétales se corsent ainsi d'odeurs humaines qui marquent l'inscription de l'artifice dans la nature et la transforment en paysage habité. Il ne s'agit pas pour autant d'une opposition, mais d'une composition de senteurs et d'un mélange harmonieux où le rehaut de seringa contrebalance la poudre du maquillage et réintroduit la naturalité joyeuse et champêtre des corps qui s'ébattent au soleil, admirablement évoquée par « les rires en sueurs ». Cette seconde strophe se conclut par le retour du parfum de pré fleuri après ventilation des ondes odorantes félines. Des Esseintes renouvelle la ritournelle en forçant la dose de campagne pour éclipser les femmes. La troisième strophe exprime l'irruption de l'artifice et évoque un paysage industriel marqué par le souffle des fabriques, des produits chimiques et la purulence de l'air qui se mêlent aux doux effluves de la nature. L'artiste manipule des boulettes de styrax et les pétrit pour produire « une odeur tout à la fois répugnante et exquise, tenant de la délicieuse senteur de la jonquille et de l'immonde puanteur de la gutta-percha et de l'huile de houille »[1]. Le miasme et la jonquille s'évanouissent avec le retour du refrain de pré fleuri, sur une dominante de foin fraîchement coupé, insufflée par « quelques gouttes de new mown hay »[2]. La dernière strophe consacre le triomphe d'une nature démente et sublimée, produit d'une fiction syncrétique qui unit les contraires, mêle les climats et les saisons, les latitudes et leurs exhalaisons. Des Esseintes lâche la bride à son imagination pour faire surgir de ses baumes « une nature pas vraie et charmante, toute paradoxale, réunissant les piments des tropiques, les souffles poivrés du santal de la Chine et de l'hediosmia de la Jamaïque, aux odeurs françaises du jasmin, de l'aubépine et de la verveine [...] créant par la fonte et le heurt de tous ces tons, un parfum général, innommé, imprévu, étrange, dans lequel reparaissait, comme un obstiné refrain, la phrase décorative du commencement, l'odeur du grand pré, éventé par les lilas et les tilleuls »[3].

1. *Ibid.*, p. 201.
2. *Ibid.*
3. *Ibid.*

La création apparaît donc bien comme l'écriture d'un poème de pré fleuri, orchestré par quatre strophes odorantes dont le dernier vers reprend le thème initial à la manière d'un refrain. Bien qu'elle ne soit pas évoquée par Huysmans, l'analogie avec l'écriture musicale s'impose avec ses compositions harmoniques et ses notes dissonantes, ses nécessaires silences permettant la respiration, et ses antiennes qui reviennent périodiquement. Placée sous le registre de la temporalité et de l'éphémère, la création olfactive huysmanienne s'apparente, malgré un anachronisme évident, aux happenings modernes, et n'a rien à envier aux performances des artistes qui se produisent ici et maintenant sans souci d'une pérennisation de l'œuvre.

Des Esseintes est ainsi l'inventeur et le promoteur d'une esthétique olfactive, car il est capable aussi bien de discerner et de juger les essences que de créer des parfums pour le simple plaisir du nez, et il plaide donc en faveur de l'existence d'une véritable science du flair. À ce titre, il est à la fois l'archétype de l'esthète définissant les catégories du jugement olfactif et du créateur, car il est tour à tour l'inventeur de beaux parfums et l'amateur connaisseur qui éprouve la jouissance de leur respiration. Oscar Wilde, qui admirait Huysmans et qui l'avait beaucoup lu, s'inspire d'ailleurs du personnage de Des Esseintes lorsqu'il prête à Dorian Gray un engouement passager pour les parfums et le dépeint sous les traits de l'esthète olfactif[1]. Il faut reconnaître toutefois que le modèle n'a guère été

1. Cf. *Le portrait de Dorian Gray*, GF, p. 193 :
« C'est ainsi qu'il s'adonna un temps à l'étude des parfums et au secret de leur fabrication. Il distilla des huiles au musc puissant et fit brûler des gommes aromatiques venues d'Orient. Il s'aperçut qu'il n'y a pas d'état d'âme qui n'ait son penchant dans la vie sensible et s'employa à découvrir leurs véritables relations, se demandant ce qui, dans l'encens, rend mystique, dans l'ambre gris, excite les passions, dans la violette, ravive le souvenir d'amours défuntes, dans le musc détraque le cerveau et dans le champack l'imagination, tentant à maintes reprises de concevoir une véritable psychologie des parfums et d'apprécier les différentes influences de racines odoriférantes, de fleurs parfumées chargées de pollen, de baumes aromatiques, de bois sombres et odorants, du nard indien qui donne la nausée, de l'hovénia qui rend fou et de l'aloès dont on dit qu'il est capable de chasser de l'âme la mélancolie. » Nous remercions Pierre-Marie Morel d'avoir attiré notre attention sur ce passage.

imité et que seul le héros de Süskind, Jean-Baptiste Grenouille, en dépit de son caractère fruste et brutal, peut rivaliser avec les deux dandys, car il possède le génie des odeurs et invente un parfum inédit et divin au point de faire pleurer son maître Baldini[1].

Dans ces conditions, il est possible de se demander pourquoi Des Esseintes n'a pas fait davantage d'émules. Au-delà du fait évident que le modèle est fictif et non réel, il faut noter d'abord que le héros huysmanien, en dépit de son talent, n'apparaît pas comme un véritable artiste. Des Esseintes est un personnage profondément névrosé et sa science du flair n'est pas présentée comme l'invention prestigieuse d'un art nouveau, mais comme une thérapie destinée à lutter contre les hallucinations olfactives de la frangipane. Des Esseintes n'a pas pour objet d'élaborer des catégories esthétiques, il se livre à une cure olfactive qui échoue de surcroît. D'une part, il fait figure de simple amateur dont les inventions restent confinées dans son boudoir et ne sont pas exposées au public. D'autre part, cette science du flair utilisée comme thérapie avorte puisque le malheureux Des Esseintes, loin d'être apaisé par l'invention de ce parfum imprévu et étrange, est brusquement transpercé par une douleur ; il subit à nouveau les assauts de la frangipane et, les narines excédées et les nerfs ébranlés, il finit par s'évanouir presque mourant devant sa fenêtre[2]. En somme, Des Esseintes n'est pas un héros positif suscitant des vocations et pouvant faire école. Il apparaît plutôt comme un esthète dégénéré et décadent, à l'instar d'une de ses maîtresses « détraquée et nerveuse, aimant à faire macérer la pointe de ses seins dans les senteurs »[3].

Tout se passe donc comme si quiconque cherchait à promouvoir

1. Cf. *Le parfum*, Le Livre de poche, p. 98 : « Le parfum était si divinement bon que Baldini en eut immédiatement les larmes aux yeux. [...] Ce parfum n'était pas un parfum comme on en connaissait jusque-là. Ce n'était pas un parfum qui vous donne une meilleure odeur, pas un sent-bon, pas un produit de toilette. C'était une chose entièrement nouvelle, capable de créer par elle-même tout un univers, un univers luxuriant et enchanté, et l'on oubliait d'un coup tout ce que le monde alentour avait de dégoûtant, et l'on se sentait si riche, si bien, si libre, si bon... ».

2. Cf. p. 207.

3. *Ibid.*, p. 203.

un art du parfum se voyait suspecté de perversion et entaché d'anormalité. Ainsi, ce n'est sans doute pas un hasard si cette âme damnée de Dorian Gray s'entiche des parfums à l'image de son vice et de sa décadence. C'est ce que constate également Constance Classen à propos de Jean-Baptiste Grenouille, le héros du *Parfum* de Süskind, qui est présenté à la fois comme un idiot et un pervers, comme une émanation des basses couches sociales dégénérées, et comme un meurtrier qui tue les jeunes filles pour soustraire leurs senteurs suaves et composer avec ces effluves dérobés le parfum sublime qui va satisfaire sa passion morbide de l'odeur. La sociologue américaine explique ainsi que le succès de ce roman tient non seulement à l'originalité de son sujet mais également à la confirmation qu'il donne à la validité d'un stéréotype olfactif répandu, celui du pervers maniaque qui renifle sa proie, et cède au fétichisme des odeurs[1]. *À rebours*, en tout cas, est apparu comme empreint de ce « nervosisme, qui est la véritable maladie fin de siècle », selon la formule d'Hubert Juin[2]. L'auteur en est parfaitement conscient puisqu'il écrit à Zola à propos de son livre : « Je suis plongé dans une sorte de roman fantaisie bizarre, une folie nerveuse qui sera, je crois assez neuve, mais qui fera demander mon immédiat internement à Charenton. »[3] Huysmans qui se voit en miroir dans Des Esseintes confesse d'ailleurs au même Zola que « c'était un livre à ne pas faire, car il était trop difficile, avec ce flottant personnage tel [il] l'avai[t] conçu, chrétien et pédéraste, impuissant et incrédule ; schopenhaueriste par raison, catholique par fond de terroir – revenant quand même à un Christ pas même byzantin et ayant peur de la mort par suite de cette éducation première exaspérée par la solitude »[4], et il rajoute qu'*À rebours* lui a pris trop de temps et a trop exaspéré sa névrose personnelle. Figure maladive et paradoxale, Des Esseintes n'a pas l'étoffe d'un modèle qu'un artiste désirerait positivement imiter et s'apparente davantage à la

1. Cf. *Aroma, The Cultural History of Smell*, p. 4.
2. *À rebours*, Préface, p. 15.
3. Lettre citée par Hubert Juin, Préface, p. 16.
4. *Ibid.*, p. 18.

catégorie des anti-héros qu'à des pionniers éclairés. Il réveille l'homophobie latente et la crainte devant tout ce qui paraît efféminé.

En outre, les orientations ultérieures de plus en plus mystiques de l'auteur et son apologie du catholicisme brouillent rétrospectivement la lecture de ce livre et empêchent de le penser en des termes simplement esthétiques. Huysmans écrira lui-même au sujet d'*À rebours* : « Ce livre fut une amorce de mon œuvre catholique qui s'y trouve, tout entière, en germe. »[1] Il ne donne d'ailleurs pas de suite à cette recherche profane d'une science du flair. Dans *La cathédrale*, il cherche plutôt à dévoiler les emblèmes mystiques des odeurs. Dans sa préface d'*À rebours*, écrite vingt ans après le roman, il confesse que « Des Esseintes ne s'est préoccupé que des parfums laïques, simples ou extraits, et des parfums profanes, composés ou bouquets »[2], et il rajoute : « il eût pu expérimenter les arômes de l'Église, l'encens, la myrrhe, [...] »[3]. Il serait sans doute excessif d'interpréter cette remarque rétrospective comme le désaveu d'une recherche trop profane pour être en odeur de sainteté, néanmoins, elle laisse entendre qu'une esthétique distincte d'une mystique est bornée et n'embrasse pas tout le champ des possibilités.

Est-ce à dire alors qu'un art olfactif purement profane reste le rêve marginal d'un cerveau détraqué, l'apanage des esprits dépravés en mal de nouveautés ? La question se pose de savoir s'il est possible de concevoir un modèle réel positif au-delà de pures figures littéraires marquées par la négativité. Si dans la civilisation occidentale l'intérêt pour les parfums dépasse rarement le cadre des arts d'agrément et de la parure et devient suspect lorsqu'il est cultivé par des dandys trop enclins à la préciosité, il faut remarquer que cette manière de sentir n'est pas universellement partagée. Il est des pays où l'usage profane des parfums n'obéit pas à un simple souci de séduction mais donne lieu à un art véritable. C'est notamment vers le Japon qu'il faut se tourner pour découvrir l'existence d'une réelle création artistique des odeurs.

1. Cf. *À rebours*, Préface, p. 39.
2. Cf. p. 36.
3. *Ibid.*

UN MODÈLE HISTORIQUE RÉEL : LE *KÔDÔ* OU LA VOIE DES FRAGRANCES AU JAPON

À la différence de la culture occidentale, la civilisation japonaise a élaboré au cours des siècles une esthétique olfactive complexe et raffinée, qui culmine avec l'invention de la voie de l'encens, le *Kôdô* au XVIIe siècle, à l'ère d'Edo, l'actuelle Tôkyô. Le terme *Kôdô* provient de la racine *dô* qui signifie la voie, et de *Kô* qui désigne ce qui est parfumé[1]. Dans le Japon traditionnel, tout art est une voie, une forme de sagesse et d'initiation fondée sur un cérémonial rigoureux et sophistiqué, où l'éthique et l'esthétique sont indissociablement liées. L'art du *Kô*, l'art de l'encens ou des fragrances est une voie au même titre que l'art floral ou l'art du thé qui possèdent leurs rituels séculaires, leurs gestes solennels qu'enseignent les maîtres de cérémonie. La voie des fragrances, *Kôdô*, repose sur la création de parfums originaux soumis à l'appréciation des esthètes, sur l'invention de catégories olfactives et de typologies sans équivalent dans le monde entier. Si le *Kadô*, l'art floral, et le *Sadô*, l'art du thé sont relativement bien connus en Occident, en revanche le *Kôdô* est généralement ignoré alors qu'il figure parmi les plus subtils et les plus raffinés des arts traditionnels japonais.

Le contexte historique et les étapes de la constitution du Kôdô[2]

À l'origine, l'encens provient des grands arbres de la famille des Aquilaria qui poussent dans les forêts de l'Inde et de l'Asie du Sud-Est. Ces arbres contractent une maladie entraînant la sécrétion d'abondantes résines qui se mélangent au bois et produisent ce que les Japonais appellent le *jinkô*, « le parfum du bois qui coule ». C'est ce *jinkô* dont la délicatesse d'odeur dépend de la qualité des résines,

1. Nous remercions Mayumi Hamanaka d'avoir attiré notre attention sur ce point.
2. Pour de plus amples précisions, voir les ouvrages de Louise Boudonnat et Harumi Kushizaki, *La voie de l'encens*, Éditions Philippe Picquier, 2000 et de Kyoko Morito, *The Book of Incense*, Kodansha, 1992, dont sont tirées les principales informations.

qui entre dans la composition de l'encens, combiné avec d'autres bois et épices, comme le santal, la myrrhe ou la cannelle[1]. Les *jinkô* les plus purs selon les types de bois sont appelés « *kyara* », terme qui désigne aussi par analogie en japonais tout ce qui est précieux. Le plus célèbre d'entre eux est le *ranjatai* prisé au plus haut point par les nobles et les shoguns et conservé aujourd'hui comme trésor national. Le *jinkô* a probablement été importé dans l'archipel japonais dans la première moitié du VIe siècle via la péninsule coréenne et son apparition correspond à l'introduction officielle du bouddhisme par le clan Soga vers 538[2].

L'engouement pour le *jinkô* est donc en partie lié au départ à son usage sacré dans le cadre religieux des offrandes rituelles bouddhistes. Dès son apparition, l'encens possède une valeur précieuse et inestimable ; il est auréolé d'un mystère et d'une aura, comme en témoigne la légende des pêcheurs d'Awaji[3]. Le goût du *jinkô*, toutefois, excède rapidement le cadre religieux pour devenir au cours des siècles un véritable art de vivre. Ainsi un nouvel usage de l'encens appelé *soradaki* (brûler à vide) se met en place et se distingue du *sonae-kô* (l'encens offert à Bouddha). La question se pose alors de savoir comment s'est opéré le passage d'un usage sacré à un usage profane. Qu'est-ce qui explique la naissance d'une

1. Kyoko Morito recense dix-sept principaux ingrédients de l'encens, cf. *The Book of Incense*, p. 18-19.

2. À cette date, Seimei, le roi d'un des trois royaumes de Corée, a fait cadeau au Japon d'une collection de sutras, d'une statue du Bouddha et d'objets sacrés, notamment des brûle-parfums et des bois rares pour célébrer le culte.

3. Selon cette légende, les pêcheurs découvrirent en 595, après une violente tempête, un long morceau de bois sombre, le jetèrent sur un bûcher et furent émerveillés par sa prodigieuse senteur sans savoir de quoi il s'agissait. Ils se rendirent alors à la maison impériale et l'offrirent au prince Shôtoku qui reconnut à travers les effluves du bois d'encens, le parfum consacré des cérémonies bouddhiques et ordonna de fendre le bois en deux morceaux, de sculpter dans l'un l'effigie du Bouddha et de déposer l'autre dans le temple de la Loi prospère. Cet épisode fabuleux, qui sera abondamment développé au Xe siècle dans une épopée à la mémoire du prince Shôtoku, est rapporté pour la première fois vers 720 dans les *Chroniques du Japon*, l'un des textes fondateurs de l'histoire officielle, où figure la plus ancienne mention de l'encens. Cf. *La voie de l'encens*, L. Boudonnat et H. Kushizaki, p. 11.

esthétique olfactive émancipée de la religion dans l'archipel japonais ?

Ce phénomène remarquable obéit, semble-t-il, à deux raisons majeures. D'une part, l'usage de l'encens hors du contexte religieux n'apparaît pas comme une profanation, car l'implantation du bouddhisme au Japon ne détruit pas les anciennes croyances shintoïstes. La religion animiste perdure et repose sur des rites de purification et des offrandes aux dieux tutélaires qui ne se nourrissent pas de fumées d'encens comme le Bouddha. L'encens n'a donc pas une vocation universelle à exprimer le sacré de manière essentielle et nécessaire. De ce point de vue, il n'a rien de l'huile sainte consacrée que Yahvé défend d'utiliser à des fins profanes dans l'Ancien Testament. Dès lors, il n'y a rien de sacrilège à le brûler et à le humer par plaisir dans un but purement esthétique. Le syncrétisme japonais qui marie bouddhisme, confucianisme et shintoïsme rend donc possible l'extension de l'usage de l'encens hors de sa sphère d'origine.

Mais cette condition nécessaire ne suffit pas à elle seule à rendre raison de l'apparition d'une esthétique olfactive. En réalité, c'est le rayonnement du modèle chinois et la fascination des aristocrates japonais pour le mode de vie en vigueur sous la dynastie des Tang qui expliquent historiquement l'émergence de l'art des beaux parfums. La mode des mélanges odorants à brûler et à humer qui règne à la cour des Tang va se répandre au Japon notamment grâce à un moine chinois, Ganjin, qui débarque dans l'archipel en 754 après plusieurs tentatives infructueuses. Outre l'enseignement bouddhiste, il diffuse l'art précieux de créer des parfums à brûler que les Japonais vont s'empresser d'apprendre et de porter à son acmé.

C'est ainsi qu'à l'ère de Nara, qui s'étend des années 710 à 792, les nobles se livrent à des dépenses somptuaires pour se procurer des bois rares et précieux d'encens et deviennent peu à peu experts dans la science de composer des parfums. Ils créent des fragrances appelées *nerikô* (ce qui signifie littéralement « mélanges à brûler ») à base de plantes et de bois aromatiques, de musc, de chair de prune, de miel et de charbon[1]. Ces *nerikô* sont destinés à parfumer les vêtements, à embaumer les pavillons sous forme de *kusadama*, de boules de soie odorantes et font l'objet de cadeaux appréciés et raffinés. Très vite, cet art d'agrément prend la forme d'une esthétique pure et donne lieu à des réunions au cours desquelles les nobles discutent et apprécient les fragrances créées, commentent leurs nuances et leurs styles sophistiqués. La création de senteurs devient un divertissement prisé par l'élite oisive qui lâche la bride à son imagination pour inventer en secret des mélanges inédits qui lui vaudront l'admiration et la reconnaissance de ses pairs.

L'ère de Nara est donc le véritable berceau de cet art olfactif qui était en germe à la cour des Tang. Il faut noter en premier lieu qu'à ses balbutiements, cet art était avant tout mimétique. La création de parfums repose sur l'imitation de la nature et s'accorde aux rythmes des saisons. Les premiers canons de l'art olfactif s'inspirent ainsi de six compositions fondamentales, la *Fleur de Prunier*, l'*Effluve des Feuilles*, le *Chambellan*, les *Feuilles Tombées*, la *Fleur du Chrysanthème*, la *Recette de K'ouen-Louen*, qui norment l'invention et correspondent aux passages des saisons. « De la Fleur de Prunier s'élèvent les douces senteurs du printemps naissant. Lui succède l'Effluve des Feuilles, pareil à celui des larges lotus se déployant sous le plein été. Le Chambellan annonce le souffle discret du vent d'automne. Les Feuilles Tombées portent l'exhalaison de la végétation mourante. De la Fleur du Chrysanthème, qui est fleur de longévité, glisse le parfum de l'automne qui s'estompe. La Recette de K'ouen-Louen distille les éclats purs et glacés de l'hiver naissant. »[2] En second lieu, il faut remarquer que les catégories olfactives sont fluides et destinées à exprimer le passage, le mouvement, le souffle et la décomposition des choses qui sont si difficiles à rendre dans les arts plastiques traditionnels. À travers cette première ébauche de

1. Voir sur ce point, L. Boudonnat et H. Kushizaki, *La voie de l'encens*, Éd. Philippe Picquier, 2000.

2. *Ibid.*, p. 17.

l'art olfactif et de la culture de l'encens se dessine une pensée de la fugacité, de la métamorphose subtile et de la ténuité aérienne.

À l'ère de Heian qui s'étend de 795 à 1185, cet art naissant prend de l'ampleur ; il devient l'expression du raffinement de la culture aristocratique et un moyen de distinction lors des concours de fragrances organisés à la cour. Le parfum règne en maître dans les pavillons impériaux et les fumées de l'encens imprègnent le moindre objet. La prolifération des *kusadama*, les boules de soie odorantes suspendues aux ailes des palais, et des *nerikô* crée une atmosphère subtile et délicieuse. C'est ce dont témoigne la romancière Murasaki Shikibu dans *Le dit du Genji*. Lors de sa visite à la dame d'Akashi, Genji est frappé par la distinction extrême du parfum qui émane des appartements : « dans un brasero d'un travail recherché brûlait du *jijû* qui formait, avec le parfum de santal qui imprégnait chaque chose, un mélange d'un goût parfait. »[1] L'art épistolaire et la calligraphie obéissent également aux lois souveraines de l'encens. Les lettres que les prétendants chargeaient les messagers de transmettre à leurs belles et les réponses qu'ils recevaient en retour étaient calligraphiées sur un papier délicatement parfumé choisi en fonction des saisons, des émotions intimes, des nuances de pensée personnelles et conservé dans des boîtes qui préservent son arôme. *Le dit du Genji* abonde ainsi en courts poèmes tracés sur papier gris ou pourpre, suavement parfumé aux couleurs du temps et des humeurs. Les lettres parfumées et ornées de fleurs ou de branches donnent à sentir les qualités singulières de cœur et d'esprit. Les aristocrates de Heian épris de littérature mêlent ainsi l'amour des fragrances et de la poésie et s'affrontent dans des joutes littéraires et olfactives. Ils composent des haïkus et des *nerikô* et les soumettent au jugement des connaisseurs qui élisent les meilleurs poèmes et les meilleures senteurs[2].

1. *Le dit de Genji*, Magnificence, traduction de René Sieffert, POF, p. 478 ; voir également, p. 500.

2. À la cour de Heian furent inventés des mélanges à brûler dont les recettes demeurèrent inchangées pendant plus de dix siècles et qui se sont transmises de manière

La fabrication de *nerikô* ne relève pas uniquement d'une pratique artisanale, car la manière différente de proportionner les ingrédients, l'habileté et l'inventivité propres à chacun débouchent sur la création de senteurs uniques et spécifiques. Ainsi les six parfums à brûler donnent lieu à des variations et des créations singulières sur des thèmes connus. C'est pourquoi les riches seigneurs de Heian et leurs dames rivalisaient de virtuosité lors des concours de fragrances. *Le dit du Genji* en fournit une magnifique illustration dans le chapitre intitulé « La branche du prunier » où Murasaki Shikibu retrace l'une de ces joutes olfactives qui met aux prises quatre dames de la cour à l'occasion de la cérémonie de passage à l'âge adulte de la princesse Akashi. Son père, le grand ministre, organise un concours de fragrances et invite les dames de la cour à composer des parfums à brûler dont le plus somptueux sera offert à sa fille le jour de ses noces. Il demande au prince Directeur aux affaires militaires de juger les compositions et d'arbitrer le tournoi. Le ministre et son épouse préparent à l'insu l'un de l'autre dans le plus grand secret un mélange à brûler pour rivaliser au concours. Le ministre reçoit ensuite deux coupes de la part de l'ancienne prêtresse, une bleue ornée d'un rameau de pin et une blanche parée de fleurs de prunier et accompagnée d'une poésie calligraphiée[1]. Non seulement l'art s'harmonise avec la nature et épouse le rythme des saisons mais les senteurs et les mots concourent pour exprimer la finesse d'esprit du

intacte jusqu'à nos jours. Louise Boudonnat et Harumi Kushizaki rappellent ainsi que la *Recette de k'ouen-louen* appelée aussi *Kurobô* qui figure parmi les six parfums les plus illustres est préparée selon un procédé de fabrication rigoureux dont seules les femmes avaient le secret et qu'elles seules avaient le droit de transmettre. « Aux poudres de *jinkô*, de clou de girofle, santal blanc et résine de bostwellia, elle[s] ajout[aient] le musc et l'opercule finement broyé d'un coquillage venu des mers du Sud que l'on nomme *kaikô*. Ces deux ingrédients apportent sa stabilité au parfum. Elle[s] malax[aient] le miel et la chair de prune qui procurent un brillant durable et cette légère humidité qui rehausse les senteurs. [...] Pour finir, elle[s] ajout[aient] une poudre fuligineuse de charbon qui donne au *nerikô* son uniforme et profonde nuance sombre. Elle facilite aussi la combustion en évitant d'âcres désagréments de fumée. » *Op. cit.*, p. 60-61.

1. « Les senteurs des fleurs au rameau qu'elles quittèrent ne restent attachées mais de qui le frôlera manches s'en imprégneront. » *Le dit du Genji*, Magnificence, p. 600.

créateur. L'art olfactif apparaît ainsi comme une poésie d'odeurs, il exprime sans paroles l'essence parfumée des mots. Le ministre envoie alors chercher tous les mélanges et invite le prince à juger en expert la qualité des senteurs en compétition. Après avoir rappelé modestement qu'il n'est pas un connaisseur en matière d'encens, le prince hume les parfums pour en éprouver la teneur, comparer leurs nuances et essayer de les classer. « Il savait déceler le moindre défaut et discerner d'imperceptibles nuances dans la qualité. »[1] Il s'ensuit toute une évaluation des mérites respectifs de chaque mélange et une description de leurs qualités. Bien que le prince en définitive ne se prononce pas sur la question de savoir quel est le meilleur des mélanges, il est intéressant de constater que son analyse ne repose pas sur un recensement des composantes du parfum et sur une simple appréciation de ses qualités matérielles mais sur sa puissance d'évocation et sur sa dimension spirituelle. Ainsi le *Kurobô* élaboré par la grande prêtresse se distingue par son caractère pénétrant et suave, celui du ministre est séduisant et évocateur, la *Fleur du Prunier* composée par la Dame de l'aile occidentale allie la vivacité à l'exubérance et s'harmonise à la brise de la saison. Le *Parfum des Feuilles de Lotus* créé par la Dame des quartiers d'été reflète la discrétion de son auteur et exprime de par son caractère insolite et entêtant une profonde nostalgie. Le mélange de la Dame d'Akashi qui dégage une fragrance empreinte de sophistication et de distinction est à la mesure de son imagination et de son audace à transgresser les règles, car elle refuse de devoir harmoniser le parfum à la saison et invente une senteur qui utilise le parfum des *Cent Pas* en le détournant de sa vocation à embaumer les habits.

Au fastes parfumés de l'ère de Heian, dont *Le Dit du Genji* fournit un éclatant témoignage, succède une période plus austère qui rompt avec les artifices et le luxe de la cour et voit le triomphe des seigneurs de la guerre, des samouraïs, qui établissent leur pouvoir à Kamakura au XIIe siècle. Aux somptuaires fumées d'encens et aux mœurs sophistiquées de la cour, ils préfèrent les combats, valorisant

1. *Ibid.*, p. 601.

l'ardeur et la bravoure guerrière qui vont s'exprimer par la Voie de l'Arc et du Cheval, appelée ultérieurement *Bushidô*. L'esthétique olfactive ne disparaît pas pour autant mais se modifie profondément tendant vers une plus grande sobriété. Bien qu'ils se refusent à la confection des mélanges sophistiqués, les samouraïs ne congédient pas pour autant l'encens mais ils en font une voie d'ascèse et d'enseignement. En dehors des combats, ils aiment brûler sobrement des bois d'encens purs et voient dans ses fumées une allégorie du caractère éphémère de la vie, de sa beauté illusoire et de ses instants fugaces de splendeur et de sérénité. Ce n'est pas par hasard s'ils prennent pour symbole la fleur de cerisier à l'éclatante fragilité. Comme le soulignent L. Boudonnat et H. Kushizaki, dans cette période guerrière tourmentée, « la vie est peu et l'on apprend à bien mourir et sans regret. Le bois d'encens se volatilise et devient pour quelques instants un parfum somptueux, mais il sera aussi réduit en cendres. Et là est le sort du plus présomptueux seigneur »[1].

La figure de l'esthète olfactif le plus célèbre de cette période *bushidô* est sans conteste le seigneur Sasaki Dôyo connu pour ses extravagances et son nez infaillible. Il était capable de discerner les fines nuances des bois odorants qu'il respirait et de donner leur nom poétique. Il n'hésitait pas à trancher en lamelles des statues de Bouddha pour les faire brûler et humer la senteur prodigieuse de leur bois odorant. Il aimait passionnément les bois d'encens et avait rassemblé pour une fortune une collection de 177 sortes de *meikô*, d'encens précieux. Ce grand thésaurisateur se caractérisait aussi par une tendance à la dilapidation somptuaire, signe à la fois de puissance et de la vanité des choses. Selon la légende, il aurait fait brûler et réduit en cendres en un instant six cents grammes des bois les plus précieux pour accompagner le spectacle des cerisiers en fleurs et leurs pétales s'envolant sous le vent que les nobles en cortège étaient venus admirer.

Mais c'est surtout à l'ère de Muromaki et à l'ère Edo que va se constituer l'art des fragrances. À l'ère de Muromaki qui s'étend de 1392 à 1573, le Shôgun Ashigasa Yoshimasa, protecteur des lettres

1. *La voie de l'encens*, *op. cit.*, p. 22.

et des arts qui a fait construire le Pavillon d'argent, demande à un esthète, Sanjônishi Sanetaka, d'établir la liste des bois odorants les plus précieux à partir de la collection des 177 *meikô* de Sasaki Dôyo. Ce maître de l'encens aidé par Shino Sôshin va dresser un répertoire des *jinkô*, des bois d'encens, et élaborer une typologie olfactive, connue sous le nom de « Six Pays et Cinq Flaveurs », qui va faire école et servir de référence pour évaluer les parfums. Deux écoles en naîtront, l'école Oie et l'école Shino, qui s'inspirent des enseignements respectifs des deux maîtres[1]. Cette entreprise de recensement, qui se poursuivra jusqu'au XVIIe siècle, consiste à rassembler les bois odorants en fonction de leurs particularités olfactives et à les classer en fonction d'une échelle de fragrances. Au nombre de six, *Kyara*, *Rakoku*, *Manaban*, *Manaka*, *Sasora*, *Sumatora*, les catégories olfactives destinées à évaluer les qualités des bois d'encens sont fondées sur la provenance géographique et sur la correspondance avec cinq saveurs, le piquant, le sucré, l'acide, le salé, l'amer, auxquelles les maîtres de l'encens ont adjoint la non saveur[2]. Il faut remarquer que cette échelle de senteurs ne repose pas sur des critères absolument rigoureux, car le bois de *Kyara* qui est associé au noir, au lourd et à la flaveur piquante du clou de girofle, évoque ce qui est précieux mais n'est rattaché à aucun pays. À peine établie, la classification des *Six Pays et des Cinq flaveurs* comporte des anomalies, comme le *kyara* ou la non saveur propre au bois de Manaka et donne lieu à des exceptions qui témoignent sans doute de la difficulté à établir des catégories olfactives précises.

1. L'école Shino placée sous l'égide de Shino Sôshin représente surtout le style guerrier et insiste sur la rigueur des règles et des exercices spirituels d'entraînement, tandis que l'école Oie qui a pour maître Sanjônishi Sanetaka s'inscrit davantage dans une veine poétique. Cf. Kiyoko Morita, *op. cit.*, p. 46.

2. Pour de plus amples précisions, voir Boudonnat et Kushisaki, *op. cit.*, p. 55-56. Le bois de Rakoku renvoie à l'ancien royaume du Siam et est associé à la douceur sucrée du miel ; le bois de Manaban provient de l'ancienne côte de Malabar et dégage une odeur amère ; le bois de Manaka vient de la région de Malacca, celui de Sasora d'un ancien territoire de l'ouest de l'Inde, et il est rattaché à la saveur acide ; le bois de Sumatora enfin issu de l'île de Sumatra, a la flaveur salée. Voir également Kiyoko Morita, *op. cit.*, p. 53-56.

Du même coup les différentes écoles vont s'employer à définir des nuances et à cerner la finesse des particularités odorantes des *jinkô*. Le caractère arbitraire de la typologie n'est donc pas un obstacle à la constitution d'une esthétique olfactive car il va susciter recherche et discussions tout au long de l'ère Muromaki. Chacun doit apprendre à lire le bois et à conserver la mémoire des précieux *jinkô* en l'associant à un nom poétique. Loin de cesser, l'engouement des riches seigneurs pour les bois aromatiques augmente et les importations privées se développent. Les amateurs d'encens se retrouvent au cours de réunions appelées *meikô awase* pour confronter leurs connaissances et leurs goûts. Ils analysent la qualité des bois précieux, les nuances de leurs fragrances; ils les comparent et les évaluent. C'est à cette époque que les arts deviennent de véritables voies impliquant des gestes et des pratiques cérémonielles codifiés et reposant sur une forme d'ascèse et d'initiation inspirées du bouddhisme zen.

À l'Ère Edo, qui débute en 1603 et qui dure jusqu'en 1868, les cargaisons de navires chargés d'importer le bois précieux se multiplient et le commerce est florissant dans cette période de paix. Les marchands accumulent des fortunes colossales tant les riches seigneurs sont prêts à dépenser des sommes faramineuses pour assouvir leur passion. Animée par le désir de reconnaissance propre aux parvenus, cette nouvelle classe de négociants prospères, épris de luxe et de plaisirs, cherche à s'approprier les valeurs de l'aristocratie et va partager son amour des fragrances. La fièvre de l'encens se répand et devient une forme de bon goût et de divertissement pour les gens de qualité. Toute jeune fille de la bonne société qui se respecte possède un nécessaire à encens dans son trousseau[1]. Le maître laqueur Kôami Nagashige réalise ainsi le *hatsune*, « le premier chant du rossignol », un meuble à encens de toute beauté, en laque dorée à la poudre d'or et incrusté d'argent et de corail, pour les noces de la princesse Chiyo. Ce chef-d'œuvre auquel l'artiste travailla pendant trois années est tout entier dédié aux mystères et aux fastes de

1. *Ibid.*, p. 34.

l'encens[1]. Senteurs, sculpture et littérature se retrouvent unies dans le *hatusne* dont le nom et la composition s'inspirent du titre d'un chapitre du *Dit du Genji.* L'engouement pour l'encens franchit les cercles de l'aristocratie et de la bourgeoisie pour toucher le monde flottant, expression qui désigne les quartiers de plaisirs et renvoie à tout ce qui est à la mode. Les courtisanes cultivent l'art des fragrances au même titre que la musique et la poésie. L'encens se popularise notamment grâce à l'implantation de sa fabrication en bâtons, les *senkô* au XVIIe siècle. Moins onéreux que les savants mélanges à brûler, les bâtons d'encens initialement destinés au culte sont aussi brûlés par simple plaisir. L'élite fortunée néanmoins leur préfère les *nerikô* et prise davantage des senteurs plus sophistiquées. Si l'art des fragrances reste l'apanage d'une minorité, il ne reste pas pour autant confidentiel et mystérieux. Les écoles qui s'inscrivent dans la lignée des deux branches Oie et Shino se développent et enseignent l'art de l'encens. En 1737, le poète Kikuoka rassemble le savoir en matière d'encens dans un livre magnifique qui deviendra une œuvre de référence avec celle de Maki, écrite dix ans plus tard et intitulée *La voie de l'encens, le prunier d'une humble demeure*, en quinze volumes illustrés de peintures. Éloge du *kôdô*, ces deux chefs-d'œuvre en livrent les secrets et permettent au néophyte de s'initier à cet art olfactif raffiné.

Un nouvel art de sentir : « l'écoute » de l'encens

Bien que les formes de cet art soient multiples et varient selon le style des écoles, et l'imagination des créateurs de senteurs, elles obéissent à des règles et à un rituel précis. L'appréciation de l'encens se déroule selon une cérémonie appelée *Kokaî* à laquelle le maître créateur de senteurs convie les participants. La cérémonie peut revêtir deux formes : soit elle consiste à brûler uniquement un type d'encens

1. Il fait partie du trésor national et il est aujourd'hui conservé au musée Tokugawa, à Nagoya.

et prend le nom de *kanshôkô* ; soit elle consume successivement plusieurs encens et est alors baptisée *kumikô*. Le *kôdô*, la voie des fragrances est à la fois un divertissement et une forme d'ascèse spirituelle reposant sur une *écoute* de l'encens. Curieusement en effet, la cérémonie ne consiste pas à respirer mais à écouter l'encens, *kô o kiku*. Selon L. Boudonnat et H. Kushizaki, cette expression énigmatique ne figure pas dans les textes japonais anciens, mais apparaît au XVe siècle lors de l'élaboration progressive des règles du *kôdô*. Elle pourrait être d'origine chinoise et résulter d'une transposition dans la langue japonaise des idéogrammes chinois, l'écoute du parfum (*wenxiang*), ce qui donnerait « écouter l'encens » (*mon-kô*). Elle pourrait aussi être d'origine religieuse car le quatorzième volume du *Mahâyâna* enseigne que l'encens contient la parole du Bouddha et qu'il faut donc « écouter l'encens » pour entendre cette parole[1]. Les deux auteurs observent également que le verbe « écouter » est employé dans un grand nombre d'expressions japonaises comme synonyme de « goûter » et de « sentir ». Le saké, par exemple, « s'écoute ». Dans ce cas, le terme d'écoute indique l'idée d'un effort et d'une recherche[2]. L'écoute de l'encens ne se résumerait donc pas à une simple respiration mais impliquerait un effort d'attention et de concentration pour discerner sa nature et comprendre son essence. Loin de se réduire à une perception sensible, elle met en jeu une recherche qui dépasse le cadre de l'olfaction pour viser une beauté et une plénitude spirituelles.

Cette écoute de l'encens requiert une mise en condition et passe d'abord par un vide intérieur. Il ne s'agit pas de se faire happer par les autres sens mais de se concentrer sur les fragrances. C'est sans doute la raison pour laquelle la pièce dans laquelle le maître accueille les invités pour la cérémonie possède un décor très dépouillé : un arrangement floral, une estampe, le meuble et les accessoires à encens et à calligraphie. Pour s'initier à cet art qui n'a ni son ni couleur ni forme, le lieu doit être sobre et silencieux, les teintes discrètes et l'espace dégagé, propice au vide intérieur qui doit

1. *Op. cit.*, p. 86.
2. *Ibid.*, p. 87.

abolir le tapage du monde pour saisir l'être pur dans sa fragrance. Hormis ceux de l'encens auquel le lieu est dédié, les parfums sont proscrits. Les fleurs choisies sont inodores et les invités assis accroupis sur les tatamis ne doivent pas porter des vêtements embaumés pour éviter les interférences. Le maître de cérémonie qui entre le dernier dans l'alcôve avec le calligraphe prépare les brûle-parfums sur lesquels vont se consumer les compositions odorantes.

La cérémonie se déroule alors selon un rituel en deux temps. Le maître fait d'abord circuler sur un brûle-parfum une sélection de compositions odorantes nommément désignées que chaque invité écoute pour mémoriser les fragrances citées et s'imprégner progressivement le nez et l'esprit. Au cours de cette première écoute, chacun s'emploie à discerner les nuances des odeurs, à les identifier et à aiguiser sa perception pour entrer pleinement dans l'univers olfactif. À cette phase propédeutique succède la véritable écoute au cours de laquelle une composition originale est donnée à sentir. Le maître place ses mélanges de senteurs personnels sur le brûle-parfum, il les hume en premier pour vérifier que l'odeur se diffuse bien. Il transmet ensuite le brûle-parfum aux invités qui, tour à tour, inspirent les fragrances et se mettent à leur écoute pour en dévoiler les nuances, en apprécier les différences et la beauté. Le brûle-parfum circule de main en main, les gestes sont sobres et accompagnés de rares paroles. Le rituel d'écoute se poursuit, mais les invités ne peuvent respirer plus de trois fois les fragrances. Le jeu consiste alors à reconnaître les senteurs et à retrouver la composition. Les participants sont ensuite invités à calligraphier les parfums identifiés sur des rectangles de papier. Les réponses sont relevées par le calligraphe et recopiées sur une feuille. D'après L. Boudonnat et H. Kushizaki, « ce très précis relevé calligraphié préserve la trace de l'instant délicat où des amateurs de bois précieux se sont réunis pour célébrer le *kô*, l'encens. Il sera aussi l'unique don fait au gagnant. Chaque cérémonie témoigne d'une rencontre rare, d'une harmonieuse adéquation du parfum, de la littérature et de l'être »[1]. Mais le jugement de

1. *Op. cit.*, p. 93-94.

nez auquel s'adonnent les participants ne repose pas simplement sur une tentative de recognition des composantes matérielles du parfum, il met en jeu toute une histoire de l'art olfactif et une culture poétique. Les compositions mêlent fragrance et littérature dans un savant mélange lettré et les calligraphies ne se résument pas à un pur inventaire de senteurs, mais sont de véritables hymnes célébrant l'encens. Malgré ses règles codifiées, la voie des fragrances est ainsi multiple et riche de l'imaginaire du maître et des esthètes qui inventent de nouvelles combinaisons olfactives à partir des poèmes. Les contraintes formelles n'empêchent donc pas qu'il y ait du jeu dans tous les sens du terme[1]. Ainsi les amateurs d'encens puisent leur inspiration dans la littérature classique et les poètes en retour s'imprègnent de l'âme des odeurs. La brièveté du haïku s'harmonise avec la fulgurance de la fragrance, comble d'élégance et de raffinement. En se diffusant dans l'espace, les volutes de fumée célèbrent silencieusement le mariage de l'éphémère et de l'éternel, de la plénitude et du vide. La cérémonie s'achève par une formule solennelle « *Kô michimashita* », « l'encens emplit la pièce » ; le maître et le calligraphe se retirent après les salutations rituelles, suivis par les invités.

On peut alors se demander pourquoi un art des fragrances s'est développé au Japon de manière si remarquable et n'a pas connu d'équivalent ailleurs. L'isolement géographique de l'archipel et le règne féodal sans partage du clan Tokugawa dans un Japon pacifié et unifié de 1603 à 1868, expliquent sans doute en grande partie l'émergence d'arts spécifiques et la pérennisation d'une culture traditionnelle singulière. Comme l'art du thé ou l'art floral, l'art des fragrances est l'émanation du particularisme d'un peuple soustrait à l'influence étrangère et jaloux de ses traditions. Si les navires voguent vers la Chine, le Royaume du Siam ou la Malaisie à la

1. La voie des fragrances a en effet donné naissance à de nombreux jeux, les *kumikô*, qui allient bois odorants et littérature, dont plus de mille formes se sont transmises jusqu'à nos jours. Parmi ces jeux figure notamment le *Genjikô*, le parfum de Genji, créé vers 1716 et fondé sur une correspondance entre les combinaisons odorantes et les 54 chapitres du roman de Murasaki Shikibu. Pour de plus amples précisions, voir Kiyoko Morita, *op. cit.*, p. 89-95.

recherche des bois précieux, les routes maritimes restent peu sûres et l'immigration étrangère fortement contrôlée. En 1635, sur ordre du Shôgun, le pays est fermé aux étrangers. Dans ces conditions, il n'est guère étonnant de voir se développer une culture nippone originale. De ce point de vue, l'art des fragrances participe de ce mouvement esthétique général à l'ère d'Edo qui voit l'apparition de formes artistiques inédites comme le théâtre Kabuki, les haïkus, ou les estampes. La floraison et le déclin de ce type d'art traditionnel épousent d'ailleurs les orientations de la politique étrangère du pays. Florissant pendant la période isolationniste d'Edo, il tombe en désuétude après 1868 lors de la Restauration de Meiji. L'abolition de la féodalité en 1871 et la modernisation du pays passent par une ouverture des frontières et une occidentalisation forcenée qui entraîne une désaffection à l'égard des arts traditionnels en général et de la voie des fragrances en particulier, en tant qu'elle est considérée comme la pratique élitiste, figée et ruineuse d'une minorité conservatrice. La culture de l'encens connaîtra une longue période de traversée du désert malgré un léger renouveau vers 1920, et ne renaîtra véritablement que dans les années soixante avec la création de nouvelles senteurs qui riment avec la modernité.

Cette explication, toutefois, reste un peu trop générale et vaut pour tous les arts traditionnels sans permettre de rendre compte de l'existence d'un art des parfums qui excède l'amour du bien-être et le désir de séduire. De ce point de vue, il faut remarquer que, contrairement aux coutumes en vigueur dans de nombreux pays, l'encens ne se voit confiné ni à un usage religieux ni à un usage corporel. Lafcadio Hearn constate dans son livre, *Au Japon spectral*, que la civilisation japonaise n'a jamais vraiment cultivé le goût des parfums pour le corps ou des eaux de toilette dont on peut s'asperger, mais leur préfère les bois aromatiques et les mélanges à brûler. Or cet engouement particulier pour les *nerikô* est sans doute en grande partie responsable du développement d'un art spécifique des fragrances qui ne soit pas limité à une technique de séduction corporelle. En libérant le parfum de son usage corporel et en élargissant son empire à l'espace tout entier par le jeu des mélanges à brûler, les aristocrates arrachent les odeurs à la sphère de l'intimité et les donnent à sentir et à apprécier publiquement. Du même coup, une véritable esthétique olfactive détachée de sa charge érotique devient possible. Il ne s'agit pas de nier l'art de la séduction, mais de l'étendre au-delà de la simple personne physique en faisant du parfum l'expression de l'âme d'un être dans sa singularité. Ainsi la différence d'usage du parfum et sa technique de fabrication, qui privilégie les mélanges à brûler au détriment des solutions liquides ou des onguents, constituent probablement l'une des clés de l'émergence d'une esthétique sans équivalent dans le monde entier.

À cette cause de nature anthropologique viennent se rajouter des considérations d'ordre esthétique et métaphysique. Un art des parfums est nécessairement un art de l'éphémère, de la splendeur passagère, et ce d'autant plus que l'on a affaire à des mélanges à brûler dont la fulgurante beauté s'envole en fumée. Il implique donc une attention à ce qui est passager, une conscience du temporaire et un goût pour la fugacité splendide des choses aux antipodes des valeurs artistiques traditionnelles qui conduisent l'Occident à viser une beauté éternelle à travers les œuvres et à concevoir l'art comme un anti-destin. Or cette sensibilité à l'éphémère, aux charmes fragiles de l'évanescent, est un trait de la culture japonaise dès l'ère de Heian, qui la prédisposait à se tourner vers les fragrances et à découvrir leur beauté consumée. Les titres des deux volumes du *Dit du Genji*, « Magnificence » et « Impermanence », résument bien le double mouvement qui anime la conscience des amateurs de l'encens. Cet amour de la beauté fugitive, qui conduit à s'éprendre d'une femme entr'aperçue furtivement derrière un paravent et à s'émouvoir devant la splendeur des cerisiers ou des pruniers en fleurs, se nourrit sans doute du sentiment de précarité auquel les Japonais plus que tout autre peuple sont continuellement en proie à cause des typhons, tremblements de terre et raz de marée auxquels l'archipel est fréquemment exposé. S'ils ne suffisent pas à l'expliquer, ces phénomènes naturels dans leur violence soudaine et leur brutalité meurtrière ont dû contribuer en partie à la naissance et au développement de cette métaphysique de l'impermanence et de la fragilité qui s'exprime à travers l'esthétique nippone. Louise Boudonnat et Harumi Kushizaki estiment ainsi que l'engouement pour l'encens est lié à cette conscience des menaces de l'environnement naturel. « La vie est précaire et la nature le clame ici plus fort qu'ailleurs. Les sentiments d'impermanence, de vacuité furent sur ces îles plus prégnants. Et les frêles fumées de l'encens traduisaient l'éphémère et la fragilité de l'existence humaine. »[1]

L'influence du bouddhisme a dû également jouer dans cette sensibilité à percevoir l'impermanence et à en jouir. L'impermanence, en effet, est la loi qui régit toute chose dans la pensée bouddhique. Elle n'a rien en soi de tragique et n'est douloureuse que pour l'insensé qui ne sait pas se déprendre de son désir de durer et de voir durer ce qu'il aime, en raison de son attachement possessif aux choses. C'est en renonçant à ce désir de permanence que l'homme peut être en harmonie avec la fluidité du réel. Il est alors possible de se demander s'il n'y a pas là un « *ethos* » qui prédispose à se délecter d'un art des parfums, au sens où l'évanescence des fragrances, loin d'être un obstacle, est précisément ce dont sait jouir celui qui s'est libéré de son attachement étroit à la permanence des choses.

S'il est difficile de cerner avec une certitude absolue les raisons qui président à l'existence d'un art des fragrances car l'imagination humaine ne se laisse guère enfermer dans un simple réseau de causes prédéterminées, il est clair, en revanche, que l'isolement géographique et politique, la préférence culturelle pour les bois aromatiques à brûler et la fascination devant l'éclat de l'instant mourant ont facilité sa naissance et son essor. Ainsi l'histoire du Japon fournit une preuve magnifique de la possibilité d'un art du nez et invite le monde entier à s'en inspirer. L'idée que la création de parfums ne pourrait figurer au rang des beaux-arts repose donc en réalité sur une forme d'ethnocentrisme qui témoigne de la pauvreté de l'imaginaire occidental en ce domaine. La voie des fragrances fait partie du patrimoine artistique nippon et révèle qu'une pure contemplation olfactive est possible.

1. *Op. cit.*, p. 43.

L'existence du *kôdô* toutefois soulève un double problème. D'une part, on peut se demander si un tel modèle n'appartient pas résolument au passé de sorte qu'il serait vain de vouloir l'exhumer et de le faire renaître de ses cendres. D'autre part, se pose la question de savoir s'il est susceptible d'être exporté et s'il n'est pas totalement artificiel de vouloir le transplanter hors de sa sphère spatio-temporelle.

Vers un art nouveau des fragrances

S'il est vrai que la voie des fragrances s'inscrit dans le cadre des arts traditionnels japonais en proie au déclin à l'ère moderne, elle connaît aujourd'hui au Japon un renouveau qui atteste de sa vitalité créatrice et de son aptitude à inventer de nouvelles formes éloignées de l'univers étroit et rigide dans lequel elle s'était enfermée vers la fin de l'ère d'Edo. Dès le début des années soixante, les écoles des fragrances qui avaient disparu à l'exception des deux branches mères, Oie et Shino, se multiplient à nouveau et des programmes d'enseignement se mettent en place, relayés par les journaux et la télévision.

La prolifération actuelle de maisons de fragrances qui ont pour vocation d'offrir des parfums destinés non seulement à l'usage cultuel, mais également à l'usage personnel et aux pratiques artistiques du *kôdô*, témoigne de la résurgence de cet art et de son caractère populaire[1]. Ces maisons de fragrances implantées dans les grandes villes ont à la fois une vocation commerciale et artistique. Elles vendent aussi bien des bois aromatiques, des bâtons d'encens et des sachets odorants que des brûle-parfums et du matériel nécessaire à la pratique du *kôdô*. Elles comportent un espace japonais traditionnel installé au fond du magasin et destiné à la réunion de cérémonies de *kôdô* et à la démonstration de cet art. Elles fonctionnent la plupart du temps en partenariat avec les écoles de fra-

1. Voir sur ce point Sylvie Guichard-Anguis ,« Les maisons de fragrances au Japon », in *Odeurs et parfums*, p. 29-40.

grances et cette association à la fois culturelle et commerciale a puissamment contribué à la diffusion de cet art de l'encens et à son regain d'intérêt. Les cérémonies auxquelles assistent les participants ont un aspect moins solennel et plus ludique et reposent non plus uniquement sur les essences aromatiques traditionnelles mais sur des fragrances plus exotiques venues de l'étranger. De nouvelles gammes de mélanges à brûler ont fait leur apparition, notamment sous l'impulsion de firmes spécialisées dans les fragrances comme Nippon Kôdô, qui développe ses implantations dans toutes les grandes villes du Japon et qui joue sur cette image culturelle d'un art du *kôdô* pour asseoir son marché[1]. Au-delà de ses ambitions économiques, Nippon Kôdo sert de relais à la transmission de l'art et à l'invention de nouvelles formes, notamment grâce à la création de fondation comme le mémorial Seiun en 1986 à Tokyo, qui a pour vocation d'être « la résidence noble des fragrances » et d'ouvrir ses portes à la tenue de manifestations placées sous le triple signe « Savoir, jeux et beauté ».

Non seulement les maisons de fragrances offrent un cadre permettant de populariser le *kôdô*, mais elles fournissent également les moyens aux individus de pratiquer l'art des parfums à domicile pour leur jouissance personnelle en dehors des manifestations publiques et des cérémonies culturelles. La maison Shoyeido, par exemple, offre un dispositif complet pour créer chez soi des *nerikô*, des compositions odorantes personnelles. Ainsi on écoute l'encens chez soi comme un morceau de musique par pur plaisir ou par désir de détente et d'évasion. Loin d'être un art figé et tourné vers le passé, la voie des fragrances connaît un regain de faveur lié selon Sylvie Guichard-Anguis à la perméabilité entre les différents usages cultuel, artistique et domestique du parfum « qui permet un dialogue continu entre tradition et création »[2]. Les désirs d'exotisme et de

1. Pour des précisions sur l'activité et le rôle de cette société de fragrances japonaises, cf. Guichard-Anguis, « Les maisons de fragrances au Japon », in *Odeurs et parfums*, p. 36-39.

2. *Op. cit.*, p. 39.

dépaysement ont conduit à la recherche de nouvelles fragrances venues de l'étranger notamment de l'Asie du Sud-Est et du sud de la France avec l'association entre Nippon Kôdô et l'entreprise Esteban initialement implantée sur la Côte d'Azur.

La politique de développement de Nippon Kôdô a non seulement stimulé la diffusion de l'art des fragrances à l'intérieur du pays mais a contribué à son exportation à l'étranger. L'ouverture de succursales à New York en 1965, puis à Hong Kong et Los Angeles dans les années 70, s'est accompagnée de démonstrations artistiques pour renforcer l'image de marque de l'entreprise. À la fin de l'année 1982, des maîtres et des étudiants de *kôdô* sont venus aux États-Unis pour présenter la voie de l'encens et effectuer des démonstrations à New York, Los Angeles et San Francisco. Depuis, de nombreuses manifestations de *kôdô* ont eu lieu à Seattle, Boston, Denver. Un groupe d'études sur cette pratique a d'ailleurs été fondé à Boston, dont fait partie Kiyoko Morita, l'auteur de *The Book of Incense*. En France l'association de Nippon Kôdô avec Esteban à partir de 1986 a également favorisé la découverte de la pratique du *kôdô*. En automne 1996, notamment au cours d'une journée ouverte à la presse, une plus large audience lui a été donnée grâce aux démonstrations que l'École de Kôdô Oie Ryû a données de cet art en présence du grand maître Sanjo Nishigyoun.

Certes, il serait naïf de penser que le *kôdô* puisse s'implanter dans la culture occidentale à grand renfort de publicité. Est-ce à dire alors que le modèle japonais ne puisse être transposé et reste une pure curiosité pour les étrangers ? En réalité, le problème ne réside pas tant dans la possibilité d'une transplantation ou d'une greffe artificielle de l'art d'un pays dans un autre, mais dans l'invention de formes olfactives singulières et originales qui ne soient pas tout entières régies par le commerce du parfum et son utilisation à des fins corporelles de bien-être et de séduction. De ce point de vue, si la diffusion et l'enseignement du *kôdô* font partie des opérations de communication destinées à servir des fins économiques, ils ont aussi des effets artistiques car ils stimulent l'imaginaire collectif et l'enrichissent en l'arrachant à la croyance selon laquelle un art olfactif est impossible et la contemplation des odeurs une gageure.

L'art olfactif

LA NAISSANCE D'UN ART CONTEMPORAIN OLFACTIF

Indépendamment du modèle japonais, l'idée d'une esthétique olfactive a fait son chemin dans l'art occidental contemporain où l'odeur et le parfum ne sont plus simplement évoqués par des médias visuels et sonores, mais entrent directement comme matériau à part entière dans bon nombre d'œuvres de peintres, de sculpteurs, de designers et de plasticiens.

L'un des premiers à avoir relevé le défi d'un art olfactif est sans conteste Marcel Duchamp. L'inventeur des *Ready made* nie que la peinture soit d'abord un art visuel et il souligne sa forte dépendance à l'égard de l'odorat. Dans une lettre à Albert Frankenstein, datée de 1949, il affirme que « la peinture est une habitude olfactive. Les artistes professionnels peignent parce qu'ils doivent avoir l'odeur du pigment et du vernis dans les narines. Un artiste est l'esclave de son nez et du marché de l'art ». Dans son désir de rompre avec des habitudes qui riment avec servitude, il va introduire dans l'art d'autres odeurs que celle la térébenthine et se libérer des carcans de l'art pictural en ouvrant ses dimensions trop limitées à la surface et à la couleur. Le parfum va s'insinuer dans l'œuvre comme un souffle de liberté, un air d'intimité qui élargit l'espace et donne à l'art la force de la vie. Cette dynamique dynamite s'exprime dans toute sa splendeur lors de l'exposition internationale du surréalisme en 1938 à la galerie des beaux-arts à Paris. Duchamp a aménagé une sorte de grotte obscure baignant dans une odeur tenace de café grillé brésilien en utilisant mille deux cents sacs de charbon suspendus en guise de plafond et en créant sur un sol jonché de feuilles mortes une mare avec des roseaux et de nénuphars. L'introduction de l'odeur et du parfum, qui témoigne du désir de donner à l'art une ampleur multidimensionnelle, n'est pas un simple apax dans l'œuvre de Duchamp. C'est dans une atmosphère parfumée aux effluves de cèdre que s'ouvrira à New York en 1942 l'exposition intitulée *First Papers of Surrealism*. En 1959, il fera appel au parfum « Flatterie » de Houbigant pour odoriser l'exposition *Eros* chez Cordier.

Si Duchamp a ouvert le bal des beaux-arts olfactifs, de nombreux artistes lui ont emboîté le pas, à commencer par Ben, membre actif de *Fluxus*, qui joue sur le registre de la fétidité en concevant ses eaux croupies. Piero Manzoni franchit un pas de plus dans la provocation nauséabonde en mettant en boîte ses excréments et en les commercialisant sous l'étiquette « merde d'artiste en boîte » au cours de l'or de l'époque. Au-delà de la volonté de scandaliser, la mise en conserve de ce qu'il y a de plus puant et dégoûtant pour le vendre à prix d'or visait à dénoncer le marché de l'art et la transformation de la création en rapports marchands qui conduit l'artiste à ne produire que des œuvres « merdiques », et le spectateur à les consommer en séries dans les conserveries que sont les musées[1].

L'apparition des odoramas

Au-delà des provocations ou d'une utilisation ponctuelle de l'odeur, il faut noter une évolution de l'art contemporain qui vise une expérimentation de tous les sens et qui témoigne d'un intérêt croissant pour une esthétique olfactive. Cette nouvelle orientation est favorisée par l'émergence de technologies de pointe liées à l'industrie du parfum et aux recherches en olfactique. La réalisation par Jacqueline Blanc-Mouchet du premier odorama français, conçu pour la Cité des sciences et de l'industrie de la Villette en 1986, a ainsi puissamment stimulé l'imaginaire et contribué au renouveau de la réflexion artistique. Jacqueline Blanc-Mouchet, qui s'intéresse à la synesthésie, a créé depuis l'agence Transens qui a pour vocation

1. Dans la lignée de ce pied de nez manzonien, il faut également mentionner *Cloaca*, réalisée en 2001 par Wim Delvoye, qui joue sur le dégoût du corps organique et des excréments en exposant leur processus de fabrication. *Cloaca*, qui tire son nom d'un égout romain, est une machine pourvue de tubes et de boyaux recréant en temps réel le système digestif humain, avec toutes les étapes chimiques de transformation des aliments, en partant du repas pris tous les matins à 11 heures jusqu'à l'expulsion des selles six heures plus tard grâce un piston-sphincter. Au terme du parcours le public se voit offrir un étron en guise de produit dérivé de la création.

d'élaborer des mises en scène des odeurs et des parfums à l'aide d'outils scénographiques, comme un ambianceur, diffuseur programmable d'odeurs, qui a eu le prix Janus du Design 1990, un odorama, comportant une cabine associant images, sons et odeurs. C'est ainsi par exemple que le film *Le festin de Babette* a été odorisé et accompagné de trois ambiances olfactives.

Des sociétés comme AC2i cherchent à inventer et à promouvoir de nouvelles technologies olfactives qui démultiplient les possibilités pédagogiques, commerciales et artistiques. En 1999, AC2i et Michel Pozzo mettent au point la technologie OlfaCom permettant de diffuser des arômes et des parfums par l'intermédiaire de cartouches amovibles qui contiennent différentes molécules d'odeurs libérant leurs fragrances grâce à un système de ventilation et de vanne dont l'ouverture et la fermeture sont commandées par un logiciel. L'appareil fonctionne comme un périphérique raccordé à l'ordinateur et comporte des enceintes de diffusion olfactive jumelées avec la projection d'images. Il devient possible de diffuser des senteurs correspondant aux images et aux sons, d'inventer ce cinéma odorant que Barjavel appelait de ses vœux. C'est ce procédé qu'a utilisé Alex Sandover, un jeune artiste londonien, lors de sa création de *Synesthésia Nuclear Families* présentée pour la première fois à New York en octobre 2000 dans la galerie d'architecture Henry Urbach, puis au Royal College of Art de Londres en 2002. Désireux de réduire le pouvoir de la vision et d'explorer un univers artistique inédit de sensations, Alex Sandover convie le spectateur à assister à la préparation du repas par une ménagère qui réunit odeur, photographies, vidéo et son. Il présente sur un mur d'images de plus de trois mètres une salle à manger des années 50 et, à travers la porte de la cuisine et l'ouverture d'un passe-plat, il donne à voir et à sentir les activités de cette femme. Selon qu'elle cuisine, nettoie ou sert, des odeurs de sauge, de poulet, d'eau de javel ou de tarte au raisin se diffusent dans la galerie enveloppant le spectateur dans une expérience subjective synesthésique troublante.

Dans l'art contemporain, les odoramas se multiplient et mettent le plus souvent en jeu une démarche pluridisciplinaire. Le cycle Odorama qui s'est déroulé du 13 au 18 décembre 2003, dans le cadre des *Soirées nomades* de la fondation Cartier pour l'art contemporain, est exemplaire de ce mouvement et il a permis d'explorer des univers sensoriels inédits et d'enrichir la recherche artistique au sujet des odeurs. Artistes, architectes, chorégraphes, designers, cuisiniers et parfumeurs ont réalisé chacun dans son style propre des performances olfactives et célébré les arômes et les fragrances. Ces explorations trans-artistiques permettent de définir un nouveau statut au parfum et de repousser les limites de l'art[1]. Mais c'est sans doute à travers la pratique des Installations que l'odeur et le parfum conquièrent une dimension esthétique sans précédent.

La promotion de l'olfaction dans les Installations

La désacralisation de l'art immortel et de l'œuvre pérenne enfermée dans un musée conduit à privilégier les performances et les happenings placés sous le signe de l'éphémère auquel l'odeur dans sa volatilité est particulièrement bien adaptée. Le développement de

1. C'était déjà ce que Gaetano Pesce, architecte et designer italien, s'efforçait de faire en utilisant les odeurs comme un moyen de remettre en cause les frontières entre art et technique, notamment au cours d'une exposition de meubles en résines intitulée *Nobody's perfect* organisée du 10 décembre 2002 au 16 février 2003 par le musée des Arts décoratifs à Paris. Gaetano Pesce remet en question la distinction entre l'artiste et l'artisan en refusant d'assigner au premier la tâche de créer et au second d'exécuter fidèlement les modèles. Il conçoit un processus de création faisant place au hasard et à l'aléatoire afin de réaliser des pièces uniques au cours d'une fabrication en séries. L'artisan n'est pas asservi au modèle du designer mais l'interprète et réalise des formes singulières. En collaboration avec l'éditeur Zerodisegno, Gaetano Pesce présente ainsi une collection de meubles, buffets, fauteuils, chaises, tables, qui sont des pièces uniques et originales. L'artisan mélange la résine et la couleur et il y mêle des arômes qui varient selon les saisons et crée des formes odorantes qui ne sont jamais identiques. L'incorporation du parfum comme instrument de singularisation est tout à fait originale car c'est elle qui contribue en partie à la définition de ces meubles comme de véritables œuvres d'art et permet d'abolir la frontière entre la création et la reproduction en séries. Gaetano Pesce revendique ainsi un Design odorant.

formes originales d'art comme les Installations[1] visant à expérimenter de nouvelles possibilités de perception et remettant en question les habitudes et l'hégémonie visuelle, est propice à l'exploration des sens oubliés comme l'odorat, le goût ou le toucher. Le terme d'installation, dont les frontières sont très mouvantes, englobe l'ensemble des activités artistiques mobilisant sous forme d'événement, d'intervention ou de projet toute une gamme de mediums connexes, comme le cinéma, la vidéo, la scénographie, et d'éléments architecturaux souvent mobiles et destinés à explorer un espace intérieur privé. Les installations, qui sont transportées d'une exposition à l'autre, donnent lieu à des pratiques nomades, flexibles et amènent à rompre avec l'idée d'un art fixe, assigné à un site et défini par une création d'objets. Ainsi, selon Nicolas de Oliveira, « l'art de l'installation, ayant délaissé la priorité qu'il accordait jadis au site au bénéfice d'une plus grande liberté et souplesse, a transformé les artistes en "citoyens de l'éphémère" affranchis de toute dépendance envers l'objet durable ou le lieu fixe »[2]. Dès lors, le caractère éphémère, mobile et informe de l'odeur n'est plus un obstacle à sa constitution en œuvre d'art, il est au contraire susceptible de retenir l'attention de l'artiste dans sa quête nomade, sa recherche du précaire et du mouvement protéiforme. L'apparition d'œuvres olfactives correspond au caractère fluide et en mutation constante de la perception qui doit s'adapter aux changements de médias, à la prolifération de nouvelles techniques d'information et de circulation des échanges qui font éclater l'espace et amènent à le repenser. Dans le cadre de cette pratique des Installations, les exemples ne manquent pas, d'Oswaldo Macia à Ernesto Neto qui systématise le recours aux épices et aux fragrances.

Oswaldo Macia, artiste colombien, a créé une œuvre à la fois visuelle, sonore et olfactive, intitulée *Memory Skip*, qui repose sur un jeu de mots en anglais – « *memory skip* » signifie à la fois

1. Voir à ce propos, *Installations – l'art en situation* et *Installations II – l'empire des sens* par Nicolas de Oliveira, Nicola Oxley Michael Petry, Thames & Hudson.

2. *Ibid.*, p. 47.

« benne à mémoire » et « absence ou saut de mémoire ». L'œuvre, qui date de 1995, revêt un caractère à la fois insolite et familier, car elle consistait à installer une benne à ordures contenant des extraits d'essence de pin dans une pièce hermétiquement fermée ; elle associe deux images visuelles et olfactives contradictoires À la saleté malodorante des déchets s'oppose l'odeur agréable du pin qui évoque la propreté car elle est utilisée pour les détergents et les déodorisants d'ambiance. *Memory Skip* était accompagné d'un enregistrement sonore intitulé *The Sound of Smell* ; cette bande-son qui diffusait le bruit du broyage d'aiguilles de pin s'achevait quand l'odeur de pin s'était répandue dans toute la pièce.

La même année, Dermot o'Brien propose une installation « *Sans titre* » qui a pour objet la dimension sensorielle du langage. Sur le mur de la galerie, il dispose des petits désodorisants d'atmosphère ronds et colorés qui reproduisent une forme d'écriture en braille, illisibles pour les voyants et lisibles par les non-voyants. Le regard se perd dans les sensations tactiles et olfactives. Le nez déchiffre les odeurs et la main est invitée à décoder le braille au toucher.

Dans le même registre, Sissel Tolaas crée des installations qui s'apparentent à des expérimentations sensorielles destinées à tester la manière dont le public perçoit un lieu. Dans son œuvre intitulée *It Must Be The Weather, Part 1 : Dirty 1*, en 2001, elle utilise une technologie de pointe de l'industrie du parfum pour rassembler des échantillons d'odeurs propres à un lieu, en l'occurrence Deptford (Londres) et elle a fabriqué à l'aide d'un parfumeur un parfum nommé « *Dirty* 1 ». Au cours de l'exposition, elle diffuse une vidéo qui montre des images filmées par une caméra attachée à un chien, accompagnée d'une bande-son qui retransmet des bulletins météo locaux et des airs joués par un orchestre de l'armée du salut.

C'est également aux épices et aux parfums que recourt Ernesto Neto pour créer un monde anthropomorphique et donner à ses sculptures imposantes la force de la vie et la sensation du corps organique. Inventeur d'une véritable architecture olfactive, l'artiste brésilien conçoit des installations sous la forme d'enveloppes de polyamide, de lycra et de mousse qui évoquent des organes, des membres, et qui sont tendues comme des parois épidermiques dans l'espace ou qui pendent comme des bourses ou des grappes de peau entraînées par la pesanteur. Le visiteur est invité à un voyage sensoriel à l'intérieur de ces volumes flexibles de voiles translucides, remplis d'arôme de curcuma, de poivre, de clous de girofle, il hume les entrailles d'un corps à la fois monumental et fragile ; il est invité non seulement à voir mais à sentir tant les impressions olfactives et tactiles l'emportent sur la vision. Ainsi, par exemple, au cours de sa deuxième exposition personnelle, « *There is Nothing Else to Be Seen but the World* » en 2005 à la galerie Yvon Lambert, Ernesto Neto place le spectateur au centre d'une architecture en l'incitant à devenir l'acteur de la construction d'un espace sensoriel et de la redéfinition des lieux. Dans la plus grande salle de la galerie, il édifie une structure verticale avec des piliers métalliques recouverte d'un tissu léger comme une peau et définit un corps architectural basé sur l'intersection de quatre cercles. Dans la seconde partie de l'exposition, il installe un espace plus intime, un salon de repos où il n'y a presque plus rien à voir et où le corps peut se détendre et s'abandonner au temps silencieux qui passe. Le visiteur qui pénètre à l'intérieur de l'installation, pieds nus, est convié à une exploration sensorielle active, il peut plonger la main à l'aveugle dans les cavités des blocs de mousse et respirer les différents épices qui se diffusent au fur et à mesure. En poursuivant son parcours, il est conduit peu à peu à s'approprier les lieux, en utilisant par exemple un tampon encreur pour emprunter l'espace. Cette prise de possession se manifeste par une sollicitation permanente à investir l'espace par le toucher. La main sert de fil conducteur, elle presse, elle malaxe et joue avec les billes de plastique placées au centre de la salle dans un réceptacle rond sur lequel on peut se reposer et se pencher. Mais le nez sert aussi de guide : dans la dernière salle, qui est un espace plus intime de détente et de repos et qui ressemble à une sorte d'araignée géante avec sa toile fluide, c'est un tas d'épices qui imprime sa trace et oriente le circuit à parcourir. Il serait sans doute excessif d'en conclure que l'artiste brésilien place l'odorat au premier plan et que ses œuvres sont des prototypes d'art olfactif. Si Neto s'insurge contre l'hégémonie visuelle pour promouvoir un art synesthésique qui introduit des éléments olfactifs et tactiles, il est davantage le chantre du toucher que du nez. Il confesse en effet que c'est la dimension tactile, épidermique qui joue pour lui un rôle décisif dans l'œuvre d'art.

Il est alors possible de se demander si, en définitive, au-delà des Installations qui convoquent tous les sens, et qui accordent à l'odorat une place de choix, il existe des œuvres artistiques spécifiquement olfactives où le parfum constitue l'essence même de la création.

Dans cette veine, il faut saluer d'abord la démarche d'un parfumeur artiste, Serge Lutens, qui a travaillé pour Dior et Shiseido, et qui cherche à arracher les fragrances à leur statut commercial, pour mettre l'accent sur leur puissance évocatrice. Serge Lutens a réalisé un labyrinthe olfactif pour Lille en 2004, qui a la forme d'un dédale en béton brut de 7 mètres de hauteur se resserrant en carré sur son centre, et il invite le visiteur, le long des couloirs où sont diffusées les senteurs, à un voyage proustien dans la mémoire de son Nord natal, le terroir de l'enfance marqué par les odeurs de chicorée chaude de la cafetière qui chauffe en permanence sur la cuisinière, de la lessive de mousse parfumée, de la brioche coquille et des moules-frites recuites, des effluves de la pluie sur les pavés et des troènes des haies taillés. L'espace chargé de fragrances successives devient l'expression d'une temporalité nouvelle qui n'a rien de linéaire, car elle épouse les circonvolutions affectives de la mémoire et les associations des souvenirs. À l'entrée figure cette déclaration de l'artiste à propos de sa création : « le labyrinthe olfactif est un chemin, un stimulateur de la mémoire. Chaque senteur présentée ne vous limite pas à la frontière de l'odorat. De la joie à l'aversion, du goût au dégoût ! J'en ai imaginé l'architecture non pas en véritable laboratoire mais comme un “dédale” (du nom de son créateur) qui, ici, est un conducteur, un rêve, un lieu sans repères issu de l'expressionnisme allemand, son cinéma, sa peinture et son utopie. Univers conducteur de lumière et de senteurs... Une cathédrale de béton ». Le labyrinthe est ainsi comme un roman d'odeurs qui restitue la mémoire des émotions passées, en jouant sur l'équivocité des perceptions olfactives qui ne renvoient pas forcément aux mêmes souvenirs chez l'artiste et chez le visiteur. Ce parcours est donc tout autant une respiration de l'intimité de l'autre qu'une plongée dans sa propre intimité. Chaque étape constitue ainsi un séjour dans les méandres de la mémoire partagée ou singulière, une expérience à la fois de différence et d'identité.

Hiroshi Koyama, le sculpteur olfactif

Mais c'est sans doute Hiroshi Koyama qui, actuellement, a poussé le plus loin les recherches en matière d'art olfactif, notamment au cours d'une exposition de sculpture sur pierre intitulée « Reconnaissance de l'encens »[1]. Cet artiste japonais qui vit en Suède[2], confesse sa fascination pour la pierre noire, les roches basaltiques et le magma issu des entrailles de la terre. Il a passé neuf ans dans les carrières de diabase à Boalt et à Häggult dans la région de Göinge, pour y travailler la pierre noire qu'il va extraire par énormes blocs dans le sous-sol à de très grandes profondeurs.

Cette pierre incarne à ses yeux la pesanteur séculaire de la matière, du magma ou des ténèbres souterraines et évoque les forces obscures de la mort. Tout son travail consiste à chercher à réduire la morbidité minérale qui se dégage des imposants blocs de roche noire, à conjurer l'effroi devant leur volume menaçant et à neutrali-

1. L'exposition a eu lieu à Paris au Centre culturel Bertin Poirée du 16 au 30 septembre 2004.

2. Né à Kyoto en 1955, Hiroshi Koyama a été étudiant à la faculté des arts Akashi en section architecture de 71 à 76, puis il a été en 77-78 l'élève du maître Kinzo Nishimura, grand tailleur de pierre. Après quelques expositions dans diverses galeries de Kyoto, il quitte le Japon en 1987 pour s'installer en Suède.

ser l'existence de la pierre[1]. Par une stratégie du renversement, il en vient à métamorphoser la diabase en puissance de vie et de liberté, en jouant sur les tensions et les contrastes entre la pierre et l'encens. Produit raffiné de l'art de l'Orient, l'encens arrache la diabase brute à l'âge de pierre pour la faire entrer dans l'âge de l'homme. La légèreté, la liberté voluptueuse de ses fumées sont à l'image de l'existence humaine qui se détache de la terre, brûlante de désirs, pour se tourner vers le ciel.

Dans son exposition intitulée « Reconnaissance de l'encens », Hiroshi Koyama unit le parfum et la pierre et invente le concept de sculpture olfactive. L'encens, en effet, ne joue pas un rôle décoratif et n'est pas un simple additif destiné à agrémenter la diabase d'une note parfumée. Il est partie intégrante de la sculpture, lui donne son sens et sa véritable portée. Toutes les pièces exposées reposent sur un impossible équilibre entre les contraires, sur le mariage contre nature de la volute et du volume.

Pour réaliser son œuvre, l'artiste lutte avec l'énorme bloc de diabase et le ramène à taille humaine en le dépeçant avec ses ciseaux en diamant pour sculpter de petits formats qui neutralisent le gigantisme inquiétant du roc brut. Il imprime à ses sculptures des formes simples, dépouillées, à l'image de la pureté et de la sobriété de la pierre noire qu'il polit et meule pour lui donner un aspect tour à tour rond et lisse ou grenu et rugueux, selon sa fantaisie. L'entreprise d'humanisation de la nature minérale se traduit par le choix de formes évoquant des habitations miniatures : demi-cube surmonté

1. « I am thinking always to neutralize the existence of stone. That meaning turn over, I am attracted by the strong concept which black stone has, heavy, history, darkness, death etc. I am afraid of the existence which stone's volume has. I recognize that Incense has a opposite appearance for my longing, light, free, short existence, looks like northern light without color. But the root of incense has a long historical road, and full of the imagination for me. » (« Je pense constamment à neutraliser l'existence de la pierre. Ce qui signifie un renversement. Je suis attiré par le concept puissant qui se dégage de la pierre noire : lourdeur, histoire, obscurité mort, etc. J'ai peur de l'existence qu'a le volume de la pierre. Je reconnais que l'encens a une apparence opposée, car mon existence qui brûle de désir, légère, libre et brève ressemble à la lumière du nord sans couleur. » Nous traduisons.) » *Correspondance*, 19 octobre 2004.

d'un toit arrondi, boîte surplombée d'un couvercle, ruche, urne, maison avec fenêtre et cheminée, château flanqué de minuscules tourelles. Quelle que soit la variété des formes imaginées et polies, c'est toujours l'idée d'un lieu habité et d'un foyer d'intimité qui est suggérée. Cette impression est créée par les fumées de l'encens qui s'échappent de l'intérieur des sculptures trouées de petites lucarnes et qui se répandent alentour en parfumant l'espace. Tout concourt à évoquer la douceur et la chaleur d'un intérieur taillé dans la pierre froide et brute. Les pièces exposées peuvent en effet s'ouvrir comme des boîtes et sont creusées à l'intérieur de façon à ce que le sculpteur puisse y déposer des bâtonnets d'encens en forme de spirales et les faire brûler lentement des heures durant.

À titre d'exemple, la sculpture qui figure en tête d'affiche de l'exposition du Centre culturel Bertin Poirée est tout à fait représentative de l'œuvre olfactive d'Hiroshi Koyama. Elle se présente sous la forme d'une boîte bicolore, d'une espèce de ruche miniature constituée par un socle carré de couleur gris clair et d'aspect granuleux, dans lequel s'emboîte une façade de pierre polie noire surmontée d'un toit arrondi comme une tête de champignon, et trouée en son milieu par une petite fenêtre circulaire. L'intérieur creux sert de réceptacle à l'encens qui se consume dans le foyer de diabase, se transforme en fumée le long du canal invisible d'une cheminée intérieure et ressurgit en volutes blanches par le trou du toit rond qui chapeaute la maison de pierre. L'œuvre apparaît ainsi nimbée de fumerolles parfumées qui se diffusent tout autour. Étrange sculpture qui donne à la fois le sentiment de la solidité minérale de la pierre figée dans son infinité de mort et de la volatilité du parfum qui s'échappe comme un souffle de vie ! La légèreté et la grâce de l'encens qui s'élève en volutes éthérées font contrepoids à la lourdeur brutale de la pierre et l'arrachent à son immobilité glacée. Tout repose sur une série de contrastes et sur un équilibre des tensions entre la dureté résistante de la pierre et la douceur fragile de la fumée, entre la puissance du roc qui renvoie aux profondeurs de la terre et l'évanescence de l'encens qui monte au ciel, entre le magma séculaire et l'homme éphémère, la nécessité aveugle de la matière et l'irruption de la liberté.

La sculpture d'Hiroshi Koyama apparaît comme une manière de sublimer la mort et de s'élever au-dessus d'elle en donnant à la vie brève un parfum d'éternité. La diabase dans sa noirceur de magma informe est à l'image du chaos qui broie et ensevelit l'homme dans les entrailles de la terre. Sous les ciseaux du sculpteur, cette lourde pierre tombale devient une urne lisse et polie qui sert de réceptacle au parfum vivant de l'encens. En dépit de sa forme, cette urne n'a rien de funéraire, car l'encens qui est choisi répand une odeur de vie. Hiroshi Koyama ne recourt pas en effet au type d'encens qui est brûlé au Japon pour les funérailles, mais il utilise une variété destinée à procurer un sentiment de bien-être et de sérénité intérieure. Certes, ce souffle parfumé qui s'élève comme une offrande vers le ciel est à l'image de la vie qui se consume et s'évanouit en fumée. Mais cette évanescence n'a rien de dramatique. Elle apparaît bien plutôt comme une épure, comme la quintessence spirituelle de l'existence qui s'affirme et se purifie en s'allégeant du poids mortel de la pierre inerte. L'utilisation de l'encens ne relève donc pas d'un rite funéraire et ne revêt pas une signification religieuse ou sacrée, elle constitue plutôt un hymne à la vie, la recherche d'une harmonie avec la nature dans sa totalité.

Interrogé à ce sujet, Hiroshi déclare qu'il éprouve, à travers la respiration de l'encens qui imprègne son œuvre, un sentiment de quiétude et de réconfort. L'encens prend le relais des ciseaux de l'artiste et contribue à apprivoiser et à domestiquer la pierre, afin de transformer le chaos minéral en foyer et l'espace extérieur en lieu d'intimité. En respirant cette odeur familière imprégnée dans le grain de la diabase, l'homme peut se reconnaître dans la pierre, y retrouver ses propres marques, s'y sentir chez lui comme dans un univers habité. Grâce à cette reconnaissance de l'encens, comme le titre de l'exposition l'indique, il peut cesser d'être un étranger dans la nature et nouer des liens apaisés avec elle. Car c'est bien d'une unité avec la nature, d'une humanisation de ses forces obscures qu'il est question chez Koyama. C'est d'ailleurs dans cet esprit de pacification que l'artiste entreprend parfois d'insérer des bougies allumées à l'intérieur de ses sculptures afin d'éclairer les ténèbres basaltiques et de les transformer en foyer de lumière.

De ce point de vue, la sculpture olfactive de Hiroshi Koyama s'apparente à une tentative d'harmonisation, voire d'abolition des limites entre monde intérieur et monde extérieur, espace privé et espace public, car il devient impossible de définir des frontières rigides entre l'œuvre et son environnement. La fumée d'encens, qui se dilue et se répand, dépasse les bornes de l'œuvre sculpturale pour élargir ses contours à l'espace tout entier, peu à peu conquis, intégré et imprégné de sorte qu'il fait corps avec la pierre embaumée. Le parfum enveloppe alors toute l'étendue du lieu et l'inclut dans la sculpture qui cesse d'occuper un volume déterminé pour se fondre dans l'atmosphère. Jamais sculpteur, semble-t-il, n'a fait reculer aussi loin les limites dans lesquelles l'œuvre est insérée en donnant de la fluidité à la pierre, du volume au volume, au point de circonvenir l'espace et d'embrasser la totalité. La sculpture cesse d'être un objet inerte posé là devant soi, elle va au-delà de soi ; mobile et légère, elle se diffuse et rayonne pour toucher le spectateur et l'enrober dans son aura parfumée. Dès lors il est possible de se demander où commence et où finit l'œuvre, car celui qui la contemple est pénétrée par elle, se dissout dans ses circonvolutions, en devient part intégrante. Koyama repousse ainsi les limites de l'art sculptural, en mettant un terme à la finitude des volumes, à leur immobile solidité. Il réussit paradoxalement ce tour de force à l'aide de petits formats qui s'ouvrent par leur parfum sur l'infini.

De fait, l'artiste rompt le cloisonnement de l'existence et met un terme à l'enfermement sous la pierre en libérant le génie de l'encens. Cette thématique de la fermeture et de l'ouverture au monde déjà présente dans *Black Button* où le bouton symbolise la faculté de chacun de s'enfermer en lui-même ou de s'exposer selon qu'il se boutonne ou se déboutonne, et également dans son œuvre *Dans,* qui signifie « la commode » en japonais, avec tous ses tiroirs susceptibles d'être tirés ou secrètement gardés, trouve son acmé dans le parcours « sculptodorant » auquel nous convie l'exposition *Reconnaissance de l'encens*. L'encens est un vrai passe-muraille qui habite la pierre, la travaille de l'intérieur et ouvre l'espace d'une circulation et d'une respiration entre le monde minéral et le monde humain vivant. Il invite à dépasser le monde des apparences qui fige la pierre dans son immobilité pour la faire vibrer au souffle du parfum et permet ainsi la métamorphose du solide en aérien. Façonnée par Koyama, la diabase devient alors cette pierre fumante et volante qui nous fait quitter le monde visible pour accéder à l'invisible.

La circulation de l'encens peut évoquer, certes, la fuite et l'érosion du temps qui s'envole en fumée, s'évanouit dans le flux héraclitéen des choses, mais elle témoigne tout aussi bien du désir humain de modeler les choses à son image et de déposer son empreinte. L'homme rend hommage au monde visible et invisible et imprime sa marque en l'encensant. Il s'éternise en apposant sur les choses sa signature parfumée. Par-delà la fugacité des fumées, l'encens contient une promesse d'éternité.

En réalité, cette association de la pierre et du parfum est moins placée sous les signes contraires du mobilisme universel et de l'éternité que sous celui du « Sabi » qui abolit les tensions entre l'évanescence de l'instant et la perpétuité de la durée. Ce concept japonais, que l'on pourrait traduire selon Göran Vogel-Rödin par « la patine »[1], exprime le passage du temps sur les choses, et comprend non seulement les mutations que la nature leur impose, mais les traces de vie que l'homme leur imprime à son insu. La fumée de l'encens patine ainsi la pierre et entretient ce mouvement perpétuel des choses par lequel tout se forme et se transforme tout en déposant le sceau de l'homme au cœur de la diabase. L'encens est cette essence qui fait sens, car elle s'échappe de la pierre, la traverse et l'imprègne de cette odeur humaine qui permet à chacun de se reconnaître dans la nature.

C'est pourquoi cette reconnaissance de l'encens est en même temps une renaissance, car l'homme inaugure un nouvel âge qui rompt avec celui de la pierre pour promouvoir sa propre temporalité. À l'horizontalité immobile de la pierre, il marie la verticalité de la fumée. À l'infinité de l'espace, il substitue des foyers d'intimité.

1. Cf. Göran Vogel-Rödin, *The journey of a stone* : « "Sabi" is a central concept which roughly can be translated with patina. »

C'est bien là en dernier ressort que se trouve la signification la plus profonde de cet usage de l'encens lové dans la sculpture. S'il évoque la quiétude, la légèreté et la liberté, l'encens est avant tout pour Koyama l'expression de l'intériorité subjective, de l'intime. C'est la raison pour laquelle il ne l'utilise que pour de petits formats dans des espaces confinés. Pour les sculptures de grande taille ou de plein air, il ne fait pas brûler de l'encens, il imagine d'allumer un véritable feu à l'intérieur des œuvres. Ainsi la sculpture olfactive de Koyama ne se donne pas à voir de l'extérieur, mais de l'intérieur. Elle n'en reste pas à la surface des choses mais nous fait entrer dans les entrailles de la pierre, dans son intimité humainement habitée, et nous enveloppe sans plus d'effroi dans le ventre de la nature où l'homme, uni à la totalité, peut respirer en toute liberté.

En définitive, l'œuvre de Hiroshi Koyama est exemplaire de l'essor d'une esthétique olfactive qui dépasse le cadre traditionnel nippon pour gagner l'Occident et conquérir une portée universelle. Si le parfum, comme le suggère Baudelaire, peut avoir l'expansion des choses infinies, il est en mesure d'échapper aux limites assignées et de fournir une matière de création et de jouissance inexhaustibles. Pleinement conscient de ce charme inépuisable de la contemplation olfactive, Paul Valéry constate qu'« on a beau respirer une fleur qui s'accorde avec l'odorat, on ne peut en finir avec ce parfum dont la jouissance ranime le besoin » [1].

Loin d'être un leurre, un art olfactif autonome, qui excède le cadre traditionnel de la parfumerie, est donc non seulement possible mais réel, bien qu'il en soit encore à ses balbutiements en Occident. Le développement des produits de synthèse, qui rend la composition de parfums moins onéreuse et permet des combinaisons illimitées, ainsi que la découverte de moyens technologiques de diffuser des odeurs, laissent présager un essor sans précédent de la création olfactive. En se fondant sur ses principales tendances et sans préju-

1. *Variété*, *Théorie poétique et esthétique*, *Notion générale de l'art*, *Œuvres*, tome 1, Pléiade, p. 1049.

ger de son évolution future, il est possible de caractériser cette esthétique olfactive, en la définissant d'abord comme une esthétique des fluides, liquides ou gazeux, une esthétique mêlant le fugace et le tenace, l'évanescence et la permanence, au sein d'une mémoire marquée par une temporalité affective et les exhalaisons de la corporéité. En ce sens, le parfum est comme l'esprit du temps qui passe dans sa splendeur et sa fragilité. Cet art olfactif ne repose pas sur une simple perception sensible, il exprime l'idée dans l'odeur et engage une conception intellectuelle qui manifeste la pensée singulière d'un homme et dépend de ses élaborations mentales. La saisie des rapports odorants impliquée par la création olfactive ne résulte pas d'un simple flair, mais d'un nez qui a de l'esprit, qui connaît les propriétés chimiques des molécules et qui sait les mettre en équations et les équilibrer. La sagacité du créateur n'a donc rien à voir avec une intuition hasardeuse, elle requiert une intelligence des odeurs et témoigne d'une sensibilité travaillée par la pensée. En somme, l'artiste olfactif conçoit par les narines et révèle l'unité de l'esprit et du nez.

Troisième partie

Philosophies olfactives

Chapitre V

De l'anosmie à la panosmie

Les conditions de possibilité d'une philosophie de l'odorat

Voyez-vous, un parfum éveille la pensée.

Victor Hugo, *Les rayons et les ombres*

Un nez philosophe ?

L'existence d'une esthétique olfactive plaide en faveur d'une pensée du nez qui excède la dimension sensible et ouvre la porte à une philosophie qui célèbre l'union de l'olfaction et de la raison. Elle invite en effet à se demander si l'odorat peut avoir une vocation proprement spéculative et se mettre au service de l'entendement. La question se pose donc de savoir si l'odeur peut être porteuse d'une vérité dont le philosophe aurait tout intérêt à s'inspirer en faisant montre d'un flair aiguisé. Autrement dit, peut-il y avoir des nez philosophes ou des philosophes nez ?

La tentation est grande de répondre d'emblée par la négative, car la perception des odeurs et des parfums n'a rien d'une démarche conceptuelle et fournit des paradigmes cognitifs aux antipodes de la discursivité philosophique. En effet, avoir du nez ou du flair, c'est découvrir la vérité de manière intuitive, la deviner et la pressentir sous l'impulsion d'une sorte d'instinct irréfléchi. Renvoyant à l'animal, le flair tient plus du réflexe que la réflexion, de la prescience divinatoire que de la science opératoire ; il s'oppose au raisonnement construit et à la déduction rigoureuse que vise le philosophe, soucieux de ne rien laisser au hasard et de démontrer ses idées de manière nécessaire. Le flair s'apparente le plus souvent à une saisie empirique et fortuite où le sujet, sans le savoir, a « le nez creux » ou « le nez fin », selon les expressions consacrées, et tombe par chance sur la vérité qu'il avait subodorée sans en avoir la certitude. Le flair témoigne donc d'une certaine forme d'opportunisme et d'improvisation qui n'exclut pas les divagations et les échecs, autrement dit, la possibilité de « se casser le nez ». C'est pourquoi il incarne par excellence le modèle de cette connaissance approximative et sujette à l'erreur dont le philosophe cherche à se détourner. Juger « à vue de nez » ou, de manière plus familière, « au pif », ou encore « au pifomètre », c'est évaluer de façon vague et imprécise en l'absence d'un instrument rigoureux de mesure. Or jamais le philosophe ne saurait s'accommoder d'une vérité ainsi obtenue par raccroc, à la suite d'une expérience vague. Spinoza va même jusqu'à penser que celui qui tombe fortuitement sur le vrai et qui ne sait pas qu'il sait reste en réalité dans l'erreur.

L'odorat, toutefois, n'égare pas l'homme aux antipodes de la connaissance et à cet égard, il est intéressant de constater qu'en latin le verbe *sapere* renvoie non seulement au savoir mais aussi au fait d'avoir du goût ou d'exhaler une odeur. Patrick Süskind nous invite ainsi à ne pas congédier le nez trop vite ; il tire les enseignements de la sensibilité olfactive en faisant valoir que l'odeur fournit un modèle d'évidence indéniable : « Il y a une évidence du parfum qui est plus convaincante que les mots, que l'apparence visuelle, que le sentiment et que la volonté. L'évidence du parfum possède une conviction irrésistible, elle pénètre en nous comme dans nos poumons l'air que nous respirons, elle nous emplit, elle nous remplit complètement, il n'y a pas moyen de se défendre contre elle. »[1] Si l'évidence, comme l'étymologie l'indique, est d'abord ce qui saute aux yeux, ce qui se voit comme un nez au milieu de la figure, elle est aussi ce qui assaille les narines, nous envahit et nous imprègne à notre corps défendant. Le modèle olfactif restitue bien la force pénétrante et irrépressible de l'évidence : nous ne la posons pas, elle s'impose à nous ; nous ne la

1. *Le parfum*, Livre de poche, p. 95.

saisissons pas, elle se saisit de nous, et dès lors que nous voulons en douter, elle résiste, indubitablement, comme une odeur tenace. Par son immédiateté et sa fulgurance, le parfum incarne aussi le modèle d'une vérité pensée sous le mode de la présence et non de la représentation. Or c'est précisément la présence du vrai qui garantit de la validité de la connaissance en assurant que rien n'a pu se glisser entre lui et sa représentation. C'est pourquoi d'ailleurs le flair, qui est généralement associé à une approche empirique et approximative, peut aussi apparaître comme un modèle de saisie infaillible du vrai. Fondé sur la présence d'une trace, il conduit d'instinct au vrai, par réflexe et sans réflexion susceptible d'introduire distance et distorsion.

Et si le recours au flair lui paraît peu relevé, le philosophe peut toujours se targuer de faire montre de sagacité et la revendiquer comme une vertu. Car la sagacité n'est rien d'autre qu'une finesse d'esprit et une forme de perspicacité dont le modèle est tiré du nez. *Sagax* en latin désigne celui qui a l'odorat subtil. Être doué de sagacité, c'est avoir le nez fin et faire preuve d'une grande pénétration. Un philosophe sagace est donc bien un philosophe nez. Il sait se « mettre au parfum » et sub-odorer la vérité. Le sens olfactif, par conséquent, donne naissance à des métaphores philosophiques et à des modèles de pensée. François de Sales ne prend-il pas appui sur la perception olfactive pour faire saisir la distinction entre la méditation et la contemplation ? En effet, selon lui, « la méditation est semblable à celui qui odore l'œillet, la rose, le romarin, le thym, le jasmin, la fleur d'orange, l'un après l'autre, distinctement ; mais la contemplation est pareille à celui qui odore l'eau de senteur composée de toutes ces fleurs ; car celui-ci en un seul sentiment reçoit toutes les odeurs unies que l'autre avait senties divisées et séparées, et il n'y a pas point de doute que cette unique odeur qui provient de la confusion de toutes ces senteurs, ne soit, elle seule, plus suave et précieuse que les senteurs desquelles elle est composée, odorées séparément l'une après l'autre »[1]. C'est pourquoi il est légitime de s'inter-

1. *Traité de l'amour de Dieu*, VI, V, La Pléiade, Gallimard, p. 622-623.

roger sur la possibilité de constitution d'une philosophie olfactive. Par là, nous n'entendons pas seulement une philosophie qui prenne en compte l'odeur pour en faire un objet de réflexion mais qui prenne appui sur elle pour en faire un support de la spéculation. Autrement dit, il s'agit de déterminer si l'odeur et l'odorat ont une valeur de vérité qui leur permette de jouer un rôle décisif dans la théorie de la connaissance et s'ils peuvent fournir des principes servant de fondement à la spéculation.

Le modèle baconien d'investigation olfactive

À cet égard, le chancelier Bacon fait office de pionnier, car il offre un modèle audacieux d'exploration olfactive et convie tout un chacun à réaliser l'expérience utopique dont il esquisse les contours dans *La Nouvelle Atlantide.* Les voyageurs naufragés qui débarquent sur l'île imaginaire de Bensalem découvrent peu à peu les arcanes secrètes de la Maison de Salomon, ce temple du savoir destiné à découvrir la nature de toute chose, et à explorer tous les domaines de connaissance pour réaliser tout ce qui est possible. Cette immense fondation de recherche comprend des laboratoires pour les expériences sensorielles et elle est constituée non seulement de maisons pour l'optique, de maisons pour les sons, mais également de maisons pour les parfums et les saveurs. Le Père de la Maison de Salomon révèle ainsi aux visiteurs naufragés l'existence inédite d'investigations olfactives :

> « Nous avons aussi des maisons pour les parfums où, conjointement à l'étude des parfums, nous faisons l'essai des saveurs. Si étrange que cela paraisse, nous pouvons intensifier une odeur. Nous imitons les odeurs, les faisant s'exhaler de mixtures différentes de celles qui d'ordinaire les produisent. De la même façon nous faisons diverses imitations des saveurs, telles que n'importe quel palais s'y laisserait tromper. » [1]

1. *La Nouvelle Atlantide*, G.F., p. 128.

Bien qu'elle reste largement imaginaire et programmatique, cette olfactologie baconienne obéit aux mêmes règles que celles qui président à la constitution du savoir en général et vise l'interprétation et le ministère de la nature. Elle part des sens et du particulier pour s'élever de façon graduelle et continue jusqu'aux axiomes les plus généraux grâce à l'induction vraie. Ainsi toute la recherche dans le domaine olfactif, comme dans les autres domaines sensoriels, suit la voie de l'interprétation mise en place dans le *Novum Organum* et s'ordonne dans *La Nouvelle Atlantide* autour de divers emplois et charges permettant graduellement de parvenir à des axiomes généraux à partir de l'expérience ordonnée. Elle implique d'abord une collection de données rassemblées par ceux que Bacon appelle les *Marchands de lumière* et qui voyagent incognito à l'étranger « pour rapporter des livres, des échantillons et des exemples d'expériences de toutes les régions du monde »[1]. Aux *Marchands de lumière* s'adjoignent les *Pilleurs* qui rassemblent les expériences figurant dans les livres, les *Artisans* qui collectent toutes les expériences qui ont trait « aux arts mécaniques, aux sciences libérales et aux procédés qui ne sont pas constitués en arts »[2], les *Mineurs* qui prennent l'initiative de se livrer à de nouvelles expériences, et les *Donateurs* ou *Bienfaiteurs* qui dégagent de tous ces acquis des enseignements théoriques et pratiques utiles à la vie et à la recherche des causes. Après cette première phase de collections d'expériences, les membres de la fondation de Salomon dans leur ensemble sont consultés et chargent trois d'entre eux d'être des *Flambeaux*, c'est-à-dire de proposer des expériences nouvelles éclairantes à un plus haut niveau afin de pénétrer les secrets de la nature. Ces *Flambeaux* sont assistés par les *Greffeurs* qui exécutent les expériences commandées et en font un compte-rendu. Ils fraient ainsi la voie aux *Interprètes* de la nature qui, au stade ultime, transforment les découvertes issues de l'expérience « en remarques, axiomes et aphorisme d'un niveau plus élevé »[3]. À la fois collection de données,

1. *Ibid.*, p. 129.
2. *Ibid.*, p. 130.
3. *Ibid.*, p. 130-131.

invention d'expériences fécondes et interprétation de la nature, la philosophie olfactive dont Bacon esquisse les contours met donc en jeu aussi bien la mémoire et l'imagination que la raison. Elle participe sans doute à la réalisation de ces *Magnalia Naturae*, ces merveilles naturelles que Bacon appelle de ses vœux à la fin de *La Nouvelle Atlantide* et parmi lesquelles figurent « de plus grands plaisirs pour les sens » [1].

En valorisant les recherches expérimentales autour de l'odorat, la philosophie baconienne peut servir de modèle de promotion d'un nouvel art de sentir. Elle assigne à l'odorat un rôle à la fois théorique et pratique, en tant qu'il sert de fondement à l'interprétation de la nature, et qu'il donne lieu à des expériences destinées à accroître le bien-être et la qualité de la vie. Ce plaidoyer en faveur d'un temple du savoir d'où l'odorat ne serait pas exclu reste toutefois de l'ordre de l'imaginaire et repose sur une utopie. Il s'agit donc de déterminer à quelles conditions une philosophie olfactive est possible. La définition d'une telle philosophie implique à la fois l'examen de ses réquisits et la recherche de modèles susceptibles de les vérifier.

Le silence olfactif de Parménide et Anaxagore

À l'évidence, le rôle théorique et le statut philosophique assignés à l'odorat varient en fonction du crédit accordé aux sens dans l'élaboration de la connaissance. Selon que le principe qui préside à la formation des idées repose sur la raison ou sur les sens, l'odorat occupe une place négligeable ou conséquente dans l'économie de la pensée. De ce point de vue, l'olfaction épouse le sort des autres phénomènes sensoriels et se voit qualifiée de messagère du réel ou de puissance trompeuse selon la nature sensualiste ou intellectualiste de la doctrine dans laquelle elle prend place. C'est ce que révèlent dès l'origine les premières théories philosophiques de la

1. *Ibid.*, p. 134.

connaissance dont nous disposons. C'est la raison pour laquelle certains philosophes dits « présocratiques » seront convoqués ici. En vertu du caractère fragmentaire de leurs écrits et des interprétations multiples auxquelles ils donnent lieu, ces philosophes ne seront pas abordés en tant que représentants de courants de pensée et d'école dont il s'agirait d'analyser intégralement le contenu doctrinal en lui-même et pour lui-même car une telle tâche s'avère impossible y compris pour l'historien de la philosophie le plus chevronné. La plupart des fragments des présocratiques ne sont en effet connus qu'à travers les citations et les témoignages d'auteurs postérieurs. Ils ne prennent donc sens que dans le contexte où ils sont mentionnés et utilisés la plupart du temps à des fins d'illustration, de réfutation ou d'adhésion. En toute rigueur, il est possible de reconstituer non pas les doctrines des présocratiques mais les usages différents et successifs que les philosophes anciens ont faits de fragments de leur pensée dans l'économie de leur propre système[1]. Dans la lignée des auteurs anciens qui les ont mobilisées, il s'agira moins d'exposer leurs conceptions que de les utiliser à notre tour et de faire en somme l'usage d'un usage, puisqu'ils ne peuvent être connus que par ce biais. C'est pourquoi les philosophes présocratiques seront plutôt envisagés comme des figures hypothétiques et imaginaires pour une large part, figures illustrant des attitudes possibles face à l'odorat et servant à élaborer les conditions *sine qua non* d'une olfactologie. Malgré le caractère fragmentaire de leurs doctrines et les difficultés d'avoir une entière certitude à leur sujet, ils offrent un panel large et représentatif des divers courants ultérieurs avec leurs variantes et permettent de dresser une typologie des postures théoriques face à l'odorat, de l'anosmie à l'osmophilie.

Ainsi l'examen des textes parménidiens permet d'esquisser en creux les premiers contours d'une philosophie olfactive. Parménide,

1. Voir sur ce point l'introduction de Jean-François Pradeau, « Lire une œuvre manquante », *Héraclite, Fragments*, G.F., p. 21-24.

en effet, pourrait être rangé dans la catégorie des penseurs anosmiques, car sa philosophie – telle qu'elle nous est parvenue du moins – se caractérise par un total silence olfactif. Cela n'a rien d'étonnant dans la mesure où chez lui le primat de la raison s'accompagne d'une défiance généralisée envers les sens considérés comme trompeurs. La raison s'avère le seul guide fiable, la seule norme du vrai. C'est ce qui ressort du témoignage de Diogène Laërce : « Il disait que la raison constitue le critère de la vérité et que les sens sont dépourvus d'exactitude. »[1] Ses disciples à leur tour, d'après Aristote, méprisent la sensation et se fondent uniquement sur la raison[2]. Ce qui est intelligible par la raison, en outre, relève de l'Un et de l'être ; de l'Un, car il est identique à lui-même, et de l'être, car il est éternel et immuable[3]. Or, l'odeur sans cesse mouvante et volatile relève du multiple et non de l'Un, du devenir et non de l'être. Elle partage ainsi le sort de toutes les sensations qui appartiennent au monde de l'opinion et non à celui de la vérité.

Parménide, toutefois, ne mentionne pas expressément l'odorat, dans les fragments dont nous disposons, et ne s'en prend pas directement à lui. C'est plutôt la vue et l'ouïe qui sont dans sa ligne de mire et contre lesquels les principaux traits sont décochés. Dans les *Fragments restitués*, VII, il exhorte l'homme à juger avec sa raison et à se détourner de la fausse voie « où œil aveugle, sourde oreille et langue

1. *Vies* IX, 21. Pour toutes les références aux philosophes présocratiques nous donnons la correspondance des citations dans *Les écoles présocratiques*, Édition établie par Jean-Paul Dumont. Cf. A, I, Folio, p. 324.

2. *Ibid.*, A, XXV, p. 332.

3. Cf. Plutarque qui affirme que Parménide met « l'intelligible dans l'idée de l'Un et de l'être : de l'être parce qu'il est éternel et incorruptible, de l'Un à cause de sa ressemblance avec lui-même et du fait qu'il n'admet aucune différence. En revanche, il met le sensible (dans la catégorie du) désordonné et du sujet-au-mouvement. Il est possible de voir le critère de chacun des deux : « *le cœur exempt de tremblement propre à la vérité bellement circulaire* », critère de l'intelligible et de ce qui demeure toujours semblable, et "*les opinions des mortels dans lesquels il n'est rien qui soit vrai et digne de crédit*", étant donné que les opinions ont commerce avec des objets susceptibles de changements variés, d'affections et de dissemblances. *Contre Colotès*, XIII, 1114D, *op. cit.*, *Les écoles présocratiques*, A, XXXIV, p. 336.

encore régentent tout »[1]. Il faut noter qu'il ne condamne pas les yeux et les oreilles en tant qu'organes sensibles, mais leur aveuglement et leur surdité. Bien que le discours issu des sens soit trompeur, il n'est donc pas absolument faux[2]. Les erreurs liées aux sens proviennent en partie du fait que la sensation est produite par le semblable. Or toute chose a sa part de mélange de sorte que la perception ne parvient à dégager une idée qu'en se conformant à l'élément qui l'emporte dans le mélange et en négligeant les autres. La perception est donc nécessairement approximative et incomplète. C'est ce que laisse entendre Théophraste lorsqu'il constate que Parménide « s'est borné à indiquer qu'étant donné deux éléments, la connaissance se conforme à l'élément qui l'emporte. Car pour peu que le chaud ou le froid l'emporte, la conscience change de caractère... »[3].

Dans ces conditions, le silence olfactif de Parménide peut s'expliquer par deux raisons. La première est d'ordre général, elle tient à la relégation de l'ensemble du sensible au rang de l'opinion et n'a rien de spécifique à l'odorat. La seconde est d'ordre particulier et a trait à la nature de l'odeur elle-même, qui, en tant qu'elle ne prédomine pas dans le mélange, est susceptible d'être éclipsée par la couleur, le son, la saveur. Cette seconde raison, toutefois, reste hypothétique dans la mesure où les propos de Théophraste autorisent à penser que la connaissance se conforme à l'élément qui l'emporte au sein d'un même sens, le chaud ou le froid, le dur, le mou, le lumineux, l'obscur, mais ne concernent pas expressément les rapports de prédominance entre les diverses sensations.

À partir de là, il est possible de discerner en négatif les conditions ontologiques et gnoséologiques d'émergence d'une philosophie olfactive. L'exemple parménidien révèle en premier lieu qu'une philosophie, qui affirme le primat de l'Un et de l'être et qui disqualifie

1. *Les écoles présocratiques*, B, VII, p. 350.

2. Cf. Simplicius, *Commentaires sur la* Physique *d'Aristote*, 39, 10, *op. cit.*, *Les écoles présocratiques*, A, XXXIV, p. 336.

3. *Du sens*, 3, *op. cit.*, *Les écoles présocratiques*, A, XLVI, p. 341.

le multiple et le devenir, ne saurait accorder une place de choix à l'odeur et lui conférer un statut ontologique privilégié. Il montre en second lieu qu'une philosophie, qui se détourne du sensible au seul profit de l'intelligible et qui se fonde sur la raison à l'exclusion des sens, refusera tout crédit à l'odorat. Une philosophie olfactive devrait donc être cherchée du côté des philosophies du devenir, du multiple, des philosophies sensualistes – ou des philosophies rationalistes qui n'excluent pas l'intervention des sens dans le processus cognitif. Il faut en en effet se garder de conclure que toute philosophie olfactive devrait être nécessairement irrationaliste au nom d'un prétendu caractère intuitif et divinatoire du nez ou d'une opposition sommaire entre sens et raison. Parménide ne considère pas les sens comme irrationnels, il refuse de leur accorder crédit et d'en faire un principe cognitif. C'est là, semble-t-il, la raison principale de son silence olfactif, car la disqualification de l'odorat ne peut pas foncièrement découler de la cause assignée à la sensation, à savoir de la thèse de la genèse du semblable par le semblable.

La preuve en est qu'Anaxagore, qui adopte la thèse opposée selon laquelle les sensations sont engendrées par les contraires[1], parvient pourtant aux mêmes conclusions que Parménide au sujet des sens. D'après Théophraste, en effet, « Anaxagore estime que [les sensations] sont engendrées par les contraires, car le semblable n'est pas affecté par le semblable. Il s'efforce de dénombrer chacune séparément. La *vue* est produite par une impression lumineuse sur la pupille et cette impression ne peut pas se produire sur ce qui a même couleur, mais seulement sur ce qui a une couleur différente [...]. Le discernement du *toucher* et du *goût* suit le même protocole : on constate que ce qui est à la même température que <la peau>, [en chaud et en froid], ne produit par son rapprochement, aucune impression de chaud ou de froid, et que des papilles douces ou acides ne prennent pas conscience de la douceur ou de l'acidité ; mais c'est l'organe chaud qui prend conscience du froid, le salé du potable, l'acide du doux, en raison du défaut que chacun présente

1. Cf. Théophraste, *Du sens*, 1, *op. cit.*, *Les écoles présocratiques,* A, XLVI, p. 341.

<de la qualité contraire>. En effet toutes choses existent en nous, à ce que soutient ce philosophe. Et il en va de même de l'*odorat* et de l'*ouïe* : pour l'un par l'inspiration, pour l'autre par la pénétration du son jusqu'au cerveau, car la calotte osseuse forme une cavité dans laquelle le son se répercute. »[1]

Que le principe de la genèse des sensations soit le semblable ou le contraire change peu de chose à l'affaire, car Anaxagore partage pour ainsi dire l'anosmie théorique de Parménide, bien que son silence olfactif ne soit pas total et que l'odorat soit mentionné dans les fragments qui ont été conservés. À cet égard, les principes de sa doctrine confirment bien qu'une philosophie olfactive ne peut naître dans le berceau d'une pensée qui s'arrime à l'intelligible en se défiant du sensible, et peuvent servir de test probatoire. Anaxagore, pour qui le *Noũs,* l'Intellect, est le principe dominant de toute chose, estime lui aussi que les sens ne sont pas fiables et ne peuvent donner lieu à une connaissance vraie. Ce caractère trompeur des sens tient à leur faiblesse et leur manque de discernement face aux changements subtils et graduels de la réalité[2]. En outre, Anaxagore précise que la sensation est fonction de la taille et proportionnée à elle, de sorte que la perception est forcément lacunaire. « Les grandes oreilles perçoivent les bruits forts et lointains, alors que les plus petits bruits leur échappent et les petites oreilles perçoivent les bruits petits et proches. Et il en va de même de l'odorat : car l'air subtil a l'odeur la plus forte, puisque ce qui est échauffé et raréfié a l'odeur la plus forte. Ainsi un grand animal en inspirant, aspire à la fois l'air épais et l'air raréfié ; c'est pourquoi les grands animaux ont meilleur odo-

1. *Du sens*, 27, *op. cit., Les écoles présocratiques,* A, XCII, p. 640.

2. Sextus Empiricus rapporte ainsi qu'« Anaxagore, le plus éminent des philosophes de la nature rejette la validité des sens parce qu'il les tient pour mal assurés en disant : "Étant donné la faiblesse de nos sens, nous ne sommes pas à même de disposer d'un critère du vrai." Et à l'appui de leur manque de crédit il allègue l'insensible dégradé des couleurs. Car si nous prenions deux couleurs, du noir et du blanc, et que nous versions goutte à goutte de l'une dans l'autre, la vue ne serait pas en mesure de discerner leurs changements graduels, bien qu'ils existent dans la réalité même. » *Contre les mathématiciens*, VII, 90, *Les écoles présocratiques*, B, XXI, p. 658.

rat; car il vaut mieux que l'odeur soit proche plutôt que lointaine, parce qu'elle est plus dense, tandis qu'en se dissipant, elle devient plus faible: cela revient à dire que les grands animaux ne perçoivent pas l'air léger ni les petits l'air dense. »[1] Relative à la taille et à la distance, à la raréfaction ou à la densité de l'odeur, la perception olfactive est approximative et source d'inexactitudes, à l'instar de toutes les autres sensations, et ne saurait donc être un critère de vérité. La thèse de la piperie des sens, qui va devenir classique, prend chez Anaxagore une tournure radicale puisqu'il va jusqu'à contester l'évidence sensible pour lui préférer la rigueur de la raison. Il nie ainsi que la neige soit blanche et n'admet pas qu'elle paraisse telle, sur la base du raisonnement suivant : « La neige est de l'eau gelée, or l'eau est noire, donc la neige aussi est noire. »[2]

Dans ces conditions, il n'est guère surprenant de voir Anaxagore figurer dans la catégorie des anosmiques théoriques. Comme c'était le cas chez Parménide, son mutisme olfactif obéit à une raison générale qui n'a rien de spécifique: le discrédit qui frappe l'ensemble des sens. Il s'explique aussi peut-être également par une raison particulière qui a trait aux difficultés liées à la thèse d'après laquelle les sensations sont engendrées par les contraires. De ce point de vue, il n'est pas logé à meilleure enseigne que Parménide qui a opté pour la position contraire. L'odorat, qui repose sur l'inspiration, implique pour Anaxagore une dissemblance entre ce qui inspire et ce qui est inspiré, et c'est cette dissemblance qui produit la sensation. Anaxagore, toutefois, reste très elliptique sur ce point et ne s'étend pas sur l'odorat, sans doute parce que c'est à propos de ce sens que sa théorie rencontre le plus de difficultés. Il postule en effet que toutes choses sont en nous et notamment les qualités sensibles. C'est l'aigu en nous qui perçoit le grave, c'est l'amer qui perçoit le suave, mais dans le cas de l'odorat, les contraires sont difficiles à définir car les catégories revêtent moins une dimension ontologique qu'axiologique et se limitent très souvent

1. Théophraste, *Du sens*, 30, *Les écoles présocratiques,* A, XCII, p. 640.

2. Cf. Sextus Empiricus, *Hypotyposes pyrrhoniennes*, I, 33, *Les écoles présocratiques*, A, XCVII, p. 642.

au bon ou au mauvais. Est-ce le fétide qui perçoit le parfumé ? Anaxagore ne se prononce pas sur la question, et ce n'est probablement pas une lacune liée au caractère fragmentaire des textes qui nous sont parvenus, car Théophraste lui reproche d'avoir consacré ses explications surtout aux phénomènes visuels et de ne pas avoir insisté sur « le cas des sensations plus étroitement liées au corps » [1].

Quoi qu'il en soit, il est clair de toute façon que les philosophies de l'Un, de l'être immuable ou de l'intellect pur ne sont guère propices à une olfactologie, pas plus qu'elles ne le sont d'ailleurs à l'utilisation de paradigmes cognitifs empruntés aux autre sens.

Démocrite et l'effluve d'odeur

Une pensée du nez a de plus fortes chances de se développer dans des doctrines de type matérialiste plutôt qu'idéaliste. C'est du moins une idée répandue de croire, comme le dit Feuerbach, que « le toucher, l'odorat, le goût sont des matérialistes, sont chair ; la vue et l'ouïe sont des idéalistes, sont esprit » [2]. Néanmoins une philosophie reposant sur des principes matérialistes ne constitue pas une condition suffisante, encore faut-il qu'un crédit soit accordé aux sens. Il faut écarter le schéma simpliste selon lequel le matérialisme irait nécessairement de pair avec l'osmophilie tandis que l'intellectualisme serait anosmique par essence. En effet, Parménide, qui n'est pas osmophile, peut dans une certaine mesure être considéré aussi comme matérialiste, car, d'après Aristote, il fait partie de ceux qui « font appel, dès le commencement à deux principes, le feu et la terre, font des intermédiaires des mélanges de ces éléments : tel est le cas de l'air et de l'eau » [3]. En outre, les philosophes anciens classés

1. Théophraste, *Du sens*, 37, *Les écoles présocratiques,* A, XCII, p. 640.
2. *Contre le dualisme du corps et de l'âme, de la chair et de l'esprit.*
3. *De la génération et de la corruption*, II, III, 330 *b* 13, *Les écoles présocratiques*, A, XXXV, p. 336.

dans la catégorie des matérialistes n'accordent pas nécessairement à l'odeur et à l'odorat une place prééminente. C'est le cas, par exemple, de Démocrite, n'en déplaise à Michel Onfray qui voit en lui « un philosophe emblématique des fanatiques du nez »[1], un « spécialiste des choses nasales »[2]. En se fondant sur les anecdotes rapportées par Diogène Laërce, l'auteur de *L'art de jouir* soutient en effet que « l'odorat du philosophe était tellement exercé qu'il distinguait, par ses seules narines, les vapeurs de sperme qui volait dans les rues d'Abdère. Ainsi, il fut en mesure de saluer un soir une jeune fille qui passait par là en compagnie d'Hippocrate par un "bonjour mademoiselle" qu'il transforma le lendemain en un tonitruant "bonjour madame". Diogène Laërce qui rapporte le trait, précise pour éclaircir l'énigme : "Et de fait la jeune fille avait perdu la nuit sa virginité." »[3]

En réalité, Michel Onfray brode une légende, car Diogène Laërce rapporte cette anecdote[4] sans faire état du flair du philosophe et sans rapporter sa perspicacité à la perception d'effluves de sperme de sorte qu'elle peut provenir tout aussi bien d'un nez fin que d'un sens aigu de l'observation. S'appuyant sur l'ouvrage de L. Bourgey, *Observation et expérience chez les médecins de la collection hippocratique*, Jean Salem fait valoir que ce thème figure au sein du corpus médical, soit dans tel ou tel traité du *Corpus hippocratique* pour dénoncer certains médecins qui « se complaisent à des divinations extraordinaires, à des prédictions prodigieuses », soit parmi les disciples d'Hippocrate qui se targuent de pouvoir diagnostiquer un écart de régime ou de conduite, d'après la seule apparence extérieure de la personne[5]. L'auteur de *La légende de Démocrite* observe en

1. Cf. *L'art de jouir*, les contempteurs du nez, p. 97.
2. *Ibid.*, p. 98.
3. *Ibid.*, p. 97.
4. *Vies*, IX, 41, *Les écoles présocratiques,* A, I, p. 403-404 : « On dit aussi qu'Hippocrate était accompagné d'une jeune fille que Démocrite salua le premier jour d'un "Bonjour mademoiselle !" et le lendemain d'un "Bonjour madame" ; et de fait la jeune fille avait perdu la nuit sa virginité. »
5. Cf. *La légende de Démocrite*, Paris, Kimé, 1996, p. 75-76.

outre que dans une autre version de la même anecdote, ce n'est plus Démocrite mais Hippocrate lui-même qui repère la défloration de la jeune fille à un changement dans sa démarche[1].

Démocrite ne peut pas être considéré comme « un spécialiste des choses nasales », car il ne semble pas avoir particulièrement focalisé sa réflexion sur l'odorat. Si l'on en croit le catalogue de ses œuvres, il a écrit un traité *Des sens*, un traité *Des saveurs* et un traité *Des couleurs*, et il n'a pas pris la peine de rédiger un traité sur les odeurs. Son laconisme au sujet de l'odeur lui vaut d'ailleurs les reproches de Théophraste : « En ce qui concerne l'odeur, il se borne à dire que c'est l'effluve du subtil provenant des corps lourds qui produit le fumet, mais sur la question de savoir en quoi consiste sa réalité naturelle et quelle est la cause de cet effet, il n'a pas ajouté de précision, bien que ce fût peut-être le point le plus important. »[2] De fait, les fragments démocritéens ne comportent pas d'information sur la manière dont l'effluve du subtil se détache des corps lourds et sur la nature des divers types d'odeurs.

En outre, Démocrite partage avec Parménide et Anaxagore, une certaine défiance à l'égard des sens qui sont de son propre aveu plongés dans les ténèbres[3]. Il distingue la connaissance légitime reposant sur l'intellect de la connaissance bâtarde engendrée par les sens et englobe expressément l'odorat dans cette seconde catégorie : « Il est deux formes de connaissance, l'une légitime, l'autre bâtarde. De la bâtarde relèvent tout ensemble la vue, l'ouïe, l'odorat, le goût, le toucher. En revanche, la légitime en est distincte. »[4] La connaissance bâtarde est dite telle, car elle est incomplète et manque de finesse et de subtilité. Les sens ne perçoivent pas au-delà d'un certain seuil et ne sont donc pas d'un discernement infaillible. La défiance à l'égard des sens tient également au fait que les qualités sensibles

1. *Ibid.*, p. 76, voir également la note 3, p. 76 et 77.

2. Théophraste, *Du sens*, 82, *Les écoles présocratiques*, A, CXXXV, p. 474.

3. Cf. *Les écoles présocratiques*, B, CXLV, p. 542.

4. Cité par Sextus Empiricus, *Contre les mathématiciens*, VII, 138, *Les écoles présocratiques*, B, XI, p. 500.

n'expriment pas la nature des choses mais seulement la manière dont elles nous touchent et dont nous les qualifions par le langage. « Nous ne saisissons rien de ferme et d'assuré, mais seulement ce qui nous affecte conformément à la disposition de notre corps et aux (choses) qui le frappent et lui offrent résistance. »[1] Pour Démocrite, les qualités sensibles n'ont pas de réalité, mais sont de pures conventions relatives. La seule réalité, ce sont les atomes et le vide, à partir desquels se constituent tous les corps[2]. Ainsi, la couleur n'existe pas et renvoie aux figures des atomes qui produisent les impressions sensibles[3]. Le blanc et le noir, par exemple, se ramènent au lisse et au rugueux. Le rouge est formé de grandes figures de même nature que celles du chaud, tandis que le vert provient d'un mélange à la fois de solide et de vide. Les saveurs sont elles aussi réduites aux figures[4].

Étant donné que ce sont surtout les saveurs et les couleurs qui font l'objet de l'analyse, l'on peut se demander ce qu'il en est des autres sens et notamment de l'odorat. Les qualités sensibles sont-elles toutes réductibles à des figures ? Démocrite ne le dit pas expressément. Bien qu'il s'attache surtout aux rapports entre saveurs et

1. Cité par Sextus Empiricus, *Contre les mathématiciens*, VII, 135-136, *Les écoles présocratiques*, B, IX, p. 500.

2. « Convention que le doux, dit-il en effet, convention que l'amer, convention que le chaud, convention que le froid, convention que la couleur, en réalité, les atomes et le vide. » *Ibid.*, *Les écoles présocratiques*, B, XI, p. 499.

3. Cf. Aétius : « Démocrite dit que par nature, il n'existe pas de couleur. Car les éléments sont dépourvus de qualité, qu'il s'agisse soit des compacts, soit du vide. Ce sont les composés à partir de ces éléments qui sont colorés par l'assemblage, le rythme, et la modalité relative, c'est-à-dire l'ordre, la figure et la position : les images dépendent d'eux en effet. » *Opinions* I, XV, 8. *Les écoles présocratiques*, A, CXXV, p. 459.

4. Cf. Théophraste : « Démocrite en assignant une figure à chaque (saveur), fait de ce qui est rond et bien proportionné le doux ; l'amer est formé du grand, de ce qui est rugueux, polygonal, mais n'est pas arrondi ; l'acide, comme son nom l'indique, est formé de ce qui est aigu, anguleux, crochu et subtil, mais n'est pas arrondi ; l'âcre est formé de ce qui est à la fois arrondi, subtil, anguleux et crochu ; le salé est formé de ce qui est anguleux, moyen tordu et isocèle ; le piquant est formé de ce qui est arrondi, léger et tordu, mais petit par la taille ; le gras est formé de ce qui est subtil, rond et petit. » *Causes des plantes*, VI, I, 6, *Les écoles présocratiques*, A, CXXX, p. 460-461.

figures, il englobe tous les sensibles dans la même catégorie. Ce sont des affections des sens qui n'ont pas de réalité naturelle. De chaque sens altéré naît une image sensible. Cette altération est produite pour l'essentiel par les figures des atomes, du moins si l'on en croit le témoignage de Théophraste : « Il rapporte les sensibles, comme tout le reste, aux figures, sauf qu'il ne rend pas compte des formes de tous les sensibles, mais s'attache surtout aux saveurs et aux couleurs. »[1] L'auteur du traité *Des odeurs* critique cette lacune et se demande « pourquoi donc Démocrite rapporte [...] au goût les saveurs, et ne rapporte [...] pas également aux sens qui les reçoivent les odeurs et les couleurs [...]. Car il devrait le faire à partir des figures. »[2]

Ce laconisme et ce caractère lacunaire, dont Théophraste lui fait grief[3], n'est pas, toutefois, l'indice d'un mépris et d'un désaveu de l'odorat. Bien qu'il ne s'attarde pas à son sujet, Démocrite se penche néanmoins sur l'odeur et la définit comme une sorte d'effluve émis par les corps lourds. L'odeur est l'effluve du subtil et renvoie donc en vertu de sa légèreté à une composition atomique particulière. Le léger, c'est ce qui est composé d'atomes très petits et qui contient plus

1. *Du sens*, 64, *Les écoles présocratiques*, A, CXXXV, p. 467.

2. Cf. Théophraste, *Des odeurs*, *op. cit.*, *Les écoles présocratiques*, A, CXXXIII, p. 462.

3. D'après Pierre-Marie Morel, dans son article à paraître, « Odeur et subtilité, hypothèse sur la théorie de l'odorat chez Démocrite », ce reproche de Théophraste n'est pas véritablement fondé, car si l'odeur est l'effluve du subtil provenant des corps lourds, elle ne renvoie pas aux formes des figures, comme les saveurs, mais elle s'explique par l'opposition du lourd et du léger. En effet, de l'aveu de Théophraste, pour Démocrite, « le léger, c'est tout simplement le subtil » (*Du sens*, 62, *Les écoles présocratiques*, A, CXXXV, p. 467). Or, d'après le même Théophraste, le léger et le lourd pour Démocrite ne se distinguent pas en fonction de la figure mais de la grandeur : « Pour ce qui est du lourd et du léger, Démocrite les distingue au moyen de la grandeur, car si l'on discriminait individuellement chacun <des atomes>, même si alors ils différaient en figure, leur poids naturel devrait être fonction de leur grandeur » (*ibid.*, 61, p. 466-467). Il est donc normal dans ces conditions que Démocrite ne ramène pas les odeurs aux différences de figure. Pour Pierre-Marie Morel, les odeurs sont liées à une différenciation du lourd et du léger et se manifestent lorsque le subtil – que la plupart des physiciens, selon Théophraste (*Du sens*, 59) s'accordent à mettre en rapport avec le mouvement vers le haut – remonte des corps.

de vide que le lourd[1]. L'odeur s'apparente aux composés d'éléments les plus subtils, et notamment les composés brillants[2], ou encore les composés ignés, comme l'âme. Le feu est en effet le plus subtil des éléments[3], et l'âme, qui est corporelle, est un composé igné[4]. Ainsi l'odeur a une nature proche de celle de l'âme et l'on comprend pourquoi les héritiers de Démocrite établiront une analogie entre l'âme et le parfum. S'il est excessif de voir en Démocrite un spécialiste des choses nasales, il faut donc reconnaître dans sa doctrine la présence d'éléments susceptibles de contribuer à la valorisation de l'odeur et de son érection en modèle d'intelligibilité.

Dans cette logique, il faut remarquer que la reconnaissance du caractère conventionnel et bâtard de la sensation ne s'accompagne pas chez Démocrite d'une diatribe contre les sens au profit de la raison. D'une part, il existe une continuité et non une rupture entre les sens et la raison. Le passage du sensible au rationnel consiste en un progrès qui va du moins subtil au plus subtil. La différence entre sens et raison est plus une différence de degré d'acuité qu'une différence radicale de nature. Ainsi réfuter les sens, c'est aussi réfuter la raison qui prend appui sur eux et qui a besoin de cette assise pour commencer à spéculer. Galien cite à ce propos un texte de Démocrite dans lequel les sens s'adressent à l'entendement en ces termes : « Misérable raison, c'est de nous que tu tires les éléments de ta croyance, et tu prétends nous réfuter ! Tu te terrasses toi-même en prétendant nous réfuter. »[5]

D'autre part, la raison ne se voit pas attribuer un rang suprême et supérieur, car elle est aussi sujette à caution pour Démocrite. La nature en effet cache la vérité à une profondeur inaccessible. « En réalité, nous ne savons rien, car la vérité est au fond du puits. »[6]

1. Cf. Théophraste, *Du sens*, 61, *Les écoles présocratiques*, A, CXXXV, p. 467.
2. *Ibid.*, 75, p. 472.
3. Cf. *Les écoles présocratiques*, A, CI, p. 450.
4. Cf. Aetius, *Opinions*, IV, III, 5, *Les écoles présocratiques*, A, CIII, p. 452.
5. *De la médecine empirique*, fgm, éd. H. Schöne, 1259, 8. *Les écoles présocratiques*, B, CXXVI, p. 530.
6. Diogène Laërce, *Vies*, IX, 72, *Les écoles présocratiques*, B, CXVII, p. 527.

Nous sommes coupés par canon de la réalité. C'est pourquoi Démocrite se montre très critique à l'égard de la démonstration et des dogmatiques[1]. Il faut que la raison et les sens s'associent et se perfectionnent. Démocrite ne cherche pas à réfuter les sens. Loin de leur dénier un rôle cognitif, il se propose de renforcer, de légitimer pour ainsi dire la connaissance bâtarde en développant son acuité. Tout en les critiquant, il se propose dans ses *Confirmations* « de fournir aux sens la force d'un témoignage digne de foi »[2]. On trouve donc chez Démocrite, l'une des conditions *sine qua non* pour l'apparition d'une philosophie olfactive.

Certes, cette condition n'est pas suffisante, et il faut se rappeler que le philosophe d'Abdère est celui qui, selon la légende, se crève volontairement les yeux pour échapper au divertissement et à l'illusion de la vue. Néanmoins, Démocrite ne condamne pas l'usage des sens, et notamment de l'odorat. On peut en effet penser que la perception de la nature de l'odeur est un bon exercice de subtilité et prépare à flairer la vérité. Si les qualités sensibles n'existent pas, mais résultent de l'assemblage des atomes, de leurs figures, de leurs grandeurs, de leurs positions, de leurs rythmes, elles nous renseignent néanmoins sur ce qui advient dans le réel en fonction des modifications des compositions atomiques.

Sous cet aspect, l'odorat peut jouer un rôle remarquable, comme en témoigne l'épisode touchant à la mort de Démocrite, rapporté aussi bien par Diogène Laërce que par Athénée avec de petites variantes. Quelle que soit sa signification, cette anecdote fameuse atteste de l'importance vitale de l'odeur. Fort âgé et sur le point de trépasser en plein milieu des Thesmophories, Démocrite se voit imploré par sa sœur de ne pas mourir pendant les fêtes afin de ne pas troubler les cérémonies et les dévotions envers la déesse. « "Aie confiance, lui dit-il, et apporte-moi tous les jours des pains chauds"

1. Cf. Sextus Empiricus, *Contre les mathématiciens*, VIII, 327, *Les écoles présocratiques*, B, XI, p. 500.
2. Sextus Empiricus, *Contre les mathématiciens*, VII, 136, *Les écoles présocratiques*, B, IX, p. 499.

– du miel selon la version d'Athénée. En les humant, il parvint à survivre toute la période des fêtes. Quand ces journées – et il y en avait trois – furent écoulées, il quitta sans chagrin la vie, ainsi que le dit Hipparque, à l'âge de cent neuf ans. »[1] Démocrite est donc le philosophe qui se nourrit d'odeurs pour retenir la mort pendant trois jours et qui « sut la régaler du fumet des pains chauds », selon la formule de Diogène Laërce. Cette anecdote ne se ramène pas à une simple « facétie olfactive », comme le croit Michel Onfray[2], elle a une portée bien plus grande, car elle vise à montrer la puissance de l'odeur qui permet de différer la mort et de maintenir l'équilibre vital. La vie, en effet, chez Démocrite s'explique par le mouvement des atomes sphériques et subtils de l'âme qui se répandent dans tout le composé corporel. Elle implique que l'homme fasse provision des atomes sphériques nécessaires à sa conservation en les captant dans l'air environnant par la respiration. L'odeur du pain en tant qu'effluve subtil d'une nature proche des atomes d'âme est donc susceptible d'alimenter le composé corporel, de rétablir un équilibre menacé et de surseoir à la mort.

Parallèlement à cette explication physiologique, il est possible d'interpréter cette légende comme un signe du caractère divin de Démocrite et de construire une mythologie olfactive. En effet, ce sont les dieux dans l'Antiquité qui se nourrissent d'odeurs et notamment de la fumée des offrandes que les hommes font monter vers eux. Un festin d'odeurs est un festin de dieux. En se contentant de humer l'odeur pour survivre, Démocrite accède déjà au rang des immortels et se montre tel un dieu parmi les hommes.

Abstraction faite de cette interprétation qu'Épicure n'aurait sans doute pas désavouée, il n'en reste pas moins que dans une typologie olfactive, Démocrite occupe une position médiane entre l'anosmie et l'hyperosmie. Son matérialisme est une condition nécessaire mais non suffisante pour voir émerger une philosophie du nez. En tentant d'accorder sens et raison et en attirant l'attention sur le concept

1. Diogène Laërce, *Vies*, IX, 43, *Les écoles présocratiques*, A, I, p. 404.
2. Cf. *L'art de jouir*, p. 98.

d'effluve, il nous met sur la voie d'un matérialisme olfactif que des philosophes plus anciens ont esquissé.

C'est en effet surtout dans le cadre d'un certain genre de matérialisme, sensible au devenir, aux éléments de l'air ou du feu, aux effluves et à la respiration qu'une philosophie olfactive peut se développer. C'est pourquoi il faut se tourner vers les Écoles d'Ionie ou vers l'Italie pour découvrir une véritable osmophilie qu'Héraclite et Empédocle ont sans doute, plus que tout autre, nourrie.

Héraclite ou la respiration de la raison

Selon Julius Pollux, « senteur et effluves semblent à beaucoup être de beaux mots : mais ils sont poétiques et appartiennent au parler ionien et éolien »[1]. C'est donc peut-être du côté des philosophes ioniens qu'il faudrait chercher l'origine de ce qui deviendra un concept décisif dans la théorie de la sensation et de la perception, à savoir l'effluve (*aporreon*). On n'en trouve pourtant nulle trace chez Thalès de Milet, Anaximandre ou Héraclite. Néanmoins, chez ce dernier figure une théorie de l'exhalaison (*anathumiasis*)[2] et de la respiration qui fait la part belle au nez.

Héraclite, en vertu de sa doctrine du mobilisme universel, ne peut manquer de s'intéresser aux phénomènes sensibles qui portent la marque du devenir, et en particulier à l'odeur et à son évanes-

1. *Lexique*, II, 76, *op. cit.*, *Les sophistes, Fragments et témoignages*, traduits et présentés par Jean-Paul Dumont, PUF, Sup, p. 165. Julius Pollux rajoute que ce parler ne se rencontre que chez Antiphon, le sophiste, sensible au multiple, à l'expérience et opposé à l'Un parménidien. Dans les rares fragments qui ont été conservés figure une référence intéressante à l'odorat. Parmi les arguments qu'Antiphon utilise pour établir l'égalité entre les hommes figure notamment le fait que nous respirons tous le même air par les narines. Cf. *Les sophistes, Fragments et témoignages*, p. 177.

2. Les deux concepts d'effluve et d'exhalaison semblent jouer un rôle épistémologique analogue, si l'on en croit Aristote, qui signale que chez les philosophes anciens « on invoque l'exhalaison comme on se réfère aux effluves. Si donc ces derniers sont invoqués à tort, c'est également le cas pour l'exhalaison ». *De la sensation*, 5, 443b1.

cence. Certes, il partage la réserve des philosophes rationalistes qui refusent d'accorder un crédit total aux sens et il maintient le primat de la raison. D'après Sextus Empiricus, « Héraclite parce qu'il croyait encore que l'homme dispose de deux organes pour la connaissance de la vérité, à savoir la sensation et la raison, estimait, comme les philosophes de la nature cités plus haut, que de ces deux organes la sensation est indigne de créance, tandis qu'il posait la raison comme critère. De fait, il récuse la sensation en disant textuellement : les yeux et les oreilles sont de mauvais témoins pour les âmes sourdes à leur langage »[1]. Il faut noter une fois de plus que la critique héraclitéenne porte moins sur les sens que sur l'âme qui n'entend pas ce qu'ils disent. Ainsi *a contrario*, la sensation peut être un bon témoin si l'âme sait écouter et décrypter les informations fournies. Loin de mépriser les sens et de considérer leurs apports comme négligeables, Héraclite affirme que « les choses dont il y a vision, audition, expérience, ce sont elles (qu'il) préfère »[2]. Il fait notamment de la vue et de l'ouïe deux instruments de connaissance et d'action, en privilégiant la vision sur l'audition en vertu de sa plus grande exactitude. Mais cette hiérarchie ne s'accompagne pas d'un désaveu des autres sens. D'une manière générale, Héraclite estime que les sens sont à l'origine de la connaissance. « À travers sept figures aussi la sensation pour l'homme. L'ouïe est l'organe du son, la vue des visibles, les narines de l'odeur, la langue du goût et du dégoût, la bouche du langage, le corps du toucher <et l'organe> du souffle chaud et froid, <ce sont> les passages vers l'extérieur et vers l'intérieur. Par eux vient la connaissance aux hommes. »[3]

Loin d'être disqualifié, l'odorat est à même lui aussi de discerner les différences entre les choses et d'en fournir une connaissance. Le philosophe d'Éphèse affirme en effet que « si toutes choses deve-

1. *Contre les mathématiciens*, VII, 126, *Les écoles présocratiques*, A, XVI, p. 61.
2. Hippolyte, *Réfutation de toutes les hérésies*, IX, 9, *Les écoles présocratiques*, B, LV, p. 78.
3. Hippocrate, *Du régime*, I, 23, *Les écoles présocratiques*, C, I, p. 104.

naient fumée, c'est par les narines que nous les connaîtrions »[1]. Il ne se borne pas à dire que le nez percevrait confusément les choses, mais qu'il les connaîtrait et les discernerait. Ce fragment énigmatique confère un privilège au nez par rapport à la vue d'autant plus étonnant que les fumées sont susceptibles d'être distinguées non seulement par leurs odeurs, mais aussi par leurs formes et leurs couleurs. Il a donné lieu à de nombreuses interprétations, qui s'accordent, toutefois, pour conférer, à des degrés divers, un statut cognitif à l'odorat, dans le cadre de l'hypothèse du changement de toutes choses en fumée[2]. Aussi peu vraisemblable qu'elle soit, cette hypothèse n'est pas totalement absurde dans la pensée héraclitéenne, car les choses étant sans cesse en devenir, le monde existant finit par s'embraser dans une grande conflagration universelle, et l'on peut supposer alors que toutes les choses deviennent fumée. En effet, comme le feront ultérieurement les Stoïciens, « Héraclite aussi pense qu'à un moment donné le monde s'embrase, et qu'à un autre moment, il se reconstitue aussi de lui-même de nouveau à partir du feu [...] »[3]. Il est vrai que dans ce cas, le monde sensible serait détruit de telle sorte qu'aucun corps vivant doté de narines ne pourrait sentir la fumée ni exercer son discernement. En outre, contrairement à ce qu'admettent implicitement les commentateurs, pour qui il n'y a pas de fumée sans feu, il n'est pas certain que la fumée dont il est question soit nécessairement le produit d'une combustion.

Dans le contexte aristotélicien d'où elle est extraite, la phrase « si toutes choses devenaient fumée, les narines les connaîtraient » est citée à propos de la théorie de ceux qui font de l'odeur une exhalai-

1. Aristote, *De la sensation*, 5, 443a23, *Les écoles présocratiques,* B, VII, p. 67.

2. Pour une recension critique des interprétations, voir le commentaire de Marcel Conche, *Héraclite, Fragments*, PUF, 1986, p. 273-275. Voir également le commentaire de J. Bollack et H. Wisman, *Héraclite et la séparation*, Éditions de Minuit, 1972, p. 77-78, qui interprètent cette phrase comme une hypothèse visant à montrer que si le feu élémentaire, principe de la physique, triomphait de toute chose, il laisserait, à la différence du feu logique qui ne laisse pas de reste, une trace sensible, l'apparence qu'est la fumée. Les narines pourraient distinguer les choses du néant en l'absence de toute autre forme.

3. Simplicius, *Commentaire sur le Traité du Ciel*, 94, 4, *Les écoles présocratiques,* A, X, p. 58.

son fumeuse commune la fois à la terre et à la mer, théorie qui est imputée également à Héraclite. Elle sous-entend que l'odeur est un type d'exhalaison particulier, une exhalaison fumeuse, mais cette fumée est rapportée non pas au feu mais à la terre et à la mer, d'une part, et à l'air et à la terre, d'autre part.[1] L'assimilation de l'odeur à la fumée, et réciproquement de la fumée à l'odeur, doit se comprendre dans ce contexte. La fumée dont il est question ici n'est pas forcément visible. Le primat du nez par rapport à la vue peut ainsi s'expliquer par l'invisibilité des fumées, à un double titre. Premièrement, les exhalaisons fumeuses, de par leur nature, s'apparentent à des évaporations imperceptibles à l'œil et n'ont rien de ces fumées blanches, vertes ou noires issues de la combustion. Deuxièmement, quand bien même on aurait affaire à des exhalaisons ignées, elles ne seraient pas visibles, car si *toutes* choses devenaient fumée, le feu, la lumière, l'œil, la vision,... tout disparaîtrait derrière cet écran et rien ne serait visible. Le nez se voit donc reconnu un rôle essentiel et par-delà le nez, c'est la valeur des sens tout entiers qui est soulignée.

Certes, comme le rappelle Marcel Conche, « les choses n'étant pas que de la fumée, les narines ne suffisent pas à les connaître »[2]. Les autres sens sont nécessaires et l'intelligence qui est seule à percevoir l'unité des contraires régissant le monde doit les instruire. Il n'empêche que dans le monde sensible héraclitéen, le nez est fort sollicité, car les exhalaisons ne manquent pas. Le feu élémentaire est le principe de toutes les choses ; elles naissent de ses transformations et sont détruites par la conflagration. Le monde vient du feu et périt par le feu. L'âme du monde est une exhalaison à partir de laquelle les autres choses sont constituées. D'après Aetius, « Héraclite disait que l'âme du monde est une exhalaison provenant des principes humides qui sont en lui, et que celle qui est dans les animaux provient à la fois de l'exhalaison extérieure et de l'exhalaison interne, les deux étant de même nature »[3]. L'âme humaine est elle aussi une

1. Aristote, *De la sensation*, 5, 443a23-30.
2. *Héraclite, Fragments*, p. 275.
3. *Opinions*, IV, III, 12, *Les écoles présocratiques,* A, XV, p. 61.

exhalaison humide sensible, elle s'écoule et se répand à la manière d'un fleuve[1]. Le concept d'exhalaison est donc central pour comprendre la nature de l'âme du monde et ce qui en découle. Il l'est même doublement pour cerner l'âme du vivant qui résulte à la fois d'une exhalaison extérieure et intérieure. Le monde héraclitéen est rempli de souffles, d'exhalaisons et de fumées, et il s'en nourrit. Ainsi le tonnerre résulte des tourbillons et des nuages et du choc des souffles contre les nuages, les éclairs proviennent de la combustion des exhalaisons et les ouragans sont produits par les incendies et les extinctions des nuages[2]. Les astres se nourrissent d'exhalaisons qui proviennent de la terre[3]. Il faut donc en permanence être sagace, humer et subodorer les phénomènes. Certes, toute exhalaison n'est pas connaissable par le nez et il faut distinguer l'exhalaison humide de l'exhalaison fumeuse qu'est l'odeur. Néanmoins, l'introduction du concept d'exhalaison pour rendre compte de la constitution des choses peut difficilement être intelligible et légitimée sans être sous-tendue par le modèle olfactif de l'odeur, qui lui donne corps et l'étaie, en prouvant le principe de l'existence d'émanations invisibles et en autorisant son extension à des phénomènes qui ne seraient pas perceptibles par le nez. Le nez peut donc servir de norme pour flairer l'invisible[4].

Le nez héraclitéen intervient dans la théorie de la connaissance à un double titre : sa fonction olfactive qui lui permet de saisir les

1. Cf. *Les écoles présocratiques,* B, XII, p. 69.
2. Cf. Aetius, *Opinions*, III, III, 9, *Les écoles présocratiques,* A, XIV, p. 60.
3. Cf. Aetius, *Opinions*, II, XVII, 4, *Les écoles présocratiques,* A, XII, p. 59.
4. C'est peut-être là l'un des sens possibles du mystérieux fragment d'Héraclite rapporté par Plutarque, fragment selon lequel « les âmes flairent chez Hadès ». *La face visible de la lune*, 28, 943E, *Les écoles présocratiques,* B, XCVIII, p. 88. D'après J. Bollack et H. Wisman, il faudrait traduire la phrase par la formule : « Les souffles flairent l'Invisible » car « καθ' "Ἅιδηυ ne désigne pas la région des Enfers ; la préposition καθά introduit le complément d'objet indirect du verbe *sentir* : *en suivant la piste*, *du côté de* [...]. Débarrassé du locatif, on est libéré en même temps de l'eschatologie dont on hypothéquait encore ce fragment [...]. Plutarque, citant le fragment, ne localise l'Hadès que dans l'exhalaison *invisible* qui monte vers les âmes sèches "d'en haut". Le nom mythique prend la seule acception qu'il revêt dans la cosmologie ancienne. C'est, chez Héraclite, le lieu où s'aliène la clarté du feu, l'in-visible. » *Op. cit.*, p. 98.

exhalaisons d'odeurs, et sa fonction respiratoire qui lui permet de rester en contact avec la raison divine. Par le nez, nous respirons l'intelligence et la vérité nous est insufflée. En effet, le critère de la vérité, c'est la raison commune divine. L'homme n'est pas raisonnable en lui-même mais seulement par participation au feu céleste, ce *logos* divin, qui se répand dans toutes les choses. Cette participation se fait notamment par la respiration et implique au premier chef le nez et tous les pores du corps. « C'est en attirant à nous par la respiration cette raison divine que, selon Héraclite, nous devenons intelligents et que, bien que plongés dans l'oubli du sommeil, nous recouvrons nos sens en nous éveillant. Car pendant le sommeil, les pores des sens sont bouchés et l'intellect qui est en nous se trouve séparé de la communauté que nous entretenons avec l'enveloppe céleste, le seul moyen de communication qui demeure étant la respiration, à la façon d'une racine, et ainsi, séparé, l'intellect perd la puissance de mémoire qu'il possédait auparavant. »[1] La raison se communique à tous par la respiration et sa puissance est fonction de ce contact avec l'enveloppe céleste par les pores du corps et les narines. Le *logos* pénètre l'âme humaine d'un souffle chaud et humide par lequel communiquent tous les êtres. Qu'elle se fasse par la peau, la bouche ou le nez, la respiration est donc nécessaire pour maintenir cette communauté avec le *logos* divin et nourrir notre intelligence. Pendant le sommeil, le nez est même le seul moyen d'alimenter notre intellect et de recouvrer nos facultés au réveil. Il est l'antidote à cette séparation par rapport à la raison commune qui entraîne l'erreur. Ainsi se boucher le nez, c'est se couper des racines du vrai, c'est perdre le monde des éveillés qui est un et commun pour s'enfermer dans les songes creux de son antre propre.

Avec Héraclite, il s'agit de humer la raison, de s'en remplir les narines et les poumons. Respirer, c'est participer au divin et entrer en communication avec lui. Le nez et la bouche, en tant qu'organes de la respiration, se voient dévolus un rôle essentiel aussi bien au

1. Sextus Empiricus, *Contre les mathématiciens*, VII, 129, *Les écoles présocratiques,* A, XVI, p. 62.

niveau qu'intelligible. En ce sens, l'olfaction n'est rien d'autre que le devenir de l'intelligence qui circule de la raison au nez. Avec Héraclite, on a donc bien affaire à une philosophie des narines, qui marie l'exhalaison et l'inhalation du vrai. La vérité n'a peut-être pas une odeur, mais elle a du souffle et provient d'une inspiration. L'homme ne ment pas comme il respire ; il dit vrai à proportion de sa respiration. Il s'agit donc d'ouvrir tout grand son nez pour laisser passer la vérité.

LA PANOSMIE D'EMPÉDOCLE

Si Héraclite peut être considéré comme le tenant d'une philosophie olfactive, Empédocle en est sans conteste le promoteur et l'artisan majeur. C'est chez le philosophe d'Agrigente en effet que se trouvent les conditions épistémologiques les plus favorables à l'élaboration d'une pensée du nez. Alors que les théories précédemment examinées maintiennent à des degrés divers une distinction entre connaître et sentir et conservent toujours une certaine défiance à l'endroit du sensible, Empédocle réconcilie les sens avec l'intelligence, car il proclame leur unité et leur solidarité indissociable. « Les anciens du moins déclarent que penser et sentir sont identiques, comme l'a dit justement Empédocle : l'intelligence (...) percevoir. »[1] Cette identité entre penser et percevoir implique une corrélation entre les dispositions physiques et les aptitudes mentales de sorte que tout changement du corps s'accompagne d'un changement d'esprit. Empédocle affirme expressément que « quand nous changeons de disposition physique notre pensée change »[2]. Selon Porphyre, il conçoit un enracinement de la pensée dans les organes à tel point qu'à ses yeux, le sang est l'organe où réside la conscience.

1. Aristote, *Traité de l'âme*, III, III, 427a21, *Les écoles présocratiques,* B, CVI, p. 224.
2. *Ibid.*

« Le sang circulant chez les hommes dans la région du cœur, c'est cela la pensée. »[1] En mettant un terme à l'opposition entre pensée et sentir, Empédocle offre donc un modèle possible d'unité entre la raison et le nez.

Ce modèle n'a pas simplement pour fondement la thèse selon laquelle penser et sentir ne font qu'un ; il repose sur la reconnaissance d'une spécificité de l'odorat. Il ne suffit pas en effet d'avancer l'identité du connaître et du sentir pour promouvoir le nez. Encore faut-il qu'il possède une fonction propre et ne soit pas éclipsé par les autres organes des sens. Une philosophie olfactive ne peut donc naître que dans le cadre d'une théorie de la sensation qui ne se réduise pas à la synesthésie et qui s'attarde sur la particularité irréductible de chaque sens. Cette condition se trouve parfaitement remplie chez Empédocle pour qui le principe de la sensation réside dans l'adaptation et l'harmonisation aux pores propres à chaque sens des effluves en provenance des choses. C'est la combinaison d'une théorie des effluves émanant des corps et portant la trace de leurs propriétés, à une théorie originale des pores, qui va conduire à la reconnaissance d'une fonction spécifique de l'odorat. Pour le comprendre, il faut rappeler que le philosophe d'Agrigente s'inscrit dans le courant de pensée selon lequel la sensation est produite par le semblable. C'est parce que l'âme est formée de tous les éléments qu'elle peut les percevoir, car la connaissance est connaissance du semblable par le semblable. « Par la terre en effet, dit-il, nous percevons la terre ; par l'eau, l'eau, et par l'Ether le divin Ether ; et par le feu encore le feu dévorant tout ; et c'est par l'Affection que l'on voit l'Affection, et par la Haine destructrice on voit la Haine. »[2]

La sensation résulte d'une harmonie entre les objets et les pores de chaque sens. Cette harmonie est rendue possible par la similitude entre ce qui produit la sensation et ce qui la reçoit. Du même coup, chaque sens ne peut juger des données adaptées aux autres sens car

1. *Les écoles présocratiques,* B, CV, p. 224.
2. Aristote, *Traité de l'âme,* I, II, 404b 8, *Les écoles présocratiques*, B, CIX, p. 225.

leurs pores tantôt plus larges, tantôt plus étroits ne sont pas de même nature et ne laissent pas pénétrer les mêmes données[1]. Chaque sens possède donc sa spécificité, car il est proportionné aux données du réel et se trouve de plain-pied avec lui. La sensation visuelle vient aux hommes par le biais de rayons ou le plus souvent d'images constituées par les effluves[2]. Les couleurs viennent à la vue par les effluves qui s'échappent des choses existantes et s'acheminent vers les pores de l'œil. À travers les pores du feu, nous voyons les objets blancs, et à travers les pores de l'eau, les noirs. Certains effluves s'harmonisent avec les pores, d'autres sont trop petits, d'autres trop grands. Ainsi selon la proportion plus ou moins grande d'eau ou de feu qui compose la vue, la perception va varier. Les animaux chez qui la proportion de feu domine verront mieux la nuit, les autres, le jour[3]. Les yeux bleus qui contiennent plus de feu, selon Empédocle, sont plus nyctalopes que les yeux noirs, mais moins perçants qu'eux le jour. La vue la meilleure est celle qui est composée des deux éléments en quantité égale et qui résulte de la constitution de l'œil la mieux adaptée aux tailles et à la nature des effluves. L'audition est produite par le choc des sons extérieurs qui ébranlent l'air de sorte que le souffle se répercute et fait résonner le cartilage suspendu à l'intérieur de l'oreille à la manière d'une cloche[4]. En vertu du principe selon lequel seul le semblable connaît le semblable, Empédocle suppose l'existence de sons internes à l'oreille proportionnés aux sons extérieurs, ce qui lui vaut d'ailleurs les critiques de Théophraste qui ne voit pas comment ce son interne peut être provoqué[5].

Si Empédocle ne s'étend pas sur le goût et le toucher, mais s'en tient à l'explication générale qui vaut pour tous les sens, il consacre en revanche une attention particulière à l'odorat. Il peut même être

1. Cf. *Les écoles présocratiques,* A, LXXXVI, 7, p. 171.
2. Cf. *ibid.*, A, XC, p. 179.
3. Sur ce point voir *Les écoles présocratiques,* A, LXXXVI, p. 171 et XCI, XCII, p. 179, 180.
4. Cf. *ibid.*, A, LXXXVI, 9, p. 172 et XCIII, p. 180.
5. Cf. *ibid.*, A, LXXXVI, 21, p. 176.

considéré comme le modèle d'une « panosmie » généralisée, car il proclame que « tout a sa part de souffle et d'odeurs »[1]. Cette formule, qui dote toute chose de souffle et d'odeurs, implique à la fois la respiration et l'émission d'effluves odorants. Pour Empédocle, l'odorat est produit par la respiration dont le mécanisme s'apparente au fonctionnement de la clepsydre[2]. Le philosophe d'Agrigente établit une proportion, d'une part, entre son acuité et la vélocité du souffle, d'autre part, entre la ténacité de l'odeur et la subtilité et la légèreté des corps. « L'odorat est produit par la respiration. C'est pourquoi l'odorat le plus aigu se rencontre chez les animaux qui ont le halètement le plus rapide. D'autre part, l'odeur la plus abondante émane des corps les plus subtils et les plus légers. »[3] D'une manière générale, l'odeur résulte d'une émission d'effluves venant des choses et inspirés par les narines. Elle s'introduit dans les pores des narines, mélangée aux inspirations du poumon. Empédocle établit une proportion entre l'air extérieur et les pores. Les effluves odorants s'ajustent aux pores et peuvent ou non pénétrer dans le corps. Ainsi lorsque la respiration est difficile, en cas de rhume par exemple, l'odeur ne passe pas car les pores sont bouchés. Mais la thèse selon laquelle toute chose inspire et dégage des odeurs ne met pas simplement en jeu la fonction olfactive, elle concerne le processus vital lui-même. L'inspiration de l'air est nécessaire à la conservation de la vie, tandis que l'émission d'effluves odorants est liée au dépérissement et à la corruption des

1. Théophraste, *Du sens*, 21, *Les écoles présocratiques*, A, LXXXVI, p. 176.

2. Cf. Aetius, *Opinions,* IV, XXII, I, *Les écoles présocratiques,* A, LXXIV, p. 165. Selon Aetius, « l'explication du mécanisme de la respiration, qui prévaut de nos jours, est la suivante : à l'afflux du sang, pour ainsi dire à fleur de peau, qui comprime fortement par son écoulement l'air qui circule dans les narines, succède son reflux, c'est l'expiration ; puis, quand par un mouvement inverse, l'air entre pour occuper l'espace libéré par le sang, c'est l'inspiration. <Empédocle> rapproche ce phénomène du fonctionnement de la clepsydre. »

3. Théophraste, *Du sens*, 9, *Les écoles présocratiques*, A, LXXXVI, 9, p. 172. Cette thèse selon laquelle l'odorat résulte de la respiration lui vaut d'ailleurs les critiques de Théophraste qui fait valoir que certains animaux doués d'odorat ne respirent pas. Cf. *Du sens*, 21.

choses[1]. Le souffle est signe de vie, tandis que l'odeur est signe de mort[2].

Si tout a sa part de souffle et d'odeurs, il faut alors rendre à l'odorat ce qui lui revient. Toute la doctrine d'Empédocle consiste à définir la part qui revient légitimement à chaque sens dans la théorie de la connaissance. Il s'agit pour la raison de savoir identifier le degré de validité de chaque sens dans son domaine propre. Empédocle n'accorde pas sans réserve sa confiance aux sens, mais il la proportionne à la nature de l'objet étudié. Si seul le semblable connaît le semblable, il faut proportionner l'usage des sens à la nature des objets. Chaque sens ne peut pas reconnaître les sensations de l'autre et possède sa sphère de compétence légitime sur laquelle les autres n'ont pas le droit d'empiéter. C'est pourquoi Empédocle est celui qui dénonce l'hégémonie de la vue et de l'ouïe, qui critique le dépassement de leurs limites et rétablit un équilibre : « Ouvre bien grands tes sens par où l'évidence apparaît manifeste. Et pourtant méfie-toi de ce trop grand crédit qu'on accorde à la vue de préférence à l'ouïe, et qu'on accorde à l'ouïe, bruissante d'échos, de préférence au goût. Des autres sens non plus, n'exclus pas le concours, quand c'est par leur conduit que vient la connaissance ; mais sache bien aussi reconnaître la voie par laquelle l'objet révèle sa nature. »[3] Il faut donc trouver la bonne voie et employer ses narines pour tout ce qui a sa part de souffle et d'odeurs. Empédocle est ainsi l'exemple même de la sagacité qui sauve la vie et qui éloigne la mort. Il protégea les habitants d'Agrigente qui lui vouèrent une reconnaissance et une admiration sans bornes, car il sut flairer les catastrophes et

1. Cf. Plutarque, *Questions naturelles*, 19, 916 D, *Les écoles présocratiques,* B, LXXXIX, p. 217.

2. Voir sur ce point, J. Bollack, *Empédocle I, La métamorphose du sang*, Éditions de Minuit, 1965, p. 236-237 : « L'air inspiré irrigue le corps et refroidit le sang. Il répare les pertes, tandis que l'odeur et l'expiration sont le signe du dépérissement interrompu des êtres. Le souffle et l'odeur s'opposent et se complètent. La vie des mélanges oscille entre le maintien et la mort par l'apport et le départ des effluves. »

3. Sextus Empiricus, *Contre les mathématiciens*, VII, 124, *Les écoles présocratiques*, B, III, p. 183.

trouver les moyens de les éviter en prenant en compte la part de souffle et d'odeurs.

Tout a part de souffle. Plus que tout autre Empédocle le sut ; c'est grâce à sa perception et à sa connaissance du souffle des vents, qu'il sauva pour la première fois ses concitoyens en les préservant de la ruine de leurs récoltes, et qu'il fut surnommé pour cela Empêche-vent. D'après l'anecdote rapportée par Diogène Laërce, « un jour que les vents étésiens soufflaient violemment au point de mettre à mal les récoltes, il ordonna d'écorcher des ânes pour confectionner des peaux, et les fit disposer tout autour sur les collines et les sommets afin de retenir le vent ; le vent ayant cessé, on l'appela "Empêche-vent" »[1].

Tout a sa part d'odeurs. C'est grâce à l'analyse d'une odeur pestilentielle, qu'Empédocle sauva les habitants de la peste et du fléau mortel. Les Anciens imputaient généralement la cause de la peste à des effluves empoisonnés, aux odeurs de miasmes et aux émanations fétides. Il existe ainsi deux versions de cette légende d'un Empédocle vainqueur de la peste par sa sagacité. La première est fournie par Diogène Laërce : « La peste s'étant abattue sur les habitants de Sélinonte, à cause des émanations du fleuve proche, faisant dépérir les hommes et avorter les femmes, Empédocle eut l'idée de faire confluer l'eau des deux fleuves des environs, à ses propres frais. Ce mélange eut pour effet d'adoucir les flots. Ainsi la peste cessa, et un jour que les Sélinontins festoyaient sur la berge, Empédocle apparut ; ils se levèrent en signe de remerciement et lui adressèrent une prière comme on ferait à un Dieu. »[2] La seconde provient de Plutarque : « Empédocle, le philosophe de la nature, obtint la célébrité pour avoir, en obturant un col de montagne par lequel s'engouffrait un air lourd et pestilentiel qui dévalait sur les plaines, mis fin à la peste qui s'abattait sur la région. »[3] Quelles que soient les variantes[4], Empédocle est tou-

1. Diogène Laërce, *Vies*, VIII, 60, *Les écoles présocratiques*, A, I, p. 129.
2. Diogène Laërce, *Vies*, VIII, 70, *Les écoles présocratiques*, A, I, p. 132.
3. *De la curiosité*, I, 515c, *Les écoles présocratiques*, A, XIV, p. 137.
4. Il faut noter à cet égard que le surnom d'Empêche-vent n'est pas toujours rattaché à l'exploit d'avoir sauvé les récoltes de la tornade mais également à l'épisode de la peste. Cf. Clément d'Alexandrie, *Stromates* VI, 30, *Les écoles présocratiques*, A, XIV, p. 138 :

jours celui qui analyse la provenance de l'odeur pestilentielle et qui sait comment la détourner. Il a une intelligence de l'odeur qui le hisse au rang de la divinité. C'est d'ailleurs selon Diogène Laërce en vue de confirmer ce caractère divin acquis par sa réputation de maîtriser les vents de la peste qu'Empédocle serait jeté dans le feu de l'Etna [1].

L'odeur et l'odorat ont la part belle chez Empédocle non seulement parce qu'ils possèdent une spécificité irréductible, mais parce qu'ils servent de paradigme général pour penser la perception et les principes de la connaissance. Il est donc possible de parler d'une « panosmie » empédocléenne à un double titre car, d'une part, tout est doté de souffle et d'odeurs, et d'autre part, le modèle olfactif s'étend à la conception du savoir tout entier. La théorie des effluves qui préside à la connaissance est en effet fondée sur le schéma de l'odorat. Si Empédocle en est venu à penser que la couleur résulte d'effluves, c'est en vertu du mécanisme du flair chez les animaux qui suivent à la trace leur proie. C'est ce que confirme le pseudo Alexandre d'Aphrodise : Empédocle admet l'existence des effluves parce que, dit-il, les chiens suivent à la piste « les éléments d'odeurs venus du corps <des animaux sauvages>, ce qui est <impossible> lorsque sont morts <les animaux> » [2]. La présence incontestable, bien qu'invisible, de particules odorantes atteste de l'existence des effluves et rend possible leur extension au-delà de la sphère olfactive. Le modèle perceptif par excellence est celui du chien. « Il flaire avec ses naseaux les particules [d'odeurs] venues du corps des animaux sauvages, effluves que les animaux avec leurs pieds <tandis qu'ils sont vivants> laissent dans l'herbe tendre. » [3] La généralisation de l'existence des effluves implique que toute la connaissance est une

« Empédocle d'Agrigente fut appelé "Empêche-vent". De fait, alors que soufflait des montagnes d'Agrigente un vent lourd, pestilentiel pour les hommes qui y habitaient et stérilisant les femmes, Empédocle dit-on fit cesser ce vent. »

1. Cf. Diogène Laërce, *Vies*, VIII, 70, *Les écoles présocratiques*, A, I, p. 132.

2. *Au Théétète de Platon,* Berlin, *Klassikertexte*, *Les écoles présocratiques*, B, CI, p. 223.

3. Fragment restitué, *Les écoles présocratiques*, B, CI, p. 222. Voir également les fragments suivants de Plutarque.

forme de pénétration et d'imprégnation par les objets à l'aide de leurs traces. Il s'agit alors de repérer ces traces, de les subodorer avec le sens approprié et de faire montre de sagacité et de discernement, « de même que les chasseurs ne permettent pas aux jeunes chiens de se détourner pour aller flairer n'importe quelle odeur, mais les freinent et les tirent en arrière avec la laisse pour que leurs facultés soient conservées pures et sans mélange, pour la seule vocation qui leur est propre, afin qu'ils soient plus ardents à pister le gibier [...] »[1]. Le philosophe empédocléen se doit donc d'être un fin limier et de faire preuve d'un flair infaillible et éclairé.

À partir de ces diverses figures présocratiques, qui, de Parménide à Empédocle, s'échelonnent de l'anosmie à la panosmie, il devient alors possible d'opérer une synthèse des traits caractéristiques d'une philosophie olfactive et d'en énoncer les conditions de possibilité. Une philosophie olfactive ne peut voir le jour que dans un système de pensée de type plus matérialiste qu'idéaliste, qui admet l'unité du sentir et du connaître, qui accorde un crédit aux sens et une spécificité à chacun d'eux. Elle est davantage une philosophie du multiple et du devenir, qu'une philosophie de l'Un et de l'être. Cela n'implique pas que les philosophies qui privilégient l'être immuable excluent toute référence à l'odorat et à tout paradigme olfactif, mais il est frappant de constater que lorsqu'elles le font, c'est précisément pour penser le devenir et rendre compte du multiple.

L'exemple de Platon dans le *Timée* est particulièrement significatif à cet égard, car le philosophe de l'être recourt à une analogie olfactive lorsqu'il s'agit de penser le devenir et de rendre intelligible l'activité du démiurge qui forme l'univers. Il peut ainsi servir de contre-épreuve privilégiée à la thèse selon laquelle la présence d'un modèle olfactif est avant tout liée à un mobilisme de type héraclitéen et à l'intérêt pour la question du devenir. C'est la référence à la composition des parfums et à l'art du parfumeur qui permet à

1. Plutarque, *De la curiosité*, II, 520E, *Les écoles présocratiques*, B, CI, p. 222.

Timée de penser l'articulation de l'être et du devenir, du modèle intelligible et de la copie sensible, et d'éclairer la nature de la *chôra*, ce réceptacle qui reçoit tous les corps sans épouser la forme d'aucun d'eux. Pour expliquer l'univers, Platon distingue en effet trois espèces : ce qui devient, ce en quoi il devient, et le modèle selon lequel ce qui devient est produit[1]. Outre le modèle intelligible et la copie en devenir, il faut concevoir la *chôra*, qui est pour ainsi dire la nourrice, la mère de tout ce qui naît. Or de l'aveu même de Platon, il est difficile de « mettre en lumière par des paroles (cette) espèce difficile et obscure »[2]. La *chôra* doit en effet être pensée comme un réceptacle susceptible de recevoir toutes les formes parce qu'il n'en a aucune. Or cette idée ne va pas de soi, car on voit mal pourquoi et comment la forme émergerait de l'absence de formes. N'est-il pas étrange de faire de l'informe la condition de la formation des formes ? Pour clarifier son propos, Platon recourt alors à une comparaison entre l'art du démiurge et celui du parfumeur : « Il faut observer encore que, si l'empreinte doit présenter toutes les variétés qu'il est possible de voir, le réceptacle où se forme cette empreinte serait malpropre à ce but, s'il n'était dépourvu de toutes les formes qu'il doit recevoir d'ailleurs. Si, en effet, il avait de la ressemblance aux choses qui entrent en lui, quand les choses de nature opposée ou totalement différentes viendraient s'imprimer en lui, il les reproduirait mal parce que ses propres traits paraîtraient au travers. Il faut donc que ce qui doit recevoir en lui toutes les espèces soit en dehors de toutes les formes. Il en est ici comme dans la fabrication des onguents odorants, où le premier soin de l'artisan est justement de rendre aussi inodore que possible l'excipient humide destiné à recevoir les parfums. »[3] Cette analogie entre l'art du démiurge et celui de l'artisan parfumeur vise à montrer qu'il y a le même rapport entre le parfum de l'onguent et la base liquide à partir de laquelle il est composé qu'entre les formes des choses et la *chôra*. De la même

1. Cf. *Timée*, 50c-51e.
2. *Timée*, 48b-49c.
3. *Timée*, 50c-51e.

manière qu'en parfumerie, l'excipient humide qui va s'imprégner de tous les parfums doit autant que possible être neutre et inodore, faute de quoi il altérerait les substances odorantes et ne les restituerait pas dans leur pureté en se mélangeant à elle, la *chôra* ne doit pas avoir de forme pour pouvoir les recevoir toutes et les reproduire sans les déformer à cause des interférences avec sa propre nature. Il est intéressant de remarquer ici que la *chôra* est du côté de l'*inodore* et que la forme est du côté du parfum, preuve que celui-ci permet de penser l'être aussi bien que le devenir. L'onguent parfumé, en tant qu'il implique un excipient inodore auquel s'adjoignent des odeurs, apparaît comme un modèle de ce qui est en voie de devenir et qui combine l'absence de la forme et la forme. Il permet de penser la fluidité de l'être, sa dimension passagère, ses transmutations. Le paradigme olfactif éclaire donc les rapports entre l'être, ce qui devient et ce en quoi il devient.

Mais si l'art du démiurge est analogue à celui d'un bon parfumeur, la question se pose en retour de savoir s'il se heurte aux mêmes limites. L'excipient humide qui sert de réceptacle au parfum doit être le plus inodore possible, nous dit Platon, ce qui laisse entendre qu'il ne saurait l'être totalement. En effet, le liquide, aussi neutre soit-il, est toujours imprégné d'une odeur en vertu de sa nature de fluide composé d'air et d'eau. L'odeur, rappelons-le, naît des substances en train de se mouiller, de se putréfier, de se liquéfier, ou de s'évaporer. Elle se produit au milieu des changements de l'eau en air et de l'air en eau[1]. Dès lors, un excipient fluide parfaitement inodore paraît une contradiction dans les termes[2]. On peut alors se

1. Cf. *Timée*, 66e.

2. Voir sur ce point les analyses d'Anne Wersinger, *Platon et la dysharmonie*, p. 31 : « L'excipient ne peut pas être pur et paradoxalement sa nature est même d'être impure de manière constitutive. L'excipient est un fluide, c'est-à-dire un être de passage, un être inachevé et imparfait. Par exemple, l'huile est un produit de transmutation à double titre, puisque, d'une part, elle appartient aux fluides qui doivent leur nature à l'eau mêlée de feu, et que, d'autre part, elle sert de base à ceux qui manipulent les odeurs, à savoir ces effluves qui se manifestent à l'occasion des transmutations et expriment l'état évanescent d'une transition. Aussi, exiger de l'huile qu'elle soit absolument inodore serait lui

demander s'il en va de même pour la *chôra* et s'il faut lui appliquer les réserves qui valent pour l'excipient réceptacle des parfums. Est-elle vraiment totalement dépourvue de forme ? L'absence absolue de forme du réceptacle est-elle concevable ? S'il n'y a de pensée intelligible qu'à travers les formes, la *chôra* risque fort de demeurer inintelligible et on comprend que Platon confesse son embarras à parler clairement de cette espèce obscure. L'analogie, avec ses limites certes, donne aussi à comprendre cette difficulté et exprime les tensions inhérentes à la pensée platonicienne. Au-delà du cas particulier du *Timée*, l'exemple de Platon invite à se pencher sur la fonction et l'usage de paradigmes philosophiques fondés sur l'odeur et l'odorat. Après la définition des réquisits et des conditions de possibilité d'une philosophie de l'odorat, esquissée à travers l'étude des diverses figures de présocratiques, il convient donc de s'interroger sur les modèles de pensée olfactifs.

demander de satisfaire une condition doublement impossible : celle de ne plus être un fluide, et celle de ne plus être un être de passage. »

Chapitre VI

Les modèles philosophiques olfactifs

Contrairement à toute attente, l'utilisation de paradigmes olfactifs au sein de la philosophie n'est pas aussi rare que l'on pourrait le croire. Elle obéit souvent à la nécessité de consolider des thèses que le modèle visuel est impuissant à étayer. Certes, les deux modèles visuel et olfactif ne sont pas antinomiques et peuvent se combiner. Le nez peut être le support d'un paradigme fondé sur la vue et servir à mettre en évidence ce qui ne se voit pas, de prime abord, comme les petites causes qui produisent de grands effets. C'est ainsi par exemple que Pascal se réfère au nez de Cléopâtre pour donner à voir la vanité de l'homme à travers ses objets d'amour et pour montrer comment un détail infime et dérisoire, une particularité physique contingente, engendrent des passions démesurées. « Qui voudra connaître à plein la vanité de l'homme n'a qu'à considérer les causes et les effets de l'amour. La cause en est un je ne sais quoi. Corneille. Et les effets en sont effroyables. Ce je ne sais quoi, si peu de chose qu'on ne peut le reconnaître, remue toute la terre, les princes, les armées, le monde entier. Le nez de Cléopâtre, s'il eût été plus court, toute la face de la terre aurait changé. »[1] Un peu de nez en moins aurait donc fait toute la différence du monde. Mais dans ce cas, c'est la vue du nez qui aurait joué de sorte que le paradigme n'est pas d'ordre olfactif.

Il ne saurait être question ici de recenser toutes les doctrines

1. *Pensées*, 413, Éditions Lafuma.

philosophiques qui prennent appui sur l'odorat conjugué aux autres sens, car une telle énumération, outre le fait qu'elle ne pourrait être complexe, ne présente qu'un intérêt limité. Il semble plus judicieux de cantonner l'examen aux modèles olfactifs *stricto sensu*, et parmi eux de sélectionner les plus significatifs et les plus instructifs, à savoir ceux qui sous-tendent une réflexion et une argumentation philosophique de manière nécessaire et irremplaçable. À cet égard, trois figures se dégagent très nettement dans l'histoire de la pensée : celle de Lucrèce qui revendique un modèle de sagacité, celle de Condillac qui fonde toute sa théorie de la connaissance et de l'affectivité à partir du nez, et celle de Nietzsche qui érige le flair en instrument de discrimination du vrai et du mensonger. La liste n'est bien évidemment pas exhaustive, car Epicure, dans l'Antiquité, ou Feuerbach, dans la modernité, ont su également célébrer la puissance du nez. L'objectif n'est pas de déterminer tout ce que l'odeur et l'odorat permettent de penser, mais de focaliser l'attention sur des philosophies qui ne peuvent en faire l'économie pour spéculer, et dont la validité est pour ainsi dire suspendue au nez.

Lucrèce ou la sagacité

Parmi les modèles de philosophies olfactives figure Lucrèce au tout premier chef, car son poème, *De la nature*, apparaît à bien des égards comme le précipité des conditions requises pour accorder un rôle prééminent au nez. Héritier des matérialistes anciens, Lucrèce promeut le sens olfactif au rang de témoin et de garant du vrai. Certes, il serait erroné d'affirmer l'existence d'un primat du nez dans sa philosophie, car il est clair que le paradigme du toucher prédomine dans la théorie de la connaissance, notamment dans l'explication de la sensation conçue comme contact. Néanmoins, il est légitime de faire valoir la présence d'un sensualisme olfactif qui confère à l'odorat ses lettres de noblesse et relègue à l'arrière-plan le modèle visuel traditionnel.

Véracité et spécialité des sens : les conditions de la promotion du nez

Lucrèce vérifie en effet les deux conditions nécessaires pour que soit conféré un statut décisif au sens olfactif. Premièrement, il accorde un crédit sans réserve aux sens, car ils sont les témoins de la réalité, ils fournissent une première norme de vérité et constituent un principe de la connaissance et de la vie. Deuxièmement, il attribue à chaque sens une spécialité et un domaine de validité de telle sorte qu'il ne puisse être ni rectifié ni supplanté par aucun autre. Les sens sont dignes de foi et ils sont capables par eux-mêmes de faire triompher le vrai. « Tu trouveras, dit Lucrèce, que ce sont les sens qui les premiers nous ont donné la notion de la vérité, et que leur témoignage est irréfutable. »[1] La première norme de vérité n'est pas rationnelle mais sensible, car la raison est tout entière issue des sens et ne saurait revendiquer un rôle dominant qu'à la condition de prendre appui sur eux. Les sens servent donc de principe de la connaissance et fournissent une règle de constitution du savoir. Cette norme qui permet de penser d'équerre est offerte par les sens en raison du caractère irréfutable de leur témoignage. La sensation en effet est la messagère du réel ; elle est le produit des simulacres que les corps envoient et qui viennent frapper les organes sensoriels. L'odeur, la saveur, la couleur, sont des qualités propres aux corps composés et résultent de la combinaison et du mouvement des atomes de formes diverses. Le fait qu'elles ne soient pas des qualités premières des atomes ne les disqualifient pas et ne fait pas peser sur elles le soupçon de tromperie. Elles sont des propriétés dérivées de la variété de la forme des atomes. Les impressions des sens sont produites par des éléments de formes dissemblables et opposées et reflètent le principe de constitution des corps. Ainsi les sensations vont varier selon que les atomes qui forment les corps sont de formes plus grandes ou plus petites, plus lisses ou plus rugueuses,

1. *De la nature*, IV, 477-479, traduction Ernout, Les Belles Lettres.

plus émoussées ou plus crochues. Dans le livre II, Lucrèce donne une série d'exemples : la saveur agréable du lait et du miel provient du fait qu'ils sont constitués d'atomes lisses et ronds, tandis que la saveur infecte de l'absinthe, de la centaurée sauvage et de toutes les substances amères et âpres au goût, est liée à une combinaison d'atomes crochus qui forment un tissu serré[1]. Les sons mélodieux sont dus à des atomes lisses contrairement aux stridents. Il en va de même pour l'odorat : « Ne t'imagine pas davantage que des éléments de même forme pénètrent dans nos narines quand on brûle des cadavres à l'odeur infecte, ou quand la scène vient d'être arrosée de safran de Cilicie et que l'autel voisin exhale les parfums de l'Arabie. »[2] Les impressions sensibles témoignent de la réalité constitutive des corps et de leur combinaison atomique. D'une part, elles permettent de révéler les formes des atomes qui ne sont pas immédiatement perceptibles. D'autre part, elles renseignent sur la formation des corps et sur la diversité des atomes qui entrent en jeu. Le fait que de nombreux corps possèdent à la fois la couleur, la saveur et l'odeur montre qu'ils sont formés d'atomes différents. « L'odeur en effet pénètre dans nos organes par où ne passe pas la couleur ; la couleur de même a sa route spéciale pour se glisser dans nos sens : à quoi tu peux reconnaître que leurs principes sont différents ; c'est donc que des éléments dissemblables concourent à former un composé unique, et que les objets sont constitués par un mélange de principes divers. »[3] Chaque sens a sa route et fournit donc un canal d'information singulier de sorte qu'il faut prendre en compte sa spécificité.

Lucrèce a conscience que cette confiance indéfectible envers les impressions sensibles se heurte à des objections. Pour réfuter les sceptiques qui s'attardent sur les nombreux cas d'illusions sensorielles, il se livre à une apologie des sens et les disculpe de l'accusation de tromperie. Il impute la plupart des erreurs aux jugements

1. Cf. II, 398-408.
2. II, 413-417.
3. II, 682-688.

spontanés de l'esprit qui ajoute des hypothèses de son cru, « nous faisant voir ce qu'en réalité n'ont pas vu nos sens »[1]. La raison ne saurait plaider contre les sens sous peine de détruire l'assise sur laquelle elle se fonde et ils ne sauraient pas davantage se corriger entre eux. Pour établir leur véracité, Lucrèce recourt à un raisonnement par l'absurde :

> « S'ils nous trompent, est-ce la raison qui pourra déposer contre eux, elle qui tout entière en est issue ? Suppose-les trompeurs, la raison tout entière devient mensongère à son tour. Ou bien la vue sera-t-elle rectifiée par l'ouïe ? L'ouïe par le toucher ? Et le toucher sera-t-il convaincu d'erreur par le goût ? Est-ce l'odorat qui confondra les autres sens ? Sont-ce les yeux ? Rien de tout cela à mon avis ; à chacun sont répartis des pouvoirs limités, des fonctions propres. Il faut donc que la consistance, la température soient le domaine d'un sens spécial, qu'un sens spécial encore perçoive les diverses couleurs, et tout ce qui s'y rattache ; qu'à des sens spéciaux correspondent les saveurs, les odeurs, les sons. Il s'ensuit que les sens sont incapables de se contrôler entre eux. Ils ne peuvent davantage se corriger eux-mêmes, puisque toujours nous devons les tenir pour également dignes de foi. Par conséquent, leurs perceptions de tous les instants sont vraies. »[2]

Lucrèce reprend ici le type d'argument qui était déjà développé par Démocrite. De deux choses l'une, ou bien les témoignages des sens sont véritables et la raison qui prend appui sur eux l'est également, ou bien ils sont trompeurs et la raison ne peut les dénoncer, puisqu'elle en est issue et qu'elle se révèle alors tout aussi mensongère qu'eux. Toute critique formulée à leur endroit ne peut donc être que fallacieuse ou frappée d'inanité.

Lucrèce reconnaît certes l'existence de perceptions problématiques, comme certaines illusions d'optique dont la cause reste inexpliquée, mais il refuse qu'elles puissent servir d'instrument contre les sens :

1. *De la nature*, IV, 477-479.
2. *De la nature*, IV, 481-499.

« Si la raison elle-même est incapable de déterminer la véritable cause pour laquelle, par exemple, un objet carré de près semble rond de loin, il vaut mieux dans l'impuissance de notre raison, donner une explication fautive du phénomène que de laisser échapper de nos mains des vérités manifestes, d'abjurer la première de toutes les croyances et de ruiner les bases mêmes sur lesquelles reposent notre vie et notre salut. » [1]

Mieux vaut une explication probable, voire fausse qui lève la crainte à l'égard de la fiabilité des sens plutôt que de perdre le bénéfice du crédit qui leur est généralement accordé. Les sens ne servent pas seulement de principes théoriques mais pratiques, car ils sont au fondement de la connaissance aussi bien que de la conservation de la vie. Ainsi, « ce n'est pas la raison seulement qui s'écroulerait tout entière, mais la vie même qui périrait si, n'osant nous fier à nos sens, nous renoncions à éviter les précipices, comme tous les dangers du même ordre, et à suivre ce qui est bon » [2].

Lucrèce remplit donc les conditions requises pour accorder à l'odorat une place de choix. Si chaque sens possède une fonction propre et délivre une vérité à laquelle nul autre que lui ne peut donner accès, il s'ensuit que le nez dispense des enseignements singuliers et fournit des principes irremplaçables. Dès lors il convient d'examiner le rôle spécifique de l'odorat dans la constitution de la vérité chez Lucrèce.

La vérité propre au nez

Une fois n'est pas coutume, la perception olfactive rivalise avec la vision, car elle offre un modèle de connaissance et de découverte du vrai. Pour saisir la vérité, l'esprit doit en effet faire preuve de sagacité. Étymologiquement, *sagax*, rappelons-le, désigne celui qui a l'odorat subtil. La sagacité se présente ainsi comme une forme de

1. *Ibid.*, 500-506.
2. *Ibid.*, 506-510.

pénétration d'esprit qui permet de comprendre et de découvrir les choses les plus subtiles. La sagacité chez Lucrèce est la qualité d'un esprit qui, loin d'avoir besoin d'un arsenal de preuves, perçoit quelques traits suffisants et découvre la vérité seul et par lui-même, à l'instar du chien dont l'odorat subtil lui permet de repérer le gîte dissimulé de la bête traquée, une fois qu'il est lancé sur la bonne piste. Le sagace saisit ce qui échappe à la vue, il est capable de déceler l'invisible par le flair. C'est ainsi que Lucrèce dans le livre II *De la nature* fait appel à la sagacité de son interlocuteur, Memmius, pour reconnaître qu'il y a du vide dans la nature :

> « Et je pourrais en multipliant les preuves, finir par arracher ton assentiment à mes dires, mais à un esprit sagace comme le tien, ces quelques traits suffisent pour découvrir seul et sans aide tout le reste. Ainsi quand les chiens sont à la poursuite d'une bête errante des montagnes, l'odorat leur fait découvrir son gîte dissimulé sous le feuillage, une fois qu'ils sont sur la piste véritable ; de même dans un tel sujet, tu pourras seul et par toi-même t'expliquer les faits les uns par les autres, pénétrer dans les retraites les plus obscures et en ramener au jour la vérité. »[1]

À la lourdeur de la démonstration, au système laborieux de preuves, il faut substituer la finesse du sagace, qui, à l'aide de quelques vestiges, reconstitue le vrai de manière infaillible.

Modèle de sagacité, l'odorat se voit en outre confier, comme tous les autres sens, un rôle de témoin, de norme et de principe de la vérité. Il est d'abord le témoin de l'existence des corps et de leurs modifications, car il perçoit le flux des diverses odeurs qu'ils répandent. C'est ce qui ressort des vers 673-675 du livre IV *De la nature* : « Il doit exister une foule de corps d'où émane le flot des odeurs variées et ce flot, il est à penser qu'il s'écoule et s'émet et se répand de tous côtés. » La perception olfactive est donc le reflet des émanations des corps. À la différence des autres sens, toutefois, la fiabilité du nez ne semble pas à toute épreuve. Il est ainsi possible

1. *De la nature*, I, 400-410.

d'objecter que l'odorat est un témoin douteux dans la mesure où les effluves sont perçus et appréciés diversement selon les espèces. Certes, la sensation olfactive exprime des rapports de convenance ou de disconvenance qui reflètent les formes des atomes entrant dans la composition des corps, mais l'attraction et la répulsion ne sont pas identiques chez tous les êtres. Les rapports de convenance ou de disconvenance semblent donc moins refléter la nature des corps, leur rondeur lisse ou leur rugosité pointue que celle des individus. Lucrèce reconnaît que « telle odeur convient mieux à telle créature suivant les différentes espèces »[1], mais il n'en tire pas argument pour enfermer l'odorat dans un relativisme subjectif et il retourne l'argument contre ses adversaires. Le fait que l'abeille soit attirée par l'odeur du miel, le vautour par celle du cadavre, le chien par celle du gibier n'invalide pas la thèse selon laquelle l'odorat est un principe de connaissance, mais il prouve que celui-ci est aussi un principe de conservation des espèces. « C'est ainsi que les effluves propres à chaque objet guident l'animal, vers sa pâture et l'éloignent avec dégoût du poison. C'est par ce moyen qu'est assurée la conservation des espèces. »[2] Il n'y a pas de contradiction à admettre que l'attirance pour telle odeur puisse être à la fois le reflet de la nature d'une chose et de celle de l'être qui la perçoit. L'odorat fournit donc une connaissance théorique et fonde une pratique de survie.

Une seconde objection à l'idée d'une vérité propre au nez peut cependant être formulée. Elle a trait à la portée limitée des odeurs, qui pourrait être interprétée comme le signe d'une faiblesse ontologique rejaillissant sur le sens olfactif. Lucrèce reconnaît en effet que les odeurs qui viennent frapper nos narines, quelle que soit leur portée, ne peuvent jamais aller aussi loin que l'image, le son ou la voix[3]. Dans ces conditions, il peut paraître hasardeux de fonder une connaissance sur l'odorat et de placer ce canal d'information sur le même plan que les autres. En réalité, cette portée moindre n'est pas

1. IV, 676-677.
2. *Ibid.*, 684-687.
3. Cf. *De la nature*, IV, 688, 692.

à mettre au compte d'un caractère défectueux du système olfactif, elle tient à des raisons liées à la nature même de l'odeur, à son origine et son mode de diffusion. Premièrement, « l'odeur vagabonde chemine lentement et meurt avant le but, se dissipant peu à peu dans l'air qui l'absorbe »[1]. Sa diffusion lente et son caractère volatil expliquent donc qu'elle s'évapore avant d'avoir pu parvenir à toucher les narines. Ce phénomène n'est pas l'indice d'une superficialité de l'odeur, car sa difficulté à se diffuser tient au fait qu'elle émane de l'intériorité des corps. Elle a donc du mal à sortir de leur profondeur et implique une sorte d'arrachement[2]. En outre, « l'odeur, comme il est aisé de s'en rendre compte, est formée d'éléments plus grands que ceux de la voix, puisqu'elle est arrêtée par des murailles que franchissent sans peine la voix et le son »[3]. Enfin, en s'attardant dans l'air, les émanations se refroidissent et s'affaiblissent; ainsi « elles n'accourent pas toutes chaudes dénoncer les objets à l'odorat »[4]. De fait, la difficulté de sentir est moins le signe d'une déficience de l'olfaction que le reflet de la nature des odeurs; elle s'explique à la fois par leur origine, leur mode de cheminement et la taille de leurs éléments. La faiblesse de l'odorat est donc une force dans une certaine mesure, car elle est proportionnée à la nature des corps et des atomes. Ne fût-ce qu'en négatif, elle révèle la forme des choses et témoigne de la nature de l'odeur.

Loin de nous éloigner du vrai, l'odeur et l'odorat jouent un rôle décisif dans son établissement chez Lucrèce car ils permettent d'accréditer des théories lorsque l'entendement ne voit pas leur bien-fondé. Le recours à l'odeur sert ainsi de norme et de garant à plusieurs reprises dans la physique. Il sert premièrement à attester de l'existence des corps invisibles et à légitimer la théorie atomiste.

1. *Ibid.*, 692-694.

2. C'est ce que soulignent les vers 694-698 : « Dès l'origine, elle a peine à sortir des profondeurs du corps où elle s'est formée. Toute émanation odorante, en effet, vient de l'intérieur : la preuve en est que tout corps, une fois brisé, broyé, ou réduit par le feu, semble exhaler un parfum plus fort. »

3. *Ibid.*, 698-701.

4. *Ibid.*, 703-705.

Pour établir la thèse de l'existence des atomes composant tous les corps, Lucrèce prend appui sur un modèle à la fois tactile et olfactif. Ses adversaires, sur la base du témoignage de la vue, pourraient en effet nier l'existence de ces corps premiers en vertu de leur nature invisible et accuser les atomistes d'être en proie à des fantasmes. Lucrèce s'emploie donc à montrer qu'il y a des corps dont il faut confesser à la fois l'existence et l'invisibilité. Les vents et les odeurs en sont la preuve. Lucrèce fait ainsi valoir que les vents sont invisibles et que pourtant ils existent. « De même nous sentons les diverses odeurs que répandent les corps, et jamais pourtant nous ne les voyons venir à nos narines. »[1] Lucrèce mentionne également l'invisibilité des émanations de chaud et de froid, des émissions de sons, de l'évaporation, mais il faut noter que c'est d'abord le souffle et l'odeur qui viennent à la rescousse de sa thèse. Cette référence ne repose pas sur une simple analogie, mais elle fonctionne comme une norme de vérité. L'odeur nous prouve qu'il existe des corps invisibles et sert ainsi de norme pour quiconque voudrait en nier l'existence.

Le modèle de l'odorat n'intervient pas seulement pour témoigner en faveur de l'existence des atomes, mais pour rendre raison de leur essence. Pour Lucrèce, les formes des atomes ne varient pas à l'infini. On ne saurait en effet admettre la thèse contraire, car elle impliquerait que la grandeur de certains atomes serait infinie[2] et que les sensations qui en proviendraient seraient par conséquent elles aussi d'une intensité accrue et illimitée, éclipsant toutes les autres. Cette hypothèse est absurde, car ainsi « il n'y aurait plus que mépris pour l'odeur de la myrrhe et la saveur du miel »[3], au profit d'une succession de sensations plus fortes et plus plaisantes, et « inversement des sensations toujours plus déplaisantes affecteraient l'odorat, l'ouïe, la vue, le goût »[4]. Or comme il n'en est rien et que les choses sont

1. *Ibid.*, I, 298-300.
2. Cf. *ibid.*, III, 479-522.
3. *Ibid.*, III, 503-505.
4. *Ibid.*, III, 509-511.

enfermées dans certaines limites, il faut admettre que les formes des atomes ne varient pas à l'infini. Le recours aux sensations et à leur puissance plaisante ou déplaisante sert ainsi de contre-épreuve pour valider la thèse de la limitation de la variété des formes des atomes. Certes, Lucrèce recourt également à des exemples empruntés aux autres sens de sorte que le l'odorat n'a pas le monopole démonstratif.

En revanche, il convoque exclusivement le modèle olfactif pour établir que les corps premiers sont dépourvus de toute qualité sensible. Les atomes par nature sont incolores, insonores, insipides et inodores et sans température[1]. Cela tient à deux raisons. Les qualités sensibles sont périssables et subissent des altérations qui les rendent incompatibles avec la nature éternelle des atomes[2]. En outre, leur absence dans les corps premiers est la condition de possibilité de leur émergence ultérieure lors de la composition et du mouvement des corps, et le garant de leur pureté. Ces qualités ne se ramènent pas à une qualité sensible primordiale des atomes. Pour étayer sa thèse Lucrèce s'appuie sur une analogie olfactive qui figure déjà dans le *Timée*[3] :

> « Ainsi quand on prépare les délectables essences de marjolaine, de myrrhe, ou de la fleur du nard, qui pour notre odorat exhale un parfum de nectar, il faut avant tout s'attacher à trouver, autant que faire se peut, une sorte d'huile parfaitement inodore, qui n'envoie à nos narines aucune émanation, de manière que les parfums mêlés et assimilés par la cuisson à sa substance soient aussi peu que possible altérés au contact de son âcreté ; pour la même raison les atomes ne doivent apporter dans la création des choses aucune odeur propre, aucun son, puisqu'ils ne peuvent émettre aucune émanation, ni enfin aucune saveur quelconque, aucune température froide, chaude, ou tiède, ni rien de semblable. »[4]

1. Cf. *ibid.*, II, 842-846 : « Ne va pas croire que la couleur soit la seule qualité dont sont dépouillés les corps premiers : ils sont aussi exempts de toute température tiède, froide ou brûlante ; ils errent privés de son, dénués de saveur et n'exhalent aucune odeur particulière. »
2. Cf. *De la nature*, II, 859-865.
3. Cf. *Timée*, 50e.
4. *De la nature*, II, 848-859.

Lucrèce déplace l'analogie platonicienne car l'absence de formes que l'auteur du *Timée* imputait à la *chôra* devient l'absence de qualités sensibles imputées aux atomes. Il conserve en revanche le modèle de la composition des parfums pour rendre raison de la création des corps à partir des atomes.

La référence aux odeurs ne sert pas seulement à étayer l'atomisme mais à accréditer la thèse de l'existence des simulacres qui fondent la possibilité de la connaissance. Ce sont les sens et l'odorat en premier lieu qui servent de norme de vérité attestant de la justesse de la théorie des simulacres. Pour montrer que les objets émettent des figures et des images subtiles, comme des écorces ou des membranes qui possèdent leur forme et leur aspect, et permettent de se les représenter, Lucrèce s'appuie d'abord sur l'exemple de la fumée qui s'échappe du bois vert, puis sur la chaleur de la flamme, les tuniques rondes des cigales, les membranes des veaux, la mue du serpent[1]. Aussi ténus soient-ils, ces éléments émis par les objets n'offrent pas un témoignage pleinement convaincant en faveur de l'existence de simulacres, car ils restent encore visibles ou palpables et ne dépassent pas la portée des sens. C'est pourquoi Lucrèce va se référer au modèle olfactif pour établir non seulement l'existence mais l'essence des simulacres, leur nature d'image invisible et subtile. Pour préparer l'interlocuteur à admettre l'existence de ces phénomènes qui dépassent la portée des sens, il fait d'abord état de la division d'animaux « si petits que coupés en trois, leurs fractions deviennent invisibles »[2], puis il se réfère à l'exemple des plantes « qui exhalent une odeur pénétrante : la panacée, la répugnante

1. *De la nature*, IV, 54-65. « Parmi les objets à la portée de nos sens, on en voit beaucoup émettre de leurs éléments : de ceux-ci, les uns se dissipent et se résolvent dans les airs, comme la fumée du bois vert ou la chaleur de la flamme ; les autres au contraire sont d'une contexture plus serrée : telles les rondes tuniques qu'à l'été abandonnent les cigales, les membranes dont les veaux se défont en naissant, ou encore la robe que le serpent visqueux quitte au milieu des ronces – dépouille flottante dont souvent nous voyons s'enrichir les buissons. Puisque de tels phénomènes se produisent, une image impalpable doit également émaner des corps et se détacher de leurs surfaces. »

2. *Ibid.*, 117-118.

absinthe, l'aurone écœurante, l'amère centaurée »[1]. Les effluves odorants qui émanent de ces plantes sont des essences subtiles, de nature invisible et pourtant ils existent, nul ne peut en douter. Ils plaident donc en faveur de l'existence de simulacres dont la nature s'apparente à la leur, bien qu'ils ne soient pas toujours perceptibles par les sens. Le témoignage du sens olfactif permet ici une inférence au sujet de choses qui dépassent sa portée. Lucrèce fait allusion ensuite au geste de prendre l'une de ces plantes légèrement entre deux doigts, pour montrer peut-être qu'un simulacre peut s'échapper d'un objet sans que son aspect soit altéré, à la manière d'un parfum invisible qui imprégnerait les doigts et se déposerait sans que la fleur paraisse changée ; le texte cependant est altéré et ne permet pas de tirer des conclusions avec une totale certitude[2].

La référence à l'odeur et au parfum intervient non seulement à l'appui de la physique atomiste et de la théorie des simulacres, mais elle est au cœur de la psychologie matérialiste de Lucrèce. Elle permet de penser la nature de la matière non visible et non dimensive qui constitue l'âme et de l'esprit[3]. Disséminée dans tout le corps, l'âme (*anima*) est le principe vital qui l'anime et le meut. Elle obéit aux ordres de l'esprit (*animus*), qui siège dans la poitrine et qui a pour fonction de sentir et de penser[4]. L'âme et l'esprit sont une partie du corps et ne forment ensemble qu'une seule substance[5]. La

1. *Ibid.*, IV, 123-125.

2. Les sens et l'odorat sont également invoqués pour établir la portée générale du principe selon lequel tous les corps émettent des simulacres. Non seulement sont émis des simulacres qui frappent nos yeux et suscitent la vision, mais « certains corps aussi ne cessent de répandre des odeurs, de même que les cours d'eau répandent le froid, le soleil la chaleur ; les flots, l'embrun qui ronge les murailles le long du littoral. Des voix diverses ne cessent de voler dans le vent. Enfin quand nous sommes le long de la mer, une humidité salée se répand sur nos lèvres ; et regardons-nous préparer une infusion d'absinthe, son amertume vient nous frapper. Tant il est vrai que de tous les corps s'écoulent et se répandent en tous sens des émanations variées ; écoulement sans trêve ni repos, puisque nos sens en sont toujours affectés, et que de tous les objets nous pouvons toujours percevoir la forme, l'odeur et le son ». *Ibid.*, IV, 218-228.

3. Sur ce point voir Pierre-François Moreau, *Lucrèce, L'âme*, PUF, p. 28 et 29.

4. Cf. *De la nature*, III, 136-161.

5. *Ibid.*, 139-140.

substance invisible de l'âme et de l'esprit est assimilée à un parfum ou à un bouquet dont l'essence ne laisse pas d'être matérielle en dépit de leur subtilité et de leur impondérabilité. Cette analogie a pour fonction de conforter la thèse de la nature corporelle de l'âme et plus particulièrement de justifier sa composition en éléments minuscules, lisses et ronds. L'âme doit être constituée d'atomes très menus et ténus, impondérables et sans dimension, puisqu'à la mort son retrait n'enlève rien au poids du corps et ne diminue pas sa taille.

> « Il faut donc que l'âme tout entière soit formée d'éléments tout petits, et se distribue dans les veines, la chair, les nerfs ; puisque, même après sa retraite totale du corps tout entier, la ligne extérieure des membres se garde encore intacte, et le poids n'a pas perdu un grain. Ainsi en est-il d'un vin dont le bouquet s'est évanoui, d'un parfum dont la douce haleine s'est dissipée au vent, d'un corps qui a perdu de sa saveur : notre regard ne voit pas que l'objet lui-même ait rien perdu de sa taille ; rien non plus ne manque à son poids ; évidemment parce que la saveur et l'odeur sont produits par un grand nombre d'éléments minuscules répandus dans toute la substance des corps. Aussi encore une fois, la substance de l'esprit et de l'âme ne peut qu'être formée d'atomes aussi petits que possible, puisque sa fuite n'enlève rien au poids du corps. » [1]

Comme un vin sans bouquet ou un parfum éventé, le corps dont l'âme s'est retirée conserve sa taille et son poids. L'analogie joue ici un rôle décisif, car elle déboute définitivement les tenants d'une âme immatérielle qui pourraient tirer argument du maintien du poids et de la taille du cadavre pour objecter que l'âme ne peut pas être corporelle dans la mesure où son retrait ne s'accompagne pas d'une déperdition de matière. À l'instar d'une odeur ou d'une saveur qui s'évapore, l'âme est bel et bien un être matériel d'une nature subtile et mobile. Elle est un corps qui occupe le même espace que le corps sans avoir de lieu ni de dimension. Certes, la matérialité de l'âme n'est pas démontrée à partir de sa similitude avec le parfum ; elle est

1. *Ibid.*, III, 222-230.

déduite du fait qu'elle agit sur le corps et qu'elle pâtit avec lui. Or il n'y a pas d'action sans contact et de contact sans matière. C'est pourquoi l'âme est matérielle.

Néanmoins, seule l'assimilation de l'âme au parfum permet d'asseoir cette thèse avec une certitude entière en rendant intelligible la nature subtile de sa substance de manière à écarter définitivement les objections des spiritualistes.

C'est encore au modèle olfactif que Lucrèce recourt dans le livre III *De la nature* pour faire comprendre l'union de l'âme et du corps et leur nécessaire solidarité. Attachés à des racines communes, le corps et l'âme sont analogues à des grains d'encens et à leur odeur: ils ne peuvent être séparés l'un de l'autre sans périr. « Ainsi aux grains d'encens on ne saurait arracher leur odeur, sans détruire en même temps leur substance. De même, la substance de l'esprit et de l'âme ne saurait être extraite du corps entier, sans que tout l'ensemble se désagrège. »[1] La référence aux grains d'encens et à leur odeur est décisive à un double niveau. Elle sert premièrement à montrer que le corps ne saurait subsister sans l'âme et qu'il périt dès qu'elle se retire. Deuxièmement, elle permet en retour d'étayer la thèse controversée de la mortalité de l'âme. Comme le grain d'encens et son parfum, le corps et l'âme ont une destinée commune, ils demeurent et meurent ensemble. Nul ne peut survivre sans l'autre; il faut donc en finir avec la croyance vaine en l'immortalité de l'âme humaine.

Pour établir enfin que l'âme se dissipe dans l'espace après la mort, Lucrèce renvoie au modèle du brouillard, de la fumée et des vapeurs exhalées par les autels, qui s'évanouissent dans les airs. Lucrèce joue à la fois sur l'analogie et sur la différence entre l'âme, les corps liquides et les corps aériens. L'âme est composée d'éléments plus subtils et ténus que la liqueur transparente de l'eau, que le brouillard, la fumée, la vapeur; elle est bien plus mobile qu'eux et doit donc être bien plus encline qu'eux à s'évaporer. « Puisque le brouillard et la fumée se dissipent aussi dans les airs, il te faut

1. *Ibid.*, III, 326-330.

admettre que l'âme aussi se répand dans l'espace, qu'elle se perd bien plus vite, et se résout bien plus rapidement en ses corps premiers une fois qu'elle s'est arrachée du corps de l'homme pour s'en aller. »[1] C'est d'ailleurs surtout le modèle de la fumée qui prévaut puisque Lucrèce insiste pour clore ce chapitre consacré à la mort sur la nécessité d'« admettre aussi que toute la substance de l'âme se dissipe, telle la fumée, dans les hautes régions de l'air »[2].

En définitive, le paradigme olfactif est mobilisé pour établir des points cruciaux de la philosophie lucrétienne : l'atomisme, la théorie des simulacres, la nature matérielle de l'âme et sa dissipation dans l'air à la mort du corps. L'odeur et l'odorat viennent à la rescousse de la physique pour accréditer l'existence des corps invisibles, subtils et mobiles et rendre compte de leur essence. Au-delà de la physique, c'est toute la théorie de la connaissance fondée sur la perception des simulacres qui s'en trouve validée. En tirant les enseignements du nez, Lucrèce apparaît donc comme le promoteur d'une véritable olfactologie. Médium entre le sensible et l'intelligible, l'odorat permet, aller au-delà du visible et sert de tremplin pour l'intelligence. Il donne le jour à une philosophie du ténu, du subtil et de l'impondérable. L'utilisation du modèle des odeurs pour conforter des thèses qui excèdent leur sphère d'extension est l'illustration en acte de cette sagacité revendiquée par Lucrèce. À travers leurs méandres invisibles, parfums et odeurs conduisent sur la bonne piste philosophique, ils font subodorer la vérité de l'atomisme aux esprits subtils qui n'ont nul besoin de s'encombrer d'un pesant appareil démonstratif. Lucrèce invite donc littéralement à être cyniques, autrement dit à flairer la vérité comme un chien le gibier et à la débusquer dans le terrier obscur où elle est logée. Le philosophe sagace n'est ainsi rien d'autre qu'un fin limier.

1. *Ibid.*, III, 436-439.
2. *Ibid.*, III, 454-456.

L'esprit qui nous vient par le nez : Condillac et la statue

Si la connaissance chez Lucrèce est largement tributaire du nez, elle n'en dépend pas exclusivement, car elle admet une pluralité de principes sensibles en vertu de la spécialité irremplaçable dévolue à chaque sens. De ce point de vue, la démarche suivie n'a pas la radicalité de celle qui sera entreprise quelques siècles plus tard par l'abbé de Condillac dans le *Traité des sensations*. Dans cet ouvrage, en effet, l'auteur nous convie à une expérience sans précédent : la constitution entière d'une théorie de la connaissance, de l'affectivité et de la personnalité sur l'unique base de la sensation olfactive. Pour fictive qu'elle soit, cette tentative de faire dériver du seul sens de l'odorat toutes les facultés d'un homme est particulièrement remarquable, car elle prouve la force du modèle olfactif, son aptitude à alimenter la réflexion philosophique et à asseoir des thèses de façon magistrale.

La fiction de la statue et le primat de l'odorat

Dans son *Traité des sensations* paru en 1754, Condillac recourt à une fiction devenue célèbre, celle d'une statue dont l'intérieur est organisé comme un homme, animé d'un esprit privé de toute espèce d'idée, et dont l'extérieur de marbre ne permet au départ l'usage d'aucun de ses sens. Cette fiction est destinée à combattre le préjugé des idées innées et à montrer comment les connaissances sont formées. Condillac s'en explique dans l'extrait raisonné de son traité : « Dans l'impuissance où nous sommes d'observer nos premières pensées et nos premiers mouvements, il falloit deviner et par conséquent, il falloit faire différentes suppositions. » [1] Il ne suffit pas de faire abstraction des autres sens pour isoler ce qui incombe à chacun, encore faut-il se dépouiller de toutes les habitudes pour pouvoir

1. *Traité des sensations*, Fayard, p. 289.

observer la naissance de la sensation et en dégager les fondements. Dans l'impossibilité actuelle de régresser effectivement jusqu'à l'origine des connaissances, Condillac imagine donc cette statue afin de mettre au jour les principes qui président au développement des idées et des facultés humaines. Il la représente sous les traits d'un homme aux sens fermés qui s'ouvrent un par un aux impressions dont ils sont susceptibles, en fonction du bon vouloir et des choix d'une personne extérieure.

Cette fiction d'une ouverture progressive de chaque sens obéit à une nécessité méthodologique, celle de considérer séparément chaque sens et de distinguer les idées spécifiques qu'il est à même de faire naître de son propre chef afin de mesurer ce qui est dû à chacun, d'évaluer les progrès dont il est capable et de comprendre comment les sens peuvent se prêter des secours mutuels. Dans la première partie consacrée à l'examen des sens qui, par eux-mêmes ne jugent pas des objets extérieurs, Condillac envisage d'abord séparément l'odorat (ch. 1 à 7), puis l'ouïe (ch. 8), avant de penser leur réunion (ch. 9). Il traite ensuite le cas du goût seul et du goût joint à l'odorat et à l'ouïe (ch. 10), puis il passe à la vue seule (ch. 11) et achève sa réflexion sur la réunion de la vue à l'odorat, à l'ouïe et au goût (ch. 12). Après la seconde partie entièrement centrée sur le toucher, seul sens qui juge par lui-même des objets extérieurs, Condillac aborde, dans une troisième partie, la question de savoir comment ce sens apprend aux autres à juger des objets extérieurs. À cet effet, il étudie les combinaisons tact/odorat (ch. 1), puis tact/odorat/ouie (ch. 2), auxquelles il rajoute la vue (ch. 3-9), avant d'en venir au goût et à la réunion de tous les sens (ch. 10-11). Il se livre pour finir, dans la quatrième partie, à l'étude des besoins, de l'industrie et des idées d'un homme isolé qui jouit de tous ses sens. Sans reprendre l'examen détaillé de tous les chapitres, il s'agira ici de mettre au jour le rôle décisif de l'odorat et d'examiner les enseignements qu'il livre, pris tour à tour séparément ou uni aux autres sens.

A) La puissance de l'odorat seul

Condillac choisit de commencer par un éveil olfactif de la statue et d'analyser les connaissances auxquelles un homme borné au sens de l'odorat pourrait avoir accès. Il justifie ce point de départ en faisant valoir que l'odorat « est celui de tous les sens qui paraît contribuer le moins aux connaissances de l'esprit humain » [1]. Ainsi l'ouverture de chaque sens épouse un ordre qui va du moins cognitif au plus cognitif. Condillac examine d'abord les sens qui ne jugent pas par eux-mêmes des objets extérieurs, à savoir, l'odorat, l'ouïe, le goût, la vue, et met le toucher à part en tant qu'il est le seul sens qui permet de passer des sensations à la connaissance des corps. Il faut noter, toutefois, que Condillac ne dit pas que l'odorat est le sens qui contribue le moins aux connaissances de l'esprit mais qui paraît comme tel. En effet, ce n'est qu'une apparence, car il va montrer qu'« avec un seul sens, l'entendement a autant de facultés qu'avec les cinq réunis » [2]. Toutes les facultés sont donc en germe avec l'odorat et l'adjonction des autres sens n'étend pas leur nombre, mais seulement les objets auxquels elles s'appliquent. L'odorat, par conséquent, n'est ni dévalorisé ni surestimé ; il est mis sur le même plan que tous les autres sens, car ce qui vaut pour lui va s'appliquer à eux [3]. Condillac va ainsi généraliser les conclusions tirées de l'olfaction. Cette généralisation n'est pas le fruit d'une induction hâtive, mais repose sur un type de raisonnement par contre-épreuve. L'odorat sert de paradigme à la théorie condillacienne de la connaissance parce qu'il est le sens qui paraît contribuer le moins aux développements des idées et des facultés de l'esprit. Par conséquent, si dans le cas le moins favorable la thèse selon laquelle un sens contient en germe toutes les facultés est avérée, à plus forte raison elle le sera dans tous les cas de figure.

Condillac entend donc montrer que la sensation olfactive enveloppe toutes les facultés de l'âme aussi bien les opérations de l'enten-

1. *Traité des sensations,* p. 11.
2. *Ibid.*, ch. 7, p. 57.
3. *Ibid.*, p. 58.

dement que celles de la volonté. En effet, « le jugement, la réflexion, le désir, les passions, etc., ne sont que la sensation même qui se transforme différemment »[1]. Toutes les facultés de l'âme se ramènent au sentir et à ses deux formes principales, l'attention et le désir. La sensation comprend d'emblée une modalité représentative et une modalité affective. La mémoire, le jugement, l'imagination, la formation d'idées abstraites, la connaissance de vérités générales et particulières, ne sont que différentes manières d'être attentif. Avoir des passions, aimer, haïr, espérer, etc., ne sont que différentes manières de désirer. La question se pose alors de savoir comment Condillac établit que toutes les connaissances et opérations de l'âme émanent du nez et que l'odorat à lui seul donne autant de facultés que les cinq sens réunis.

Les premières connaissances d'un homme borné au sens de l'odorat

Condillac examine d'abord les premières connaissances d'un homme borné au sens de l'odorat ; il constate bien évidemment qu'une statue dont seul le nez est en éveil ne saurait humer que des odeurs et ne se formerait pas d'autres idées. Rien n'existe pour elle que des fragrances, car elle ne connaît qu'à travers les narines :

> « Les connaissances de notre statue bornée au sens de l'odorat, ne peuvent s'étendre qu'à des odeurs. Elle ne peut pas plus avoir l'idée d'étendue, de figure, ni de rien qui soit hors d'elle, ou hors de ses sensations, que celles de couleur, de son, de saveur. »[2]

Pour comprendre la nature exacte de ces premières connaissances de la statue, il faut remarquer qu'elles ne portent pas sur l'odeur perçue comme un objet distinct d'elle-même, comme un objet constitutif d'un monde d'essences ou constitué par un sujet percevant.

1. *Ibid.*, p. 11.
2. *Ibid.*, I, ch. 1, p. 15.

Elles ne mettent pas en jeu un rapport entre un sujet et un objet et n'impliquent pas la distinction entre un être connaissant et un être connu. Il faut en effet distinguer les points de vue de l'organisateur de l'expérience, du spectateur ou du lecteur, de celui de l'homme de marbre, et ne pas confondre ce que la statue est par rapport à elle et ce que la statue est par rapport à nous. Chacun est ainsi convié à adopter les deux points de vue tour à tour sans les faire interférer. Il doit se faire statue en oubliant la manipulation mise en place et le stratagème qu'elle implique. Quiconque respecte la distinction doit alors convenir que la statue n'*a* pas l'idée de l'odeur mais qu'elle *est* l'idée de l'odeur qui se présente à elle. « Si nous lui présentons une rose, elle sera par rapport à nous une statue qui sent une rose ; mais par rapport à elle, elle ne sera donc que l'odeur même de cette fleur. »[1]

L'expérimentateur peut ainsi décrire l'expérience comme la mise en relation olfactive entre un sujet et un objet distincts, différencier le sentant du senti, et penser l'extériorité de l'un par rapport à l'autre. En revanche, la statue privée au départ de toute espèce d'idée ne peut savoir qu'il existe une fleur hors d'elle ; elle ressentira donc l'odeur comme une de ses manières d'être et ne sera pas à même d'opérer une distinction entre soi et la rose qu'elle confondra sous un seul et même parfum. Elle ne peut pour l'heure s'appréhender comme un sujet percevant un objet odoriférant. « Elle sera donc odeur de rose, d'œillet, de jasmin, de violette, suivant les objets qui agiront sur son organe. En un mot, les odeurs ne sont à son égard que ses propres modifications ou manières d'être ; et elle ne saurait se croire autre chose, puisque ce sont les seules sensations dont elle est susceptible. »[2]

Au point de départ de la fiction, l'existence du monde est admise, mais elle n'est connue que de nous. Par rapport à nous, la statue sent une rose, par rapport à elle, elle sent la rose, au sens où le parfum l'imprègne au point qu'elle n'est plus que cette impression.

1. *Ibid.*
2. *Ibid.*

Elle ne dispose pas du pouvoir de se distinguer de sa sensation. Le moi n'est pas posé comme un être à part. Le moi et la rose ne font qu'un. Ainsi la statue est un parfum qui constitue sa signature, son mode d'être au monde, sa première identité.

D'une manière plus générale, cela montre que l'odorat ne peut pas fonder à lui tout seul la distinction entre sujet et objet. L'odeur me pénètre, m'envahit et paraît si prégnante qu'elle donne l'impression d'émaner de moi et d'être ma propre expression. Elle ne fournit pas la sensation de la matérialité de l'objet extérieur, mais la sensation de former un tout avec moi. C'est pourquoi d'ailleurs Condillac en vient à dire que la statue bornée au sens de l'odorat n'a aucune idée de la matière. L'odorat est le sens le plus immatériel, le plus détaché du réel et le plus proche de l'idéalité. Il ne permet pas d'accréditer l'existence des objets extérieurs[1]. Que cette thèse soit ou non fondée, il paraît bien difficile de concevoir comment un homme borné au sens de l'odorat pourrait avoir la certitude absolue de l'existence de son corps et du monde extérieur. Il y aurait fort à parier qu'il serait un fervent disciple de l'évêque de Berkeley et nierait l'existence de la matière. Cela montre combien nos jugements dépendent de nos sens. Condillac au terme de son premier chapitre tire ainsi une première conclusion de portée générale : « On peut donc déjà se convaincre qu'il suffirait d'augmenter ou de diminuer le nombre de nos sens, pour nous faire porter des jugements tout différents de ceux qui nous sont aujourd'hui si naturels et notre statue bornée à l'odorat peut nous donner une idée de la classe des êtres, dont les connaissances sont le moins étendues. »[2] À ce premier

1. Cette conclusion, toutefois, vaut aussi pour un homme borné au sens de l'ouïe qui entend uniquement des bruits et des sons plus ou moins forts sans que cela lui donne pour autant l'idée d'un objet situé à distance (cf. *Traité des sensations,* I, ch. 8, p. 59). Elle s'applique également au goût, tant la saveur pensée indépendamment du contact avec un aliment apparaît comme une manière d'être (cf. *ibid.*, I, ch. 10, p. 69). Si la vue qui perçoit la lumière et les couleurs offre à la statue l'idée d'une étendue colorée, elle ne lui livre pas celle d'objets extérieurs, car elle rapporte cette étendue colorée à elle-même et fait corps avec elle. Seul le toucher pour Condillac fait exception à cette règle et permet à l'homme de découvrir son corps et les corps extérieurs.

2. *Ibid.,* I, ch. 1, p. 16.

stade de l'expérience, les connaissances de la statue se bornent à la sensation ; elle n'a pas la conscience de soi et se confond avec les odeurs. Elle est pure réceptivité passive, impression. Dès lors, la question qui se pose est celle de savoir comment la statue passe d'une réceptivité passive à une activité de connaissance si elle ne dispose pas d'idées innées. Il s'agit donc dans un second temps de rendre compte de la génération des opérations mentales à partir de la sensation. Condillac va alors s'employer à montrer dans le chapitre II que toutes les facultés de l'âme ne sont rien d'autre que la sensation transformée de diverses manières et à dégager le principe de cette transformation.

De la sensation olfactive à la mémoire et à l'imagination des odeurs

Pour écarter l'innéisme et en faire définitivement l'économie, il faut comprendre que les facultés sont de simples opérations et qu'elles se ramènent à des modalités diverses de la perception. Elles naissent des transformations de la sensation sous l'effet du double principe de plaisir et de peine. Encore faut-il pour cela que la statue soit capable de prêter attention à la jouissance ou la souffrance occasionnées par la sensation. L'attention se présente ainsi comme un réquisit préalable à toute opération mentale. Condillac admet subrepticement l'existence d'une constitution d'esprit telle qu'il soit capable à la fois d'être attentif et affectif. Dans ces conditions, il est possible de se demander si la tentative d'engendrer toutes les facultés de l'âme à partir de la seule sensibilité n'avorte pas d'emblée, car l'auteur du *Traité des sensations* présuppose en outre l'existence de l'attention. Il semble donc tomber dans un cercle vicieux en se donnant d'avance une faculté dont il se devait de rendre raison en opérant sa genèse à partir de la sensation. En réalité, cette attention requise n'est pas présupposée en dehors de la sensation et n'introduit pas subrepticement un second principe nécessaire concourant à l'engendrement des facultés. L'attention résulte de la capacité de sentir et n'est rien d'autre que la manière dont une sensation occupe l'esprit et est perçue par lui. Pourrions-nous en effet sentir si nous n'étions pas capables d'être attentifs à une impression ? Être attentif, c'est être tout entier à une impression qui se fait sur nos organes[1]. L'attention n'est donc pas une faculté extérieure et étrangère à la sensation qui préexisterait dans l'âme. Dès que l'esprit est occupé par une sensation vive, « cette sensation devient attention sans qu'il soit nécessaire de supposer rien de plus dans l'âme »[2]. L'attention implique donc à la fois la capacité de sentir et la présence d'une impression sur l'organe. Elle requiert une double présence, la présence de l'odeur à l'esprit et la présence de l'esprit à l'odeur, autrement dit, la présence d'une odeur, la présence à cette odeur.

La teneur de cette attention n'est pas seulement d'ordre cognitif, mais affectif. Dès que la statue prête attention à une sensation, « elle commence à jouir ou à souffrir : car si la capacité de sentir est tout entière à une odeur agréable, c'est jouissance ; et si elle est tout entière à une odeur désagréable, c'est souffrance »[3]. Le plaisir et la peine, qui investissent toute sensation dès l'instant où la statue prête attention, vont alors jouer le rôle de principes présidant à la naissance des opérations de l'esprit. Contrairement à toute attente, ils n'ont pas pour premier effet d'engendrer des désirs, mais des souvenirs. Le désir est une modalité affective complexe car il suppose la connaissance du bien auquel on aspire et du mal que l'on fuit et il implique l'idée d'un changement du bien en mieux et du mal en bien. Bornée à la respiration de la première odeur, « notre statue n'a encore aucune idée des différents changements qu'elle pourra essuyer. Elle est donc bien sans souhaiter être mieux ; ou mal sans souhaiter d'être bien. La souffrance ne peut pas plus lui faire désirer un bien qu'elle ne connaît pas, que la jouissance lui faire craindre un

1. C'est du moins ainsi que Condillac la caractérise dans le chapitre II de la première partie du *Traité des sensations*, p. 17 : « À la première odeur, la capacité de sentir de notre statue est tout entière à l'impression qui se fait sur son organe. Voilà ce que j'appelle attention. »

2. *Ibid.*, Extrait raisonné du *Traité des sensations*, p. 291.

3. *Ibid.*, I, ch. 2, p. 17.

mal qu'elle ne connaît pas davantage. Par conséquent, quelque désagréable que soit la première sensation, le fût-elle au point de blesser l'organe et d'être une douleur violente, elle ne saurait donner lieu au désir »[1]. Le désir, en tant qu'il implique les catégories de changement, de succession, de durée, mais aussi celle de comparaison entre divers états, ne peut donc être un affect premier. La souffrance ne s'accompagne pas nécessairement du désir de la voir cesser. Pour cela, il faut avoir connaissance d'un état meilleur. Tant que la statue n'a pas fait cette expérience, elle ne peut aspirer à un mieux. Le désir de fuir le mal n'est donc pas le fruit d'un réflexe naturel, mais d'une réflexion élaborée. En attendant, la statue ne saurait que fusionner avec son état présent. Ceci permet mieux de comprendre pourquoi au sens littéral la statue est tout entière au départ odeur de rose ou odeur de brûlé selon le bon vouloir de l'expérimentateur. Pour que le désir naisse, il faut que la statue puisse faire l'expérience que l'état dans lequel elle se trouve a cessé et ait fait place à un autre état. Dans ce cas, le désir peut naître soit par aspiration à retrouver l'état antérieur s'il était agréable ou à l'écarter à l'avenir s'il est désagréable. Ce n'est donc pas le désir mais le plaisir et la douleur qui vont déterminer les opérations de l'entendement, car c'est sur la base des états de jouissance et de souffrance que vont s'effectuer les comparaisons. Encore faut-il pour cela se souvenir des divers états et les garder en mémoire. La mémoire semble donc présupposée. Or rien ne permet *a priori* de penser que la statue en dispose. Dans ces conditions, Condillac n'admet-il pas sans preuve l'existence d'une force rétentrice des impressions pour expliquer la mémoire ? Renouvier voyait d'ailleurs là un vice de raisonnement et reprochait à l'auteur du *Traité des sensations* de présupposer comme donnée la mémoire dont il se propose d'expliquer la genèse.

La mémoire joue un rôle décisif, car sans souvenir des modifications le principe du plaisir et de la douleur ne peut être véritablement opératoire et déterminer l'âme à de nouvelles opérations, à des comparaisons susceptibles d'engendrer des désirs ou des craintes. En

1. *Ibid.*, I, ch. II, p. 17.

réalité, la mémoire naît de l'attention. Elle est ce qui reste de l'impression olfactive une fois que l'odeur s'est dissipée et que les effluves du corps odoriférant ne viennent plus chatouiller les narines. « L'odeur qu'elle sent ne lui échappe pas entièrement, aussitôt que le corps odoriférant cesse d'agir sur son organe. L'attention qu'elle lui a donnée, la retient encore. »[1] L'attention apparaît donc comme une force rétentrice indispensable à la formation de la mémoire. Elle prolonge la présence de la sensation en l'absence de sa cause et prend ainsi le relais de l'action des objets. L'attention ne se borne pas à l'instantanéité de la sensation présente. Elle retient l'odeur qui s'en va et c'est ce présent retenu qui constitue le passé. La mémoire est donc une trace de la sensation passée conservée *à* et *par* l'attention. La force des impressions est ainsi fonction de la vivacité de l'attention. La mémoire n'est alors qu'une attention transformée qui appréhende à la fois la présence du présent et la présence du passé. À ce stade, la capacité de sentir de la statue se dédouble et se répartit entre l'odeur présente et l'odeur passée. « Lorsque notre statue est une nouvelle odeur, elle a donc encore présente celle qu'elle a été le moment précédent. Sa capacité de sentir se partage entre la mémoire et l'odorat ; et la première de ces facultés est attentive à la sensation passée, tandis que la seconde est attentive à la sensation présente. »[2]

Du même coup, la mémoire ne se distingue pas de la capacité de sentir. Elle n'est qu'une manière de sentir. La respiration présente et le souvenir d'une odeur sont deux manières de sentir intrinsèquement identiques. Elles diffèrent uniquement de manière extrinsèque, « parce que l'une se rapporte à une sensation actuelle, et l'autre à une sensation qui n'est plus mais dont l'impression dure encore »[3]. Cette différence de rapports ne peut en aucun cas conduire la statue à remettre en cause l'identité intrinsèque entre la sensation actuelle d'une odeur et la mémoire, d'autant plus qu'elle ignore l'existence des objets extérieurs et qu'elle ne saurait faire intervenir le critère de

1. *Traité des sensations*, I, ch. 2, p. 19.
2. *Ibid.*
3. *Ibid.*, p. 19.

leur présence agissante ou de leur absence. De ce fait, la distinction entre les deux manières de sentir ne saurait prendre appui sur la référence aux choses extérieures. Il n'y a pas de différence de nature mais une différence de degré entre l'odorat et la mémoire, qui varie en fonction des forces respectives de la sensation et de l'impression. Si généralement la sensation actuelle d'une odeur se distingue du souvenir en vertu de son acuité plus grande, cette loi souffre des exceptions de sorte qu'une réminiscence olfactive puissante peut l'emporter sur la perception actuelle d'une odeur faible, voire l'occulter au point de renverser la hiérarchie entre passé et présent. Une distinction radicale et tranchée entre sensation et mémoire est donc impossible[1]. Cela implique qu'un homme borné à l'odorat ne dispose pas des moyens incontestables pour opérer un départage entre une réminiscence olfactive et une sensation liée à la présence réelle des objets. Ainsi le souvenir peut sembler avoir plus de réalité et de présence que la sensation. Dans ce cas, le présent est dépassé et le passé plus présent que le présent. À la limite, la statue peut en venir à inverser les données de l'expérience et à considérer que le présent est antérieur au passé. C'est pourquoi il faut une fois de plus prendre garde à ne pas confondre son approche et celle de l'expérimentateur et comprendre que la distinction entre sensation et mémoire est pour Condillac une construction intellectuelle qui requiert une combinaison de l'odorat et du toucher, combinaison sans laquelle l'existence des objets extérieurs affectant actuellement les sens n'est pas établie. De la même manière, bien qu'aux yeux de l'observateur la statue soit à la fois passive, lorsqu'elle éprouve des

1. C'est ce que laisse entendre Condillac au chapitre II de la première partie du *Traité des sensations* : « Ignorant qu'il y a des objets qui agissent sur elle, ignorant même qu'elle a un organe ; elle ne distingue ordinairement le souvenir d'une sensation d'avec une sensation actuelle, que comme sentir faiblement ce qu'elle a été, et sentir vivement ce qu'elle est… Je dis ordinairement, parce que le souvenir ne sera pas toujours un sentiment faible, ni la sensation un sentiment vif. Car toutes les fois que la mémoire lui retracera ces manières d'être avec beaucoup de force, et que l'organe au contraire ne recevra que de légères impressions ; alors le sentiment d'une sensation actuelle sera bien moins vif, que le souvenir d'une sensation qui n'est plus », p. 19-20.

sensations, et active, lorsqu'elle fait usage de sa mémoire pour s'en souvenir, elle n'a pas l'idée de la différence de ces deux états, car elle ne rapporte ses modifications qu'à elle-même et ne distingue pas la cause qui est en elle productrice de la mémoire et la cause hors d'elle productrice de ses sensations[1]. En somme, pour elle, tout est action si tant est que ce terme ait du sens là où on ne saurait concevoir de passion.

Grâce à la mémoire, la statue devient à même de distinguer en elle une succession d'états en fonction du changement des odeurs. Sous l'effet de l'exercice et de la réitération des actes, la mémoire devient une habitude de sorte que la statue peut se rappeler sans efforts les changements passés et établir une comparaison entre ce qu'elle est et ce qu'elle a été. Cette étape de la comparaison est décisive, car elle va permettre la formation et la formulation de jugements.

> « Si après avoir senti à plusieurs reprises une rose et un œillet, elle sent encore une fois une rose ; l'attention passive qui se fait par l'odorat sera toute à l'odeur présente de rose, et l'attention active qui se fait par la mémoire, sera partagée entre le souvenir qui reste des odeurs de rose et d'œillet. Or les manières d'être ne peuvent se partager la capacité de sentir, qu'elles ne se comparent : car comparer n'est autre chose que donner en même temps son attention à deux idées. »[2]

Si la comparaison est le résultat d'une attention prêtée simultanément à deux idées, elle ne saurait exister sans jugement, car elle implique que l'esprit perçoive une différence ou une identité entre les deux idées, et se prononce sur le fait que l'une n'est pas l'autre, lorsqu'il s'agit par exemple d'une odeur de rose et d'une odeur d'œillet, ou que l'une est l'autre lorsqu'il s'agit d'une odeur de rose passée et d'une odeur de rose présente. C'est pourquoi Condillac affirme que « dès qu'il y a comparaison, il y a jugement »[3], et définit

1. Cf. I, ch. 2, p. 20-21.
2. *Ibid.*, p. 22.
3. *Ibid.*

ce dernier comme « la perception d'un rapport entre deux idées que l'on compare »[1].

Tout comme l'exercice de la mémoire, la répétition des comparaisons et des jugements se commue en habitude et rend alors la statue capable d'étonnement. L'étonnement n'est pas en effet une surprise qui surgit purement et simplement devant la nouveauté. Il présuppose l'existence d'habitudes et le passage brutal d'un état coutumier à un état inédit. Cet étonnement renforce l'activité des opérations de l'âme, car il rend la statue plus attentive aux contrastes et aux oppositions. L'étonnement, toutefois, n'est pas le véritable moteur de l'activité de la statue, car « c'est toujours le plaisir et la douleur qui sont le premier mobile de ses facultés »[2]. À défaut d'être un principe de développement des facultés, l'étonnement sert de révélateur de l'opposition entre les sentiments agréables et les sentiments désagréables.

La conservation des idées olfactives dans la mémoire s'effectue en fonction de plusieurs critères qui se combinent et se hiérarchisent sous la haute autorité du principe de plaisir. Elle obéit d'abord à l'ordre de liaison des idées en fonction de leur succession temporelle de sorte que si elles ont toutes au départ retenu également l'attention, l'impression des dernières et des plus nouvelles sera plus forte que celle des premières qui s'estompe peu à peu. En revanche, lorsque certaines impressions ont peu retenu l'attention et tombent dans l'oubli, la liaison des idées cesse d'épouser un ordre successif et s'effectue en fonction de la vivacité des impressions et notamment de leur caractère pénible ou plaisant. Enfin, la statue sera encline à se remémorer de préférence parmi une multitude d'impressions, « celles qui peuvent davantage contribuer à son bonheur : elle passera rapidement sur les autres, où ne s'y arrêtera que malgré elle »[3]. Succession, vivacité et plaisir, telles sont les trois trames de la chaîne des impressions qui forment la mémoire et qui permettent de passer

1. *Ibid.*
2. *Ibid.*, p. 23.
3. *Ibid.*, I, ch. 2, p. 24.

d'une idée à l'autre. L'ordre hédoniste toutefois l'emporte sur les autres et conditionne au premier chef la remémoration olfactive. Ainsi nos réminiscences épousent les liaisons de nos jouissances.

À partir de là, il devient possible de rendre compte de l'émergence du besoin. Le besoin, en effet, implique la connaissance d'un bien dont la jouissance est jugée nécessaire. « Toutes les fois qu'elle est mal ou moins bien, la statue se rappelle ses sensations passées, elle les compare avec ce qu'elle est, et elle sent qu'il lui est important de redevenir ce qu'elle a été. De là naît le besoin, ou la connaissance qu'elle a d'un bien, dont elle juge que la jouissance lui est nécessaire. »[1] Contrairement à une idée très répandue, le besoin n'est pas immédiat, il est le résultat de la combinaison d'un processus affectif et cognitif. C'est donc un phénomène complexe, car il suppose *primo* un état affectif de peine ou de mal-être, *secundo*, un procédé de comparaison entre une peine ou un malaise actuels et un plaisir passé, ce qui implique *tertio*, un souvenir de ce plaisir et *quarto* un jugement selon lequel il constitue un bien nécessaire. Sans mémoire ni jugement, il n'y a pas de besoin. « Enlevez-lui le souvenir de ces plaisirs, elle sera mal, sans soupçonner qu'elle ait aucun besoin : car pour sentir le besoin d'une chose, il faut en avoir quelque connaissance. »[2]

Si le besoin est en partie déterminé par les opérations de l'âme, il va les déterminer en retour, les mobiliser et les accaparer. « Si son besoin est causé par une odeur qui lui fasse une douleur vive, il entraîne à lui presque toute la capacité de sentir : et il ne laisse de force à la mémoire que pour rappeler à la statue qu'elle n'a pas toujours été aussi mal. »[3] Le besoin réoriente donc les opérations de l'âme non seulement en focalisant l'attention sur la douleur, et la mémoire sur la vivacité d'un bien disparu, mais également en renversant le rapport de puissance entre les deux manières de sentir de façon à ce que le souvenir du plaisir passé soit si prégnant et vivace

1. Cf. I, ch. 2, p. 26.
2. *Ibid.*
3. *Ibid.*, p. 27.

qu'il éclipse l'impression présente douloureuse[1]. La mémoire de l'odeur peut ainsi usurper la part dévolue à l'odorat et s'emparer de toute la capacité de sentir.

Quand bien même l'éveil des facultés de la statue serait conditionné par les manipulations de l'expérimentateur, libre de lui faire sentir tour à tour telle ou telle odeur, il apparaît bien vite que la statue, loin d'être totalement passive, peut développer une activité propre qui échappe en partie aux conditions extérieures. Le mécanisme de plus en plus complexe de la liaison des idées en est la preuve car il cesse peu à peu de dépendre de l'ordre successif des sensations pour exprimer l'organisation interne de l'esprit qui agence ses impressions en fonction de leur vivacité, de leurs effets plaisants ou déplaisants, et peut bouleverser de fond en comble la chronologie pour y substituer un nouvel enchaînement indépendant des objets extérieurs. C'est là d'ailleurs le propre de l'imagination dont la puissance est telle qu'« elle donne un nouvel ordre aux idées »[2].

Condillac explique la naissance de l'imagination à partir de deux effets de la mémoire : « L'un est une sensation qui se retrace aussi vivement que si elle se faisait sur l'organe même; l'autre est une sensation dont il ne reste qu'un souvenir léger. »[3] L'action de la mémoire comporte donc des degrés qui s'échelonnent d'une jouissance faible et quasi inexistante du passé au point qu'il s'évanouit à une jouissance si vive qu'il paraît présent. L'imagination désigne ce degré où la mémoire a tant de force qu'elle nous fait jouir du passé comme s'il était présent. Entre les deux facultés n'existe pas une différence de nature mais de degré. L'imagination reste du registre de la remémoration et se présente comme une subdivision de la mémoire qui mérite une dénomination particulière en vertu de ses effets. La capacité de se remémorer « conserve le nom de *mémoire*, lorsqu'elle ne rappelle les choses que comme passées; et elle prend le

1. Cf. I, ch. 2, p. 28-29.
2. *Ibid.*, p. 32.
3. *Ibid.*, p. 29.

nom d'imagination, lorsqu'elle les retrace avec tant de force qu'elles lui paraissent présentes »[1]. Condillac précise alors que « ces deux facultés ne diffèrent que du plus ou moins. La mémoire est le commencement d'une imagination qui n'a encore que peu de force ; l'imagination est la mémoire même, parvenue à toute la vivacité dont elle est susceptible »[2]. L'imagination n'est donc à son tour qu'une forme d'attention à une impression particulièrement vive qui éclipse le reste. C'est pourquoi d'ailleurs Condillac en vient à faire observer qu'après avoir distingué deux attentions liées à l'odorat et à la mémoire, nous pouvons en distinguer une troisième, propre à l'imagination[3].

L'imagination, par conséquent, est cette mémoire qui donne au passé l'aspect du présent au point d'en usurper le titre. Dès lors, l'imagination de l'odeur produit les mêmes effets que l'odorat en acte car elle fait apparaître la sensation passée comme présente à l'instar des objets extérieurs. Condillac précise même que l'imagination est une forme d'attention « dont le caractère est d'arrêter les impressions des sens pour y substituer un sentiment indépendant de l'action des objets extérieurs »[4]. Elle possède ainsi une puissance supérieure à celle des objets extérieurs, car non seulement elle peut suspendre les impressions des sens et les remplacer par une manière d'être qui lui agrée, mais elle peut briser la chaîne des sensations qui se succèdent pour produire un ordre conforme à sa fantaisie et son plaisir, en sautant des maillons intermédiaires déplaisants, en bouleversant la chronologie ou en rapprochant les idées les plus éloignées[5].

S'il est parfois malaisé pour la statue, comme nous l'avons vu, de distinguer la sensation et la mémoire, il lui est à plus forte raison impossible de discerner la différence entre sentir et imaginer. « Lorsque la statue imagine une sensation qu'elle n'a plus, et qu'elle

1. *Ibid.*, p. 30.
2. *Ibid.*, p. 30.
3. P. 30.
4. P. 30.
5. Cf. I, ch. 2, p. 32.

se la représente aussi vivement que si elle l'avait encore, elle ne sait pas qu'il y a en elle une cause qui produit le même effet qu'un corps odoriférant qui agirait sur son organe. Elle ne peut donc pas mettre, comme nous, de la différence entre imaginer et avoir une sensation. »[1] Là encore il faut distinguer l'expérience pour nous de l'expérience pour elle et constater la possibilité d'une divergence voire d'une inversion totale de points de vue ou plutôt de manières de sentir. En vertu de la vivacité d'une imagination occultant tout le reste, la statue pourrait prendre ce qui n'est pas ou qui n'est plus pour ce qui est, et ce qui est comme ce qui n'est pas ou qui n'est plus. Contrairement à nous, la statue pourrait donc tenir pour réel ce qui est fictif et ce qui est fictif pour réel. La distinction entre fiction et réalité, n'ayant pas cours pour elle, le seul critère déterminant est la vivacité de l'impression, qu'elle soit sentie, remémorée ou imaginée. Un homme borné à l'odorat, par conséquent, ne disposerait d'aucun moyen objectif de faire le départage entre une hallucination olfactive et la respiration du parfum d'une rose réelle.

Condillac présume même que son imagination serait bien plus puissante que la nôtre car elle ne serait pas bridée par une multitude de sensations qui mobilisent et dispersent l'attention en l'empêchant de se focaliser sur la remémoration des seules odeurs. La diversité de nos sensations nous détourne d'une imagination monolithique et obsessionnelle et offre un démenti à ses délires éventuels. « Nos sens toujours en garde contre notre imagination, nous avertissent sans cesse de l'absence des objets que nous voulons imaginer : au contraire, tout laisse un libre cours à l'imagination de notre statue. »[2] Condillac admet toutefois un frein qui suspende absolument l'action de l'imagination et de la mémoire lorsque la vivacité de la sensation est telle qu'elle absorbe totalement la capacité de sentir et ne laisse pas de place pour autre chose, comme c'est le cas dans l'ivresse du plaisir ou l'accablement de la douleur[3].

1. *Ibid.*, p. 30.
2. *Ibid.*, p. 30.
3. Cf. I, ch. 2, p. 31.

Au terme du second chapitre, il apparaît qu'un homme borné à l'odorat est capable non seulement de sentir, mais de se souvenir, de comparer, de juger, d'éprouver des besoins et d'imaginer en prêtant attention à ses sensations, leur succession, leur vivacité. Certes, son discernement est limité, car ses jugements ne portent que sur l'identité et la différence des choses, leur caractère agréable ou désagréable. Il aura du mal à ne pas confondre plusieurs odeurs qui se font sentir ensemble et à ne pas les considérer comme une seule.

De la sensation olfactive aux sentiments

Après avoir mis au jour les opérations de l'entendement dont serait capable un homme réduit à son nez, Condillac nous invite à suivre l'évolution affective de la statue en analysant dans le chapitre III les désirs et les passions qui naissent de l'olfaction. L'auteur du *Traité des sensations* rend compte du désir à partir de l'action conjuguée des facultés de l'âme et du besoin. « Le désir n'est que l'action de ces mêmes facultés lorsqu'elles se dirigent sur la chose dont nous sentons le besoin. »[1] Tout comme le besoin, le désir présuppose l'idée de quelque chose de mieux que le mal-être présent et implique l'existence d'une mémoire, d'une comparaison et d'un jugement. Néanmoins, il n'est pas la simple connaissance d'un bien dont on juge que la jouissance est nécessaire et la simple épreuve du mal-être. Il requiert en outre l'action de ces facultés en tant qu'elles s'orientent vers la chose dont on éprouve le besoin. Dans le désir, il y a une organisation finalisée des facultés vers des choses susceptibles d'y mettre un terme. Le désir implique un commencement d'action pratique, une orientation, une tendance vers quelque chose, alors que le besoin est la simple expression du mal-être et de la nécessité d'y mettre un terme. Le caractère du désir, sa faiblesse ou sa force, seront donc fonction de la différence entre les états qui se succèdent. Le désir sera ainsi plus ou moins fort selon que l'on aura affaire à une diffé-

1. *Traité des sensations*, I, ch. 3, p. 37.

rence minimale entre deux états, qui donne lieu à ce que Condillac appelle malaise ou léger mécontentement selon que la différence est considérable et prend la forme du tourment ou de l'inquiétude. C'est ainsi en fonction de leur force ou de leur faiblesse que les désirs vont prendre ou non une tournure passionnelle et conduire à une polarisation vers la chose dont nous éprouvons le besoin. Qu'elle soit hégémonique ou exclusive, la passion est ainsi un désir dominant né de l'inquiétude liée à la privation d'un bien. La passion est l'expression d'un différentiel entre un état de bien-être antérieur et de malaise actuel. Elle consiste à vouloir réduire cet écart qui obnubile l'entendement au point que toutes les facultés de l'âme sont focalisées sur cet objectif. Condillac explique alors à partir de là la genèse de l'amour et de la haine chez la statue bornée à l'odorat. « Dès qu'il y a en elle jouissance, souffrance, désir, passion, il y a aussi amour et haine. Car elle aime une odeur agréable, dont elle jouit, ou qu'elle désire. Elle hait une odeur désagréable, qui la fait souffrir ; enfin elle aime moins une odeur moins agréable qu'elle voudrait changer contre une autre. » [1] L'amour est ainsi jouissance et désir d'une odeur agréable et la haine souffrance et répulsion envers une odeur déplaisante. Mais il faut noter là encore que, dans le cas d'un homme borné à l'odorat, l'amour ne peut être amour d'un objet extérieur. Le seul objet d'amour de la statue, c'est elle-même. La première forme d'amour-propre est ainsi d'essence olfactive. La statue s'aime en tant qu'odeur agréable[2]. Curieusement Condillac ne parle pas de haine de soi liée à une odeur désagréable que la statue rapporterait à elle-même. Cela s'explique peut-être par le fait que la haine implique l'introduction d'une distance, d'un éloignement impossible à concevoir dans un rapport de soi à soi et en l'absence de toute pensée de l'extériorité. Une éventuelle haine de soi, née d'une mauvaise odeur conçue comme manière d'être, ne peut donc s'exprimer que sous la forme d'un désir d'échanger un état pénible contre un état plus agréable.

Condillac rend compte de la genèse de l'espérance et de la crainte

1. *Ibid.*, p. 38.
2. Cf. I, ch. 3, p. 39.

à partir des mêmes principes que l'amour et la haine, à savoir la jouissance et le désir, d'une part, la souffrance et la répulsion, d'autre part. Ces deux passions mettent en jeu une combinaison du jugement concernant l'avenir et des passions d'amour et de haine ; elles naissent des habitudes, c'est-à-dire des expériences passées qui sont projetées dans le futur. « L'habitude où est notre statue d'éprouver des sensations agréables ou désagréables lui fait juger qu'elle peut en éprouver encore. Si ce jugement se joint à l'amour d'une sensation qui plaît, il produit l'espérance ; et s'il se joint à la haine d'une sensation qui déplaît, il forme la crainte. En effet, espérer, c'est se flatter de la jouissance d'un bien ; craindre, c'est se voir menacé d'un mal. »[1] La crainte est donc une espèce de haine à l'endroit d'un mal que nous jugeons pouvoir advenir en vertu de notre expérience passée tandis que l'espérance est une espèce d'amour envers un bien que nous jugeons pouvoir nous échoir.

Condillac conclut son analyse des manières d'être affectives d'une statue bornée à l'odorat en expliquant comment la volonté se forme. Si le désir est le commencement de la réalisation d'un besoin par la concentration des facultés susceptibles de produire la jouissance, et si la passion est un désir dominant ou exclusif, la volonté est « un désir absolu, et tel que nous pensons qu'une chose désirée est en notre pouvoir »[2]. La question se pose de savoir quelle est la différence entre la passion, désir dominant, voire exclusif, et la volonté, désir absolu. À la vérité, la volonté naît de l'expérience antérieure d'un d'obstacle surmonté. Du même coup, le désir à l'endroit de la chose est absolu, car la statue ne voit pas pourquoi un obstacle surmonté une fois ne le serait pas cette fois encore. La volonté témoigne d'une forme de confiance en la réalisation du désir et la réitération d'une expérience passée réussie de jouissance. Cette confiance est alimentée par deux causes : « l'expérience d'avoir satisfait un pareil désir, et l'intérêt qu'il le soit encore »[3].

1. *Ibid.*, p. 39-40.
2. *Ibid.*, p. 40.
3. *Ibid.*, p. 40.

De la sensation olfactive aux idées générales et à l'idée du moi

Jusqu'à présent, la statue a éprouvé des sensations olfactives, elle est capable d'un certain nombre d'opérations de l'entendement comme être attentif, se souvenir, comparer, juger, imaginer. Elle éprouve des désirs, des passions, des volontés, mais elle n'a pas d'idées générales à proprement parler. Elle a seulement des idées particulières, c'est-à-dire des sensations actuelles ou remémorées. Dans le chapitre 4 de la première partie du *Traité des sensations,* Condillac relate la genèse des idées générales à partir de la sensation particulière de l'odorat et va montrer d'abord comment se forment les idées abstraites de contentement et de mécontentement. L'idée générale est le fruit des opérations d'abstraction de l'entendement qui dégage des traits communs à plusieurs manières d'être. Alors que la sensation renvoie toujours à la particularité d'un état, l'idée implique une séparation par rapport à cette particularité pour déterminer ce qui est commun aux diverses modifications de la statue. Ainsi les premières idées générales qui résultent de ce procédé d'abstraction sont celles de mécontentement et de contentement. À travers la multiplicité des états plaisants ou déplaisants qui se succèdent, la statue en vient à saisir la propriété commune de contentement qui caractérise tous les états de jouissance et celle de mécontentement propre à tous les états de souffrance et elle conserve ensuite ces idées abstraites dans sa mémoire. Les idées sont donc abstraites, car elles sont séparées de la particularité des modifications, et générales, car elles saisissent des traits communs. De ce point de vue, les odeurs de la violette ou de la jonquille ne sauraient être des idées abstraites communes à plusieurs fleurs, car la statue ignore l'existence des violettes et des jonquilles. Ainsi « lorsqu'elle sentira successivement plusieurs fleurs de même espèce, elle éprouvera toujours une même manière d'être, et elle n'aura à ce sujet qu'une idée particulière »[1]. Elle ne peut dire qu'une odeur est commune à plusieurs fleurs et

1. *Ibid.*, p. 42.

chaque fois qu'elle sent le parfum de la violette, elle est renvoyée à la particularité d'une sensation qui se répète. C'est pourquoi sa capacité d'abstraction est limitée aux notions de contentement et de mécontentement. Malgré sa limitation, la formation de ces idées a des incidences importantes, car elle conduit la statue à un hédonisme généralisé. Elle est amenée à vouloir le plaisir et à fuir la peine en général et à réorienter son activité autour de cet objectif.

Au-delà des idées abstraites de contentement et de mécontentement, la statue est à même de former celle de l'unité, à l'occasion d'une sensation éprouvée ou remémorée, ainsi que celle du nombre, chaque fois que la mémoire lui rappelle qu'elle a été telle odeur, puis telle autre et ainsi de suite. Condillac précise bien que l'odorat donne la notion de l'unité et non celle du nombre qui requiert nécessairement la mémoire[1]. Deux ou plusieurs odeurs senties en même temps n'en feront qu'une pour la statue et ne lui seront d'aucun secours pour élaborer la notion de nombre. Cette notion, du reste, n'est guère élaborée, car en l'absence d'un art des signes qui permette de noter, de distinguer et de mémoriser les diverses quantités, la statue, d'après Condillac, ne pourra guère embrasser distinctement plus de trois de ses manières d'être et ne verra au-delà qu'une multitude indéfinie[2]. Cette distinction entre idées particulières et générales rend la statue capable de connaître deux sortes de vérités. Elle aperçoit des vérités particulières concernant les odeurs de chaque espèce de fleurs et des vérités générales au sujet des manières d'être agréables ou désagréables.

Elle possède également quelque idée du possible. « Comme elle est dans l'habitude d'être, de cesser d'être, de redevenir la même odeur, elle jugera, lorsqu'elle ne l'est pas qu'elle pourra l'être : et lorsqu'elle l'est, qu'elle pourra ne l'être plus. »[3] Cette expérience, toutefois, est limitée, car la statue dépend de l'observateur qui tire les ficelles et qui lui présente successivement une odeur de rose ou de

1. *Ibid.*, p. 43.
2. Cf. I, ch. 4, p. 44.
3. *Ibid.*, p. 45.

violette, de telle sorte « qu'elle pense qu'elle peut, par exemple, cesser d'être odeur de rose pour redevenir odeur de violette »[1]. Or que se passerait-il si nous lui faisions sentir continuellement la même odeur, après lui avoir fait sentir successivement la rose et la violette ? Condillac fait valoir que l'imagination pourrait y suppléer et qu'elle pourrait, dans le cas où le parfum de la rose agrée à la statue et où l'expérimentateur ne lui fasse plus sentir que la violette, reproduire l'odeur plaisante avec une telle vivacité qu'elle éclipse celle de la violette. L'ordre des idées sera alors modifié sous l'impulsion de l'imagination et l'odeur de la rose s'intercalera au sein des effluves continus de violette donnant l'impression de cette succession d'états différents propices à la formation de l'idée de possible.

La formation de l'idée d'impossible est plus problématique pour la statue. « Accoutumée à perdre une manière d'être aussitôt qu'elle en acquiert une nouvelle, il est impossible suivant sa manière de concevoir qu'elle en ait deux à la fois. »[2] Si on lui faisait sentir deux odeurs à la fois, le parfum combiné serait pour elle une autre manière d'être et elle ne pourrait discerner la violette de la rose et considérer que les fragrances successivement perçues sont ici données en même temps. Condillac estime cependant que l'élaboration de l'idée d'impossible reste problématique, car la statue a peu d'occasions de former des jugements à ce propos puisque il est plus naturel qu'elle s'occupe de ce qu'elle éprouve que de ce qu'elle n'a pas encore éprouvé[3].

Outre les notions d'unité, de nombre, de possible et d'impossible, un homme borné à l'odorat peut avoir l'idée de la durée passée, future et indéfinie. L'idée d'une durée passée provient du discernement des odeurs qui engendre l'idée de succession. La statue en vient donc à distinguer deux instants, l'avant et l'après, voire davantage en fonction de la puissance de la mémoire à lui rappeler deux, trois, quatre manières d'être[4]. L'idée d'une durée à venir repose sur l'expé-

1. *Ibid.*, p. 45.
2. *Ibid.*, p. 46.
3. Cf. I, ch. 4, p. 46.
4. *Ibid.*

rience passée d'une succession invariable d'odeurs associées dans la mémoire de telle sorte que si l'une est présentement donnée la statue ait immédiatement l'idée de celle qui va ensuite venir. Condillac prend pour exemple la suite, jonquille, rose, violette.

> « Dès que ces odeurs sont constamment liées dans cet ordre, une d'elles ne peut affecter cet organe, qu'aussitôt la mémoire ne lui rappelle les autres dans le rapport où elles sont à l'odeur sentie. Ainsi qu'à l'occasion de l'odeur de violette, les deux autres se retraceront comme ayant précédé, et qu'elle se représentera une durée passée, de même à l'occasion de l'odeur de jonquille, celles de rose et de violette se retraceront comme devant suivre, et elle se représentera une durée à venir. » [1]

L'idée d'une durée indéfinie vient du fait qu'elle peut concevoir dans le passé et dans l'avenir, un au-delà des trois instants qu'elle aperçoit de manière distincte. Les trois odeurs de jonquille, rose et violette, qui lui permettent de discerner trois instants, sont précédées et suivies d'autres odeurs marquant d'autres instants passés et futurs, de telle sorte que la statue peut avoir l'idée d'une durée sans pouvoir lui assigner ni commencement ni fin. De ce fait, elle percevra cette durée indéfinie comme une éternité. Ainsi, un homme borné au sens de l'odorat n'aurait aucune idée de la mort et de la finitude et se croirait éternel. Pour Condillac, seule l'attention aux êtres de notre espèce, que nous voyons naître et périr, nous donne l'idée d'un commencement et d'une fin. « Un homme qui ne connaîtrait que sa propre existence n'aurait aucune idée de la mort. » [2]

Cette durée indéfinie peut toutefois faire l'objet d'une mesure, car il est possible de distinguer deux successions, celle des impressions sur l'organe et celle des sensations remémorées. L'idée de durée initialement produite par la succession des odeurs continue à faire l'objet d'une représentation en l'absence de l'action des objets. La statue peut se représenter le présent en fonction de son état actuel, le passé par le souvenir de ce qu'elle a été, et le futur en vertu

1. *Ibid.*, p. 47.
2. *Ibid.*

d'un jugement selon lequel il est possible qu'elle éprouve encore les sensations antérieures. De ce fait, l'une de ses successions peut servir à mesurer la durée de l'autre. Ainsi, pendant que la statue se remémore une sensation, plusieurs impressions peuvent se succéder et être décomptées pour mesurer la durée du souvenir. Inversement, la durée d'une impression peut être évaluée par la suite des souvenirs qui se succèdent pendant qu'elle se produit[1]. Cette idée de la durée, cependant, n'a rien d'absolu puisqu'elle dépend de la succession d'odeurs senties ou remémorées. Or, si on ne lui faisait sentir qu'une seule odeur continûment, elle n'aurait l'idée que d'un seul instant.

Après avoir analysé les idées d'un homme borné à l'odorat pendant la veille, Condillac achève son examen en se penchant sur l'état de sommeil et de rêve dans le chapitre 5. L'objectif est d'étudier les facultés de l'âme en repos pour compléter le tableau de leur action lorsqu'elle tend à l'inaction. Condillac fait varier les conditions de l'expérience et se penche sur les cas limites où l'action des facultés se ralentit au point de s'éteindre afin d'appréhender au mieux la nature des opérations de l'entendement. Le point de départ de l'expérience repose sur une excitation sensorielle de l'odorat qui va mettre en branle les facultés de l'âme. Que se passe-t-il en l'absence d'excitation dans le sommeil sans rêve et dans le songe ?

Condillac observe d'abord comment l'action des facultés se ralentit, lorsque la statue est réduite au souvenir d'une odeur. Dans ce cas, la statue perd en partie le sentiment de son existence, car « elle sent moins qu'elle existe qu'elle ne sent qu'elle a existé »[2]. Que deviennent les facultés de l'âme dans l'état de sommeil sans excitation sensorielle ? Si ces facultés continuent d'agir, ce ne peut être que sur une partie des idées, celles sur lesquelles l'imagination conserve quelque prise et qui sont interceptées, nous dit Condillac. Du même coup, l'ordre des idées qui prévaut dans l'état de veille sera bouleversé et n'obéira pas nécessairement à une logique hédoniste. En somme, nos rêves peuvent être des cauchemars, car l'imagination,

1. Cf. I, ch. 4, p. 49.
2. *Ibid.*, I, ch. 5, p. 53.

qui veille à mettre bon ordre à l'enchaînement des impressions, en occultant ce qui est pénible au profit de ce qui est plaisant, lorsque nous ne dormons pas, n'est pas aussi active et efficace pendant le sommeil. « Voilà l'état de songe : il ne diffère de celui de la veille, que parce que les idées n'y conservent pas le même ordre, et que le plaisir n'est pas toujours la loi qui règle l'imagination. Tout songe suppose donc quelques idées interceptées, sur lesquelles les facultés de l'âme ne peuvent plus agir. »[1] Ainsi, l'état de songe est particulièrement intéressant, car il offre l'exemple d'un ordre qui viole la loi du plaisir. Il fait donc figure de cas d'exception qui limite la portée de la règle d'enchaînement des idées. La statue, toutefois, ne dispose pas du moyen de discerner la veille du songe. Étant donné qu'elle ne perçoit pas la différence entre imaginer vivement et sentir, elle considérera ses impressions rêvées comme tout aussi réelles que ses sensations. Elle pensera que la vie est un songe ou que le songe est la vie.

Comme toute connaissance, pour la statue, est en fait connaissance de soi, Condillac étudie alors dans le chapitre 6 le moi ou la personnalité d'un homme borné à l'odorat. Le moi n'est qu'une suite d'odeurs, un bouquet de senteurs passées et présentes. Il n'est plus une odeur de rose comme au premier moment de son existence, mais il embrasse la succession des fragrances. L'existence d'une pluralité d'odeurs est la condition de possibilité de l'émergence du je ou du moi. En effet, pour que la statue puisse dire « moi », il faut qu'elle puisse faire retour sur elle-même et s'appréhender comme identique à travers les divers moments du temps. Or ce retour réflexif sur soi n'est possible que si un être juge qu'il est le même à travers les changements. C'est pourquoi il faut nécessairement que la statue ait été autre chose qu'une odeur de rose et qu'elle se soit sentie comme odeur de violette pour qu'elle accède au je. Condillac affirme ainsi qu'« elle ne peut pas dire moi au premier moment de son existence »[2]. Sa personnalité se définit comme réminiscence olfactive et conscience de son parfum présent. « Son moi est tout à la fois la

1. *Ibid.*, ch. 5, p. 53.
2. I, ch. 6, p. 55.

conscience de ce qu'elle est et le souvenir de ce qu'elle a été. »[1] Sa personnalité n'embrasse pas nécessairement toutes les odeurs qu'elle a senties, sauf si sa mémoire est excellente, mais tous les parfums qui l'ont marquée. Son moi est une collection d'odeurs senties et remémorées.

Au terme du premier volet de cette expérience d'éveil de l'odorat seul, Condillac tire quatre conclusions des enseignements que lui livre le nez. Premièrement, rien qu'avec l'odorat, l'entendement a autant de facultés qu'avec les cinq sens réunis[2]. Autrement dit, un seul sens vous reste et vous gardez l'intégralité des facultés. Deuxièmement, la sensation olfactive enveloppe toutes les facultés de l'âme. Aussi bien les différentes manières d'être attentif comme la mémoire, le jugement, l'imagination, les idées abstraites, les vérités générales ou particulières que les différentes manières de désirer comme les passions, l'amour, la haine, la crainte, l'espérance et la volonté ne sont rien d'autre que de la sensation transformée[3]. Troisièmement, qu'ils prennent le nom de besoin, d'étonnement ou d'autres encore, la douleur et le plaisir olfactifs constituent le mobile et le principe du développement des facultés[4]. Quatrièmement, tout ce qui vaut pour l'odorat peut être appliqué aux autres sens[5] de sorte qu'il est possible de généraliser les conclusions. Condillac ne se borne d'ailleurs pas à énoncer ses conclusions, mais il va vérifier dans les chapitres suivants qu'elles s'appliquent bien à chacun des sens pris séparément avant d'envisager leur réunion progressive. Laissons de côté l'examen successif des cas d'un homme borné au sens de l'ouïe, du goût,

1. *Ibid.*, p. 56.

2. « Ayant prouvé que notre statue est capable de donner son attention, de se ressouvenir, de comparer, de juger, de discerner, d'imaginer : qu'elle a des notions abstraites, des idées de nombre et de durée ; qu'elle connaît des vérités générales et particulières ; qu'elle forme des désirs, se fait des passions, aime, hait, veut ; qu'elle est capable d'espérance, de crainte et d'étonnement ; et qu'enfin elle contracte des habitudes ; nous devons conclure qu'avec un seul sens l'entendement a autant de facultés qu'avec les cinq réunis. » *Ibid.*, I, ch. 7, p. 57.

3. *Ibid.*

4. *Ibid.*, p. 58.

5. *Ibid.*

de la vue et du toucher, qui ne concerne pas directement notre propos pour envisager l'éveil multi-sensoriel de la statue.

B) La réunion progressive de l'odorat aux autres sens

Loin de se cantonner à une approche séparée, Condillac fait varier les conditions de l'expérience et adopte une démarche synthétique en recomposant peu à peu un homme doté de tous les sens. Après avoir présenté chacun des sens qui, par eux-mêmes, ne jugent pas des objets extérieurs, Condillac examine à la fin de la première partie la réunion progressive de l'odorat à l'ouïe, au goût, et à la vue ; il envisagera ultérieurement les modifications considérables apportées par le toucher qui constitue le seul sens apte à juger par lui-même des objets extérieurs.

La réunion de l'odorat, à l'ouïe, au goût et à la vue

La réunion de l'odorat aux autres sens, incapables comme lui de juger par eux-mêmes, est opérée sur la base de trois combinaisons. La première fait l'objet du chapitre 9 de la première partie du *Traité des sensations* et concerne la réunion de l'odorat et de l'ouïe. Que se passe-t-il alors dans ce nouveau cas de figure ? Tout d'abord, la statue ne distingue pas les sons et les odeurs qui lui viennent en même temps. Ils constituent une seule manière d'être. La perception d'une odeur et d'un son apparaît comme une modification simple. En revanche, si les sensations auditives et olfactives ont été perçues séparément, la statue pourra les distinguer grâce à sa mémoire. Son être lui paraît acquérir une double existence, comme odeur et comme son. Sa mémoire s'accroît et se renforce, car une suite de sons évoque une suite d'odeurs et aide à les rappeler. Toutefois, cette association entre l'odorat et l'ouïe risque de poser problème, car il est possible que les sons éclipsent les odeurs, et réciproquement. Elle est néanmoins propice au développement des facultés de l'âme, qui forme plus d'idées abstraites dans la mesure où elle peut concevoir deux espèces de modifications[1]. La réunion des deux sens, toutefois, ne produit pas véritablement de changement qualitatif, mais seulement quantitatif, à savoir l'extension de la mémoire et de la capacité d'abstraction.

La seconde combinaison étudiée dans le chapitre 10 consiste à joindre le goût à l'odorat et à l'ouïe. On peut alors s'étonner de constater que Condillac, après avoir pensé la réunion de l'odorat à l'ouïe, ne continue pas à explorer les sens deux à deux, odorat et goût, odorat et vue, etc., pour s'attaquer directement à une configuration triple. Cette anomalie apparente ne concerne en réalité que le rapport entre l'odorat et le goût et le rapport entre l'odorat et la vue, car l'auteur du *Traité des sensations* envisagera ultérieurement au chapitre 1 de la troisième partie la réunion de l'odorat et du toucher. Si Condillac passe sous silence les deux autres cas de figure, c'est sans doute parce qu'ils sont négligeables dans la mesure où la réunion de l'odorat et du goût, aussi bien que celle de l'odorat et de la vue, n'apportent aucun élément nouveau par rapport à l'addition de l'odorat et de l'ouïe. Seule l'adjonction du toucher à l'odorat mérite d'être prise en considération, car elle fait intervenir les objets extérieurs.

Quoi qu'il en soit, le goût joint à l'odorat et l'ouïe va donner à la statue le sentiment d'une triple existence. Aux yeux de Condillac, le goût contribue plus que l'odorat et l'ouïe au bonheur et au malheur, car le besoin de nourriture rend les saveurs plus nécessaires que les sons et les odeurs. Il n'augmente pas seulement la capacité de la mémoire et le nombre des idées abstraites mais l'intensité de la jouissance et de la souffrance, et par conséquent des désirs et des passions. L'adjonction du goût a donc à la fois des répercussions cognitives et affectives. L'expérience se heurte cependant à deux limites. D'une part, le discernement des modalités sensorielles gustatives et olfactives est rendu difficile par la très grande analogie entre la saveur et l'odeur. « Il ne lui sera pas toujours aussi aisé de faire la différence

1. Cf. I, ch. 9, p. 67.

d'une saveur à une odeur que d'une saveur à un son. »[1] D'autre part, le goût peut nuire aux autres sens en accaparant l'attention au point de rendre la statue insensible aux odeurs et à l'harmonie[2].

Condillac complexifie ensuite le processus d'éveil de la statue et passe à une troisième combinaison. Il introduit la vue dans le chapitre 12 et la joint à l'odorat, au goût et à l'ouïe. Cette addition augmente le nombre de manières d'être, diversifie et étend la chaîne des idées et des désirs, mais ne permet pas encore d'avoir accès à la connaissance des objets extérieurs. La statue reste dans l'ignorance : « Elle ne soupçonne donc pas qu'elle doive ses manières d'être à des causes étrangères ; elle ignore qu'elles lui viennent par quatre sens. Elle voit, elle sent, elle goûte, elle entend, sans savoir qu'elle a des yeux, un nez, une bouche, et des oreilles : elle ne sait pas qu'elle a un corps. »[3] Condillac s'interroge alors sur les jugements qu'elle pourrait porter en fonction des variations des conditions de l'expérience. À supposer que la statue voie continûment la même couleur, ou sente en permanence la même odeur, elle serait portée à définir sa personnalité par cette couleur ou cette odeur et à considérer que ses autres manières d'être n'en sont que des modalités. Elle en viendrait ainsi à se penser comme sujet auquel se réfèrent et se rapportent diverses qualités sensibles.

> « Si supposant qu'elle est continûment la même couleur, nous faisons succéder en elle les odeurs, les saveurs et les sons, elle se regarderait comme une couleur qui est successivement odoriférante, savoureuse et sonore. Elle se regarderait comme une odeur savoureuse, sonore et colorée, si elle était constamment la même odeur ; et il faut faire la même observation sur toutes les suppositions de cette espèce. Car c'est dans la manière d'être où elle se retrouve toujours, qu'elle doit sentir ce moi qui lui paraît le sujet de toutes les modifications dont elle est susceptible. »[4]

1. I, ch. 10, p. 70.
2. *Ibid.*, p. 70.
3. I, ch. 12, p. 87.
4. *Ibid.*, p. 88.

Quel que soit le mode de combinaison choisi à l'exclusion du toucher, la réunion d'un, deux ou trois sens à l'odorat étend la portée des connaissances de la statue, mais ne la fait jamais sortir d'elle-même. Elle reste ainsi vouée à l'intériorité sans rien savoir de l'existence des corps. Une véritable rupture a lieu lorsque le toucher se joint à l'odorat.

La réunion du toucher à l'odorat

La réunion du toucher à l'odorat produit des effets spectaculaires. Condillac estime en effet que le toucher est le « seul sens qui juge par lui-même des objets extérieurs »[1] et c'est la raison pour laquelle il n'en traite pas dans la première partie de son ouvrage, mais uniquement dans la seconde. Pour mieux mesurer la portée de l'union du tact à l'olfaction, il est nécessaire de comprendre la révolution opérée par le toucher qui consiste à passer de nos sensations à la connaissance des corps. À cet égard, il faut observer que toutes les sensations tactiles ne nous donnent pas le sentiment de l'étendue et de l'existence des corps. Pour cela, il est indispensable de dépasser le simple sentiment fondamental produit par le toucher. Le tact donne tout d'abord à la statue le sentiment de l'action des parties de son corps les unes sur les autres, et surtout des mouvements de la respiration. Ce sentiment est appelé sentiment fondamental, car « c'est à ce jeu de la machine que commence la vie de l'animal, elle en dépend uniquement »[2]. Ce sentiment fondamental identifié à son moi ne peut lui donner encore aucun sentiment de l'étendue et des objets extérieurs. La question se pose alors de savoir comment on en vient à la sensation et la connaissance des corps extérieurs. Pour cela, il faut que la sensation soit d'une nature telle qu'elle produise le phénomène de l'étendue par l'expérience du corps propre et de sa contiguïté avec d'autres corps. Si la sensation était uniquement perçue

1. II, ch. 1, p. 89.
2. II, ch. 1, p. 89.

comme une manière d'être de la statue, il lui serait impossible de découvrir l'existence de son corps, et au-delà de lui, des autres[1]. « La nature n'avait donc qu'un moyen de lui faire connaître son corps, et ce moyen était de lui faire apercevoir ses sensations non comme des manières d'être de son âme, mais comme des modifications des organes qui en sont autant de causes occasionnelles. Par-là le *moi*, au lieu d'être concentré dans l'âme, devait s'étendre, se répandre et se répéter en quelque sorte dans toutes les parties du corps. »[2] Condillac ne rend pas raison de ce phénomène et le présente comme un fait inexpliqué mais pas inexplicable[3]. En attendant d'en comprendre le mécanisme et de pouvoir produire une explication, la nature est invoquée comme une sorte de *deus ex machina*. Il reste à savoir comment la statue en vient à mettre en œuvre ce moyen et à percevoir ses sensations non pas comme des manières d'être de son âme, mais comme des modifications de ses organes.

Pour que la statue découvre son corps, elle doit analyser et observer son moi dans toutes les parties où elle pourrait se trouver. Le mouvement et la manipulation des objets vont peu à peu l'amener à découvrir son corps et les autres corps. La statue va faire en effet l'expérience de la solidité et de la résistance des corps, et de là en venir à juger de leur impénétrabilité. Le propre de la sensation de solidité est « de représenter à la fois deux choses qui s'excluent l'une hors de l'autre. »[4] À travers elle, l'âme fait donc l'expérience d'une altérité, car elle ne peut réduire cette sensation à elle-même, mais « elle l'apercevra nécessairement comme une modification où elle trouve deux choses qui s'excluent, et par conséquent elle l'apercevra

1. Cf. II, ch. 4, p. 98.
2. P. 99.
3. « Cet artifice, par lequel nous croyons nous trouver dans des organes qui ne sont pas nous proprement, a sans doute son fondement dans le mécanisme du corps humain, et sans doute aussi ce mécanisme aura été choisi et ordonné par rapport à la nature de l'âme. C'est tout ce que nous pouvons savoir à ce sujet. Quand on connaîtra parfaitement et la nature de l'âme et le mécanisme du corps humain, il est vraisemblable qu'on expliquera facilement, comment le *moi*, qui n'est que dans l'âme, paraît se trouver dans le corps. Quant à nous, il nous suffira d'observer ce fait et de nous en assurer. » *Ibid.*, II, ch. 4, p. 99.
4. II, ch. 5, p. 103.

dans ces deux choses »[1]. L'âme passe ainsi d'elle hors d'elle et ceci vaut aussi bien pour mon corps que pour les corps extérieurs. Quand je touche mon corps, j'éprouve une double sensation de solidité et de résistance, celle de la main qui sent et celle de la partie du corps sentie. Ainsi lorsque la statue se touche, « sa main et sa poitrine se distingueront à la sensation de solidité qu'elles se renvoient mutuellement, et qui les met nécessairement l'une hors de l'autre. Cependant en distinguant sa poitrine de sa main, la statue retrouvera son *moi* dans l'une et dans l'autre, parce qu'elle se sent également dans toutes deux »[2]. Si la statue touche son corps, elle se sent modifiée dans sa main et dans la partie de son corps qu'elle palpe. Elle éprouve donc le sentiment de l'existence d'une chose différente de son âme, mais d'une chose qui est sienne, car elle peut se retrouver et se reconnaître dans toutes les parties de son corps. « Aussitôt qu'elle porte la main sur l'une d'elles, le même être sentant se répondra en quelque sorte de l'une à l'autre : *c'est moi*. Qu'elle continue de se toucher, partout la sensation de solidité représentera deux choses qui s'excluent et qui en même temps sont contiguës, et partout aussi le même être sentant se répondra de l'une à l'autre : *c'est moi, c'est moi encore !* »[3]

En revanche, quand elle touche un autre corps, elle éprouve une résistance et se sent modifiée uniquement dans sa main de sorte qu'elle doit imputer la résistance qu'elle rencontre à un objet hors d'elle. « Tant que la statue ne porte les mains que sur elle-même, elle est à son égard comme si elle était tout ce qui existe. Mais si elle touche un corps étranger, le *moi*, qui se sent modifié dans la main, ne se sent pas modifié dans ce corps. Si la main dit *moi*, elle ne reçoit pas la même réponse. La statue juge par là ses manières d'être tout à fait hors d'elle. »[4]

Une fois mise au jour la spécificité du toucher, il devient possible d'analyser les effets de son adjonction à l'odorat. Dans le chapitre 1

1. *Ibid.*
2. *Ibid.*, II, ch. 5, p. 104.
3. *Ibid.*, p. 105.
4. *Ibid.*, II, ch. 5, p. 105.

de la troisième partie, Condillac relate l'expérience de la statue conduite dans un parterre de fleurs. Au départ, elle se prend inévitablement pour toutes les odeurs qu'elle sent et se perçoit comme une succession de fragrances dont elle ne soupçonne pas la cause. De prime abord, elle ne peut pas penser que les fleurs qu'elle touche sont à l'origine des odeurs qu'elle sent. Habituée à considérer les parfums comme ses manières d'être, « il lui paraît tout naturel d'être tantôt une odeur, tantôt une autre : elle n'imagine pas que les corps puissent y contribuer : elle ne leur connaît que les qualités que le tact seul y fait découvrir »[1]. Elle perçoit en effet grâce au toucher la solidité, la fluidité, la résistance des corps, mais ne peut savoir qu'ils sont la cause des odeurs qu'elle sent.

La découverte du fait que les odeurs viennent des corps et non d'elle-même se fait en plusieurs étapes. La première repose sur l'expérience fortuite d'une fleur tour à tour rapprochée ou éloignée de son visage d'une manière non intentionnelle, expérience à travers laquelle la statue constate avec étonnement qu'elle est une odeur plus ou moins vive en fonction de la proximité ou de l'éloignement de la fleur. De cette expérience fortuite elle peut alors passer dans un second temps à ce que Claude Bernard appellerait une « expérience pour voir », en portant de manière intentionnelle la fleur à son nez et en l'éloignant à plusieurs reprises. « Elle se confirme qu'elle est ou cesse d'être d'une certaine manière, suivant qu'elle l'approche ou l'éloigne. Enfin elle commence à soupçonner qu'elle lui doit le sentiment dont elle est modifiée. »[2] Cette seconde étape, qui entame l'ère du soupçon, confirme donc le lien entre ses manières d'être et les variations de distance de la fleur et lui fait subodorer que ses sensations sont issues de cette source et non d'elle-même. La statue va ensuite franchir une nouvelle étape lorsqu'elle « découvre en elle l'organe de l'odorat »[3]. Jusqu'à présent, elle sentait sans se savoir comme nez. À travers l'expérience de l'éloignement et du rapproche-

1. *Ibid.*, III, ch. 1, p. 157.
2. *Ibid.*, p. 158.
3. *Ibid.*

ment de la fleur, elle peut constater en prêtant attention à la sensation que celle-ci est plus ou moins vive en fonction des différents points de distance où la fleur est de son visage et de sa proximité avec le nez. Ainsi, « l'organe de l'odorat ayant été plus affecté, lorsqu'il a été touché par le corps odoriférant, elle découvre en elle un nouveau sens »[1]. La répétition de l'expérience la conduit alors à juger les odeurs dans les corps. En comparant la fleur présente avec le sentiment produit et la fleur absente avec le sentiment éteint, elle acquiert la certitude que l'odeur est dans les corps et va dorénavant en juger ainsi. Elle ira même jusqu'à sentir les odeurs dans les corps car à force de répéter son jugement, il se confondra avec une sensation sous l'effet de l'habitude. Peu à peu les odeurs deviennent des qualités des corps et non plus des modifications de son être[2].

Au terme de ce processus, la statue pourra non seulement distinguer deux espèces de corps, ceux auxquels elle juge que les odeurs appartiennent et ceux auxquels elle juge qu'ils n'appartiennent pas, mais elle pourra différencier plusieurs espèces de corps odoriférants et former des classes d'objets en fonction des odeurs communes à plusieurs corps, étendant ainsi sa capacité à former des idées abstraites[3]. La réunion du toucher à l'odorat accroît le discernement de la statue grâce à la manipulation des objets et la variation de leur distance. « Curieuse d'étudier de plus en plus ces nouvelles idées, tantôt elle sent les fleurs une à une, tantôt elle en sent plusieurs ensemble. Elle remarque la sensation qu'elles font séparément, et celle qu'elles font après leur réunion. Elle distingue plusieurs odeurs dans un bouquet, et son odorat acquiert un discernement qu'il n'eût point eu, sans le secours du tact. »[4] Condillac souligne toutefois les bornes de ce discernement, qui ne peut s'exercer au-delà d'une certaine distance, d'un certain nombre d'odeurs. Nonobstant cette

1. *Ibid.*
2. Cf. III, ch. 1, p. 159.
3. Cf. p. 159-160.
4. III, ch. 1, p. 160.

réserve, il conjecture qu'un homme borné à l'odorat et au toucher serait plus sagace que nous, car il valoriserait plus les odeurs qu'un homme partagé et tiraillé entre toutes les formes de jouissances sensibles. Il reste alors à examiner les effets de la réunion progressive des sens et d'analyser les modifications qu'elle introduit par rapport à la simple combinaison de l'odorat au toucher.

La réunion progressive de tous les sens et ses implications sur l'odorat

Condillac envisage d'abord l'adjonction de l'ouïe à l'odorat et au tact dans le chapitre 2 de la troisième partie du *Traité des sensations.* L'introduction de l'ouïe ne modifie pas tant l'odorat que le mode d'approche du phénomène du son. À l'instar de ce qui se passait dans le cas précédent, la statue découvre en elle l'organe de l'ouïe, juge et entend que les sons sont dans les corps et acquiert de nouvelles habitudes et aptitudes à discerner les bruits et les mélodies[1]. Cette nouvelle expérience n'a guère d'incidence sur l'odorat, si ce n'est qu'elle peut faire tomber la statue dans des erreurs. À supposer qu'elle ait toujours entendu le même son quand elle touche la même figure, ou senti la même odeur toujours accompagnée du même son, elle ne saurait correctement imputer les idées à chaque sens et confondrait ce qui appartient à l'un et à l'autre. Si ce travers n'est guère fréquent en ce qui concerne l'odorat, le toucher et l'ouïe, en revanche, il est monnaie courante lorsque l'on a affaire à la vue à qui l'on attribue ordinairement des idées qu'on ne doit qu'au toucher, comme la grandeur, la figure, la distance et la situation[2].

À cet égard, l'addition de la vue à l'odorat, au tact et à l'ouïe augmente, certes, la chaîne des connaissances, des désirs et des abstractions, mais s'accompagne d'une forme de déperdition, car la puissance respective des trois autres sens diminue. Instruite par le

1. Cf. III, ch. 2, p. 163-165.
2. Cf. III, ch. 4.

toucher, la statue apprend à voir, puis à regarder et à juger la couleur, la distance, la figure, la grandeur et le mouvement des corps[1] ; elle conquiert une acuité qui confère à la vue un privilège éclatant sur les autres sens. Condillac montre ainsi que l'usage entier de la vue nuit à la sagacité des autres sens, car il est plus commode, plus plaisant et plus performant, de sorte que la statue recourra de préférence à ce sens. Le primat des yeux ne fait aucun doute pour Condillac : ils « enrichissent la mémoire des plus belles idées, suppléent à l'imperfection des autres sens, jugent des objets qui leur sont inaccessibles, et se portent dans un espace auquel l'imagination peut seule ajouter »[2]. La vue fait irradier la beauté du monde et éclipse les autres sens en vertu de la fascination qu'exerce l'image. Certes, pour Condillac, la perception de la beauté n'est pas l'apanage de l'œil, car « on appelle beau tout ce qui plaît à la vue, à l'ouïe et au toucher »[3]. Le plaisir esthétique visuel l'emporte néanmoins sur les autres grâce à l'attrait de la lumière et de la couleur.

Les yeux, en outre, suppléent aux imperfections des autres sens car ils sont moins tributaires de l'exigence de proximité que le toucher et la saveur, et, dans une moindre mesure, que l'odorat et l'ouïe. Ils transportent le corps à distance sans les incommodités du déplacement. Sans rivaliser avec l'imagination, ils se hissent à son niveau en donnant à voir l'inaccessible. L'imagination de ce fait ne rompt pas tant avec les yeux qu'elle ne s'inscrit dans leur prolongement. Les yeux instaurent une passerelle entre la sensation et l'imagination, l'idée présente et l'idée remémorée. On comprend alors pourquoi Condillac affirme que « leurs idées se lient si fort à toutes les autres, qu'il n'est presque plus possible à la statue de penser aux objets odoriférants, sonores ou palpables, sans les revêtir aussitôt de lumière et de couleur »[4]. La chaîne des idées est ainsi tissée de sensa-

1. Cf. le chapitre 3 de la partie III.
2. III, ch. 3, p. 187-188.
3. IV, ch. 3, p. 237.
4. *Ibid.*, III, ch. 3, p. 188.

tions visuelles de sorte que tout ce qui peut se tramer dans l'esprit la recoupe nécessairement. Cette habitude de nouer des rapports et d'en embrasser une multitude par une vue synoptique fait que la statue consulte de préférence ce sens qui incarne le discernement par excellence et néglige les autres. « L'ouïe, l'odorat et le toucher en sont par conséquent moins exercés. Peu à peu devenus paresseux, ils cessent d'observer dans les corps toutes les différences qu'ils y démêlaient auparavant ; et ils y perdent de leur finesse, à proportion que la vue acquiert plus de sagacité. » [1] Les sens exercent ainsi un empire les uns sur les autres et à ce jeu, l'odorat a de fortes chances de se retrouver sous le joug. Si la vue possède un pouvoir de distraction qui relègue les sons et les odeurs au second plan, le goût également, nous l'avons vu, « peut nuire aux autres sens » [2].

Doit-on alors en conclure que pour Condillac, la réunion des sens entraîne nécessairement une dévalorisation ou une éclipse de l'odorat ? Bien qu'elle puisse déboucher sur une hiérarchisation, la réunion des cinq sens n'a pas pour effet systématique de diminuer le pouvoir dont chacun jouissait en solitaire. Si l'action de la vue peut s'exercer au détriment des autres sens, ce n'est pas une fatalité. Dire qu'elle peut nuire à la sagacité des autres sens n'implique pas qu'elle leur nuise inévitablement. Il est clair en tout cas que le toucher est un maître qui instruit les autres sens sans les asservir ni leur nuire : son concours permet au contraire d'accroître et de stimuler leur activité. Grâce au toucher, la statue dispose de la possibilité de se procurer les objets de jouissance qu'ils soient odoriférants, visuels, sonores, ou gustatifs. Elle cesse d'être toute passive pour agir en fonction de ses désirs et de ses besoins. Elle peut se soustraire à certaines impressions désagréables ou aller au-devant de celles qui sont plaisantes. Du même coup, l'activité de son imagination diminue au profit de l'exercice des sens. En effet, sans le toucher, « elle ne pouvait se procurer la jouissance d'une odeur, d'un son, d'une saveur, qu'autant que son imagination agissait avec une force

1. III, ch. 3, p. 187.
2. Cf. I, ch. 10, p. 70.

capable de les lui rendre présentes »[1]. Avec le toucher qui lui permet de se saisir des corps désirés, elle a moins besoin de recourir à l'imagination. « Plus, par conséquent, ces corps seront à sa portée, moins son imagination s'exercera sur les sensations, dont ils ont donné la connaissance. Elle perdra donc de son activité : mais puisque l'odorat, l'ouïe, la vue et le goût en seront plus exercés, ils acquerront un discernement plus fin et plus étendu. Ainsi ce que ses sens gagnent par leur réunion avec le toucher dédommage avantageusement la statue de ce qu'elle perd du côté de l'imagination. »[2] L'odorat, comme tous les sens, peut donc bénéficier du secours et du concours du tact et de toutes les facultés de l'âme : « Depuis la réunion de l'odorat au toucher, il peut encore embrasser l'action de toutes les facultés propres à lui procurer la jouissance d'un corps odoriférant. Ainsi lorsqu'elle désire une fleur, le mouvement passe de l'organe de l'odorat dans toutes les parties du corps ; et son désir devient l'action de toutes les facultés dont elle est capable. »[3]

Si le goût réoriente et réorganise les désirs et les idées en fonction du besoin de nourriture, il n'est pas non plus nécessairement nuisible au développement des autre sens, car il peut au contraire stimuler leur activité et bénéficier de leur concours. De ce point de vue, le goût est moins nocif que la vue, car il ne contribue pas à déprécier les autres sens, mais à leur accorder un plus grand prix. Si Condillac constate que tous les besoins de la statue cèdent devant celui de se nourrir, s'il affirme que « la vue, le toucher, l'ouïe, l'odorat ne semblent être faits que pour découvrir et procurer ce qui peut flatter le goût »[4], il reconnaît que cette instrumentalisation entraîne une valorisation des autres sens et peut relancer leur activité. En effet, la curiosité de la statue devant les qualités sensibles des objets est largement déterminée par la question de savoir s'ils sont propres ou non à la consommation. « Elle ne voit donc point un fruit dont elle a mangé, elle ne le

1. III, ch. 11, p. 218.
2. *Ibid.*
3. III, ch. 11, p. 219.
4. IV, ch. 1, p. 228.

touche point, elle ne le sent point, sans juger s'il est bon ou mauvais au goût. Ce jugement augmente le plaisir qu'elle a de le voir, de le toucher, de le sentir ; et ce sens contribue à lui rendre les autres d'un plus grand prix. »[1] Ce lien de stimulation réciproque entre les sens est encore plus patent lorsqu'il s'agit du couple odeur/saveur. Condillac souligne l'étroite analogie entre l'odorat et le goût, leur forte solidarité et complémentarité. La réunion du goût aux quatre sens profite tout particulièrement à l'odorat en redonnant à la statue un regain d'intérêt pour les parfums des comestibles dont le caractère agréable anticipe sur leur saveur. « Le parfum des fruits l'intéressait bien moins avant qu'elle eût l'organe du goût ; et le goût perdrait toute sa finesse, si elle était privée de l'odorat. Mais dès qu'elle a ces deux sens, leurs sensations se confondent, et en deviennent plus délicieuses. »[2]

Dès lors, à la faveur de cette étroite imbrication entre l'odorat et le goût, on peut se poser la question de la pertinence de la démarche condillacienne consistant à penser chaque sens de manière séparée pour envisager ensuite leur réunion. Tout se passe en effet comme si Condillac, dans la lignée d'un Hobbes ou d'un Descartes, concevait encore l'homme sur le modèle d'une machine qu'il est possible de décomposer et de recomposer à loisir, rouage par rouage. Mais cette méthode résolutive compositive se heurte à la nécessité réelle de penser l'homme de manière génétique et d'envisager la formation et le développement simultané de ses organes sensoriels. La démarche suivie par l'auteur du *Traité des sensations* a le mérite de donner toute sa place à l'odorat et d'attirer l'attention sur ses aptitudes, en montrant qu'un homme réduit à son nez possède en germe toutes ses facultés, qu'il est doté d'une affectivité et d'une personnalité capable

1. Condillac insiste d'ailleurs dans le chapitre 3 de la quatrième partie sur le secours mutuel que se portent le beau, à savoir ce qui plaît à la vue, à l'ouïe et au toucher, et le bon, à savoir ce qui plaît à l'odorat et au goût. Il prend pour l'illustrer l'exemple de la beauté jointe à la bonté d'un fruit. La beauté d'une pêche aux couleurs vives réveille l'imagination de sa saveur, ce qui augmente le plaisir de la voir et la rend plus belle. Inversement lorsque la statue savoure cette pêche, le plaisir de la voir se mêle à celui de la manger et la rend meilleure au goût.

2. *Ibid.*, p. 228.

de former des idées particulières aussi bien que générales. Elle révèle que le système complet des connaissances de l'homme et l'enchaînement des vérités qu'il implique naît bel et bien des sensations. De ce point de vue, le pari d'établir, à partir de la seule perception olfactive, que toutes les connaissances et les opérations de l'esprit dérivent intégralement de l'expérience sensible sans qu'il soit besoin de recourir à des principes innés, est amplement gagné. N'eût-il pas mieux valu, cependant, pour asseoir cette thèse, élaborer la fiction d'une statue dont tous les sens seraient éveillés à la fois, car la sensation ne se présente pour ainsi dire jamais comme pure odeur, pure saveur, pure couleur, etc., mais elle imbrique une série de données perceptives qu'il n'est pas aisé de démêler ? *A priori*, il semblerait plus judicieux de penser l'union des sens plutôt que leur réunion *a posteriori*.

En réalité, cette objection n'a guère de poids pour deux raisons. Premièrement, Condillac a parfaitement conscience du caractère fictif et hypothétique de sa démarche, mais il n'en conclut pas moins à la vérité des conséquences qu'il en déduit. On ne saurait donc tirer argument du fait qu'il n'a jamais existé et n'existera probablement jamais d'homme pourvu uniquement du sens de l'odorat pour réfuter la validité du système et l'enchaînement des vérités issues de la sensation olfactive car l'expérience peut les confirmer. C'est ce qui ressort de l'extrait raisonné du *Traité des sensations* :

> « Si ce système porte sur des suppositions, toutes les conséquences qu'on en tire sont attestées par notre expérience. Il n'y a point d'homme, par exemple, borné à l'odorat; un pareil animal ne saurait veiller à sa conservation; mais pour la vérité des raisonnemens que nous avons faits en l'observant, il suffit qu'un peu de réflexion sur nous-mêmes nous fasse reconnoître, que nous pourrions devoir à l'odorat toutes les idées et toutes les facultés que nous découvrons dans cet homme, et qu'avec ce seul sens, il ne nous serait pas possible d'en acquérir d'autres. On auroit pu se contenter de considérer l'odorat en faisant abstraction de la vue, de l'ouïe, du goût et du toucher : si on a imaginé des suppositions, c'est parce qu'elles rendent cette abstraction plus facile. » [1]

1. *Ibid.*, p. 290.

Deuxièmement, la voie qui consiste à analyser chaque sens séparément avant de les réunir n'exclut pas la possibilité d'une approche synesthésique. Condillac reconnaît, à la fin de son traité, que la vérité établie dans la première partie, vérité selon laquelle « *le jugement, la réflexion, les passions, toutes les opérations de l'âme en un mot ne sont que la sensation même qui se transforme différemment* [...] peut être démontrée en considérant tous nos sens à la fois »[1]. Il se propose d'ailleurs dans l'extrait raisonné qui clôt l'ouvrage d'adopter la voie de l'union, de ne plus séparer les sens pour établir cette vérité et de donner ainsi « une occasion de la présenter dans un nouveau jour »[2]. Les voies de la séparation ou de l'union des sens ne sont donc pas antinomiques ; au contraire, elles se confortent mutuellement. Dans ces conditions, il est possible de se demander pourquoi Condillac a privilégié, dans le corps de son traité, la voie abstraite de la séparation des sens plutôt que celle de leur union.

En vérité, l'option choisie est de loin la meilleure, compte tenu de l'objectif visé, car ce que la démarche condillacienne perd en réalité est largement compensé par ce qu'elle gagne en radicalité. Le *Traité des sensations* constitue en effet la tentative la plus accomplie pour fonder un empirisme intégral. Dans l'*Essai sur l'origine des connaissances humaines*, Condillac se proposait déjà ce dessein et se démarquait de ses prédécesseurs, car il ne se contentait pas d'affirmer que toutes les connaissances dérivent de l'expérience sensible ; il s'inscrivait en faux contre le réalisme des facultés, leur innéité ou leur préexistence dans l'esprit en montrant qu'elles se développent à partir de la sensation[3]. Dans le *Traité des sensations*, il radicalise sa position et remet sa thèse sur le métier en franchissant un pas de plus, car il juge « que ce n'était pas encore assez de remonter à la sensation. Pour découvrir le progrès de toutes nos connaissances et

1. *Ibid.*, p. 291.
2. *Ibid.*
3. Voir sur ce point André Charrak, *Empirisme et métaphysique, L'*Essai sur l'origine des connaissances humaines *de Condillac*, Paris, Vrin, 2003, p. 8-10.

de toutes nos facultés, il était important de démêler ce que nous devons à chaque sens, recherche qui n'avait point encore été tentée »[1]. Le choix d'exposer son traité en suivant cette méthode et de commencer par l'étude d'un homme borné au sens de l'odorat répond donc à l'exigence « de faire voir quelles sont les idées que nous devons à chaque sens, et comment lorsqu'ils se réunissent, ils nous donnent toutes les connaissances nécessaires à notre conservation »[2]. Pour mettre au jour l'origine de nos connaissances et montrer comment nous acquérons l'usage de nos facultés, il ne suffit pas de remonter à la sensation en général, il faut aller plus avant dans l'analyse et poursuivre la décomposition en examinant chaque sens en particulier. L'un des avantages majeurs de cette démarche est qu'elle permet de mieux comprendre ce nerf moteur du développement des facultés qu'est l'attention, d'en exhiber la nature et l'origine, lesquelles ne peuvent aussi aisément être cernées lorsque toutes les sensations sont mêlées. « Mais ne laissons subsister qu'une seule sensation, ou même, sans retrancher entièrement les autres, diminuons-en seulement la force ; aussitôt l'esprit est occupé plus particulièrement de la sensation qui conserve toute sa vivacité, et cette sensation devient attention, sans qu'il soit nécessaire de supposer rien de plus dans l'âme. Je suis par exemple peu attentif à ce que je vois, je ne le suis même point du tout, si tous mes sens assaillissent mon âme de toutes parts ; mais les sensations de la vue deviennent attention, dès que mes yeux s'offrent seuls à l'action des objets. »[3]

Si le principe de l'examen séparé des sens obéit en partie à la nécessité épistémologique de mettre en évidence l'origine de l'attention dont le rôle est central dans la théorie condillacienne, il ne constitue pas cependant une explication suffisante pour justifier le choix de la sensation olfactive comme point de départ. En réalité, toutefois, pour établir de façon sûre la validité de la thèse empiriste, il ne servirait à rien de commencer par la vue, l'ouïe, le goût ou le

1. *Traité des sensations*, extrait raisonné, *op.cit.*, p. 289.
2. *Ibid.*
3. *Ibid.*, p. 291.

toucher, car un contradicteur sceptique pourrait toujours contester les conclusions qui en seraient tirées en objectant qu'elles ne sauraient valoir pour l'odorat dont la contribution à l'acquisition des connaissances paraît plus faible que celle des autres sens. C'est pourquoi seul l'odorat permet d'attester de manière absolue et sans contestation possible que la sensation contient en germe tout le système des connaissances et facultés humaines. C'est précisément la faiblesse prétendue de ce sens qui donne toute sa force à la démonstration. L'invraisemblance de la fiction d'un homme borné à l'odorat est le prix à payer pour transformer la vraisemblance de la théorie sensualiste en vérité. En prouvant qu'avec la seule sensation olfactive, un homme aurait toutes ses facultés, Condillac fait donc de l'odorat un modèle incontournable au service d'un empirisme radical. Ainsi, la vérité sort des narines et la statue qui hume de tout son nez est là pour en témoigner.

Nietzsche ou le nez philosophe

Bien qu'elles promeuvent un véritable sensualisme olfactif, les philosophies de Lucrèce et de Condillac restituent la vérité de l'odeur et non l'odeur de la vérité. Il reste alors à se demander s'il est possible de tirer de l'odorat des vérités non seulement flagrantes, mais fragrantes. Paul Valéry semble le suggérer lorsqu'il évoque poétiquement « l'arôme d'une idée dont ne puisse être élucidée l'insidieuse profondeur »[1]. Certes il s'agit là d'une formule poétique sous la plume d'un auteur désireux de filer la métaphore, mais cela ne signifie pas que l'imagination d'un arôme des idées soit dépourvue de signification hors d'un contexte littéraire. La preuve en est que l'idée d'un parfum du vrai se retrouve dans le champ philosophique. Spinoza, par exemple, s'y réfère, lorsqu'il fustige les sceptiques qui se taisent « de peur d'admettre par hasard quelque chose qui ait une

1. *Charmes*, Ébauche d'un serpent, *Œuvres*, I, La Pléiade, Gallimard, 1957, p. 142.

odeur de vérité »[1]. Cette image ponctuelle a sans doute une portée limitée, mais elle invite à s'interroger sur la signification et la fonction philosophiques de l'imputation d'une fragrance au vrai. Peut-on distinguer des odeurs propres à la vérité ou au mensonge, conférer un arôme aux idées, voire aux concepts, et attribuer plus généralement un parfum à la philosophie ?

Plutôt que de recenser les innombrables références au parfum du vrai et à la puanteur du mensonger, qui émaillent le discours philosophique, et de se perdre dans la particularité, il est préférable de focaliser l'attention sur des auteurs qui font un usage spéculatif systématique des métaphores olfactives pour rendre compte de l'activité de penser dans sa double dimension critique et inventive. Parmi eux, Nietzsche se situe au tout premier plan, car il cultive la métaphore pour rendre ce que le langage conceptuel ne peut exprimer, tout prisonnier qu'il est des préjugés du vulgaire, de la métaphysique traditionnelle et des catégories figées, impuissantes à penser le devenir. À défaut de langage approprié et d'adéquation parfaite entre le signifiant et le signifié, Nietzsche met en place des stratégies d'écriture multiple qui se substituent au discours philosophique classique. Et parmi les diverses figures de style auxquelles il recourt, la métaphorique occupe une place de choix. Sans rentrer dans l'analyse complexe du jeu des métaphores qui traversent l'ensemble de l'œuvre et se constituent en réseau continu, empruntant aussi bien au registre physiologique, médical, que sensoriel[2], il faut cependant noter le caractère prééminent de la référence au nez, à tel point que Nietzsche proclame dans *Ecce Homo* : « Tout mon génie est dans mes narines. »[3] L'auteur de *Par-delà bien et mal* ne récuserait donc pas le titre de nez philosophe ou de philosophe nez. Bien qu'il fasse un grand usage des métaphores visuelles et sonores, il fait partie de

1. *Traité de la réforme de l'entendement*, § 36, traduction Koyré, Vrin.
2. Voir sur ce point Éric Blondel, *Nietzsche, le corps et la culture*, PUF, 1986, et plus particulièrement l'introduction et les chapitres I et IX.
3. *Ecce Homo*, Pourquoi je suis un destin, 1, *Œuvres philosophiques complètes*, VIII, p. 333.

ces rares penseurs qui accordent du crédit à l'odorat et il s'en sert pour débusquer l'odeur viciée des idoles et sentir le souffle aérien des idées. Il s'agit alors de comprendre en quoi et pourquoi tout son génie tient dans ses narines.

La valorisation du flair

Soucieuse de réconcilier l'homme avec son animalité, de réhabiliter le corps et les sens injustement vilipendés, l'œuvre de Nietzsche apparaît comme le meilleur des antidotes à l'odoriphobie, car elle renverse les valeurs en portant le nez au pinacle :

> « En nos sens, quels délicats instruments nous possédons ! Ce nez, par exemple, dont aucun philosophe n'a parlé avec respect et gratitude, est même pour l'instant l'instrument le plus fin dont nous disposions : il est capable de discerner des différences minimales de mouvement que le spectroscope ne distingue pas. » [1]

Nietzsche impute au nez une finesse inégalée, une aptitude à percevoir l'infime et l'imperceptible à la vue. Il lui reconnaît donc une capacité de discernement sans précédent, car le nez distingue non seulement ce qui est invisible à l'œil nu, mais ce que les instruments visuels les plus performants ne permettent pas de saisir. Il prend ainsi le contre-pied de tous ceux qui disqualifient l'odorat et invite à s'affranchir des préjugés concernant son infériorité.

Le philosophe allemand érige le flair en instrument subtil de connaissance et de prévention contre les obstacles et les préjugés qui entravent la volonté de puissance :

> « Toute bête, la *bête philosophe* comme les autres, aspire instinctivement à un optimum de conditions favorables lui permettant de déployer toute sa force et d'atteindre le maximum du sentiment de puissance ; toute bête déteste non moins instinctivement et avec un flair d'une finesse

1. *Crépuscule des idoles*, *La Raison dans la philosophie*, 3, *Œuvres philosophiques complètes*, VIII, p. 76.

"supérieure à toute raison" tous les trouble-fêtes et tous les obstacles qui surgissent ou pourraient surgir sur son chemin vers l'optimum [...] »[1].

Le flair, de par son immédiateté, se distingue de la réflexion et de la raison démonstrative et peut les distancer, car il n'est pas travesti par les représentations philosophiques fallacieuses et il possède l'infaillibilité fulgurante de l'instinct. Nietzsche voit en lui un instrument fiable. « On peut [...] s'en remettre à son flair, on ne se trompera pas souvent. »[2] Certes, il y a flair et flair, et il faut distinguer le flair noble du flair vulgaire qui se laisse abuser par les parfums frelatés et capiteux des morales, qui « une fois assaisonnées, [...] dégagent une odeur dangereuse, celle surtout de "l'autre monde" »[3]. Le flair aiguisé, néanmoins, peut rivaliser avec l'intelligence, voire la dépasser lorsqu'il s'agit de percevoir les nuances subtiles, les différences minimales, de débusquer les secrets et de percer à jour ce qui est dissimulé. Le flair est l'expression d'une sensibilité fine, d'une capacité de pénétration des choses au-delà de leurs apparences polies par la culture. Il se présente comme une aptitude à la fois physique et psychologique de subodorer les tréfonds de l'être, de percevoir les entrailles de l'âme :

> « Oserai-je encore évoquer un dernier trait de ma nature qui, dans mon commerce avec les hommes, ne me facilite guère les choses ? Je me distingue par une sensibilité absolument déconcertante de l'instinct de propreté, de sorte que je perçois physiquement, ou que je *flaire* les approches – que dis-je ? – le cœur, l'intimité secrète, les "entrailles" de toute âme... Cette sensibilité constitue chez moi de véritables antennes psychologiques qui me permettent de saisir et de palper tous les secrets : l'épaisse crasse *cachée* au fond de plus d'une nature, qui vient peut-être d'un sang vicié mais que recouvre le vernis de l'éducation, j'en prends conscience presque dès le premier contact. Si mes observations sont exactes, ces natures qui s'accordent mal avec mon sens de la propreté

1. *Généalogie de la morale*, III, § 7, *Œuvres philosophiques complètes*, VII, p. 297.
2. *Par-delà bien et mal*, V, 190.
3. *Ibid.*, 198.

ressentent de leur côté la circonspection que m'inspire ce dégoût : cela ne les rend pas moins malodorantes... »[1]

Si l'âme est l'instrument du corps, le flair est moins une faculté intellectuelle qu'un outil psycho-sensible permettant de pénétrer l'intériorité et de la sentir. Les pensées et les idéaux sont des productions du corps, qui révèlent ses humeurs, sa santé ou sa maladie. Il faut donc les flairer comme des émanations corporelles. Le nez est l'instrument le mieux approprié, car il ne perçoit pas les choses dans leur extériorité, il les inhale et fait communiquer deux intériorités qui se mêlent et se fondent par assimilation. Par la respiration de l'odeur, on devient ce que l'on sent et on peut éprouver la texture intime des choses, entrer en sympathie avec elles ou être révulsé. C'est pourquoi le nez est le sens de l'intériorité et de la propreté. Nietzsche revendique d'ailleurs des narines intérieures : « J'oserai évoquer ici un trait particulier de ma vie, d'autant plus que c'en est peut-être *le* trait particulier. J'ai quelque chose que j'appelle mes narines intérieures. À chaque contact avec un être humain, la première chose qui se révèle à moi est le degré de propreté intérieure. »[2] Connaître, c'est sentir l'odeur intime de la chose, les relents ou les parfums qui expriment son essence. Le flair devient alors le moyen privilégié de la découverte de la vérité : « Je suis le premier à avoir *découvert* la vérité, par le seul fait que je suis le premier à avoir senti – à avoir flairé – le mensonge comme mensonger... »[3], et Nietzsche de rajouter la fameuse formule, « tout mon génie est dans mes narines ». Le flair révèle donc le vrai en négatif, de manière indirecte. Il repère d'abord le faux et l'écarte pour que le vrai puisse se dévoiler. Le vrai et le mensonger sont cachés et travestis sous les préjugés. Ils restent donc invisibles et indiscernables à

1. *Ecce Homo*, Pourquoi je suis si sage, 8, *Œuvres philosophiques complètes*, VIII, p. 255-256.

2. *Fragments posthumes*, *Œuvres philosophiques complètes* XIV, 21=*NV II 4. Automne, 1888 21,* [8].

3. *Ecce Homo*, Pourquoi je suis un destin, 1, *Œuvres philosophiques complètes*, VIII, p. 333.

l'œil nu. C'est pourquoi seul le nez peut percevoir les différences minimales qui séparent le vrai de son imitation frauduleuse. On comprend alors pourquoi tout le génie de Nietzsche tient dans ses narines. Sans la possibilité de discerner le mensonge de la vérité, toute philosophie est impossible et se réduit à une métaphysique du leurre. Lorsqu'il écrit que tout son génie est dans ses narines, Nietzsche ne recourt pas à une simple métaphore, il exprime la corrélation profonde entre la pensée et l'état du corps. Le corps, ses pulsions et ses instincts sont en effet au fondement de toutes les interprétations et tous les jugements. Le flair dont le philosophe se targue est d'essence psychophysiologique et ne se réduit ni à une aptitude physique bornée au nez ni à un état d'esprit. Le vrai sagace flaire avec tous ses sens et tout son être[1].

La puanteur du mensonge

Le flair joue un rôle déterminant aussi bien au niveau de la critique des idoles que de la constitution d'une philosophie, car il permet de détecter le mensonge et d'ex-humer la vérité. Comme tous les sens, l'odorat est convoqué pour ausculter les idoles, autrement dit tous les idéaux, et notamment la morale judéo-chrétienne, afin de diagnostiquer leur degré de morbidité. Tandis que les oreilles repèrent si elles sonnent creux, le goût si elles sont avariées, le nez flaire leur puanteur. Médecin des humeurs, Nietzsche examine l'haleine des pensées pour sentir si elles sont faisandées. Aussi la généalogie de la morale s'avère-t-elle une généalogie de la crasse cachée derrière l'apparente respectabilité, une histoire de la pestilence et des miasmes qui empoisonnent l'homme malade. En fin limier, Nietzsche donne la chasse à la crasse, traque la saleté et l'air vicié. « Mauvais air, mauvais air », se plaît-il à répéter dans le

1. Cf. *Généalogie de la morale*, III, 14 : « Qui pour sentir n'a pas seulement son nez, mais aussi ses yeux et ses oreilles, rencontre presque partout où il va aujourd'hui une atmosphère d'asile d'aliénés, d'hôpital. » *Œuvres philosophiques complètes*, VII, p. 311.

chapitre XII de la *Généalogie de la morale* pour dénoncer le dégoût et la suffocation que lui inspire l'homme apprivoisé et domestiqué par la culture. Et de surenchérir au chapitre XIV : « Mauvais air ! ces ateliers où l'on fabrique l'idéal – il me semble qu'ils sentent le mensonge à plein nez. »

Le nez évalue les valeurs morales et contribue à les renverser en révélant que la pseudo-odeur de sainteté dégage une odeur de saleté. L'inversion des valeurs prend la forme d'un retournement olfactif. Saint Augustin devient sale Augustin sous le nez nietzschéen qui flaire le corps malade, en voie de décomposition derrière le vernis chrétien : « Il suffit de lire n'importe quel agitateur chrétien, saint Augustin par exemple, pour comprendre, pour sentir à plein nez quelles sortes de malpropres compères avaient à cette occasion pris le dessus ! »[1]

Avec son flair hors pair, Nietzsche débusque non seulement le mensonge et l'hypocrisie, mais aussi la médiocrité dans la promiscuité où l'esprit s'enferre. C'est ainsi que Zarathoustra subodore que la grande ville est un enfer pour des pensées de solitaire, elle asphyxie l'esprit ou le pourrit : « Ne flaires-tu déjà les abattoirs et les gargotes de l'esprit ? Ne suffoque cette ville sous la fumée de l'esprit qu'on équarrit ? »[2] L'odeur apparaît donc comme un symptôme de dégénérescence et de maladie que le médecin nietzschéen s'emploie à repérer pour prescrire la cure appropriée. Bien que Nietzsche n'ait pas de répugnance à l'endroit du corps et qu'il prône une philosophie par-delà bien et mal, il continue à opposer son instinct de propreté à la saleté et à la puanteur de la morale des esclaves. Certes, il subvertit le sens des concepts, mais s'il déplace ces catégories, il ne les dépasse pas. En apparence, sa philosophie ne va pas par-delà le propre et le sale, le pur et le puant. Est-ce à dire alors que le flair soit uniquement au service d'un idéal de propreté et que l'odorat soit cantonné aux remugles de la pensée ?

1. *L'Antéchrist*, 59, *Œuvres philosophiques complètes*, VIII, p. 230.

2. *Ainsi parlait Zarathoustra*, III, De passer outre, *Œuvres philosophiques complètes*, VI, p. 197.

Des parfums tout autres

En réalité, la thérapie passe elle aussi par le nez, car pour dissiper les miasmes mensongers, il faut fleurer la vérité. Le flair cède alors le pas à la respiration. L'odorat ne sert pas seulement d'instrument pour éventer le mensonge caché et révéler sa puanteur en débouchant le flacon scellé de l'idéal ascétique ou de la morale du troupeau, il est un outil indispensable pour philosopher et affirmer de nouvelles valeurs. Bien que Nietzsche fasse la part belle à chaque sens tour à tour, le philosophe est moins un visionnaire qu'un sagace au sens fort. Il s'agit en effet d'avoir du nez pour penser, car la philosophie se présente d'abord comme un exercice de respiration. Contre ce qui étouffe, et empuantit les narines, Nietzsche invite à humer l'air libre des hauteurs. C'est ce que révèle Zarathoustra dans la solitude des sommets : « La liberté de la montagne, avec de béates narines, à nouveau je l'aspire ! De l'odeur de tout ce qui est humain, libre est enfin mon nez ! »[1] Nietzsche se fait le chantre des méditations aériennes et ne convie pas tant ses lecteurs à voir ses écrits qu'à les respirer :

> « Qui sait respirer l'air de mes écrits sait que c'est un air des hauteurs, un air mordant. Il faut être fait pour y vivre, sans quoi le péril est grand d'y prendre froid. La glace est proche, la solitude effrayante – mais comme les choses y baignent paisiblement dans la lumière ! Comme on y respire librement ! Combien de choses on y sent au-dessous de soi ! »[2]

Dans la première version du texte, Nietzsche rajoutait : « On songe avec pitié à l'air d'en bas, l'air empesté de l'"idéal". »[3] Il oppose un modèle pneumatique aux pensées méphitiques et revendique une philosophie du bon air plutôt que du bonheur, lequel

1. *Ainsi parlait Zarathoustra*, III, Le retour au pays, *Œuvres philosophiques complètes*, VI, p. 207.
2. *Ecce Homo*, *Œuvres philosophiques complètes*, VIII, p. 240.
3. *Ibid.*, voir note 3, p. 527.

suinte toujours un idéal vicié. Contre les miasmes empoisonnés des morales du ressentiment, le médecin nietzschéen préconise une hygiène aériste. Le remède tient en un maître mot : du vent et de l'air pur ! C'est ainsi que Zarathoustra se compare à un vent qui souffle au-delà des impurs :

> « Tels des vents violents nous voulons vivre au-dessus d'eux, voisins de l'aigle, voisins des neiges, voisins du soleil, car c'est ainsi que vivent vents violents. Et tel un vent, je veux encore souffler parmi eux, et, par mon esprit, couper le souffle à leur esprit : c'est mon avenir qui le veut. »[1]

La pensée nietzschéenne repose donc sur un modèle aérien qui privilégie la dynamique éolienne et l'ivresse des sommets.

Dans *L'air et les songes*, Bachelard met l'accent sur la présence d'un imaginaire ascensionnel chez Nietzsche et se réfère notamment au texte des *Poésies*, où le philosophe allemand se définit comme un esprit aérien[2]. La philosophie de Nietzsche pourrait donc se définir comme une philosophie de l'air. Pour Bachelard, cependant, cet air nietzschéen conçu comme la substance même de la liberté et de la joie est vidé de toute qualité substantielle, et notamment de ce qui fait généralement sa teneur matérielle, à savoir les odeurs. « Pour un vrai nietzschéen, le nez doit donner l'heureuse certitude d'un air sans parfum, le nez doit témoigner de l'immense bonheur, de la bienheureuse conscience de ne rien éprouver. Il est le garant du néant des odeurs. Le flair dont Nietzsche s'est si souvent enorgueilli n'est pas vertu d'attrait. Il est donné au surhomme pour qu'il s'écarte au moindre indice d'impureté. Un nietzschéen ne peut se complaire dans une odeur. »[3]

Si Bachelard a raison de souligner l'importance d'un psychisme ascensionnel chez Nietzsche et d'insister sur son aspiration à un air

1. *Ecce Homo*, Pourquoi je suis si sage, VIII, p. 257.

2. « Nuages d'orages, qu'importe de vous ? À nous autres esprits libres, esprits aériens, esprits joyeux », *op. cit.* Gaston Bachelard, *L'air et les songes*, Livre de poche, p. 175.

3. *Op. cit.*, p. 176.

pur et tonique, marqué par une fraîcheur de glace et un silence lumineux, il s'égare lorsqu'il estime qu'un vrai nietzschéen est mû par un idéal inodore et tend seulement à écarter la pestilence pour jouir d'une pureté sans parfum. Lorsqu'il revendique un instinct de propreté, Nietzsche ne cherche pas à promouvoir une philosophie aseptisée, par-delà l'impur et le puant, il vise expressément la respiration de parfums nouveaux, de fleurs fulgurants. C'est ainsi qu'il présente *Aurore* dans *Ecce Homo* :

> « C'est par ce livre que s'ouvre ma campagne contre la morale. Non qu'il ait la moindre odeur de poudre : *on y sentira des parfums tout autres et bien plus agréables pour peu que l'on ait des narines assez subtiles*. Ni grosse artillerie, ni artillerie légère : si l'effet de ce livre est négatif, ses moyens le sont d'autant moins ; ils agissent comme l'éclair d'une rigoureuse déduction, non comme le tonnerre d'un coup de canon. » [1]

Foin d'une pensée inodore ! Nietzsche définit ouvertement son entreprise en termes olfactifs et entend imprégner ses écrits d'un parfum subtil et plein d'agrément.

Quel est alors ce bouquet philosophique qui met en joie les narines sagaces ? Nietzsche écarte les parfums frelatés distillant le poison du ressentiment, il porte la contradiction, mais n'est pas négateur ; il ne cherche pas à donner à ses livres un parfum de scandale. Ses écrits ne sentent ni le soufre ni même l'odeur de poudre, comme il le confesse lui-même. Contre la morale ascétique et les contempteurs du corps, Nietzsche refuse de déployer l'artillerie lourde du ressentiment ; il fait campagne mais n'entre pas en guerre, avide de l'odeur du sang et des cadavres. Au système nihiliste marqué par l'odeur de poudre, il oppose les parfums « tout autres et bien plus agréables » qui imprègnent sa pensée. Certes, il ne s'appesantit pas sur la nature exacte de ces parfums qui font délicieusement frémir les narines. Il insiste cependant sur leur radicale altérité

1. *Ecce Homo*, Aurore, pensées sur la morale comme préjugé, 1, *Œuvres philosophiques complètes*, VIII, p. 302. Nous soulignons.

et les assimile à l'éclair d'une rigoureuse déduction. Cette altérité absolue tient sans doute à leur nouveauté et à leur caractère entièrement inédit. En effet, les parfums exhalés par l'air pur des cimes, où souffle ce vent de liberté qui renverse les valeurs et affranchit l'homme de la tyrannie du bien et du mal, ne rappellent aucun souvenir passé et rompent avec la tonalité nostalgique souvent imputée aux odeurs. C'est là l'originalité majeure de l'esthétique olfactive nietzschéenne. Alors que généralement l'odeur est porteuse du souvenir et charrie un cortège de réminiscences mélancoliques, chez Nietzsche, l'air respiré tourne le dos au passé et à sa charge de ressassement mélancolique[1]. Dans ses *Poésies*, le philosophe se présente comme « respirant, l'air le plus pur, les narines gonflées comme des gobelets sans avenir, sans souvenir »[2]. Dès lors, il n'est guère étonnant de constater que les parfums tout autres dont il est question ne renvoient pas à une odeur connue.

Lorsque Nietzsche hasarde une précision, c'est d'abord au bouquet du vin qu'il fait allusion. Zarathoustra, après avoir confessé qu'il respire la liberté de la montagne avec de béates narines, parle ainsi en ces termes : « Comme de vins mousseux par l'air vif chatouillée, elle éternue mon âme, – elle éternue, et de jubilation s'écrie : À ta santé ! »[3] La liberté a donc comme une odeur de mousseux dans l'ivresse des sommets et la pensée dionysiaque se hume à la manière d'un bon vin. Nietzsche ne se cantonne pas cependant au registre œnologique. Le modèle pneumatique qui sous-tend sa philosophie repose sur la métaphore de l'air vif et pur des cimes. Dans l'avant-propos *d'Ecce Homo*, Nietzsche affirme que « la philosophie, telle [qu'il l'a] toujours comprise et vécue, consiste à vivre volontairement dans les glaces et sur les cimes – à rechercher tout ce qui dans l'existence dépayse et fait question, tout ce qui jusqu'alors

1. Voir sur ce point le commentaire de Gaston Bachelard dans *L'air et les songes*, p. 176-177.

2. *Poésies*, p. 263.

3. *Ainsi parlait Zarathoustra*, III, Le retour au pays. *Œuvres philosophiques complètes*, VI, p. 207.

a été mis au ban par la morale »[1]. C'est donc à une odeur glacée de montagne que renvoie la pensée des hauteurs. Les senteurs alpestres de vent, de froidure et de neige, dont le philosophe s'est imprégné au cours de ses séjours dans l'air mordant des montagnes, offrent l'image de ce dépaysement et de ce questionnement requis pour penser vraiment. Il est vrai que celui qui n'a pas les narines assez subtiles pour percevoir l'odeur glacée de la neige et du froid vivifiant peut se demander ce que cela peut bien sentir. Pour l'aider à le subodorer, sans doute faudrait-il lui recommander la lecture du texte d'Henri Bosco, où il confesse, à propos d'une neige d'enfance, qu'il en respirait « l'odeur de rose et de sel »[2].

S'il est bien difficile de dire si l'air dont Zarathoustra s'emplit les poumons sent la rose neigeuse, il est moins hasardeux d'avancer que celui-ci doit exhaler en partie l'odeur corrosive du sel marin. En effet le modèle pneumatique dont Nietzsche s'inspire n'est pas cantonné à la bise tonique des montagnes ; il inclut le vent de la mer et renvoie tout aussi bien à l'air des hauteurs qu'à l'air marin qu'il s'agit de humer avec sagacité, pour balayer les idoles et donner du souffle aux pensées. Preuve en est que dans *Ecce Homo*, ce n'est pas la figure de l'aigle des cimes, mais celle de l'animal marin qui incarne la nouvelle aurore philosophique. Le livre qui fleure « des parfums tout autres et bien plus agréables » que l'odeur de poudre est éclos, nous dit Nietzsche, « hors de cet entassement confus de rochers près de Gênes où [il] étai[t] seul dans l'intimité de la mer »[3]. L'auteur précise que ce livre « est ensoleillé, lisse et heureux, pareil à un animal marin qui prend le soleil entre les rochers »[4] et il rajoute : « Après tout, cet animal marin, c'était moi. »[5] En s'identifiant à un animal marin, cueillant sous sa plume « ces divins lézards » que sont les instants et les choses qui glissent rapidement et sans bruit,

1. *Ecce Homo*, Avant-propos, *Œuvres philosophiques complètes*, VIII, p. 240.
2. *Bargabot*, p. 130.
3. Cf. *Ecce Homo*, Aurore, Pensées sur la morale conçue comme préjugé, 1, *Œuvres philosophiques complètes*, VIII, p. 302.
4. *Ibid.*
5. *Ibid.*

Nietzsche montre bien qu'il ne s'agit pas de tourner le dos à l'animalité, mais de se réconcilier avec elle en respirant l'air du large et des cimes à travers la pensée. Il offre donc un contrepoison rêvé à qui redoute la bestialité du nez et convie tout un chacun à sentir et expérimenter par ses narines la symbiose du corps et de l'esprit.

Cette philosophie olfactive reste cependant l'apanage d'une minorité. N'est pas en effet sagace qui veut. Le flair permet de subodorer ce que l'on ne peut ni ne veut voir ou entendre, à savoir la vérité dissimulée derrière les idéaux viciés. Réservé aux nez délicats et avisés, le flair qui hume l'idée sur les hauteurs ou dans le creux des rochers s'accommode mal de la promiscuité et de la foule. Zarathoustra récuse ainsi la vie d'en bas parmi les hommes où il faut se boucher le nez : « Leur haleine déjà ne puis sentir ; hélas ! dans leur vacarme et leur mauvaise haleine, pourquoi vécus-je si longtemps ? »[1] C'est la solitude du philosophe et son inspiration créatrice que la métaphore olfactive a pour vocation d'élucider, renforçant celle de la verticalité des cimes, qui ne saurait à elle seule rendre raison de la nature de la pensée. Si l'homme croit vrai ce qu'il désire l'être, il ne suffit pas de prendre de la hauteur, il est nécessaire qu'un souffle puissant balaie ses idoles et anime ses idées.

En dernière analyse, il est nécessaire de revenir sur le statut général et la valeur d'ensemble de cette métaphorique olfactive qui soustend l'œuvre de Nietzsche. Il convient en effet de s'interroger sur cet usage du flair et du parfum de la philosophie, qui s'élève au-dessus des miasmes du troupeau, pour tenter d'en déterminer l'ultime nécessité. N'aurait-il pas été possible d'élaborer rigoureusement par concepts ce que les images ont pour fonction d'exprimer et de faire l'économie des métaphores olfactives ? Bien qu'elle puisse parfois jouer ce rôle, la métaphore chez Nietzsche ne se réduit ni à préconcept ni à un en-deçà du concept. Elle n'a pas pour vocation de se substituer à lui dans l'attente de sa formulation, de le concurrencer et de le remplacer au nom d'un anti-intellectualisme de principe.

1. *Ainsi parlait Zarathoustra*, III, Le retour au pays, *Œuvres philosophiques complètes*, VI, p. 231.

Si le langage discursif échoue à rendre la réalité et voue le philosophe à l'interprétation, il est nécessaire d'inventer un nouveau langage, de type métaphorique. Mais ce langage métaphorique ne saurait avoir une prétention supérieure à la vérité absolue et contribuer à ce titre à dévaluer le discours spéculatif. Il reste lui aussi d'ordre interprétatif, tout tributaire qu'il est des mots. Dès 1873, Nietzsche soutient que le langage n'atteint pas la vérité absolue, qu'il ne faut pas prendre le mot à la lettre, et il ne variera pas sur ce point : « Les mots ne sont que des symboles pour les relations des choses entre elles et avec nous, ils ne touchent jamais à la vérité absolue. » [1] La métaphore a sa force propre, mais elle n'abolit pas le concept. Cette force propre réside pour l'essentiel dans l'introduction d'un jeu, au double sens du terme, entre le signifiant et le signifié. D'une part, la métaphore revêt l'aspect ludique et récréatif du gai savoir que Nietzsche veut promouvoir ; d'autre part, elle se caractérise par un flottement sémantique, qui dévoile l'absence de coïncidence parfaite entre le mot et la chose et qui interdit de ce fait l'instauration immédiate d'une signification univoque et figée. Dès lors la métaphore suscite nécessairement l'interrogation et empêche que l'on se prenne au piège des mots, tant il est clair qu'elle doit être élucidée. En introduisant du jeu interprétatif, elle se donne pour ce qu'elle est, à savoir une image et non une vérité absolue. Elle rappelle ainsi sans cesse à la pensée philosophique qu'elle relève du registre de l'interprétation et qu'elle n'atteint pas la vérité dans son absoluité.

La métaphore, en outre, est l'expression la plus adéquate de l'inspiration philosophique et de son caractère créateur. L'inspiration, en effet, est semblable à une révélation où quelque chose vous ébranle au plus profond de vous-même et vous bouleverse sans que vous l'ayez voulu. Nietzsche la décrit comme un état de fait où « une pensée vous illumine comme un éclair avec une force contraignante,

1. *Naissance de la philosophie à l'époque de la tragédie grecque*, *Œuvres philosophiques complètes*, XI, p. 73.

sans hésitation dans la forme »[1], et il précise qu'il n'a jamais eu à choisir :

> « Tout se passe en l'absence de toute volonté délibérée, mais comme dans un tourbillon de sentiments de liberté, d'indétermination, de puissance et de divinité... Le plus remarquable est le caractère involontaire de l'image, de la métaphore : l'on n'a plus idée de ce qu'est une image, une métaphore, tout se présente comme l'expression la plus immédiate, la plus juste, la plus simple. Il semble vraiment pour rappeler un mot de Zarathoustra, que les choses viennent s'offrir d'elles-mêmes pour servir d'images (– « "... voici qu'à ton discours toutes les choses accourent, caressantes, et te flattent : car elles veulent s'envoler sur ton aile. Avec chaque image, tu voles vers une vérité. Le verbe, les trésors du verbe s'ouvrent à toi pour dire l'"être" : tout "devenir" veut se faire verbe pour que tu lui apprennes à parler..." Telle est mon expérience de l'inspiration. »[2]

Si l'inspiration consiste à insuffler la bonne parole pour dire l'être et le devenir, il n'est guère étonnant de constater la présence de métaphores olfactives sous la plume de Nietzsche. La référence aux odeurs, à leur mobilité aérienne, à leur jaillissement fulgurant et involontaire, permet d'exprimer ce que le langage a le plus de mal à formuler en raison du caractère fixe et convenu des mots, à savoir le devenir, l'être en mouvement. La métaphore olfactive a ainsi pour vocation de rendre l'invisible, l'inouï et l'insaisissable ; elle introduit le souffle et le dépaysement au sein d'une philosophie sans cesse guettée par l'immobilisme. Grâce au jeu d'images odorantes, la pensée s'envole sur les ailes du nez. L'odorat dans sa double dimension du flair et de la respiration n'a donc pas simple valeur de paradigme, il est l'incarnation de l'inspiration philosophique, qui donne corps aux plus belles pensées et rend sa chair à l'esprit. Élever « un animal qui promet », c'est donner au nez toute sa puissance heuristique,

1. *Ecce Homo*, *Ainsi parlait Zarathoustra*, *Œuvres philosophiques complètes*, VIII, p. 309.
2. *Ibid.*, p. 310.

toute sa finesse critique et son acribie. Animal marin ou bête des cimes, le philosophe nez réincorpore l'animalité dans l'humanité et fait du flair un modèle de sagacité.

Qu'elle s'éveille avec l'odeur condillacienne de rose, qu'elle sente l'air des cimes et l'embrun, humés par l'animal nietzschéen, ou le feu et la fumée, dégagés par le *logos* igné héraclitéen, la vérité a un parfum, et il s'agit de la respirer pour s'en imprégner. Il n'est donc nullement absurde de parler d'un arôme des idées ou d'admettre une odeur de vérité, si l'on entend par là non pas une essence fixe immuable, mais le devenir vrai du vrai, le mouvement et l'activité par lequel il se forme, se transforme et se perpétue. Le modèle olfactif sous-tend ainsi les philosophies de l'air et de l'invisible, les doctrines de la genèse mouvante et de l'empirie subtile. Il prête sa force aux théories de la matière et du devenir, du ténu et du flux, en permettant de saisir aussi bien la volatilité que la ténacité de ce qui advient. Ouvert au mobilisme universel comme à la pensée de l'éternel, le philosophe nez célèbre à la fois la splendeur et la senteur du vrai. Puissions-nous dire alors de nos pensées philosophiques ce que Rilke écrivit à propos des roses :

> « Et maintenant : leur au-delà commence entre les pages des livres ;
> Un invincible arôme hante l'armoire et le tiroir,
> Pénètre en une chose qui nous sert, insinue dans les draps pliés
> Ce qui des roses nous saisit, ce qui dans les roses sombra. » [1]

1. *Dédicaces, Pour Veronika Erdmann*, *Œuvres poétiques et théâtrales*, Éditions de la Pléiade, Gallimard, p. 1067.

Bibliographie

Textes philosophiques de référence :

Les *écoles présocratiques*, édition établie par Jean-Paul Dumont, Folio, Essais, Gallimard, 1991.

Corpus hippocratique, *Œuvres complètes*, éd. Littré, 1839-1851.

Platon, *Le banquet*, traduction Luc Brisson, Paris, Garnier Flammarion, 1998.

Philèbe, traduction Émile Chambry, Paris, Garnier Flammarion, 1969.

Timée, traduction Émile Chambry, Paris, Garnier Flammarion, 1969.

Parménide, traduction Émile Chambry, Paris, Garnier Flammarion, 1967.

Aristote, *De l'âme*, traduction J. Tricot, Paris, Vrin, 1972.

Traité de la sensation et des sensibles. Petits traités d'histoire naturelle, traduction Pierre-Marie Morel, Paris, GF-Flammarion, 2000.

Lucrèce, *De la nature*, traduction Alfred Ernout, Paris, Les Belles Lettres, 1964.

Augustin, *Les confessions*, *Œuvres*, I, Paris, La Pléiade, Gallimard, 1998.

François de Sales, *Traité de l'amour de Dieu*, Paris, La Pléiade, Gallimard, 1969.

Ficin, *Les trois livres de la vie*, Paris, Corpus, Fayard, 2000.

Montaigne, *Essais*, Paris, Gallimard, Folio, 1975.

Bacon, *Novum Organum*, traduction M. Malherbe, J.-M. Pousseur, Paris, PUF, 1986.

La Nouvelle Atlantide, traduction M. Le Doeuff et M. LLaséra, Paris, GF-Flammarion, 1995.

Descartes, *Méditations métaphysiques*, *Œuvres*, publiées par Adam & Tannery, IX, Paris, Vrin, 1996,

Traité de l'homme, *Œuvres*, publiées par Adam &Tannery, XI, Paris, Vrin, 1996.
Hobbes, *De la nature humaine*, traduction du baron d'Holbach, Paris, Vrin, 1981.
Pascal, *Les pensées*, Édition Lafuma, *Œuvres complètes*, Paris, Seuil, 1964.
Spinoza, *L'Éthique*, traduction Bernard Pautrat, Paris, Seuil, 1988.
Locke, *Essai philosophique concernant l'entendement humain,* traduction Coste, Paris, Vrin, 1989.
Diderot, *Lettre sur les sourds et muets*, *Premières Œuvres*, Paris, Hermann, T. 4, 1978.
Rousseau, *Émile*, Paris, Garnier Flammarion, 1966.
Condillac, *Traité des sensations,* Paris, Corpus, Fayard, 1984.
Kant, *Anthropologie du point de vue pragmatique*, traduction Michel Foucault, Paris, Vrin, 1979.
Critique de la faculté de juger, traduction Philonenko, Paris, Vrin, 1974.
Hegel, *Esthétique*, Paris, Le Livre de poche, 1997.
Nietzsche, *Œuvres philosophiques complètes*, VI, VII, VIII, IX, Paris, Gallimard, 1971-97.
Freud, *Malaise dans la civilisation*, Paris, PUF, 1971.
Bachelard, *La poétique de la rêverie*, Paris, PUF, 1960.
L'air et les songes, Paris, Le Livre de poche, Gallimard, 1943.
Sartre, *Baudelaire*, Paris, Gallimard, 1963.
Malson, *Les enfants sauvages*, Paris, 10/18, 1964.

Références littéraires :

Roland Barthes par Roland Barthes, *Œuvres complètes*, t. 5, Paris, Seuil, 1995.
Honoré de Balzac, *César Birotteau*, *La comédie humaine*, Paris, Pocket Classiques, 1999. *Le Lys dans la vallée*, *La comédie humaine,* Paris, La Pléiade, t. IX, Gallimard, 1978. *Le curé de village*, La Pléiade, t. IX, Paris, Gallimard, 1978.
Charles Baudelaire, *Les fleurs du mal*, XLVIII, Paris, Éditions Garnier, 1965.
Jacques Chessex, *L'Éternel sentit une odeur agréable*, Paris, Grasset, 2004.
Italo Calvino, *Sous le soleil jaguar,* Paris, Seuil, 1990.
Gustave Flaubert, *Salammbô*, Paris, GF-Flammarion, 1968.
Gogol, *Le nez*, dans *Le journal d'un fou*, Paris, Folio, Gallimard, 1938.

Bibliographie

Joris-Karl Huysmans, *À rebours*, Paris, 10/18, 1975.
En rade, Paris, Folio, Gallimard, 1984.
Radhika Jha, *L'odeur*, Paris, Éditions Philippe Picquier, 2002.
Gaston Leroux, *Le parfum de la dame en noir,* Paris, Le Livre de poche, Gallimard, 2003.
Marcel Proust, *À la recherche du temps perdu,* Paris, Éditions de la Pléiade, Gallimard, 1954.
Jean Santeuil, Paris, Éditions de la Pléiade, Gallimard, 1971.
Guy de Maupassant, *Fort comme la mort*, Paris, Folio, Gallimard, 1983.
Reiner Maria Rilke, *Œuvres poétiques et théâtrales*, Paris, Éditions de la Pléiade, Gallimard, 1997.
Murasaki Shikibu, *Le dit du Genji*, Paris, traduction de René Sieffert, Pof, 1988.
Patrick Süskind, *Le parfum*, Paris, Le Livre de poche, 1985.
Paul Valéry, *Œuvres*, t. 1, Paris, Éditions de la Pléiade, Gallimard, 1957-1960.
Émile Zola, *Le ventre de Paris,* Paris, GF-Flammarion, 1981.
La faute de l'abbé Mouret, Paris, Le livre de poche, 1968.
Nana, Paris, Le Livre de poche, 1989.

Références musicales :
Claude Debussy, *Les sons et les parfums tournent dans l'air du soir*
Les parfums de la nuit
Pelléas et Mélisande, acte III, scène III.
Richard Wagner, *Parsifal*, acte III, scène II.
Dmitri Chostakovitch, *Le nez*
Roger Roger, *Parfums*
Suzanne Giraud, Olivier Py, *Le vase de parfums*

Références picturales et sculpturales :
Jean-Honoré Fragonard : *Le sacrifice de la rose*
Antoine Bosse : *L'Odorat*
Louise Bourgeois : *Le doux parfum de l'indigo*
L'odeur de l'animal traqué
Wim Delvoye : *Cloaca*
Gonzales Coques : *Smell*

Paul Gauguin : *Album Noa Noa*
Contes barbares
Oswaldo Macia : *Memory Skip*
Piero Manzoni : *Merde d'artiste en boîte*
Dermot O'Brien : *Sans titre.*
Ernesto Neto : *There is Nothing Else to Be Seen but the World*
Luigi Rossolo : *Le Parfum*
Sissel Tolaas : *It Must Be the Weather, Part 1 : Dirty 1*
Gaetano Giulio Zumbo : *Scènes de peste*
Auguste Rodin : *Iris, messagère des dieux*
Hiroshi Koyama : *Reconnaissance de l'encens*

Références cinématographiques :
Dino Risi : *Parfum de femme*

Livres sur l'odeur et l'odorat :

Diane Ackerman, *Le livre des sens*, Paris, Grasset, 1991.

Vittorio Bizzozero, *L'univers des odeurs, introduction à l'olfactologie*, Genève, collection Janus, Georg éditeur, 1997.

Louise Boudonnat, Harumi Kushizaki, *La voie de l'encens*, Arles, Éditions Philippe Picquier, 2000.

Joël Candau, *Mémoire et expériences olfactives*, Paris, PUF, Sociologie d'aujourd'hui, 2000.

Maurice Chastrette, *L'art des parfums*, Questions de science, Paris, Hachette, 1995.

Constance Classen, *Worlds of Sense*, London, Routledge, 1993.

Constance Classen, David Howes, *Aroma : The Cultural History of Smell*, London, Paperback, Routledge, 1995.

Marcel Détienne, *Les jardins d'Adonis*, Paris, Gallimard, 1996.

Alain Corbin, *Le miasme et la jonquille ; l'odorat et l'imaginaire social, XVIIIe-XIXe siècles*, Paris, Aubier, 1982.

Paul Faure, *Parfums et aromates de l'Antiquité*, Paris, Fayard, 1987.

Hélène Febvre, *Odorat et humanité en crise à l'heure du déodorant parfumé*, Paris, L'Harmattan, 2000.

Nelly Grosjean, *L'aromathérapie*, Paris, Albin Michel, 1993.

André Holley, *Éloge de l'odorat*, Paris, Odile Jacob, 1999.

Pierre Lazlo, Sylvie Rivière, *Les sciences du parfum*, Que sais-je ?, n° 3322, Paris, PUF, 1997.

Annick Le Guérer, *Les pouvoirs de l'odeur*, Paris, Odile Jacob, 1998.
Le parfum, des origines à nos jours, Paris, Odile Jacob, 2005.

Jacques Le Magnen, *Odeurs et parfums*, Que sais-je ?, Paris, PUF, 1949.

Kyoko Morito, *The Book of Incense*, Kodansha, 1992.

Brigitte Munier, *Le parfum à travers les siècles*, Paris, Éditions Le Félin, 2003.

Michel Onfray, *L'art de jouir*, Les contempteurs du nez, Paris, Le Livre de poche, 1991.

Lucienne Roubin, *Le monde des odeurs*, Paris, Méridiens-Klincksieck, 1989.

Edmond Roudnitska, *L'esthétique en question*, Paris, PUF, 1977.
Le parfum, Que sais je ? n° 1888, Paris, PUF, 1980.
Une vie au service du parfum, Paris, Thérèse Vian Éditions, 1991.

Michel Serres, *Les cinq sens, philosophie des corps mêlés*, Paris, Grasset, 1985.

Georges Vigarello, *Le propre et le sale, l'hygiène du corps depuis le Moyen Âge*, Paris, Seuil, 1985.

Frédéric Walter, *Extraits de parfums, une anthologie de Platon à Colette*, Paris, Éditions du regard, 2003.

Ouvrages collectifs :

Odeurs, l'essence d'un sens, sous la direction de Jacqueline Blanc-Mouchet, Revue *Autrement*, n° 92, septembre 1987.

Odeurs du monde, textes édités par Diana Rey-Hulman et Michel Boccara, Paris, L'Harmattan, 1998.

Odeurs et parfums, sous la direction de Danielle Musset et Claire Fabre-Vassas, Paris, Éditions du CTHS, 1999.

Olfaction, Taste and Recognition, Rouby C., Schaal B., Danièle Dubois, Rémi Gervais, André Holley… (eds) Cambridge University Press, New York, 2002.

Enfance, Volume 1, *L'odorat chez l'enfant, Perspectives croisées*, B. Schaal (ed), Paris, PUF, 1997.

À fleur de peau Corps, odeurs et parfums, Pascal Lardellier (dir.), Paris, Belin, 2003.

Olfaction et patrimoine, sous la direction de Francine Boillot, Marie-Christine Grasse et André Holley, Aix-en-Provence, Edisud, 2004.

Articles :

Françoise Aubaile-Sallenave, « Les soins de la chevelure chez les musulmans au Moyen Âge. Thérapeutique, fonction sociale et symbolique », D. Menjot (ed), *Les soins de beauté : Moyen Âge, début des temps modernes*. Actes du IIIe colloque international (Grasse, avril 1985) Nice, 1987, p. 347-365.

« Le monde traditionnel des odeurs et des saveurs chez le petit enfant maghrébin », B. Schaal (ed), *L'odorat chez l'enfant : perspectives croisées*, Paris, PUF, 1997, p. 186-208.

« Le souffle des parfums : un essai de classification des odeurs chez les Arabo-musulmans », *Odeurs et parfums*, sous la direction de D. Musset et C. Fabre-Vassas, Paris, Éditions du CTHS, 1999, p. 94-115.

Patrick Baudry, « De l'odeur de la mort, aux parfums des morts », *À fleur de peau. Corps, odeurs et parfums*, Pascal Lardellier (dir.), Paris, Belin, 2003, p. 167-177.

Boba'no, « La peinture en trompe nez », *L'odeur, essence d'un sens*, sous la direction de Jacqueline Blanc-Mouchet, revue *Autrement*, n° 92, septembre 1987, p. 202-205.

Jean-Jacques Boutaud, « De la difficulté de communiquer un concept polysensoriel, Kenzoki de Kenzo », *Olfaction et patrimoine : quelle transmission ?*, sous la direction de Francine Boillot, Marie-Christine Grasse et André Holley, Aix-en-Provence, Edisud, 2004, p. 79-89.

Serge Chaumier, « L'odeur du baiser », *À fleur de peau. Corps, odeurs et parfums*, Pascal Lardellier (dir.), Paris, Belin, 2003, p. 77-95.

Manuela Ivone Cunha, Jean-Yves Durand, « Odeur, odorat, olfaction : une ethnographie osmologique », *Odeurs et parfums*, Pascal Lardellier (dir.), Paris, Belin, 2003, p. 161-177.

Yanne Fagen, « Les parfums de la salle en noir », *Odeurs, l'essence d'un sens*, sous la direction de Jacqueline Blanc-Mouchet, revue *Autrement*, n° 92, septembre 1987, p. 198-201.

Alexandre Fernandez, « Des villes sans odeurs ? Représentations de l'urbanité au XXe siècle », *Odeurs et parfums*, sous la direction de D. Musset et C. Fabre-Vassas, Paris, Éditions du CTHS, 1999, p. 21-28.

Raphaële Garreta, « Les arômes des simples : l'herboristerie aujourd'hui », *Odeurs et parfums*, sous la direction de D. Musset et C. Fabre-Vassas, Paris, Éditions du CTHS, 1999, p. 125-131.

Sylvie Guichard-Anguis, « Les maisons de fragrances au Japon », *Odeurs et parfums*, sous la direction de D. Musset et C. Fabre-Vassas, Paris, Éditions du CTHS, 1999, p. 29-40.

Benoît Heilbrunn, « De l'olfactif à l'affectif : le pouvoir de transmission des marques », *Olfaction et patrimoine : quelle transmission* ?, sous la direction de Francine Boillot, Marie Christine Grasse et André Holley, Aix-en-Provence, Edisud, 2004, p. 91-105.

David Howes, « Le sens sans parole : vers une anthropologie de l'odorat », revue *Anthropologie et sociétés*, 1986, volume 10, n° 3, p. 29-45.

Jean-Pierre Jardel, « De la couleur et de l'odeur de l'Autre dans la littérature para-anthropologique : représentation de l'altérité antillaise et idéologie raciale », *Odeurs et parfums*, sous la direction de D. Musset et C. Fabre-Vassas, Paris, Éditions du CTHS, 1999, p. 83-91.

David Lebreton, « Les mises en scène olfactives de l'autre, ou les imaginaires du mépris », *À fleur de peau. Corps, odeurs et parfums*, Pascal Lardellier (dir.), Paris, Belin, 2003, p. 115-128.

Annick Le Guérer, « Le déclin de l'olfactif : mythe ou réalité ? », revue *Anthropologie et sociétés*, 1990, volume 14, n° 12, p. 115-121.

A.J. Macfarlane, « Olfaction in the Development of Social Preferences in the Human Neonate », *Ciba Foundation Symposium*, n° 33, 1975, p. 103-113.

Danielle Malmberg, « D'amours et d'odeurs, la relation olfactive mère-enfant », *À fleur de peau. Corps, odeurs et parfums*, Pascal Lardellier (dir.), Paris, Belin, 2003, p. 27-45.

Élisabeth Motte-Florac, « Le rôle des odeurs dans l'histoire de la thérapeutique au Mexique », *Odeurs et parfums*, sous la direction de D. Musset et C. Fabre-Vassas, Paris, Éditions du CTHS, 1999, p. 143-157.

R.H. Porter, J. Winberg, « Unique Salience of Maternal Breast Odors for Newborn Infants », *Neuroscience Biobehavioral Reviews*, n° 23, 1999, p. 439-449.

Marie-Dominique Ribeyreau-Gayon, « Des puanteurs méphitiques au doux parfum de l'or », *Odeurs et parfums*, sous la direction de D. Musset et C. Fabre-Vassas, Paris, Éditions du CTHS, 1999, p. 41-51.

Benoist Schaal, « Les fonctions de l'odorat en société : le laboratoire et le terrain », *Anthropologie du sensoriel*, sous la direction de Colette Méchin, Isabelle Rianquis, David Lebreton, Paris, L'harmattan, 1998, p. 35-59.

B. Schaal, H. Montagner, H. Hertling, E. Bolzoni, D. Moyse, R. et R. Quichon, 1980, « Les stimulations olfactives dans les relations entre l'enfant et la mère », *Reproduction, Nutrition Developement*, 1980, n° 20, p. 843-858.

« Le "matrimoine olfactif" : transmissions odorantes entre générations », *Olfaction et patrimoine, quelle transmission ?* Sous la direction de Francine Boillot, Marie-Christine Grasse et André Holley, Aix-en-Provence, Edisud, 2004, p. 55-77.

TABLE DES MATIÈRES

Deuxième partie
ESTHÉTIQUE OLFACTIVE

Cet ouvrage a été composé
par IGS-CP à L'Isle-d'Espagnac (16)

numérique

Impression & brochage - France
Numéro d'impression : N17932190310 - Achevé d'imprimer : Mars 2019

IMPRIM'VERT®